U0808555

中国科学院学部咨询评议项目“长江经济带重大战略问题研究”成果

长江经济带重大战略问题研究

周成虎　刘　毅　王传胜 等　著

科学出版社
北　京

内 容 简 介

本书围绕长江经济带建设的战略需求，分析了经济带作为我国国土空间一级轴线自改革开放以来功能发育的主要特征，以及未来发展面临的主要资源环境约束。围绕国务院《关于依托黄金水道推动长江经济带发展的指导意见》和《长江经济带发展规划纲要》，研究了资源环境与经济社会协调的城镇化和城市群发展战略、重点产业上中下游协作机制和发展模式，探讨了完善综合交通运输网的具体措施、能源资源供给体系的建设方案和保护水资源及生态环境的主要策略。通过长江经济带建设的政策需求分析，提出了保障经济带持续健康发展的体制机制建议。

本书可为国家和地方实施长江经济带规划和学者进行长江经济带研究提供借鉴。

审图号：GS(2019)3449 号

图书在版编目(CIP)数据

长江经济带重大战略问题研究 / 周成虎等著．—北京：科学出版社，2019.8

ISBN 978-7-03-054749-1

Ⅰ.①长…　Ⅱ.①周…　Ⅲ.①长江经济带-区域经济发展-研究　Ⅳ.①F127.5

中国版本图书馆 CIP 数据核字（2017）第 246330 号

责任编辑：李　敏　杨逢渤 / 责任校对：彭　涛

责任印制：吴兆东 / 封面设计：黄华斌

科学出版社 出版

北京东黄城根北街 16 号

邮政编码：100717

http://www.sciencep.com

北京虎彩文化传播有限公司 印刷

科学出版社发行　各地新华书店经销

*

2019 年 8 月第　一　版　开本：787×1092 1/16

2019 年 8 月第一次印刷　印张：18 1/2

字数：450 000

定价：238.00 元

（如有印装质量问题，我社负责调换）

“长江经济带重大战略问题研究”项目组

项目单位

主持单位：中国科学院地理科学与资源研究所

参加单位：中国科学院南京地理与湖泊研究所

项目研究组

组　长：周成虎

副组长：刘　毅

秘　书：王传胜

成　员：段学军　方创琳　王成金　孙　威　马　丽　徐昔保　李平星　王　磊　邹　辉　王振波　张　蔷　罗　奎　张永姣　康　蕾　孙贵艳　李广东　李文会　程佳佳　方　明　林晓娜　李　萌

本书撰写组

周成虎　刘　毅　段学军　方创琳　王成金　王传胜　孙　威　马　丽　徐昔保　李平星　王　磊　邹　辉　王振波　张　蔷　罗　奎　张永姣　孙贵艳　康　蕾　李文会　程佳佳　方　明　林晓娜

前　言

2014年，国务院发布《国务院关于依托黄金水道推动长江经济带发展的指导意见（国发〔2014〕39号）》，成为新形势下推进中国经济持续稳定增长、构筑有序国土空间布局的重要战略之一。为配合国家战略的实施，深入解析长江经济带建设与长久发展面临的全局性、区域性问题，中国科学院学部工作局于2015年批准学部咨询评议项目"长江经济带重大战略问题研究"，成立由中国科学院周成虎院士领衔，中国科学院地理科学与资源研究所和中国科学院南京地理与湖泊研究所专家队伍组成的项目组，开展了为期一年多的研究。本书是上述项目的主要成果之一。

本书共包括六章：第一章总体战略，重点研究了改革开放以来长江经济带发育的主要特点、面临的主要问题，分析了经济带的战略优势、战略目标、功能构成和功能建设的主要内容，提出了长江经济带建设的重大战略任务。第二章城镇化和城市群战略，重点围绕新型城镇化、城市群建设和沿江中心城市等内容，研究了经济带新型城镇化和城镇群发展模式选择、空间结构及中心城市建设战略。第三章产业发展研究，主要分析了经济带重点产业发展现状、演化特征及存在的主要问题，提出了产业发展的思路与对策。第四章基础设施一体化建设战略，主要围绕长江立体化综合交通走廊建设和能源基础设施建设，研究了长江综合基础设施大通道建设和重点地区及综合型枢纽建设的主要任务。第五章生态环境保护和生态文明建设战略，在全面分析经济带的生态环境特征和主要问题的基础上，围绕长江水资源可持续利用、上中下游典型生态环境问题的深入解剖，提出了生态-经济-社会协调发展的生态文明建设战略。第六章体制机制保障，通过对长江经济带开发管理的历史和现状、国外大河流域经济带综合开发管理经验的系统梳理，针对经济带建设面临的体制机制问题与困境，提出了保障长江经济带发展战略落实的政策建议。

本书为项目组全体科研人员的集体研究成果，成书时由具体的执笔人负责撰写。各章节的主要执笔人为：第一章，周成虎、刘毅、王传胜、孙贵艳、方明；第二章，方创琳、王振波、张蔷、罗奎、张永姣；第三章，孙威、李文会、林晓娜；第四章，王成金、马丽、康蕾、程佳佳；第五章，徐昔保、李平星、邹辉；第六章，段学军、王磊、邹辉。各章节完成后，由周成虎、刘毅、王传胜等集体讨论成稿。

考虑到长江经济带横跨中国三大地带，地域面积广阔，人口与经济发展、水资源与生态环境保护涉及的问题多而复杂，在项目的执行和本书的编写中，主要针对长江经济带建设面临的重大问题和重大战略进行分析。尽管如此，受研究时间和研究人员学术水平的限制，仍然存在重大问题和重大战略不甚明确，解决途径不甚清楚之处，敬请读者批评指正。

本书的完成要特别感谢中国科学院学部工作局领导在项目审批和执行中给予的大力支持，感谢上海、江苏、浙江、湖北、重庆等省市政府办、发展改革委、科技厅（局）及中国科学院地方分院领导和相关人员在项目实地调研中给予的大力支持。

目　　录

第一章

Chapter 1

长江经济带建设的总体战略

第一节　长江经济带建设的背景及意义

一、背景

1. 中国经济进入新常态时期，寻求新的增长点成为政府关注的重点之一

改革开放以来，中国经济经历了 30 多年的高速增长。据国家统计局公布的数据，1979～2010 年，国内生产总值年均增长率为 9.9%，其中，1991～2010 年、2001～2010 年平均的年增长速度超过 10%，从年际波动幅度来看，相邻年份波幅多数小于 2%，个别年份在 2%～4%。对比已经历工业化和城市化的发达国家，美国从 1870～1910 年，维持了 40 多年的高速增长，但平均增长速度不超过 6%；新加坡及韩日等国的高速增长时期，虽最高增速也曾达 10% 以上，但年际波动幅度也较大（图 1-1）。因此，过去 30 多年的增长，被学界誉为“黄金增长时期”（王一鸣，2010）。这种速度从 2011 年后改变，据国家统计局公布的数据，2011 年的国内生产总值增长速度为 9.5%，2012～2015 年分别为 7.7%、7.7%、7.4%、6.9%，2016 年前三季度同比增长速度为 6.7%。据世界银行的测算，2016～2020 年中国经济的潜在增长率为 7.0%，2021～2025 年、2026～2030 年分别为 5.9% 和 5.0%（胡家勇，2014）。未来连续的经济增速下滑，预示着中国经济由高速增长时期进入了中高速、中速的换挡时期，相对过去多年相对稳态的高速增长，现阶段及未来经济的下滑，是中国经济发展的新常态时期。政府和学界将新常态时期的主要特征归纳为“三期叠加”（安宇宏，2015），即经济增长进入换挡期、结构调整进入阵痛期、前期刺激进入消化期。

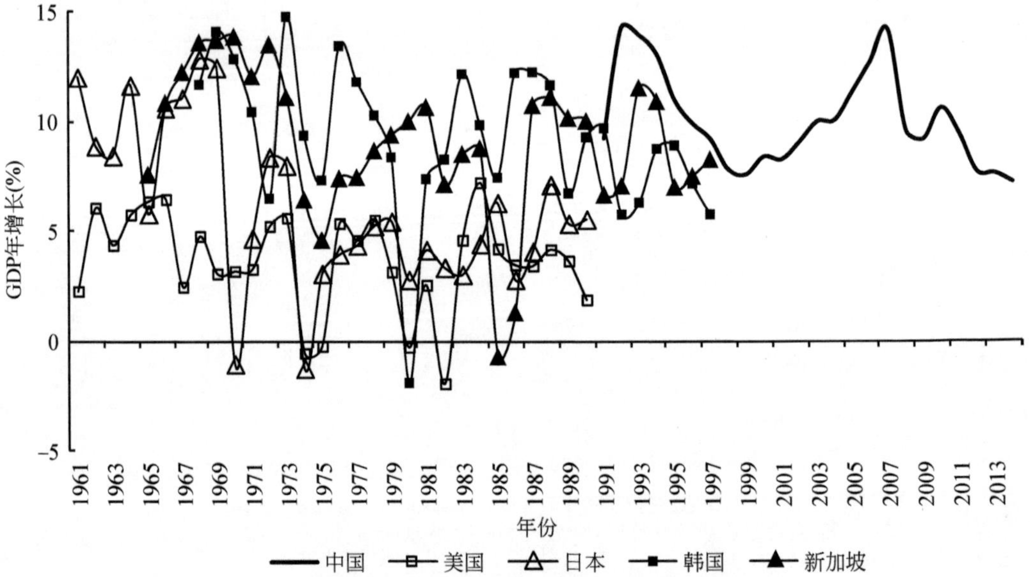

图 1-1　部分国家主要年份 GDP 年增长率和中国的对比

新常态为中国政府保持经济增长、全面实现小康社会带来压力，但也同时促使政府坚定决心，解决过去 30 多年经济社会发展中积累的一系列问题（张占斌和周跃辉，2015；刘伟，2014）。进入新常态，过去传统经济增长模式下一系列矛盾和问题越来越凸显。主要表现为：劳动力和资源供给成本的上升，使以大规模资源消耗为增长动力的产业发展模式难以持续；领先增长的沿海地带、大城市集中的地区，“大城市病”、环境恶化的形势已严重影响人们的日常生活；区域发展差距呈持续的扩大趋势，成为诱发社会问题的重大隐患（胡舒立等，2015）。

适应新常态、引领新常态，需要转变经济增长方式，培育新的增长点。2014 年 12 月，中央经济工作会议在阐述“新常态”时指出：“我国经济正在向形态更高级、分工更复杂、结构更合理的阶段演化，经济发展进入新常态，正从高速增长转向中高速增长，经济发展方式正从规模速度型粗放增长转向质量效率型集约增长，经济结构正从增量扩能为主转向调整存量、做优增量并存的深度调整，经济发展动力正从传统增长点转向新的增长点。”

2. 建设长江经济带，是现阶段中国实施“稳增长”的重大区域战略之一

培育新的增长点，一是通过挖掘企业增长潜力和发展战略性新型产业，振兴实体经济，培育新的产业增长点。挖掘企业增长潜力，目前主要通过供给侧结构性改革，加快企业去产能、去库存、去杠杆、降成本、补短板，提升企业运行效率，提升产品质量，提升产品品牌度、企业家品牌度，提升产业竞争力；战略性新兴产业的培育需要树立创新理念，以创新为驱动力，以完善的市场机制体制和深度、广度的智力资源开发为基本保障，不断提高大众创业、万众创新的水平。二是立足引导国土空间有序开发和保护的重要轴线和重要区域，培育新的区域增长点。为了实现公平发展、共享发展的国家目标，需要按照改革开放初期提出的“三步走”战略，实施梯度转移战略，推动区域统筹发展和协调发展，逐步完善国土空间开发和保护的整体架构。

2012 年以来，国家先后提出“一带一路”、京津冀协同发展、长江经济带建设的区域发展战略。三大战略中，“一带一路”是站在全球战略的高度，谋划中国全方位对外开放新格局；京津冀协同发展是针对“大城市病”的重点症结区域，寻求促进经济社会健康发展和区域协调发展的新路径；长江经济带建设瞄准贯通中国东、中、西部的横向轴线，探索疏解中国经济社会转型瓶颈、促进全面小康的有效途径。因此，三大战略通过促进国际与国内经济发展的互联互通，经济增长内生新动力的培育和挖掘，新型增长方式的探索，沿海、沿江、沿边全方位对外开放新局面的打造，积极应对新常态。

李克强在 2014 年 3 月的政府工作报告中指出：“要谋划区域发展新棋局，由东向西、由沿海向内地，沿大江大河和陆路交通干线，推进梯度发展。依托黄金水道，建设长江经济带。”6 月，在国务院常务会议上进一步指出：“建设长江经济带，是新时期我国区域协调发展和对内对外开放相结合、推动发展向中高端水平迈进的重大战略举措，即可以促进经济由东向西梯度推进，形成直接带动超过 1/5 国土涉及近 6 亿人的发展新动力。形成与丝绸之路经济带的战略互动，打造新的经济支撑和具有全球影响力的开放合作新平台……”

3. “两横三纵”城镇化战略格局，进一步明确了长江经济带的主轴线地位

“十二五”规划中明确提出了构建以陆桥通道、沿长江通道为两条横轴，以沿海、

京哈京广、包昆通道为三条纵轴，以轴线上若干城市群为依托、其他城市化地区和城市为重要组成部分的城市化战略格局，促进经济增长和市场空间由东向西、由南向北拓展。“两横三纵”的城市格局建设完成后，中国城市布局将形成比较完善的空间网络结构。2015 年国务院发布《长江中游城市群发展规划》，将长江中游（武汉-长沙-南昌）提升为国家级城市群，即此，和京津冀城市群、珠江三角洲城市群、长江三角洲城市群、成渝城市群一起，未来我国将重点建设五大城市群，其中，长江经济带拥有三大城市群，即长江三角洲城市群、长江中游城市群和成渝城市群。五大城市群中，面积最大的是长江中游城市群，其次是长江三角洲城市群，长江经济带三大城市群合计面积占五大城市群的 3/4，人口占 2/3，经济总量超过 1/2。五大城市群中，长江中游城市群和成渝城市群是未来中国推进西进战略的最主要的据点，未来中上游两大城市群的建设，将进一步夯实长江经济带一级轴线的战略地位。

二、意义

1. 建设长江经济带将对优化我国国土空间结构产生深远的影响

长江经济带升级为国家战略对于有效扩大内需、促进经济稳定增长、调整区域结构、实现中国经济升级具有重要意义。长江是我国第一大河，世界第三大河，内河航道长度占全国的 70%，是货运量位居全球内河第一的黄金水道。长江经济带是中国国土空间开发东西方向的一级轴线，在全国区域发展总体战略的空间格局中具有显要地位（陆大道，1986，1987；虞孝感和陈雯，1993，1995）。作为一级轴线，长江经济带具有显著区位优势、水资源优势、产业优势、创新优势和市场优势，这些优势是支撑长江经济带可望建成全球瞩目的内河经济带的重要条件，也是新形势下，赋予长江经济带引领中国经济持续增长重任的不二选择。这样的轴线在全国国土开发中占据举足轻重的地位，轴线建设得好，对全国、对世界都有示范意义。

长江流域面积约为 178 万 km^2，将近占中国大陆各流域面积总和的 1/5，水资源占全国的 36%，水能资源占全国可开发量的 52. 3%。长江流域是我国生态系统和生物多样性最为丰富的地区之一，森林面积占全国的 40. 3%。因地跨东、中、西三大地带，上下游之间、各省内部发展差异较大，长江三角洲是中国最发达的地区之一，上游的贵州省是我国最落后的地区之一；我国现阶段重点建设的规模较大、发展基础较好的五大城市群中，有 3 个位于长江经济带，三大国家级城市群国内生产总值均超过万亿元，而总人口接近 2 亿人的 285 个农产品主产区，农村人均纯收入还低于全国平均水平；全国 590 个扶贫重点县中，有 260 个分布在这里，约占全国重点扶贫县数量的 44%。因此，建设长江经济带，无论对中国未来国土开发增长区域的构筑，还是对全国国土空间生态系统的保护，以及对城乡社会公平发展的促进等方面均有重大影响。

2. 长江经济带面临的全局性、区域性问题亟须从战略高度研究并提出对策

20 世纪 80 年代，把沿海地带和长江流域作为全国国土开发的一级轴线，形成一纵一横的“T”字形战略，在学术界取得了广泛的共识。在管理层，由政府部门编制的《全国国土总体规划纲要》，也将“T”字形战略作为此后的未来 15 年或更长一段时期中国国土开发和经济布局的基本框架（陆大道，2014），经过 30 多年的建设，取得了一定

的成绩。但和东部沿海地带相比，经济增长略显迟缓，其中的主要一个原因是政府从宏观战略层面的关注不够。改革开放以来的宏观区域政策多是从东、中、西、东北等区域层面出发，或是关注贫困、生态等问题区域，或从城乡区域出发，缺乏对长江经济带的针对性政策。长期以来，对长江经济带的发展战略研究多停留在学术界（虞孝感，2003；陈雯和虞孝感，1997；虞孝感和陈雯，1996；刘毅，1995；陆大道等，1992），或在有长江干流岸线、港口资源较好的省市（杨桂山等，2007；王传胜，1999，2010）。从管理层角度对长江经济带资源开发、生态环境保护与产业布局、城市群建设、乡村发展的统筹考虑不足。

从目前来看，经济带建设面临诸多需要解决的问题。一是长江的运能远远没有发挥出来，一定程度上制约着上下游之间的经济协作。如何通过长江运能的充分发挥，形成长久的经济发展动力？二是由于宏观层面针对性的一体化战略及其政策的缺失，沿江地区的开发形成以省市为单元，围绕各自的行政中心展开的局面，不仅造成了行政区划接壤地区的经济低谷，而且也加剧了区域内部发展差距的拉大。如何打破行政区划桎梏，促进上中下游之间的切实协作，缩小区域发展差距，形成合理的经济发展空间格局？三是沿江产业结构类同，一定程度上助长了区域之间的恶性竞争。如何建立有效的协作发展机制，建立上中下游各具特色、错位发展的产业体系？四是城市群区域经济发展、人口集聚面临极大的资源环境压力，水土资源、水气环境的容量已经触及底线。如何通过国土空间的优化布局，建立高效运行的城市群和城市系统，促进经济社会的要素集聚与快速、健康发展？五是一些农业地区、生态地区贫困程度面大，扶贫任务依然艰巨。如何解决上述地区的贫困问题，促进全社会公平发展？对于以上问题，迫切需要进行全面的研究，提出合理可行的对策，为政府实施长江经济带建设提供科学参考。

3. 长江经济带发展战略是中国区域发展战略理论和实践研究的不断深入

长江经济带包括沪、苏、浙、皖、赣、鄂、湘、渝、川、黔、滇九省二市，土地面积达 205 万 km^2，占全国陆域国土面积的 1/5 左右。九省二市行政区域内包含长江流域面积约 160 万 km^2，约占辖区面积的 78%。作为面积占全国 1/5、人口和经济将近占全国半壁江山的一级轴线区域，长江经济带的经济社会发展自改革开放以来就和全国保持一致，全国性的发展特征在长江经济带体现得也比较明显。可以说，长江经济带的发展几乎是全中国经济社会发展的一面镜子，长江经济带面临的重大问题，也是中国经济社会发展目前面临的重大问题。因此，对长江经济带发展战略的研究也是对中国区域发展战略理论和实践的不断深入。

从区域发展战略研究视角，长江经济带需要关注一些重大课题，具体包括：资源环境承载能力，水资源合理开发与保护，与“一带一路”衔接的东西两头的对外开放与合作，基于主体功能区规划的国土空间重点功能区域的细化，农业发展、耕地保护及区域公平，等等，与中国现阶段区域发展战略需要关注的问题相契合。而在全球性的经济萎缩、资源短缺、碳减排压力下，传统的被认为可行的资源环境利用方式受到前所未有的挑战，突出地表现在一些原本可行的策略在应对环境灾害时的不确定性增加了。同时，传统的区域发展战略尽管也考虑到国际影响与协作，但因为在全球水平上，国际影响和协作还未发展到像目前这样的深度和广度，难免在指导实践过程中增加偏差出现的概率。因此，现阶段对长江经济带的发展战略研究，既是对中国区域发展战略的实践，也是对区域发展战略理论的深化和完善。

第二节　改革开放以来长江经济带发育的主要特点

一、轴线功能的演变

1. 和沿海轴线相比人口和经济的集聚水平差距较大

一般来讲，国土轴线是具有较强的要素集聚能力，特别是人口和产业的集聚，对全国的经济总量和经济增长具有突出贡献的带状区域。长江经济带历史上就是全国重要的人口和产业聚集区域，从1978年以来沿海轴线和长江轴线的对比来看，沿海轴线集聚功能强烈，取得了令人瞩目的成就；长江轴线则有些功能提升，有些功能减弱，总体来讲比较平稳。

表1-1显示，20世纪70年代末、80年代初，长江经济带综合经济实力已经在全国保持较高的水平，多项经济指标占中国的比重在40%左右。30多年来，总体经济实力占全国的份额基本未变，一级轴线的地位依旧显著。和1978年相比，经济总量和财政收入占比变化不大，进出口总额、固定资产投资、社会商品零售总额、货物周转量呈显著上升趋势，农林牧渔业总产值呈明显下降趋势，货运量呈现波动趋势。

表1-1　1978年以来长江经济带部分经济指标占中国的比重（%）

指标	1978年	1985年	1990年	1995年	2000年	2005年	2010年	2015年
GDP*	43.56	42.90	41.47	41.19	40.72	40.27	40.51	42.23
第二产业增加值*	40.94	42.45	41.80	41.16	39.97	39.56	39.99	42.18
第三产业增加值*	43.10	39.08	37.89	40.18	40.64	40.77	41.23	42.38
固定资产投资	30.25	37.35	35.42	41.51	43.17	41.46	39.50	42.28
地方财政一般预算收入*	43.85	46.46	44.86	39.41	39.93	43.14	43.17	44.96
农林牧渔业总产值	48.40	44.93	44.81	40.49	42.03	39.65	38.68	40.27
社会商品零售总额	33.26	35.66	35.32	39.61	39.17	40.57	40.58	41.65
进出口总额	19.90	15.68	17.54	22.22	30.72	39.97	41.58	42.22
货运量	42.73	29.96	32.97	35.14	38.30	39.33	40.57	42.42
货物周转量	31.71	29.27	31.41	30.75	34.29	33.97	37.60	38.88

*为长江经济带合计占全国31个省份合计的比重，其他为占中国的比重。

和纵向轴线——东部沿海地带相比，长江经济带经济增长相对迟缓。统计显示（图1-2），1978年以来，东部沿海地带GDP总量占全国31个省份的比重呈上升态势，1978年为50.2%，2015年为55.6%；人口比重1978年为37.5%，2015年为41.5%。长江经济带则呈下降态势，GDP总量从1978年占全国的43.6%，下降为2015年的42.2%；人口比重从1978年的45.7%下降为2015年的42.9%。对比两大轴线的发育过程，沿海地带经济总量和人口均呈集聚态势，并同时向极化发展，极化区域集中在长江三角洲、珠江三角洲和环渤海地区。长江经济带则变化较小，且区域发展不平衡，部分地区呈弱化态势。

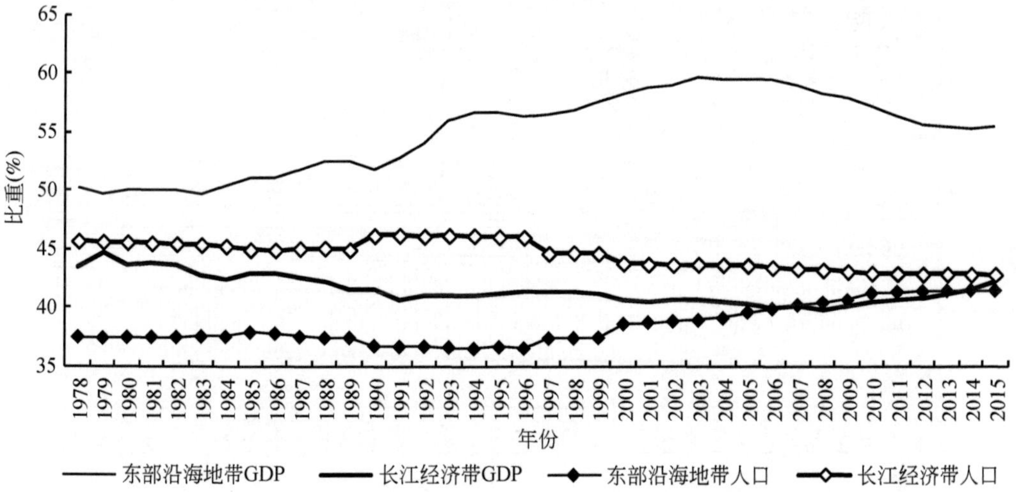

图1-2　1978年以来东部沿海地带和长江经济带GDP、人口占全国比重的变化

从长江经济带各省市GDP占全国比重的变化来看（图1-3），江苏和浙江两省比重呈明显的上升趋势，上海市呈明显的下降趋势，其他各省市总体变化不大或略有下降。从人均GDP与全国平均水平的对比变化情况看（图1-4），沪苏浙3省市均超过全国平均水平，上海市多年人均GDP约相当于全国平均水平的2～7倍，江苏和浙江两省相当于全国平均水平的1～1.8倍，其余8省市多年人均GDP均不及全国平均水平。从多年变化看，上海市呈波动下降趋势，江苏、浙江两省呈波动上升趋势，其中，浙江省在2003年以后呈下降趋势。其余省市大体上在2010年前呈微弱下降趋势，2010年以后表现为微弱上升趋势。表明除江苏和浙江两省外，长江经济带其他省市的经济并未呈现较全国其他地区快速增长的情势。

不过，2000年后有两个趋势值得注意，一是沿海地带GDP占比自2003年以后开始下降，2008年以后下降更为显著；长江经济带从2008年以后缓慢上升；二是沿海地带人口占比一直保持上升趋势，今后人口集聚的态势仍会持续，但随着经济增速的下降，人均收入水平开始和长江中上游拉近。

2. 外向型经济增长较快

改革开放以来，随着全国的全方位开放，长江经济带的对外经济发展迅速，这主要得益于其优越的区位条件和便利的综合运输条件。表1-1显示，1978～2015年，长江经济带外贸进出口总额占全国的比重增长了约22个百分点。图1-5显示，1978年以来，长江经济带外贸进口额、出口额、实际利用外资额占全国31个省份的比重均呈增长态势，进口额从1978年占全国比重的2.19%上升为2015年的37.48%，出口额从1978年的39.25%上升为2015年的45.72%，实际利用外资额1978年为0.60%，2011年为45.53%；出口额持续增长，进口额在2007年以后有下降趋势。出口额的稳步增长，反

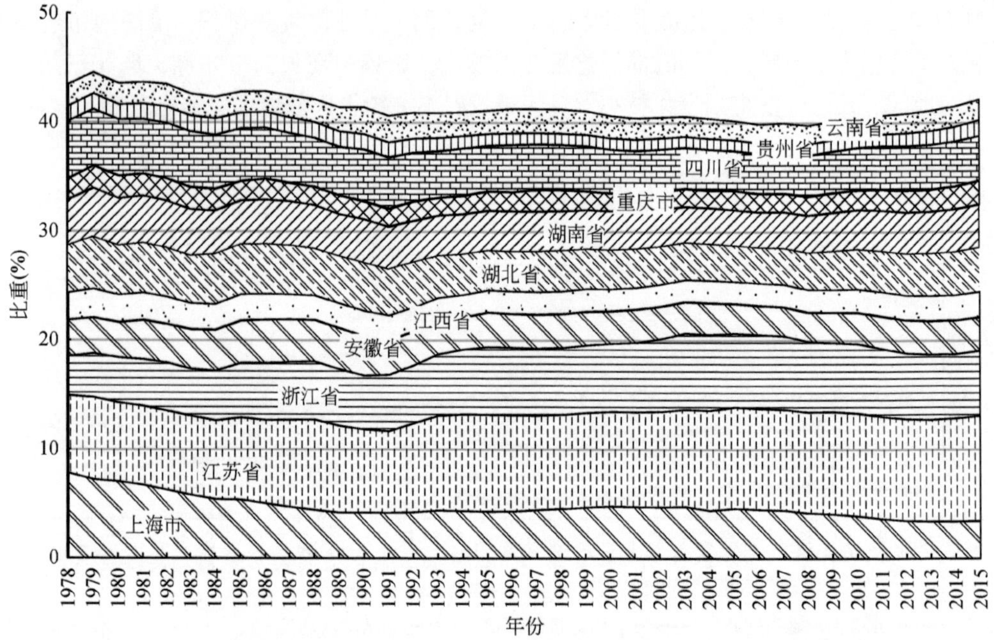

图 1-3　1978 年以来长江经济带九省二市 GDP 占全国 31 个省份比重的变化

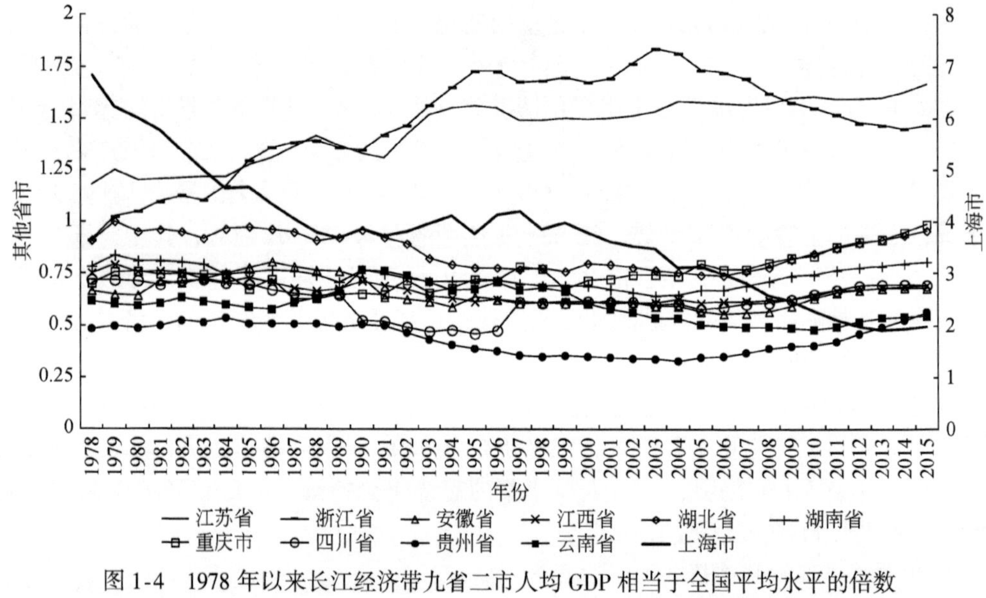

图 1-4　1978 年以来长江经济带九省二市人均 GDP 相当于全国平均水平的倍数

映了强劲的产品生产能力。和长江经济带相比，沿海地带外贸进口额和出口额占全国的比重均呈逐年下降趋势。

从上中下游①来看，无论是进口额还是出口额占全国的比重都呈上升趋势。表 1-2

① 本书的上中下游划分对应的是东中西部，即下游为沪苏浙、中游为皖鄂湘赣、上游为渝川黔滇。下同。

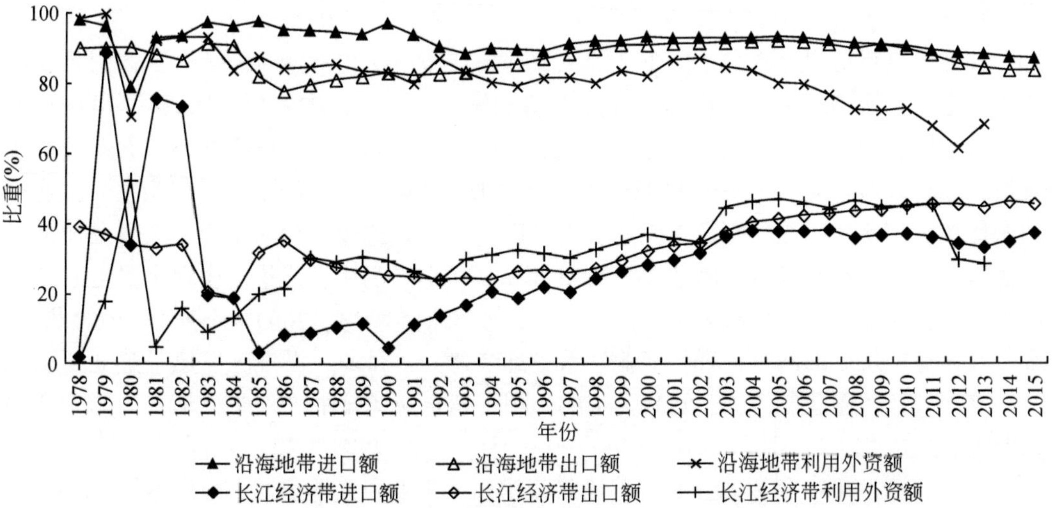

图 1-5　1978 年以来沿海地带和长江经济带外贸经济主要指标占全国比重的变化

注：1978 ~ 1984 年的 3 项指标和 2012 ~ 2013 年的实际利用外资额为不完全统计。

显示，2000 ~ 2015 年长江经济带下游地区进口额占全国地方合计的比重上升了近 6 个百分点，出口额上升了约 7. 5 个百分点；中游地区进口、出口额分别上升了近 1. 5 个和近 2. 5 个百分点；上游地区进口、出口额分别上升了约 1. 5 个和近 3. 5 个百分点。外向型经济的突出，充分体现了长江经济带特有的区位优势、运输优势和市场优势。

表 1-2　2000 年以来长江经济带外贸进出口总额占全国地方合计的比重（%）

年份	下游地区		中游地区		上游地区	
	进口额	出口额	进口额	出口额	进口额	出口额
2000	25. 69	28. 13	1. 67	2. 77	1. 26	1. 59
2001	26. 76	29. 84	1. 88	2. 56	1. 31	1. 62
2002	28. 93	30. 65	1. 79	2. 26	1. 19	1. 73
2003	33. 46	33. 99	1. 94	2. 15	1. 17	1. 62
2004	35. 07	36. 92	1. 88	2. 09	1. 21	1. 55
2005	35. 01	38. 09	1. 89	2. 08	1. 15	1. 41
2006	34. 78	38. 68	1. 97	2. 26	1. 25	1. 49
2007	34. 76	39. 11	2. 20	2. 37	1. 41	1. 58
2008	31. 95	39. 29	2. 48	2. 73	1. 66	1. 80
2009	32. 72	39. 40	2. 38	2. 64	1. 78	2. 02
2010	32. 66	40. 04	2. 74	3. 06	1. 85	2. 27
2011	31. 42	38. 91	2. 70	3. 60	2. 10	3. 23
2012	29. 54	37. 08	2. 35	4. 09	2. 64	4. 49
2013	28. 00	35. 38	2. 56	4. 26	2. 86	5. 05
2014	28. 56	35. 23	2. 85	4. 70	3. 55	5. 82
2015	31. 60	35. 67	3. 06	5. 00	2. 83	5. 05

3. 沿江工业走廊发育日渐成熟

长江经济带历史上就是中国重要的工业基地和城市化相对发达的地区，特别是长江三角洲地区、两湖地区、成渝地区（虞孝感和陈雯，1996；虞孝感，2003），很早在中国建立了以纺织、冶金、机械、化工为主的产业体系，形成了一批高耗能、大运量产业集聚区和特大型企业。2000 年以前，长江经济带工业生产以传统工业部门为主，工业产值中比重占前 5 位行业分别是纺织业、交通运输设备制造业、化学工业、电子及通信设备制造业和电气机械及器材制造业，2000 年主要工业产品中，产量占全国比重超过 40% 的主要有：化学纤维、集成电路、汽车、钢、纱等（虞孝感，2003）。经过多年的发展，在传统产业的发展的同时，现代产业体系也逐步建立。目前，沿江地区已经建立了以汽车、电子、装备制造、钢铁、石化为主的大型工业企业集聚的产业带，形成中国重要的工业走廊。

统计显示，2010 年以来，长江经济带规模以上工业企业单位数占全国总量的 40% 以上，企业销售产值占 45% 以上。2010～2015 年各地常规统计的 36 类工业产品产量中，长江经济带五年平均产量占比超过全国 1/4 的有 22 类，超过 1/3 的有 20 类，超过 1/2 的有 7 类，分别是化纤、家用洗衣机、微型电子计算机、硫酸、集成电路、布和家用电冰箱，占比居前十位的产品还有金属切削机床、轿车和化肥。图 1-6 显示，前十位产品中，沪苏浙分别有 3 类产品五年平均产量超过全国总产量的 20%，上海是微型电子计算机、集成电路和轿车，浙江是化纤、家用洗衣机和布，江苏是化纤、微型电子计算机和集成电路。其他省市超过 10% 的产品有安徽的家用洗衣机与电冰箱，湖北的化肥和云南的硫酸。另外，浙江和江苏的金属切削机床也都超过全国产量的 10%，重庆市五年平均的轿车产量占全国同期的 7.8%，四川的化肥、贵州的硫酸产量也占全国的 7% 以上。

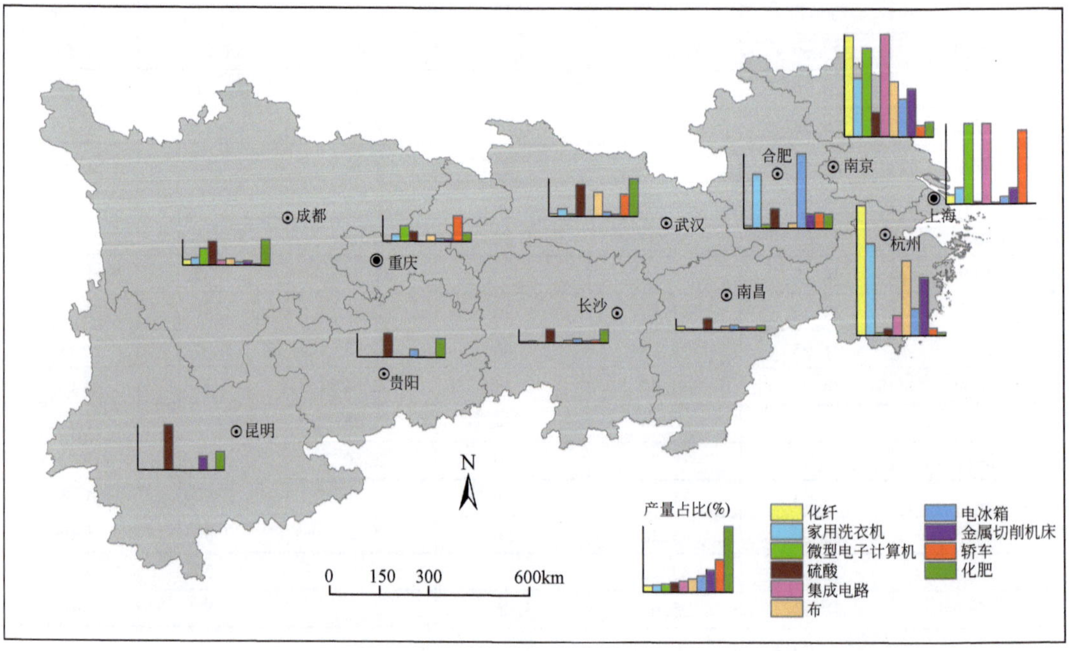

图 1-6　2010～2015 年长江经济带年平均产量占全国比重据前 10 位的工业产品分布

4. 农产品保障的功能下降

长江流域历来是我国多种大宗农产品的主要生产基地（虞孝感和陈雯，1996；虞孝感，2003），改革开放以来，随着第一产业在三次产业结构中比重的下降，主要农产品产量在全国的比重也显著下降。图 1-7 显示，主要农产品中，除油料、麻类、水果外，其余农产品在全国的比重均呈逐年下降或波动下降的态势，其中，棉花、粮食、桑蚕茧和肉类下降程度最为显著。农业地位的下降，在一定程度上引起农民收入的不稳定，导致其相对于全国其他地区的下降态势，特别是对以农业为主要产业的省份影响显著。表 1-3 显示，1978 年以来经济带各省市农民人均纯收入在全国的排序中，中下游省市多数呈上升趋势，上游省市均有不同程度的下降，下降幅度较大的有四川、云南两省，江西、湖南两省表现不稳定，但总体下降。

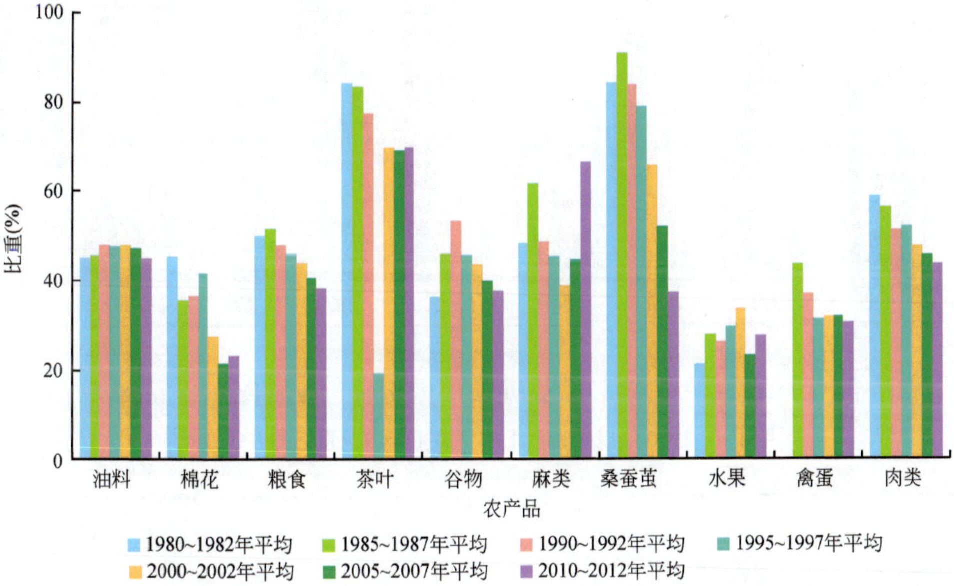

图 1-7　1980 年以来长江经济带主要大宗农产品产量占全国地方合计比重的变化

表 1-3　1978 年以来长江经济带农民人均收入在全国各省份中排序（高→低）的变化

区域	1978 年	1980 年	1985 年	1990 年	1995 年	2000 年	2005 年	2010 年	2015 年
上海	1	1	1	1	1	1	1	1	1
江苏	9	11	6	6	5	6	5	5	5
浙江	8	10	4	3	3	3	3	3	2
安徽	24	17	18	27	18	19	22	18	18
江西	12	19	17	15	13	15	13	14	12
湖北	26	24	8	14	15	11	15	13	17
湖南	11	9	14	16	17	12	14	15	10
重庆	18	25	26	22	19	22	20	19	20
四川	16	16	27	25	24	21	21	21	21
贵州	27	26	29	30	26	30	31	30	30
云南	15	30	23	26	28	27	29	28	28

注：2015 年为农村居民人均可支配收入。

农业功能下降的同时，农业生产空间向北、向上游、向山区转移。图 1-8 显示，1980 年以来，长江经济带农林牧渔业总产值、农作物总播种面积、粮食作物产量 3 项指标，下游地区 3 省市占经济带的比重均呈下降趋势，而上游则以上升为主，中游则整体上表现为波动中上升。从空间分布上看（图 1-9），主体功能区中的农产品主产区许多和国家级贫困县和低收入县（农民人均收入低于全国平均水平的 75%）重叠，31% 的县为国家级贫困县，39% 的县为低收入县。

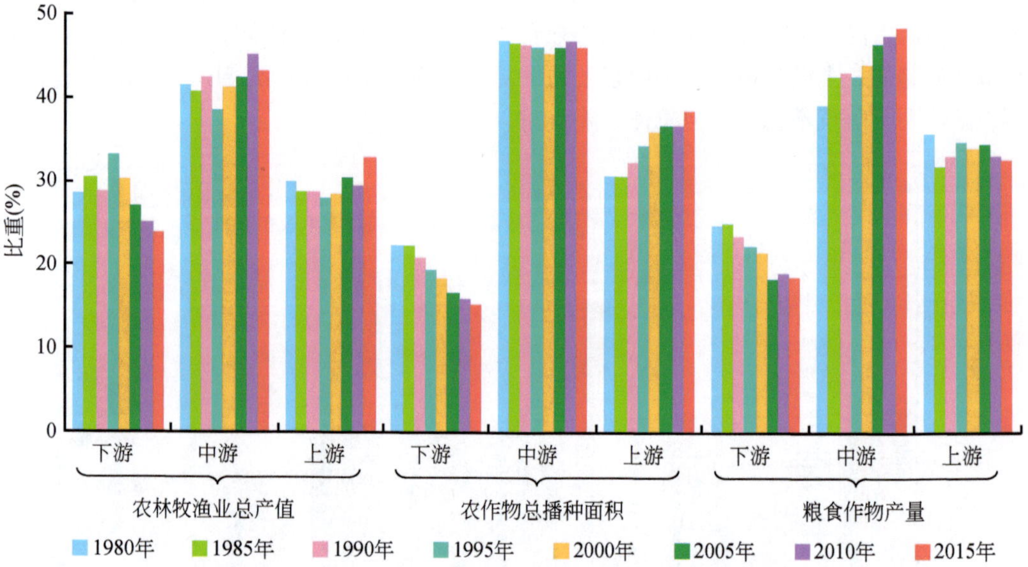

图 1-8　1980 年以来长江上中下游主要农业指标的占比变化

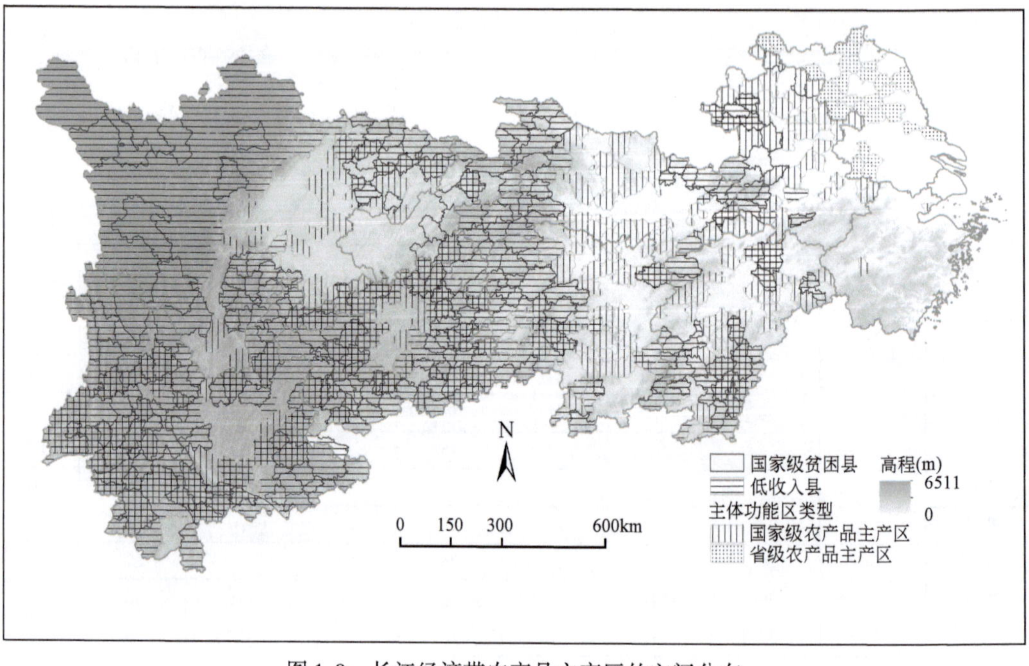

图 1-9　长江经济带农产品主产区的空间分布

农业生产空间向上游和山区的转移，对贫困地区的快速脱贫产生不利影响。从扶贫重点县县域平均的农民人均纯收入来看，2011年仅重庆和安徽两省贫困县县域平均的农民人均纯收入超过5000元，在全国各省份贫困区中排位靠前；其他拥有国家级贫困县的省市均处在中游及以下水平，其中湖南和云南低于4500元，在各省份贫困区中排位靠后。

5. 航运仍保持优势，但旧的障碍还未消除，新的制约因素又在产生

长江经济带的内河水运一直在全国水路货运体系中占据极为重要的地位，货运量长期保持在全国水运的60%以上，但从改革开放以来的情形看，水运在全国的地位有下降趋势。图1-10显示，1978年长江经济带水运货运量占全国地方水运货运量合计的比重为71.59%，2000年比重下降至60.80%，2010年为65.76%，2015年为67.62%；同期，铁路运输货运量占比也逐年下降，公路运输货运量占比逐年上升，上述4个年度的比重分别为23.98%、37.23%、40.91%和41.76%。长江经济带水运地位的下降受沿海地带水运的发展影响，20世纪90年代后沿海地带开放程度加大，经济增长迅速，对海运的需求旺盛，水运货运量占全国的比重长期维持在80%以上，2008年以后开始下降，2013年后开始低于长江经济带的水平。从图1-10还可以看出，1990年后水运地位的变化和公路地位的变化保持一定的一致性，沿海地带水运货运量的提升也使其公路运输货运量高于长江经济带的水平，2008年以后两者同时下降，2013年以后长江经济带水运和公路的地位均高于沿海地带。

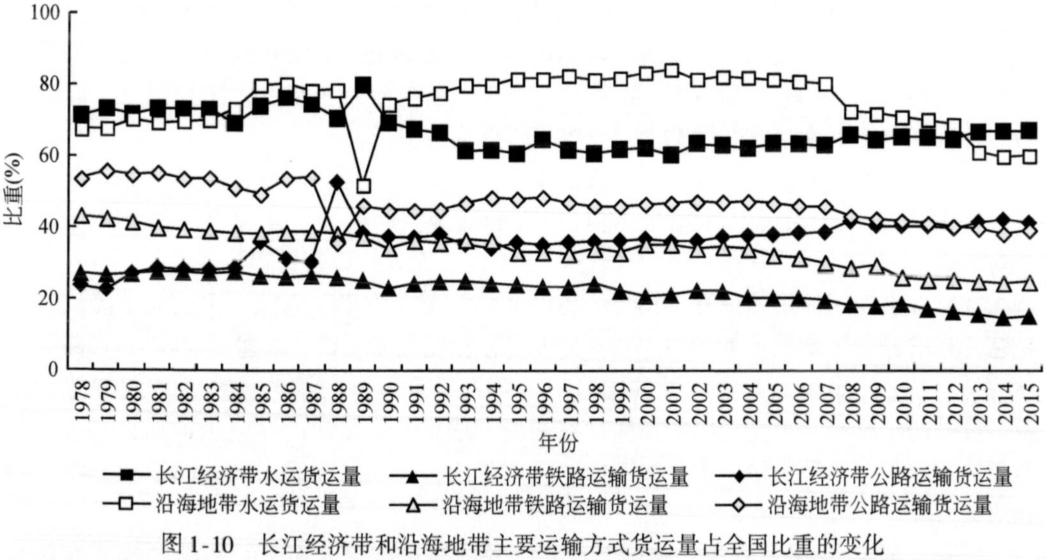

图1-10　长江经济带和沿海地带主要运输方式货运量占全国比重的变化

2000年以来，公路运输一直在长江经济带沿江货运中占绝对优势。图1-11显示，沿江4省市货运中，苏皖鄂3省2013年以前的公路货运量在本省货运总量中的比重呈平稳上升趋势，铁路地位持续下降。2013年后苏皖鄂3省水运比重显著上升，苏皖2省上升幅度较大；重庆自2000年以来水运比重上升明显，铁路和公路均呈下降趋势，显然三峡水库的建成改善了其水运条件，对水运优势的提升发挥了重要作用。

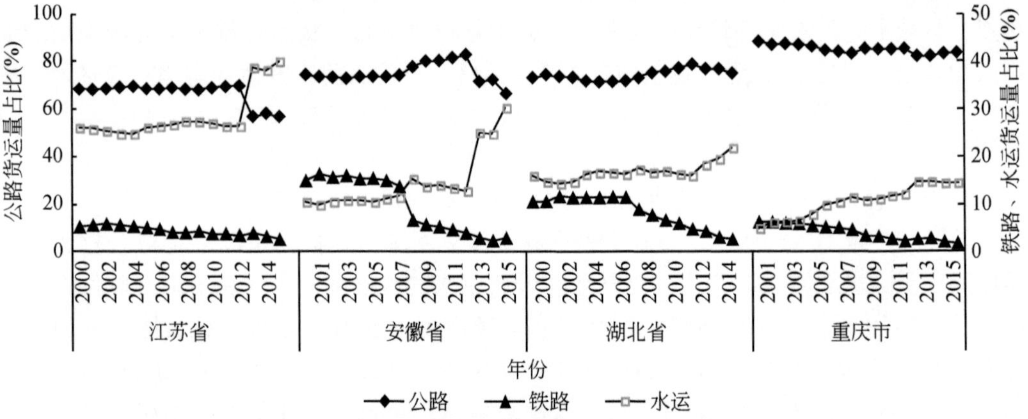

图 1-11　沿江主要省市不同运输方式货运量的变化

自然条件是影响长江航运建设的基础因素。从内河航道来看，长江干流拥有超过3600km 的通航里程，内河航道总长度占全国的 70%（虞孝感，2003；王传胜，2010）。汉口以上可通行 1500～3000t 级船舶，汉口—南京可通行 5000t 级船舶，南京以下乘潮可通行 2.5 万 t 级船舶；内河岸线资源丰富，自宜昌以下长江干流内河岸线长度为3523km，其中深水岸线为 1004.6km，稳定岸线为 1320.7km（王传胜，2010）。但长江水系具备优良通航条件的航道和具备优质建港条件的岸线比重并不高，高等级航道里程仅占其内河航道总里程的 7.53%，中下游干流岸线资源中，深水岸线比重不到 30%，沿岸地市中，仅南京市优质岸线资源比重超过 10%，其余地市拥有的优质岸线比重均不足10%（王传胜，2010）。从人为因素来看，长江航道受南京长江大桥净空限制，万吨级的海轮进江只能到南京，航运的大运量潜能不能充分发挥。

从集疏运系统的建设条件来看，长江中下游沿岸防洪形势严峻，地质条件复杂（钱宁等，1987）；上游沿岸山地阻隔，港口后方的陆域空间受限。高速公路作为集输运的主要方式，在 2000 年以后的基础设施建设中加大了投入，运营里程快速增长，推动了公路在货运方面作用的快速提升。2000～2012 年，江苏、安徽、湖北、重庆 4 个沿江省市高速公路里程合计增长了 1.11 万 km，其中江苏和湖北里程增长均超过 3000km。需要注意的是，在公路集疏运系统建设的同时，适合大运量运输的铁路集疏运方式却建设缓慢。目前的状况是，干流沿岸的横向铁路未能全线贯通，纵向的铁路运输运力饱满，甚至超负荷运行，各种运输方式分属不同的管理部门，互相之间因为利益问题缺乏统一协调的动力。

另外，近 30 年来，随着上游重大水利工程的建设越来越多，一些新的航运问题也在出现，以三峡为例，三峡工程以后，重庆港口吞吐量大增（图 1-12），从三峡库区进出的货流越来越多，对水库船闸的通过能力不断形成新的挑战。2013 年三峡水库下行过闸船舶待闸率高达 80%，船舶平均在锚时间超过 40h，危险品船舶则更超过 50h。特殊天气船只在坝前等候 3～5 天，遇船闸检修会等 7～10 天才能翻过大坝。因此，总体上看，保障航运功能有效运行的畅通的水运网络和便捷的水陆联运系统等方面的建设均显不足。

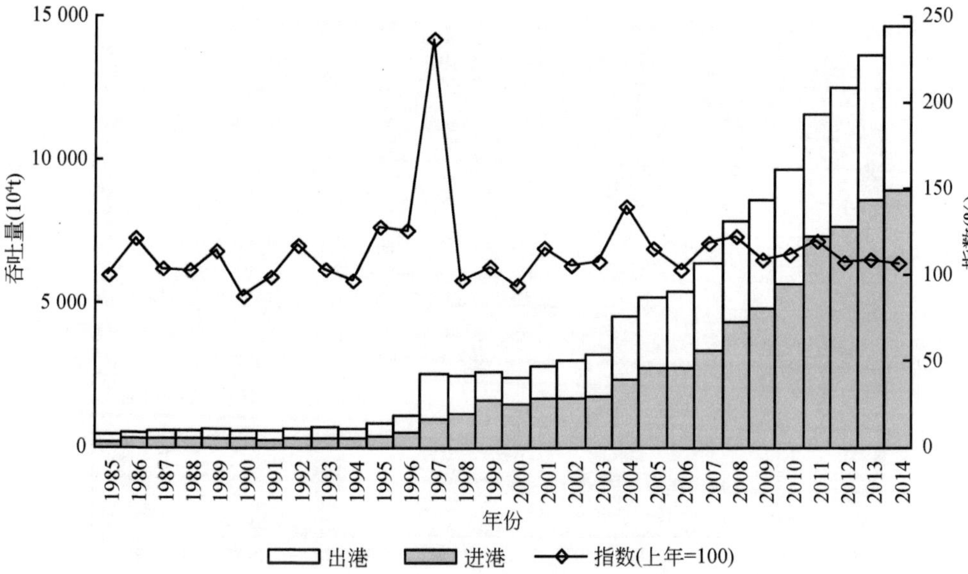

图 1-12　重庆港港口吞吐量的变化

二、现阶段长江经济带建设面临的主要问题

1. 水土开发强度呈加大态势

长江全流域平均水资源利用率约为 18%，超过流域平均水平的是下游和汉江流域，其中下游的太湖流域超过 80%，下游水资源过度开发且出现向中上游延伸的态势。根据 2003 年以来的《长江流域及西南诸河水资源公报》数据统计（图 1-13），近十余年来下游 3 省市用水量占经济带总供水量的比重下降了 2 个百分点，中游 4 省上升了 2 个百分点。从各省市人均用水量来看，上海和浙江明显下降，十余年来人均用水量分别下降了 $200m^3$ 和 $80m^3$ 左右，其次是云南，下降了 $17m^3$ 左右；其余地区均为上升趋势，上升幅度较大的是安徽、江西和江苏 3 省，十年间人均用水量分别上升了 $170m^3$、$165m^3$ 和 $160m^3$ 左右，其次是湖北、重庆和四川，上升幅度在 50 ~ $90m^3$，贵州和湖南呈小规模上升趋势，上升幅度在 15 ~ $30m^3$。

统计显示，截至 2012 年，长江流域内已建成大中小水库 5.16×10^4 座，累计总库容为 2996.57 亿 m^3，其中库容超过亿方的大型水库 246 座，累计总库容超过 2293.27 亿 m^3。如果包括蓄引提各项水利工程和工农业生产、城乡生活用水，总量已超过 9600 亿 m^3，已接近流域水资源总量。每年巨大的用水、蓄水、调水量，对维持河流正常的生态用水和航道用水产生巨大的不利影响，也不断加重水资源安全的危机态势。未来的开发还会加快加大，一是经济增长的需求，除上海外，其余地区“十三五”规划目标的 GDP 增长率超过全国平均水平 1 ~ 2 个百分点；二是防洪抗旱的严峻形势对重大水利工程提出了需求；三是能源紧张和碳减排压力对水电站建设提出了需求。这样的开发态势，在气候变化导致洪涝和干旱等极端气候呈常态化的情景下，流域水资源安全面临的不确定性程度加大，使水资源安全问题由局域化向全域化蔓延。

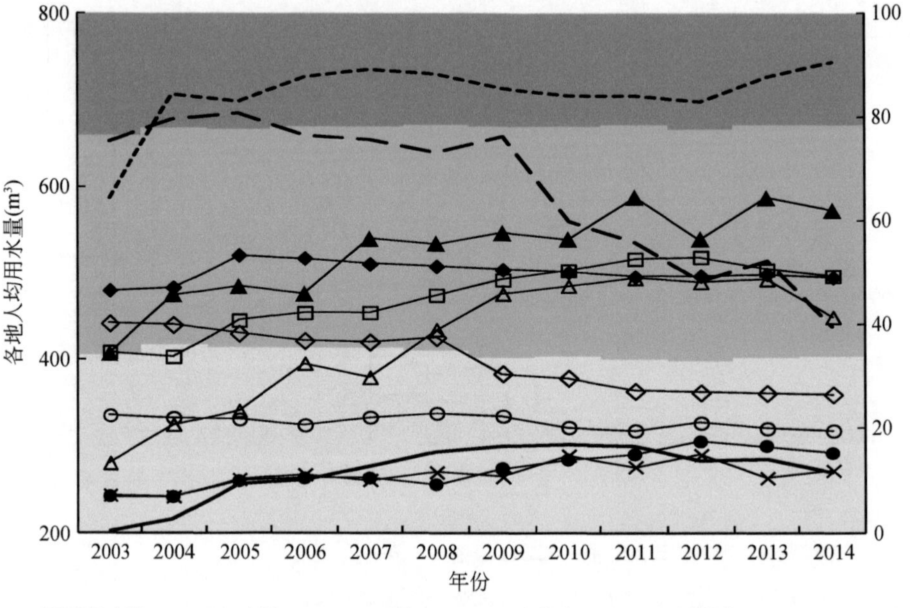

图 1-13　长江经济带各地供水量和人均用水量的变化

从土地资源来看，长江经济带可利用的土地资源总量比较丰富，但人口众多，土地资源的约束主要表现在人均可利用土地资源的潜力较小。根据《全国主体功能区规划》测算（徐勇等，2010），长江经济带的沪、苏、浙、鄂、湘 5 省市人均可利用土地资源量在全国 31 个省份中排名均处于后 10 位，其中下游 3 省市处于后 5 位，同处于后 5 位的还有北京和天津。从开发强度上看（图 1-14），上海达 38% 左右，为全国最高，江苏、浙江、安徽均超过 10%，重庆、江西、湖北、湖南在 5% ~10%。只有川滇黔 3 省在 5% 以下，其余省市均远超全国平均水平。此外，干流沿岸岸线经过多年的开发建设，几乎已没有可用的优质岸线资源供未来建设新的港口。

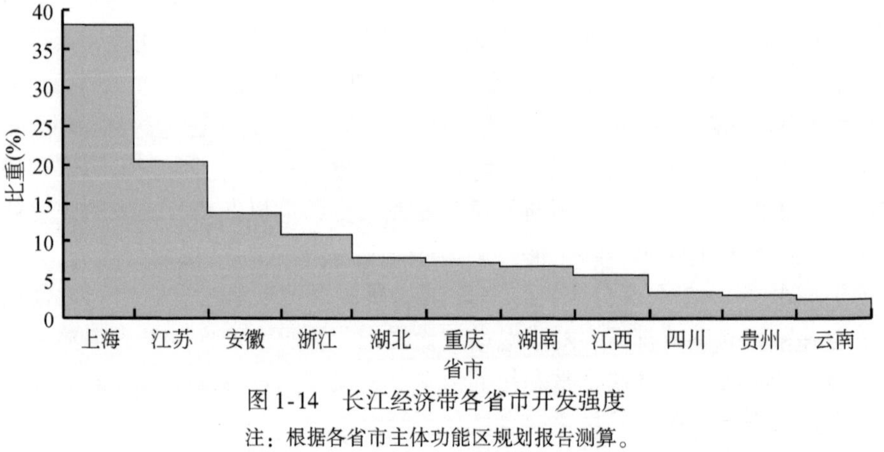

图 1-14　长江经济带各省市开发强度

注：根据各省市主体功能区规划报告测算。

2. 环境质量呈恶化态势

大气环境方面，$PM_{2.5}$对长江三角洲地区大气环境影响日益严重。2000～2013 年，浓度呈显著的增加趋势，以上海－杭州－南京构成三角形的高值区（徐建辉和江洪，2015），且有向中上游扩展的趋势。统计显示（图 1-15），2014 年长江经济带空气质量重点监测的 43 个城市中，仅有云南的玉溪市 $PM_{2.5}$年均浓度为 30μg/m³，其余 42 个城市均超标，即年均浓度超过 35μg/m³。宜昌、荆州、合肥、武汉 $PM_{2.5}$年均浓度超过 80μg/m³，南京、成都、长沙、株洲、湘潭、常德等地也在 70～80μg/m³。同时，合肥、武汉、南京、荆州、宜昌等地全年空气质量有半年的时间达不到二级标准，除上海和九江外，长江干流沿江的城市全年至少 3 个月时间空气质量低于二级标准。《2015 年中国环境状况公报》显示，长江三角洲 25 个监测城市全年空气质量平均超标天数为 27.9%，其中超过一半的天数首要污染物为 $PM_{2.5}$。此外，长江流域多年以来一直是全国主要的酸雨污染区，2015 年，浙江、上海、江西及江苏南部、重庆南部和湖南中东部是全国酸雨污染的主要分布区域，多地降水的 pH 小于 5.0。

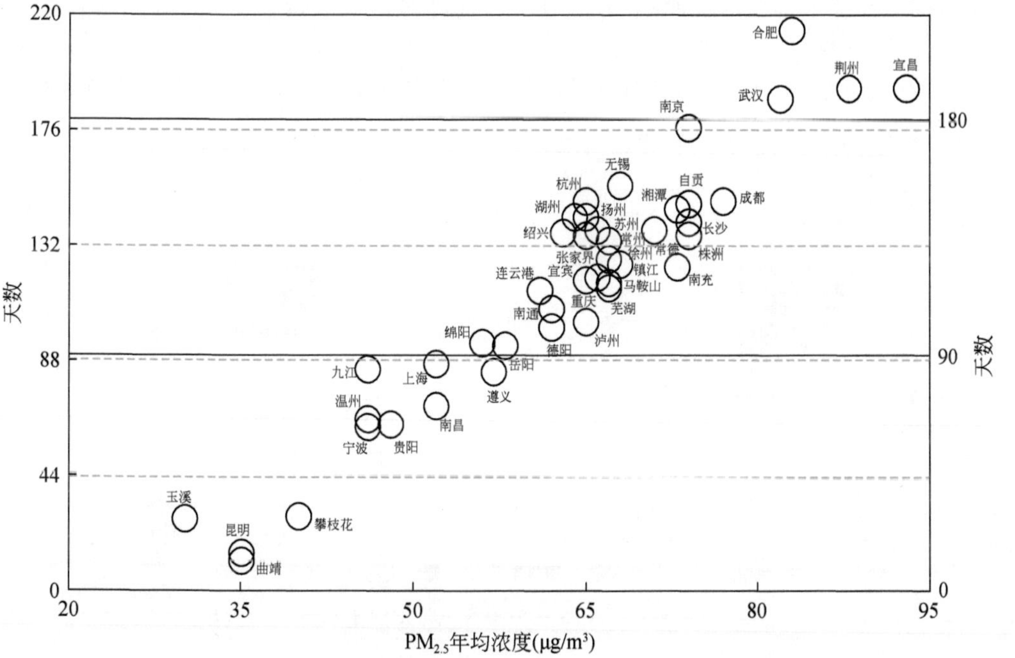

图 1-15　2014 年长江经济带重点监测城市 $PM_{2.5}$年均浓度和空气质量低于二级的天数

水环境方面，粗略统计，2000 年以来，全国每年发生的水污染事故中，将近 60% 的事故发生在长江经济带省市，其中 2/3～3/4 的事故发生在中下游 7 省市。2011 年以来，长江经济带每年的废水排放量占全国的比重都在 40% 以上，其中 40% 以上分布在下游地区，1/3 以上分布在中游地区（表 1-4）；每年的 COD 排放量占全国的 1/3 以上，其中 45% 以上的分布在中游地区。上海、南京、杭州、南通、武汉、黄石、重庆、成都等城市已成为全国水资源污染严重的城市，除杭州外，几乎都集中于长江干流沿岸地区。与此同时，长江三角洲已经出现严重的跨界水污染问题，京杭运河长三角段、太湖、长江中下游段、钱塘江段等水资源都受到不同程度的污染。

表 1-4　长江经济带废水和 COD 排放量占全国的比重（%）

地区	废水排放量			COD 排放量		
	2011 年	2012 年	2013 年	2011 年	2012 年	2013 年
长江经济带	43.08	43.30	43.00	36.25	36.31	36.48
其中：下游地区	41.98	41.06	45.34	25.53	25.29	24.93
中游地区	35.59	35.69	33.45	45.59	45.70	45.95
上游地区	22.43	23.24	21.21	28.87	29.01	29.12

近海海域环境方面，长江入海口已成为中国近岸海域污染最严重的地区之一，据《中国近岸海域环境质量公报 2015》，东海近岸海域水质极差，一半以上为Ⅳ类或劣Ⅳ类水质，其中劣Ⅳ类海水比重达 46.3%。杭州湾、长江口在全国重要海湾中海水水质最差；上海近岸海域无Ⅰ类海水，Ⅱ类海水比重为 20%，而劣Ⅳ类海水比重达 70%；浙江近岸海域Ⅰ类海水比重仅为 2%，Ⅱ类海水比重仅为 10%，将近 3/4 为Ⅳ类或劣Ⅳ类海水；江苏近岸海域水质状况一般，Ⅰ、Ⅱ类海水比重达 3/4，但仍有将近 1/5 为Ⅳ类或劣Ⅳ类海水（图 1-16）。上述海域中主要的污染物为无机氮、活性磷酸盐和溶解氧。

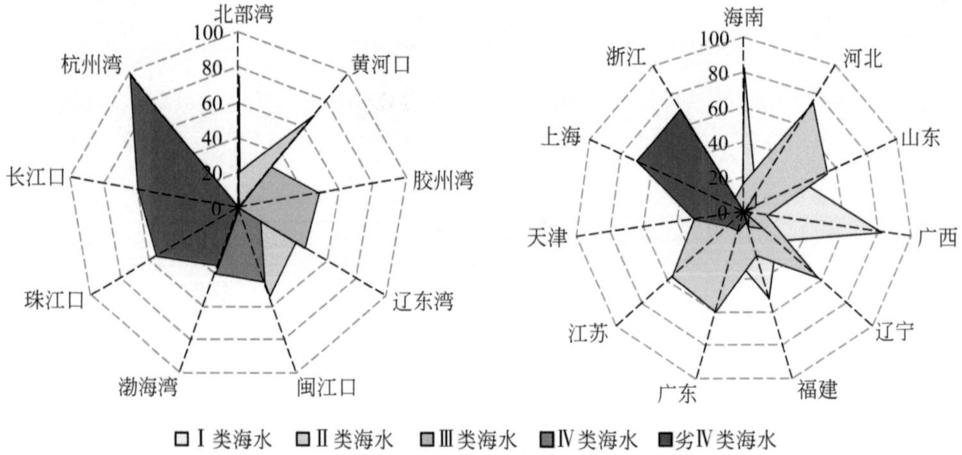

图 1-16　2015 年沿海省区近岸海水水质

3. 区域差距较大且呈现显著的梯级特征

长江经济带区域差距显著，表现为下游至上游的梯级下降特征。图 1-17 显示，长江干流沿岸地区（以拥有长江岸线为准统计，包括 2 个直辖市、25 个地级市、1 个自治州）从下游到上游，人均 GDP 和人口密度呈阶梯式下降，大致分为 3 个梯级，南京以下（包括南京）的下游为第一级，合肥—宜昌为第二级，恩施以上（包括恩施）的上游为第三级；同时，长江三角洲地区和其他地区的梯度差，比中游和上游之间的梯度差高出很多。2012 年人均 GDP 江苏及其下游江段为 8.71 万元，安徽和江西江段平均为 4.33 万元，湖北湖南江段平均为 4.64 万元，恩施及四川和重庆江段平均为 3.42 万元。人口密度苏沪江段为1393人/km²，铜陵以下的下游区域均超过700人/km²，铜陵以上的上游区域除武汉、鄂州、黄石外，均低于500人/km²，恩施及川渝江段平均为336人/km²。除“梯度”特征外，区域差距还表现为行政接壤地区的低谷特征。图1-17所示，干流沿岸地区人均GDP有两个低谷区：池州—黄冈，恩施上游，其中恩施和黄冈人均GDP均不到2万元；人口密度也是池州和恩施最低，人口密度不到200人/km²；上述区域均是湖北、安徽、重庆行政区的边缘地带。

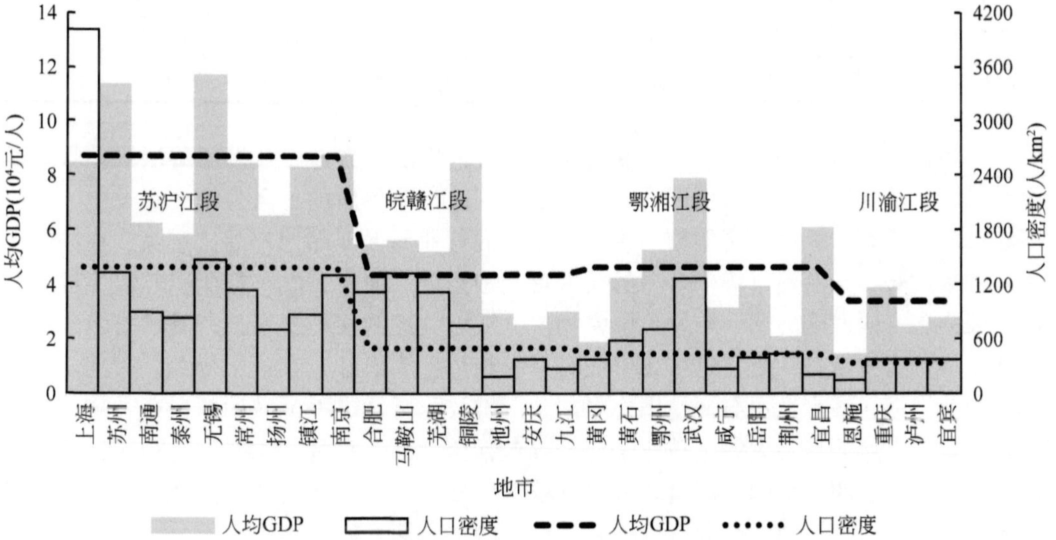

图1-17 沿江地市人均GDP和人口密度的梯级分布

区域差距的另一个特点是干流沿岸地区与外围区域的收入差距。分析位于长江干流沿岸的7省（即江苏、安徽、江西、湖南、湖北、四川、云南）的城乡居民收入可知，总体上分布在干流沿岸地区的沿江地市高于不包括干流的外围地市，这种情况以中下游表现尤为显著。表1-5显示，2012年沿江地市7省城镇居民人均可支配收入为2.36万元，与外围地市城镇居民人均可支配收入绝对差距为2451.04元，相对差距为1.12；农村居民人均纯收入二者的绝对差距和相对差距分别为1173.59元和1.14。7省中，除江西外的6个省份沿江地市居民收入均高于外围地市，其中江苏省沿江地市城镇居民人均可支配收入与外围地市的绝对差距达约1.12万元，相对差距达1.55；农村居民人均纯收入与外围地市的绝对差距达0.53万元，相对差距达1.48。四川、安徽沿江地市与外围地市的绝对差距中，城镇居民收入超过4000元，农村居民收入超过1500元；相对差距均超过1.2。

表1-5 2012年长江经济带沿江地市与外围地市城乡居民收入 （单位：元）

地区	城镇居民人均可支配收入				农村居民人均纯收入			
	沿江地市	外围地市	绝对差距	相对差距	沿江地市	外围地市	绝对差距	相对差距
7省	23 614.34	21 163.30	2 451.04	1.12	9 518.60	8 345.01	1 173.59	1.14
江苏	31 722.88	20 482.80	11 240.08	1.55	15 294.50	10 316.40	4 978.10	1.48

续表

地区	城镇居民人均可支配收入				农村居民人均纯收入			
	沿江地市	外围地市	绝对差距	相对差距	沿江地市	外围地市	绝对差距	相对差距
安徽	24 446.50	20 239.40	4 207.10	1.21	9 054.83	7 472.70	1 582.13	1.21
江西	20 330.00	20 567.60	−237.60	0.99	7 785.00	8 300.80	−515.80	0.94
湖北	18 620.67	16 897.38	1 723.29	1.10	7 976.56	7 680.75	295.81	1.04
湖南	22 111.00	20 033.77	2 077.23	1.10	8 326.00	7 873.54	452.46	1.06
四川	23 943.17	19 832.06	4 111.11	1.21	10 340.75	7 527.63	2 813.12	1.37
云南	20 549.00	18 038.22	2 510.78	1.14	5 551.00	5 217.56	333.44	1.06

区域差距的形成除了自然条件和政策因素外，现阶段各地产业发展的层级差异也是重要原因。从各地产业发展情况看，中上游地区、相对落后的地区传统产业比重大，且多以资源密集型和劳动力密集型为主，从主要的行业看，低端化产品比重大，在国际上不具竞争优势。干流沿岸集中分布的技术资金密集型产业中，汽车行业仍然以为国外品牌组装为主，研发能力弱，与发达国家相比，缺乏关键的核心技术，产品的技术水平有明显差距，自主品牌缺乏，且市场份额有下降趋势；零部件生产过于分散，市场建设滞后于产业发展，城市交通与环境压力限制。下游及主要城市群区域的新兴产业中，电子信息产业的发展面临强大的全球竞争，不仅包括美、日、欧盟等主要发达地区，也包括巴西、俄罗斯、印度等国。高端装备面临技术研发能力、产业配套能力较弱，某些智能设备领域核心技术空白，行业管理体系、产品的技术标准体系还不完善，国际化水平较低等问题。因此，考虑到国际市场的挤压因素，未来若从推动各地自身产业发展促进增长方面，实现区域差距缩小，仍面临着由于产业发展层级差异带来的效益分配不公的问题。

4. 体制机制方面的主要问题

长期以来，从政府层面缺乏把长江经济带作为国土开发的一级轴线而出台针对性强的区域发展政策。表 1-6 显示，“六五”以来，国家在区域战略方面的政策多是从东、中、西三大地带层面考虑，这符合 20 世纪末国家整体的区域发展战略，即以效率为先、支持东部地区率先发展。“九五”以来，国家发展的战略重点逐步向西部转移，但由于要素禀赋的差异经过“择先拔优”的政策实施后越来越大，东西部的发展差距越来越大。政府的区域政策除了关注优势地区外，还关注问题区域或特殊区域，如贫困地区、民族地区等，缺乏对横贯东、中、西的重点轴线区域的统筹考虑和安排。国务院颁布的《关于依托黄金水道推动长江经济带发展的指导意见》和《长江经济带发展规划纲要》实际是将长江经济带作为一个政策区域，从政府层面统筹经济带的一体化发展问题。

表 1-6　改革开放以来各五年计划（规划）时期主要的政策区域

时期	政策区域	目标关键词
“六五”	沿海、内陆、少数民族地区	效率为先
“七五”	东中西三大地带、老少边穷地区	东部地区率先发展

续表

时期	政策区域	目标关键词
“八五”	东中西三大地带、贫困地区	协调发展
“九五”	东中西三大地带、贫困地区	协调发展、消除贫困
“十五”	东、中、西、东北四大区；贫困地区	西部大开发、东北振兴、中部崛起、生态保护
“十一五”	东、中、西、东北四大区；贫困地区；主体功能区	城乡统筹、公共服务、“三农”问题、主体功能区、资源环境承载力
“十二五”	主体功能区	重点生态功能区、农产品主产区、公共服务、生态保护

除了政策以外，还有管理机构的设置问题。尽管长江三角洲合作等区域合作机制得到不断完善，但区域之间相互协调还存在一定困难，许多涉及经济带共同发展的问题，省级政府层面无法协调，如上中下游之间水资源分配与水环境保护及生态补偿问题，海进江船舶标准化与海、河港协作问题，陆路交通和水路交通资源的共享与协作问题，重大水利设施工程修建及环境影响评估问题，产业转移与资源共同开发问题，以及港口功能定位与港口资源合作开发、区域环境合作治理等其他涉及公共资源开发与共享共治的问题。对于上述问题，必须由中央政府出面，推动经济带跨省份跨区域重大事项协调的力度，或委托一个专门机构，赋予相应的权力，统筹协调上述问题，这也是国外流域开发和管理的成功经验之一。

第三节　长江经济带建设的战略目标与功能定位

一、战略优势分析

1. 内河航运地位突出，区位优势显著

长江被称为“黄金水道”，便利的内河水运条件是长江最大的优势，依托水运条件建立快捷通达的综合运输系统是支撑长江经济带一级轴线地位的最基础的要素（虞孝感等，2015）。长江流域的水域面积占全国的40%，有支流5000余条，干支流水系十分发达，内河航道长度占全国的70%。2012年长江干流年货运量达18亿t，是美国密西西比河的3倍，欧洲莱茵河的5倍。2013年，长江干线货运量达19.2亿t，连续9年排世界内河货运量第一。目前，长江干线的生产性泊位已增加到4296个，其中万吨级以上泊位达459个，为长江航运的发展提供了良好的契机。

2010年3月，随着长江口深水航道治理工程的完工，长江口通航水深从7m提高到12.5m，使船舶平均每航次可多装载货物50%～110%，大大提高了航道的通过能力，提升了长江口及长江的航运能力，对上海国际航运中心的建设起到了重要的支撑作用。统计显示，上海港的货物吞吐量和集装箱吞吐量均居世界第一。长江深水航道开通前，5万t级以上船舶几乎无法进出长江口航道，吃水大于10m的船舶，平均每天不到1艘次，而现在5万t级以上船舶平均每天超过了13艘次，吃水大于10m的船舶每天平均达到了

30 艘次。随着 12.5m 水深上延至南京，江苏沿江 250 多个万吨级深水泊位将发挥作用，对加快长江黄金水道向上延伸的进程，发挥长江“黄金水道”的作用有重要意义。

显著的区位优势一是与长江航运条件有关，二是与其地理位置有关。长江经济带连接东、中、西三大地带，具有承东启西，接南济北，通江达海的便利；加之与京沪、京九、京广、皖赣、焦柳等南北铁路干线交汇，其腹地延伸和发展空间在中国首屈一指，在全球也不多见，这是沿海、沿边及国际上其他大江大河流域所无法比拟的。

2. 经济多样化发展，制造业和金融业优势显著

长江流域地处亚热带地区，光热水资源丰富，农业多种经营历史悠久，工业化启蒙早，经济呈多样化发展，大多数产业部门在全国都具有同等重要的优势（虞孝感等，2015）。从本章第一节的分析可知，30 多年来长江经济带多项经济指标都占全国的 40% 左右，其产业优势一是表现在产业基础好，二是表现在产业发展的技术基础好。一方面说明其经济实力雄厚，另一方面说明其多样化发展的态势。从长江经济带主要产业部门增加值在全国的区位商来看（图 1-18），2011 年以后，多数产业部门区位商都在 1.0 左右。在第二产业中，因统计口径的问题，工业部门包括采矿业在内，制造业没有被分离出来，但从本章第一节分析已知其制造业优势。在第三产业中，区位商明显较高的部门为金融业，超过 1.1；区位商明显较低的部门仅有交通运输和仓储邮政业，为 0.9 左右。

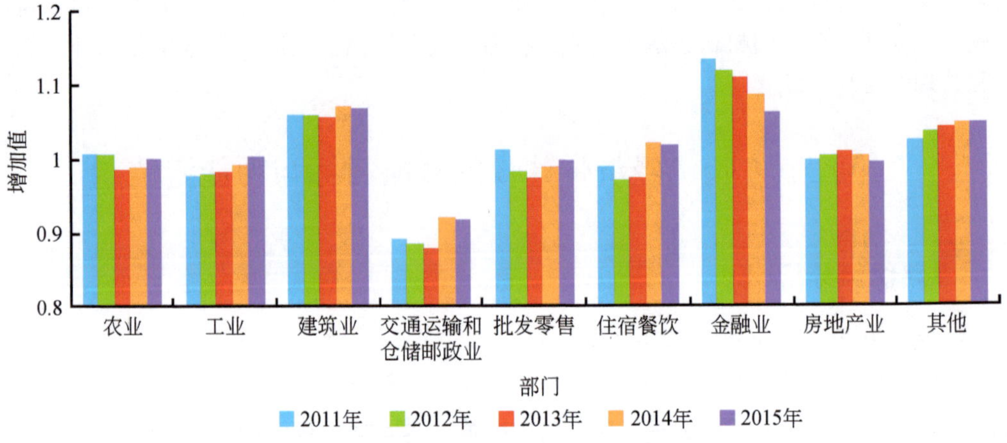

图 1-18　长江经济带主要产业部门在全国的区位商

从产业结构看，长江经济带是“二三一”结构，但已度过该结构的高值期，向更高级的产业层次迈进。近年来第二、第三产业发展较快，尤以长江三角洲和干流沿岸地区显著。2015 年第二产业产值比重为 44.38%，第三产业产值比重为 47.37%，和全国地方合计的平均值接近，略低于东部沿海地带平均水平。第二产业中，制造业地位突出，装备制造业主要行业企业单位数和产值均占全国的 45% 以上，并形成以上海为主的临港装备、船舶及海洋工程装备、民用航空产业基地；电子信息产业主要行业现有企业单位数占全国的 45% 以上，产值占全国的 55% 以上，主要集中在长江三角洲区域。汽车制造目前已有年产 1000 多万辆的生产规模，超过全国产量的 40%，已形成以上海、南京、武汉、重庆、合肥为主的汽车工业基地，上述地区年产汽车超过经济带总量的 80%，占

全国的1/3以上；其中，上海、武汉作为中国最早布局的三大轿车基地之二，年产汽车超百万辆。其他工业产品方面，家电产品占全国的60%左右，微型计算机占80%左右，纺织服装业已形成以浙江块状经济为主并和与国外品牌合作的发展态势。

在第三产业中，一是生产性服务业发展水平较高，特别是建立在综合运输网络基础上的物流业；二是金融业有显著优势。表1-7显示，2011～2015年，长江经济带金融业产值占第三产业的比重保持在15%左右的水平，既高于全国平均水平，也高于沿海地带平均水平。从地域分布来看，仅中游地区较低，东部和西部都较高。从各省市看，五年均值高于全国平均水平的有上海、江苏、浙江、重庆、四川和云南6省市，其中上海、浙江、重庆和四川还高于沿海地带。

表1-7　长江经济带金融业产值占第三产业的比重（%）

地区		2011年	2012年	2013年	2014年	2015年	五年平均
长江下游地区	上海	20.44	20.09	21.00	22.26	24.45	21.65
	江苏	12.48	13.34	14.02	15.44	15.56	14.16
	浙江	19.25	17.62	17.11	14.40	13.70	16.41
	小计	**16.48**	**16.24**	**16.59**	**16.73**	**17.10**	**16.63**
长江中游地区	安徽	10.13	10.97	11.70	14.19	14.44	12.28
	江西	9.12	9.21	9.84	12.79	13.73	10.94
	湖北	9.31	10.60	11.43	12.09	14.55	11.60
	湖南	6.65	6.71	7.15	8.33	8.65	7.50
	小计	**8.60**	**9.20**	**9.84**	**11.44**	**12.54**	**10.32**
长江上游地区	重庆	19.45	20.37	20.38	18.36	18.81	19.47
	四川	12.38	15.82	17.09	16.55	16.78	15.72
	贵州	10.69	11.15	11.61	11.91	12.88	11.65
	云南	12.32	12.78	14.17	15.53	15.97	14.16
	小计	**13.59**	**15.43**	**16.33**	**16.09**	**16.52**	**15.59**
长江经济带合计		**13.76**	**14.15**	**14.68**	**15.11**	**15.69**	**14.68**
沿海地带合计		**13.55**	**13.76**	**14.27**	**14.94**	**15.75**	**14.45**
全国总计		**12.32**	**12.77**	**13.37**	**14.18**	**15.03**	**13.53**

3. 市场化水平较高，对内对外协作的优势显著

沿长江干流分布的主要城市，历史上就是我国市场化程度发育较好的地区，商品交易活跃，人们的市场经济意识强（虞孝感，2003；虞孝感等，2015）。表1-8列出了2013年长江经济带7项反映经济市场化程度的部分指标，从中看出，除外贸依存度指标较低、人均实际利用外资低于沿海地带、万元GDP政府最终消费支出和沿海地带相当外，其余4项指标均高于全国和沿海地带水平。市场化程度高，为长江经济带尽快融入国际市场和衔接"一带一路"战略，参与国际竞争奠定了坚实的基础，也为其加快与国内其他地区协作提供了优势。

表 1-8　长江经济带市场化水平部分评测指标与全国和沿海地带的对比

指标	单位	全国 31 个省份	长江经济带	沿海地带
从业人员中个体和私营从业人员比重	%	34.42	44.88	40.38
万人个体户数	户	327.36	356.76	348.17
万元工业总产值技术市场成交额	元	1.32	1.70	1.31
万元 GDP 政府最终消费支出	元	13.13	12.54	12.44
外贸依存度	%	40.94	39.16	63.85
人均实际利用外资*	美元	139.02	145.08	245.80
单位工农业总产值社会商品零售总额*	元	24.80	30.15	21.97

*为 2010 年数据。

4. 创新发展能力强，未来增长的优势显著

创新发展能力是目前中国经济增长的最主要动力，长江经济带产业基础雄厚、技术水平高、技术工人数量多、竞争意识强，经济发展的创新能力强。表 1-9 显示，2013 年长江经济带规模以上工业企业新产品开发及生产主要指标中，除新产品出口 1 项外，其余 3 项指标都占全国比重的 1/2 左右，其中下游地区占全国比重的 1/3 左右，中游地区占 1/10 左右。规模以上工业企业 R&D① 活动及专利指标中，长江经济带专利申请数量占全国的比重超过 1/2，其余指标在 45% 左右；其中下游地区专利申请数量占全国比重超过 1/3，其余指标在 30% 左右；中游地区各项指标在 1/10 左右。长江经济带各类专利的受理数和授权数均超过全国的 50% ，其中外观设计 1 项受理数和授权数占全国比重超过 2/3，仅下游地区就占 1/2 以上，中游地区各项指标占全国的 1/10 左右。

表 1-9　长江经济带主要科技创新指标占全国的比重（%）

项目		经济带合计	下游地区	中游地区	上游地区
规模以上工业企业新产品开发及生产	新产品开发项目数	52.54	34.45	11.59	6.51
	新产品开发经费支出	48.85	32.65	11.35	4.84
	新产品销售收入	50.37	32.92	12.80	4.66
	其中：新产品出口	40.84	35.34	3.77	1.73
规模以上工业企业 R&D 活动及专利	R&D 人员全时当量	46.00	30.06	11.02	4.92
	R&D 经费	43.96	27.99	11.31	4.66
	R&D 项目数	49.69	32.28	11.36	6.06
	专利申请数	53.85	35.00	12.76	6.09
	其中：发明专利	46.74	29.01	12.45	5.29
	有效发明专利数	44.34	28.45	10.49	5.40
各类专利受理	受理数	56.47	40.05	9.16	7.26
	发明	48.49	32.19	9.94	6.35
	实用新型	52.50	33.31	11.13	8.06
	外观设计	70.53	57.75	5.63	7.16

① R&D（research and development），指在科学技术领域，为增加知识总量（包括人类文化和社会知识的总量），以及运用这些知识去创造新的应用进行的系统的创造性的活动，包括基础研究、应用研究、试验发展三类活动。

续表

项目		经济带合计	下游地区	中游地区	上游地区
各类专利授权	授权数	56.88	40.55	9.25	7.08
	发明	43.67	27.88	9.27	6.52
	实用新型	53.36	34.66	11.36	7.34
	外观设计	67.52	55.02	5.65	6.85

2014年国务院发布《国务院关于依托黄金水道推动长江经济带发展的指导意见》以来，长江经济带经济增速明显加快，2015年全国31个省份GDP增速排名前十的省份中，长江经济带有6个，分别是重庆1（排名，下同）、贵州3、江西5、湖北7、安徽和云南9，其他5省市排名分别为湖南11、江苏12、浙江16、四川22、上海25。2016年前三季度排名前十的省份中，长江经济带有6个，分别为重庆1、贵州2、江西4、安徽5、湖北8、江苏9，其他5省市排名分别为湖南13、云南14、浙江16、四川17、上海26。

5. 城镇密集，快速全面实现小康社会的优势显著

2014年长江经济带城镇化率为54.28%，与全国平均水平相当。下游地区和干流沿岸地区城镇密集，长江三角洲城市群、长江中游城市群（包括江淮、武汉、长株潭）、成渝城市群，与贵州的黔中城市群和云南的滇中城市群，一并形成经济带的“三大两小”城市群，占经济带总面积的近30%，总人口的一半以上。上海和重庆2个直辖市，均为1000万人口规模以上超大城市，另外500万～1000万人口规模的特大城市4个，100万～500万人口的大城市25个，绝大多数沿干流沿岸分布（表1-10）。

表1-10　长江经济带的城市群

城市群名称		面积（万 km^2）	辖行政区	人口（万人）
长江三角洲		10.07	65个城市，972个建制镇	10 004.3
长江中游	江淮	8.62	14个城市，523个建制镇	3 865.5
	武汉	6.04	15个城市，315个建制镇	3 024.3
	长株潭	2.81	7个城市，183个建制镇	1 365.02
成渝		19.34	20个城市，1793个建制镇	9 090.13
黔中		4.81	6个城市，231个建制镇	1 946.2
滇中		9.45	7个城市，210个建制镇	1 727.5
合计		61.14	223个城市，2434个建制镇	31 022.95

表1-11显示，长江经济带城镇密度较高，2013年城镇个数为453.56个/10^5km^2，高出全国平均水平的2倍多。从城乡公共基础设施配置及服务的情况看，城市指标中，除燃气普及率外，其余指标均低于全国平均水平；镇指标中除用水普及率、燃气普及率、污水处理率3项指标外，其他指标均高于全国平均水平；乡指标中，除人均道路面积和绿化覆盖率2项指标外，其余指标均高于全国平均水平。从区域分布来看，下游地区绝大多数指标高于全国水平，有些在沿海地带也很突出；中西部8省市除个别指标外，其

余均低于全国平均水平。

表 1-11　2013 年长江经济带城镇密度及城乡公共基础设施与沿海和全国的对比

项目及指标		长江经济带			长江经济带小计	沿海地带	全国平均
		东部	中部	西部			
城镇密度	地级市密度（个/10^5km^2）	11.39	7.38	2.81	5.26	9.25	2.97
	县级市密度（个/10^5km^2）	20.88	7.95	2.90	6.48	14.48	3.82
	镇密度（个/10^5km^2）	732.65	515.37	342.48	441.83	609.57	209.06
	市镇合计（个/10^5km^2）	764.92	530.70	348.19	453.56	633.31	215.86
城市指标	用水普及率（%）	99.89	97.80	94.70	97.24	99.40	97.29
	燃气普及率（%）	99.80	94.57	82.29	91.53	98.53	90.67
	公共交通车辆（标台/万人）	13.63	10.63	11.84	11.89	14.44	12.41
	人均公园绿地面积（m^2）	11.18	11.60	12.81	11.93	12.74	12.28
	万人拥有公共厕所（座）	3.39	2.29	2.49	2.66	2.73	2.94
镇指标	用水普及率（%）	66.23	91.46	85.87	82.55	77.61	88.41
	燃气普及率（%）	65.40	78.06	61.17	68.46	73.85	71.03
	建成区供水管道密度（km/km^2）	12.41	9.75	10.78	10.85	10.16	10.15
	建成区排水管道密度（km/km^2）	8.29	8.31	8.45	8.35	6.98	7.35
	污水处理率（%）	54.03	78.74	73.87	70.23	68.09	72.29
	绿化覆盖率（%）	26.13	31.30	28.08	28.72	28.76	28.46
	建成区绿地率（%）	23.96	26.70	23.93	24.94	25.41	24.24
	生活垃圾处理率（%）	66.05	90.57	82.43	80.92	74.25	80.42
乡指标	供水普及率（%）	91.68	62.80	75.54	75.31	83.06	72.62
	燃气普及率（%）	73.75	30.30	14.44	36.38	53.31	30.88
	人均道路面积（m^2）	16.76	11.16	10.32	12.38	14.23	13.17
	排水管道暗渠密度（km/km^2）	9.22	4.74	4.62	5.92	5.91	4.37
	人均公园绿地面积（m^2）	4.50	1.53	0.37	1.91	2.38	1.42
	绿化覆盖率（%）	24.41	13.22	8.08	14.40	21.21	14.47

二、战略目标和功能定位

长江经济带建设的总体战略目标是成为中国国土开发利用和保护的一级轴线，从改革开放以后的建设来看，一级轴线的发育还不成熟。一级轴线是对经济社会要素空间布局的概括，不仅包括经济发展的目标，即人均经济总量、经济增长速度、产业结构等，还包括城镇化目标、社会发展目标、生态保护目标等。围绕“生态优先、绿色发展”的指导思想和“创新、协调、开放、绿色、共享”的发展主题，长江经济带应坚持保护为先、创新驱动、开放合作、公平发展、整体协力的发展原则，推进一级轴线战略定位目标的提升。

《国务院关于依托黄金水道推动长江经济带发展的指导意见》提出长江经济带的“四带”战略定位，即具有全球影响力的内河经济带，东中西互动合作的协调发展带，沿海沿江沿边全面推进的对内对外开放带，生态文明建设的先行示范带。2016年《长江经济带发展规划纲要》出台，按照中央确定的“生态优先、绿色发展，共抓大保护、不搞大开发”“创新、协调、开放、绿色、共享”的精神，确定“保护为先、创新驱动、开放合作、公平发展、整体协力”的基本宗旨和总体原则，调整了“四带”的顺序，并以“创新带”替换“开放带”，故而形成生态文明建设的先行示范带，引领全国转型发展的创新驱动带，具有全球影响力的内河经济带，东中西互动合作的协调发展带。“四带”战略定位既是对长江经济带战略目标和发展方向的指示，也是对其未来综合功能的指示。

长江经济带的建设首先需要围绕一级轴线来确定战略功能定位；其次，以“四带”战略作为新时期及未来建设的指示方向，完善经济带的四大战略功能。

第一，按照“生态文明建设的先行示范带”的战略定位，长江经济带应承担全国生态文明建设的保障与服务功能。生态文明是全球可持续发展的核心目标，生态文明建设是当前及未来中国国家治理体系的核心内容之一。对于占全国1/5面积，横跨东、中、西，连接沿海和内陆的长江经济带来说，更是重中之重的战略目标。实施生态文明建设是长江经济带落实资源环境保护战略，建设绿色、低碳经济社会体系的长期任务。

第二，按照“引领全国转型发展的创新驱动带”战略定位，长江经济带应承担全国创新产业集群发展的主阵地功能。转型发展是中国现阶段经济社会发展的重大战略，转型发展需要创新思维。长江经济带要想彻底夯实一级轴线的地位，需充分发挥其在历史上积蓄的知识资源、人才资源、技术资源优势和产业发展优势，长期树立创新意识，以创新为动力，驱动经济带经济社会的持续发展。

第三，按照“具有全球影响力的内河经济带”的战略定位，长江经济带应承担横跨东西的经济走廊和开放高地功能。国际竞争力的提升要以创新为驱动力，以增强综合经济实力为基础，以广泛和深度的开放与合作为平台。长江经济带要在创新引领的同时，充分利用长江黄金水道的优势，切实增强综合经济实力，多方位开展对外开放和合作，提升国际影响力，推动战略功能的落实。

第四，按照“东中西互动合作的协调发展带”的战略定位，长江经济带应承担区域协调发展和梯度战略实施的支撑平台功能。区域协调发展是中国自20世纪末期就开始实行的宏观战略，旨在推进改革开放初期确定的梯度转移战略。区域协调发展包括大区域之间的协调（如东、中、西部，上中下游）、发达地区（行政单元）和落后地区之间的协调、不同功能地域之间的协调（如城乡、工农业区域），目的是逐步实现全社会的共赢发展、公平发展。

三、功能构成与功能建设

（一）生态文明建设的保障与服务功能

生态文明建设以人与自然、人与人、人与社会和谐共生、良性循环、全面发展、持续繁荣为基本宗旨，生态文明建设包括人类活动在政治、经济、社会、文化的各方面和全过程，其重点目标是形成一个合理开发利用自然资源、保护自然服务功能、促进人类社会健康发展的理想模式。长江经济带生态文明建设的保障与服务功能主要以资源和生态保护、环境治理、低碳经济与社会文化建设为重点内容。

1. 功能构成

1）淡水资源供给保障功能——南水北调沿线生产生活用水供给保障区，具有“中华民族水塔”意义的水源涵养区，中国亚热带湿地生态系统水源供给区，四大国家级城市群城市饮用水供给保障区。

长江流域目前担负着超过全国1/3的国土面积、1/2的人口和经济总量的生产和生活用水的供给，今后一段时间，长江流域依然是全国重要的淡水资源供给地区；不仅如此，长江源区和一级支流的源区是中华民族的水塔，因此长江经济带生态文明建设的首要功能是全国淡水资源的供给保障。但对于长江流域来说，满足经济带建设日益增长的水资源需求已属不易，而且虽然洪涝灾害仍然是长江中下游主要的自然灾害，但近年来频繁出现的干旱和湖区干涸已愈演愈烈。因此，从长远看，尽最大可能保障长江足够的生态用水，特别是中下游淡水湖区和入海径流，更加慎重地实施大规模的截水或调水工程，对保护长江的淡水资源尤为重要。

2）生态系统及物种多样性保障功能——中国亚热带森林、湿地、农田生态系统，以及淡水鱼类、湿地鸟类、作物物种和遗传多样性保障区域。

长江经济带是中国生态系统、物种、遗传多样性程度极高且最丰富的地区之一，秦岭-大巴山区、武陵山区、川西滇西高山峡谷、两湖平原湿地等区域是具有国际意义的生物多样性资源分布中心，神农架地区是世界上主要农作物八大起源中心之一，长江流域是中国四大家鱼种质资源最丰富的地区。长江经济带生态系统及物种多样性保障功能建设的好坏，不仅关系全国，也关系全球范围生态系统的安全。

3）亚热带自然景观多样性供给功能——地貌景观多样性保护与供给区，内陆湿地景观多样性保护与供给区。

长江经济带由东到西从沿海到内陆，地貌景观类型丰富，各类海蚀、河积、湖积的平原、台地，不同成因与组分的山地和丘陵，沿海近岸潮滩、长江干流和一级支流的江心洲，不同成因的湖泊，以及人工水面，景观各异且奇特。张家界、黄山、三峡、喀斯特等均是世界稀有的景观类型，是极重要的世界自然遗产。

4）农产品供给功能——以双季稻为主的优质水稻生产与供给区，以优质弱筋和中筋小麦为主的优质专用小麦生产和供给区，以优质棉花、“双低”优质油菜、优质烤烟、优质茶叶为主的经济作物生产与供给区，以生猪、家禽为主的畜产品生产与供给区，以淡水鱼类、河蟹为主的水产品生产与供给区。

长江经济带是中国主要的双季稻、冬小麦、棉花、生猪、淡水鱼类的生产地区，具有水热条件、种质资源和劳动力优势，以及相应的技术基础，面临农业生产和农产品供给在全国地位的下降，农业生产空间向上游和山区的转移，近期农产品供给功能依然会以具有地方特色且相对优质的农畜产品为主，长远应通过优化产品结构和空间布局，逐步提升其农业基地的功能。

5）洪涝灾害防御功能——全国主要的洪涝灾害防御区，全国重要的水土流失控制区。

长江经济带自然灾害种类多，影响范围广，每年因各类自然灾害影响的人口和直接经济损失大致与其人口和经济总量占全国的体量相当。洪涝灾害是经济带最主要的灾害，每年一半左右的农业受灾面积缘于洪涝灾害，每年因洪涝灾害造成的农业受灾面积占全国同种灾害受灾面积的40%左右。长江经济带97%的区域面积土壤侵蚀敏感，其中高度敏感和极敏感区域占经济带面积的1/5，中度敏感以上区域占1/3，也就是说，至少有1/3的区域面积水土保持的重要性显著；经济带每年水土流失治理面积约占全国的1/3，长江三峡水库以上流域是中国水土流失防治的重点地区，渝滇黔交界地区是中国石漠化防治的重点地区。

6）文化多样性服务功能——亚热带平原和山区农耕文化保护与服务，亚热带特色村落建筑文化保护与服务，长江系和云贵系民族语言文化资源保护与服务。

长江经济带是中华文化文明最发达的地区之一，长江中下游平原的稻田养鱼、云南的哈尼梯田是享誉全球的农业文化遗产，具有地方特色的江南小镇、中上游山区的民族村落是中国乃至世界文化遗产中的重要组成部分，以吴越文化、荆楚文化、巴蜀文化为代表的汉文化和以云贵地区为代表的少数民族文化历史悠久，在汉语体系乃至中华文明形成过程中发挥了重要的作用。

2. 功能建设

按照国务院“生态文明建设的先行示范带”的战略要求，长江经济带需要从探索建设一批可以推广复制的示范区开始，逐步提升全国生态文明建设的保障和服务功能。

1）循环经济示范——以国家级高新技术园区建设为主，以创新发展为契机，高起点实施绿色发展战略，走低耗型、低碳型、零排放发展路径，率先探索循环经济发展之路。以严格控制开发强度、控制污染物排放为基本要求，鼓励省市一级政府借助全球技术和智力资源，开展循环经济产业示范，探索循环经济发展经验和推广路径。在两湖平原、成都平原等国家级农产品主产区，以及耕作业和养殖业发展基础好的地区开展循环农业示范，探索种植业和养殖业循环经济发展路径。在三大城市群、特色小城镇、重点旅游区、重大基础设施建设领域，开展绿色出行、低碳消费、生态旅游示范，推行低碳生活方式，探索集约高效型城市（镇）群建设、基础设施建设和运行机制。

长江经济带具有资源节约集约型产业发展的历史基础，其单位经济产值的能源消耗、水土资源消耗普遍低于全国平均水平。但上中下游之间、城乡之间差异较大，下游及三角洲地区、干流沿岸地区、城市群地区普遍水平较高，中上游地区仍然为资源和能源高耗型、污染物高排放型产业发展模式。因此，未来在功能建设上要根据不同地区的发展阶段、发展要求，选择相应的模式。

2）国土空间管治与高效利用示范——深入实施主体功能区规划，严格按照不同主体功能区域的国土空间管制要求，有序实施资源开发与生态环境保护。主体功能区规划是现阶段建设生态文明，推进国土空间合理开发、科学利用、有效保护的重大制度安排，未来的实施还需要进一步细化规划的空间单元，完善地域功能体系。

按照主体功能区规划下一阶段的部署，需要通过与城市规划、土地利用规划及其他相关空间规划的协调整合，形成国土空间规划“一张图”。在长江经济带相对发达的省份，较早地开展了国土空间规划“一张图”的示范。未来需要从体制机制层面，进行相应的规划制度建设，推动大城市区域、省市级行政区域“三规合一”“多规融合”的空间规划，逐步完善国土空间的科学管治，实现国土空间要素的优化配置与高效利用。

3）生态系统整体性保护示范——以太湖为重点，加大下游湖区整治和保护力度，开展湖-农-城生态系统协调发展与保护示范；以鄱阳湖为重点，推进鄱阳湖生态经济区的建设，开展中下游山-河-湖-农生态系统协调发展与保护示范；以三峡水库为重点，总结水库建设以来的经验和教训，开展山-库-城生态系统协调发展与保护示范；建立长江山水林田湖（城）综合整治与保护示范体系，探索长江流域生态系统完整性保护与修复路径。

自20世纪末以来，长江流域陆续实施了一批以控制水土流失、保护森林和湿地生态系统的工程措施，如天然林保护工程、长江防护林工程；葛洲坝工程、三峡工程建设和实施以来，开展了一系列以库区森林保护、土壤侵蚀控制为主的生态保护研究和示范；“十一五”期间，建立了鄱阳湖生态经济区。以上举措，为长江流域生态系统的保护研究奠定了基础，今后应借助示范区的建设，由点及面，逐步实现整个流域山水林田湖（城）的协调发展。

4）环境综合治理示范区——以长江三角洲为主要区域，以 $PM_{2.5}$ 排放控制为重点，开展大气环境污染物排放和综合治理示范；在现有的太湖水环境综合治理工程的基础上，探索跨区域污染物排放控制途径、体制和机制，开展太湖流域污染源控制和水环境修复示范；以长江口和杭州湾为重点，实施近岸海域环境修复工程，开展海域污染源控制和环境修复示范；按照污染源来源、区域功能类型，在长江沿岸地区主要城市开展污染物控制和环境治理示范，探索长江流域环境综合治理路径。

长江经济带以长江流域为纽带，共享长江水资源、岸线资源、海港与河港资源，沿江各地资源共享的体制机制正在逐步建立和完善，而环境共管共治的体制和机制建设基本处在空白，环境恶化正在呈加速发展态势，$PM_{2.5}$、城市黑臭水、近岸海域水质劣化、土壤污染、湖泊富营养化、酸雨是经济带目前亟待解决的六大环境公害，有些在全国范围分布也比较普遍。这些环境公害在长江流域相互交织、相互影响，需要通过全方位的污染物控制和环境综合治理才能有效解决。

（二）创新产业集群发展的主阵地功能

长江经济带在中国转型发展中的创新优势主要体现在三个方面：一是以精细化工、汽车、造船为主的产业发展历史长、规模大，在产业配套协作和产业链延伸方面积累了丰富的经验，有利于在攻克产业升级换代关键技术方面占得先机，推动传统产业创新发展；二是形成了一批大中型企业和有一定技术经验的产业工人，有利于在企业创新方面占得先机，推动战略新兴产业发展；三是以科研院所、高校为主的智力资源充裕，有利于在攻克原创性技术方面占得先机，不断推动源头创新。

1. 功能构成

1）全国创新型产业集群分布中心——传统产业创新集群分布中心，技术知识密集型产业创新集群分布中心，战略新兴产业发展的策源地，具备全球领先水平和持续创新能力的产业集群分布中心。

创新是产业转型升级、持续发展的原动力，长江经济带传统产业的集群优势主要集中在以石油为主的能源化工、以钢铁为主的原材料工业等资本密集型企业和以轻纺产品加工、农产品加工为主的劳动密集型企业等产业部门。技术密集型企业的集群优势主要是精密仪器仪表、精细化工、装备制造等产业部门。在战略新兴产业领域，目前已在新能源汽车、新型建筑材料、新型化工材料等方面具备一定基础。长江经济带的产业集群还有一个特点是中小企业、民营企业、私营企业较多，如浙江的“块状经济”，这类企业创新意识强，能根据市场需求及时调整经营方向，但也面临技术、知识资源投入少，国际竞争力不强的问题。

2）产业原创性技术研发基地——传统产业转型升级关键技术突破与试验示范基地，高端装备制造业原创性技术研发基地，绿色航运业原创性技术研发基地，现代物流业和信息产业原创性技术研发中心，精品农业原创性技术研发中心。

创新产业集群的建设不仅要求产业配套体系的完善，更主要的是需要原创性技术支撑。长江经济带目前在其传统优势行业中已经形成一定规模的配套产业，且培育出一批大中型企业，目前的问题是多数企业主要采用相对成熟的外来技术和设备，一些外商投资和中外合资的企业也主要是采用国外技术，已形成产业集群的一些中小企业，多数也是以经营国外品牌为主。总体来看，引进技术和设备投入高，本土企业技术革新投入少。要摆脱上述局面，一方面在传统优势行业中加大技术革新的投入，提高技术和知识成本份额；另一方面加快培育战略新兴产业中原创性技术企业的成长和发展。

3）全国创新产业培育基地——全球重要的发明专利申报与登记中心，世界一流高等院校和科研院所集聚地，全国重要的科技成果转化基地，全国智力资源开发与交流中心。

创新环境是创新型产业集群生存的土壤，优良的创新环境包括有效的制度安排、完善的市场机制和活跃的智力资源。长江经济带市场化程度比较高，企业在创新方面的需求强烈。上海、南京、杭州、武汉、重庆、成都等地聚集了一批国内一流的高等院校和科研院所，智力资源比较丰富。在精准农业、精细化工、电子元器件、轻工制造等行业，已经形成比较畅通的科研或技术发明成果转化渠道，但多数行业科技成果的转化渠道还不畅通，知识产权保护的一些重要环节缺位，多数大中型企业依然是以自身技术人员的研发为主，整体智力资源的合作与共享优势还未受到重视。

2. 功能建设

按照国务院“引领全国转型发展的创新驱动带”的战略要求，长江经济带需要在全国率先实施转型发展、创新发展，攻克产业转型的关键技术环节，突破新兴产业发展的重大技术，探索产业转型模式、新兴产业发展模式和产业创新环境建设模式，牢固其在全国的创新产业集群功能，引领全国转型发展、创新发展。

1）率先攻克传统产业转型的关键技术——主要包括传统产业降能降耗的关键技术、传统产业原料与废弃物多重和循环利用的关键技术、传统产业减排降污的关键技术、传统产业循环经济发展模式。

长江经济带最迫切需要转型的传统产业多是一些耗能耗水、占地面积大的资本密集型企业，如钢铁、化工、有色金属、建材等，这些企业发展规模普遍比较大，企业转型涉及面广，面临诸多技术难点，其产品质量也难以满足产业链下游以汽车和造船为主的制造业转型升级的要求。目前最迫切的任务首先是如何从降耗减排开始，建立循环经济发展模式，逐步提升产品质量，满足产业集群建设的要求。

2）率先突破战略新兴产业发展的重大技术——主要包括产业标准化生产技术，产业协同发展集成技术，产业节能与环保技术，数字化技术。

长江经济带具有发展潜力的战略新兴产业除目前已具备一定基础的高端装备、新材料和新能源汽车外，还有新一代信息技术、生物医药、节能环保和新能源等产业，主要分布在上海、苏州、南京、合肥、武汉、重庆等地。目前新兴产业的发展许多还在起步探索阶段，未来会向集群化发展。标准化生产是基础，如在装备制造业中新能源汽车、新型环保船型及标准件的生产，信息技术产业中智能芯片、智能终端的数字化与柔性化设计等，是目前需要不断完善的环节。此外，在新能源、生物医药、新材料行业，如清洁能源、海水综合利用、绿色安全农产品等产业，不仅需要节能环保技术保障，也需要健康安全产品的生产技术保障。

3）率先实施创新型产业集群的软硬环境建设——主要包括产业孵化地建设，知识产权保护建设，专利应用前景与风险评估分析服务体系建设，数字化平台建设，产品推广网络建设，投融资平台建设，创新人才培育体制建设。

软硬环境建设是促进创新型产业集群快速、健康成长的保障。硬环境方面，中下游及沿江城市群地区，在基础设施建设、产业孵化地建设方面走在前列；软环境方面，除长江三角洲地区外，整体建设滞后。未来在进一步提升硬环境支撑能力的同时，加大软环境的建设，重点考虑如何利用互联网的发展，提高产业信息化服务、投融资服务和风险评估服务的支撑能力。

（三）横跨东西的经济走廊和开放高地功能

长江黄金水道的功能建设不仅要考虑水资源供给和航运功能，以及支撑该功能的生态服务和陆路大通道功能，还要考虑依托水资源、交通条件、区位优势的经济发展功能、要素集聚功能和对外联系的窗口功能。

1. 功能构成

1）中国新一轮经济增长的主要区域——主要包括产业发展要素聚集的主要区域，内外贸易发展的主要区域，现代化经济体系建设的重点区域。

要形成具有国际影响力的内河经济带，需要进一步提升经济发展要素的集聚能力，提高整体现代化水平。未来依然要以长江干流和沿江城市群区域为主，首先提升人口与产业的集聚能力，培育新的增长极和增长带。其次，通过完善综合运输网络，整体提升黄金水道功能，拓展进出口贸易领域和区域范围。最后，推进农业、工业和物流业的现代化水平，打造新时期的现代农业发展走廊、现代工业发展走廊和现代物流业发展走廊，巩固和提升一级轴线的经济功能。

2）“一带一路”双向开放的主通道——主要包括国际港口群，国际金融中心，国际口岸的主要分布区，东、中、西部纵向联系的交通主枢纽。

国际港口群以上海国际港为中心，整合长江干流、三角洲干支流内河港口资源，形成统一调度、利益共享的海河联运机制。国际金融中心以上海为主中心、重庆和武汉为副中心；国际口岸东部以上海为主，中部以武汉为主，西部以重庆、成都、昆明为主。东、中、西部纵向联系的交通主枢纽主要以位于纵横交通干线的枢纽城市为主。

3）全球重要的总部经济区——主要包括以高端装备为主的制造业总部经济区，以知识和技术资源开发为主的战略新兴产业总部经济区，地方特色优势产业总部经济区。

总部经济区是为一种或多种产业提供技术咨询服务、经营管理服务和知识交流服务、文化交融服务的经济区域。长江经济带目前的总部经济区如上海的陆家嘴金融贸易区，以金融服务、研发设计、物流等业态为主，是以政府引导为主要模式的总部经济区；重庆解放碑中央商务区，包含多种优势产业，是政府和市场双重引导模式的总部经济区；另外，南京、武汉、杭州、成都、长沙、合肥、贵阳、昆明等多个城市也建有总部经济区。总部经济区的建设既要关注聚集产业的地方特色与优势，也要关注产业之间的关联性和层次性，还要同时兼顾产业发展规模的增长和结构水平的提升；既要关注产业发展的服务需求，也要关注从业人员的生活休闲和便利出行需求。

2. 功能建设

按照国务院“具有全球竞争力的内河经济带”的战略要求，长江经济带首先应从提升区域影响力入手，再逐步增强核心竞争力。区域影响力既包括经济发展硬实力，也包括文化、环境和公共服务等软实力。

1）提升产业影响力——主要包括主导产业影响力，特色产业影响力，产业集群影响力。

产业影响力是经济发展要素集聚能力提升的重要条件，长江经济带未来要形成中国重要的经济走廊，在大力推动产业转型和创新产业发展的同时，不断提升相关产业影响力。一是不断挖掘主导行业、特色行业的优势资源，实现生产规模的增长和产品质量的提升；二是利用市场机制，整合各地产业发展的基础资源，形成同构产业部门间的错位发展，增强各地同类产业的合作与协作，推动优势产业集群的成长。围绕高端制造业基地、现代服务业和现代农业的发展方向，提升机电、汽车、造船、服装等传统产业和新型建筑材料、新型化工材料、新能源和航天工业等新兴产业的集群影响力。

2）提升品牌影响力——主要包括产品品牌影响力，企业品牌影响力，企业家品牌影响力，地方品牌影响力。

品牌影响力是企业生命力的根本，也是地区经济长期稳定增长的基本保证。品牌影响力最重要的是产品品牌，从产品品牌推衍出企业品牌、企业家品牌和地方品牌。长江经济带自古以来经商的人员较多，在全国赢得了一些荣誉，如“浙商”“徽商”，是对浙江人、安徽人善于经商的称誉，长江三角洲地区和干流沿岸地区在历史上也有一些著名的轻纺工业品牌，其中以上海制造的轻工产品最为知名。改革开放初期，在苏南、浙江沿海，形成了一批在全国有一定影响力的企业与产品，有一些企业因为产品质量的原因被逐步淘汰。未来的品牌建设需要企业品牌的提升，通过对产品品牌、企业品牌的培育，建立以企业及其产品品牌为根基的地方品牌，逐步完成从“浙商”“徽商”……，到“浙企”“徽企”……，再到“浙江制造”“安徽制造”……的转变，在全国形成“属地制造”的品牌，在世界形成“中国制造”的品牌。

3）提升门户城市影响力——主要包括城市经济影响力，城市综合服务影响力，城市文化影响力，城市环境影响力。

门户城市是对外对内开放的窗口，长江经济带的内外开放窗口东部以上海、杭州、宁波为主，与长江三角洲地区和沿海地区的其他开放城市一起形成沿海开放高地；中部以武汉为主，与合肥、长沙、南昌及沿江开放城市一起形成中部内陆开放高地；西部以重庆、成都、昆明为主，与贵阳及沿边开放城市一起形成西部内陆和沿边开放高地。门户城市的经济影响力主要体现了城市对经济发展要素的集聚和辐射功能，城市综合服务、文化和环境影响力主要体现了城市的活力和包容力，反映了城市的软实力。

（四）区域协调发展和梯度战略实施的支撑平台功能

长江经济带是未来推动中国区域发展梯度战略转移的主通道，也是率先在较大空间尺度实施区域协调发展的区域。以航运为纽带，长江经济带上中下游长期的经济协作由来已久，公共服务共建共享也在部分区域渐成气候。支撑平台的建设一是总结以前经济协作中的成功案例，为逐步实现产业有序转移和产业结构升级提供经验，二是以缩小区域发展差距、公共环境治理为目标，在跨区域公共服务、生态环境保护等方面率先实践。

1. 功能构成

1）产业梯度转移支撑平台——产业梯度转移包括产业实体转移、产业经营要素转移、产业技术转移、产业运营模式转移和市场转移等。其支撑平台功能是为产业梯度转移提供可行性、可控性及环境影响分析，包括产业转移的关键技术咨询、发展模式选择、发展战略策划、政策需求分析、经济效益核算等方面的服务。

众所周知，长江三角洲地区早已面临土地资源供给不足的限制，2008 年全球经济危机以来，浙江、苏南的部分企业已在全国甚至全球寻找新的区域，实施产业转移，在长江经济带区域，下游地区传统产业在向上游转移的过程中也探索了一些可行的模式，如异地 GDP 核算方法、“企业飞地”建设的机制和政策等。但也有不少问题需要进一步研究，如传统高耗能高排放企业在向周边区域转移过程中产生的环境污染扩散效应，农业产业向山区、上游地区转移的过程中产生的主粮作物供给保障安全和生态效应等。

2）跨区域公共服务一体化和共享支撑平台——公共服务一体化和共享主要包括交通、能源、通信等基础设施的一体化和共享，教育、医疗、社会保险的一体化和共享等。其支撑平台功能主要是为一体化建设提供相关技术服务，为共享提供运营机制、管理模式和政策需求等方面的探索和咨询服务。

长江经济带的城市群区域，特别是三角洲地区，跨行政区域的以交通为主的基础设施一体化建设和共享已有一定基础，其他方面在单个行政区域内部也有成功的经验，如上海市内、浙江省内，但在省市级行政单元之间，发展相对滞后。主要原因是行政体制，但区域之间发展差距过大、产业结构相似引起的竞争性多于互补性，以及公平意识在政府和社会基层中是否深入人心也是重要的原因。

3）生态价值评估与补偿核算平台——主要包括以森林和湿地生态系统为主的生态资产核算、过境水资源量和环境质量标准制订、水资源补偿核算、水电资源开发补偿、跨流域（区域）供水水资源价值评估与补偿核算等。其支撑平台主要为技术服务、核算标准制订和可控性分析服务等。

长江干流与支流上游山地森林生态系统、中下游湖区及河道中的沙洲和滩地湿地生态系统在保护流域生态、洪涝灾害调节、水土流失控制方面发挥了极为重要的作用，由于长期以来以追求GDP增长为目标的开发建设和对生态系统公共服务价值的认识不足，森林和湿地生态系统的服务功能大大减弱。上游的开发活动主要为开矿和垦殖，以及某些以破坏原生森林系统为代价的经济林种植，中下游湖区及河道两岸湿地的开发活动主要为围垦和以居住与产业为主的建设活动，中下游湖区面积持续缩减，干流两岸湿地也被港口、开发区和住宅区占用，生态系统原貌已不复存在，流域整体的生态服务价值大为减小。作为流域整体生态系统而言，保持足够的生态用水是发达国家流域开发的重要经验，随着人口产业的集聚，长江流域的水资源会越来越紧张，仅仅是进行上游截水、调水的环境影响评估是不够的，要整体分析水资源的经济价值和生态价值、短期效益和长期效益，建立水资源调配方案，开展水资源价值补偿核算，完善水资源的科学、合理利用机制。

4）跨区域环境综合治理决策支持平台——主要包括大气和水环境的跨区域协同治理、跨界污染物控制和排放标准的制订、土壤环境的跨区域协同治理、近岸海域环境的跨区域协同治理等。支撑平台主要是协同治理技术的研发、污染物排放标准制订及可控性分析、环境修复技术的研发与推广等。

2. 功能建设

按照国务院“东中西互动合作的协调发展带”的战略要求，长江经济带的区域协调发展需要通过不断完善流域一体化开发建设与保护的体制机制，增强跨区域、跨流域、跨领域的合作与互动，整体提升平台支撑功能。

1）产业合作与转移合作——包括优势产业结构调整与升级过程中区域合作，产业转移过程中的区域错位合作，等等。

长江经济带上中下游地区之间存在显著的产业梯度和要素禀赋差异，产业能级沿长江流向呈现递增趋势，要素丰裕度则沿长江流向递减。在要素价格普遍上涨的当前，上中下游地区之间应该立足于自身的比较优势展开更高层次的分工合作，对符合比较优势的区域特色产业应加以优化升级，对比较优势错位的产业则可以利用天然的长江航道和发达的沿江综合运输体系实施产业转移，淘汰落后产能，对高能耗、高污染企业实现关停并转，实现产业合理布局。

2）产业梯度转移的制度建设——包括政策法规体系和体制机制配套系统。

梯度战略转移首先要顺应市场经济发展的规律，遵循科学、互利、绿色原则，按照投资强度、产出效率、技术和环境标准等，建立差别化的产业准入制度和法律法规体系。承接产业转移地区，需要制订产业转移的目标、重点领域、空间布局和支持措施，严格按照承接产业转移规划的指导目录实施产业转移。

第四节 长江经济带建设的重大战略任务

一、任务选择

根据长江经济带建设的战略目标和功能定位，未来应围绕五大重点战略任务开展经济带建设。

1. 资源环境保护战略

长江流域是中国仅剩的资源环境承载力较好的地区之一，特别是在水土资源、水电资源、部分有色金属、生态环境质量等方面依然在全国具有一定优势；但长江经济带是全国煤炭和原油的主要调入地区，特别是中下游地区，每年电力的缺口依然很大。同时，长期地以资源环境为代价的经济增长方式，使能矿资源、水土资源的供给越来越紧张，缺口越来越大，环境恶化趋势也越来越严重。因此，未来长江经济带的建设，必须紧紧围绕绿色发展，把资源与生态环境保护放在第一位，首先实施资源环境保护战略。

资源环境保护战略是贯彻“不搞大开发”“以生态为先”的指导思想，落实“生态文明建设的保障和服务功能”的导向，是对长江经济带资源开发与利用、生态系统保护与恢复、环境污染治理与修复等任务的具体安排。该战略的任务要点为：以保护优先为基本理念，以建立集约开发、节约利用、低耗高效的资源开发利用体系为目标，以形成天蓝、地净、水清、山绿的人居环境为远景蓝图，实现绿色发展、低碳发展和可持续发展。未来 10 ~ 20 年的重点任务是：严格控制能矿、水土资源、岸线资源消耗的增量，严守水资源底线和耕地红线，整体提升资源综合开发利用效率；全面治理气、水、土、近岸海域环境，遏制其恶化态势，逐步恢复本底环境容量；加快山河湖海生态系统修复，严守生态红线，拓展生态空间，进一步提升自然灾害抵御能力；尽快开展长江流域资源环境承载力与经济社会协调发展的综合研究，研究编制长江经济带自然资源负债表，建立长江流域资源环境保护及综合承载能力监测预警系统；深化体制改革，完善法律法规，建立有效保护流域资源环境的体制和机制。

2. 创新驱动发展战略

创新发展战略是贯彻“创新驱动”的指导思想，落实“创新产业集群发展的主阵地功能”的导向，是对长江经济带打造新型增长点、创建世界级产业集群、提升国际竞争力等任务的具体安排。该战略任务的要点为：以改革、创新为动力，以源头创新、培育原始创新为基本目标，创建具有国际影响力的科技创新、企业创新源地。未来 10 ~ 20 年的重点任务是：激发企业创新的动力，推进关键技术、共性技术突破，提升企业创新能力；加强科研与经济社会发展实践的深度融合，提高科技成果转移转化水平，建设产学研用协同创新体系；增强国家级高新技术园区创新能力，有序推进地方自主创新示范园区建设，加强各级各类园区合作，构建区域协同创新体系；加强创新人才体系建设，加大科技人才培养和高端人才引进力度，打造创新人才集聚高地；完善科技金融服务体系建设，加强知识产权保护，激发全社会创新活力，推进大众创业、万众创新。

3. 开放合作发展战略

开放合作发展战略是贯彻“开放发展”的指导思想，落实“全球影响力”和“横跨东西的经济走廊和开放高地功能”的导向，是对长江经济带提升经济影响力、文化影响力、与“一带一路”战略衔接等任务的具体安排。该战略任务的要点为：以建立统一开放的市场经济体系为基础，以大力提升产品品牌、企业品牌为核心，培育具有国际影响力的对外经济、文化合作窗口，形成具有国际竞争力的产业集群发展区域。未来 10 ~ 20 年的重点任务是：以上海国际贸易和金融中心、自由贸易区、海峡西岸经济体为主，提升对外开放水平，实施东向开放合作战略；以重庆、成都、昆明的国家级产业示范区和开放试验区为主，培育西向开放新高地，加强与“一带一路”战略的衔接，提升合肥、武汉、南昌、贵阳等内陆重点城市内外开放与合作的中心功能，发展内陆开放型经济；以产业经济的开放合作为主干，以经济一体化服务、文化产出与融合为助力，建设支撑我国未来经济增长、区域协调发展的主轴线。

4. 公平共赢发展战略

公平共赢发展战略是贯彻“公平发展、共享发展”的指导思想，落实“区域协调发展和梯度战略实施的支撑平台功能”的导向，是对长江经济带经济发展一体化、公共服务一体化、资源环境共享共治等任务的具体安排。该战略任务的要点为：通过经济带一体化建设、公共服务一体化建设、资源环境价值核算体系的完善，逐步形成城乡协调、流域（区域）协调发展的格局。未来 10 ~ 20 年的重点任务是：深化区域间经济合作和产业互补，推动优势产业链延伸，促进重点产业集群的区域错位发展；促进新型城镇化、特色城镇化、现代农村建设，加强基础设施互联互通建设，提升医疗、教育、保险、养老等公共服务的区域同质化水平，逐步完善基础设施和公共服务的共享机制；以水电资源合理开发利用、水源地生态保护、上游和山区水土流失控制、跨流域和跨区域水气环境污染物排放浓度限制等为重点，完善资源开发与生态环境保护的价值补偿制度；完善机制体制，加强流域整体化开发和保护制度建设，促进流域经济发展盈利、资源开发效益、生态环境保护成果的共享。

二、实施框架

1. 以水资源为中心，提升资源环境安全保障

1）以满足国家战略水资源储备为总目标，科学分配长江调水、蓄水和各地用水量。

依据人口和经济需求，合理开发水资源，优化水资源配置，建立科学调配机制，保障流域水资源供给安全。综合评估防洪、水污染防治和生态保护的需要，核算长江生态用水量，确定水资源红线。统筹区域合理的用水定额，在加大人口、产业密集区的水资源供给量的同时，也要兼顾上下游、左右岸需求。鉴于长江水资源在全国淡水供给安全保障体系中的地位越来越显要，必须尽快研究制订完备的长江水资源保护与科学调配利用的政策及条例，建立长江流域水资源供给安全的保障机制。加强流域重点区域水文、水资源和生态环境监测和科学研究，定期修改和完备流域水资源规划和水量分配方案。

建立完善的流域水资源开发环境影响评估的机制。加强各地跨流域调水和重要湖区蓄水方案的环境影响评估，规范水电开发秩序与布局，提高水电资源开发前的生态环境影响评价和实施后的生态环境监测补偿制度的权威性，强化区域环评和规划环评的约束性，并将河流生态基流、生物多样性保护等作为水电开发规划、设计、建设和运行的重要依据。

2）加大生态系统完整性和连通性的建设和保护力度。

构建以长江干支流为经脉、以山水林田湖为有机整体（图 1-19），江湖关系和谐、流域水质优良、生态流量充足、水土保持有效、生物种类多样的生态安全格局；从水陆统筹、区域协调系统整体角度，加大生态系统完整性与连通性建设和保护力度，防止“生态孤岛”出现。以海岸带、大别山-幕阜山、秦巴山-武陵山-三峡库区-乌蒙山、青藏高原东南缘山地为主，构筑纵向生态屏障带；上游以若尔盖、三峡库区和秦巴山地水源涵养重要区、西南喀斯特地区和川滇干热河谷土壤保持重要区、岷山-邛崃山、武陵山山地和桂西南石灰岩地区生物多样性保护重要区等重要生态功能区为核心；中游以桐柏山、淮河源、大别山，以及“两湖（鄱阳湖、洞庭湖）一带（长江荆江段）三翼（丹江口库区、东江源和南岭山地水源涵养区）”为核心，下游以长江口、太湖为核心。尽快开展重要生态功能区生态保护红线划定工作，重点围绕国家级重点生态功能区，以及长江干流沿岸、重要湖区和库区开展。构建沿江、沿河、环湖水资源保护与生态隔离带，加强城市及城市群区域生态空间建设，提高城市绿地覆盖率。保护海岸及长江口湿地的系统与环境，完善海洋自然保护区、海洋及海岸线特别保护区，恢复海岸及近海生态环境。

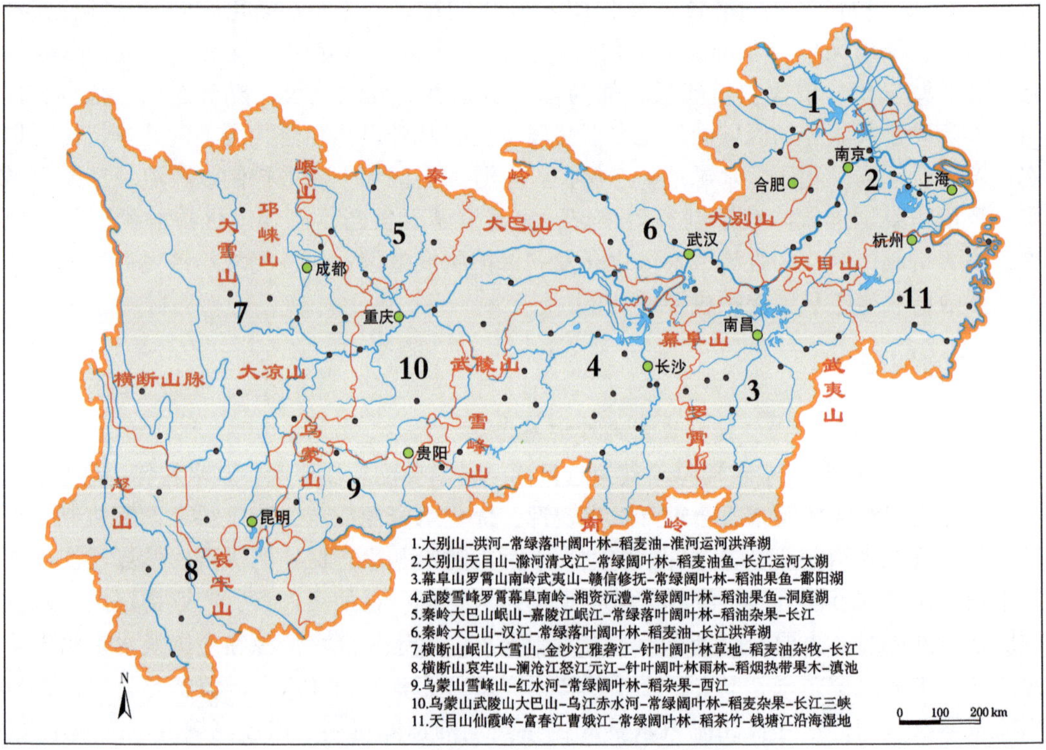

图 1-19　长江经济带“山水林田湖”示意图

3）提升重大灾害风险管理水平和灾害防御与应急救灾能力。

积极改造和完善现有水利设施，逐步实现流域范围内水利工程联合调度运行，针对近年频繁出现的极端气候季节和极端气候年，制定防洪抗旱应急水量调配和需求管理方案。科学论证、合理加高加固长江和干支流堤防，重点整治河道湖盆和平原蓄滞洪区，加强三峡与长江干支流水库群联合优化调度，形成较为完备的以堤防为基础、三峡工程为骨干、干支流湖泊水库与蓄滞洪区调蓄相配套的长江中下游综合防洪体系，最大限度减轻长江洪水心腹之患。划定上游地区地震、滑坡、泥石流等山地灾害风险区，提高灾害防治工程标准和覆盖范围。构建基于卫星遥感与互联网等新技术的重大灾害动态监测与预测预警网络，增强灾害防御能力。

4）严控污染物排放总量，加快环境综合整治。

依据长江经济带各区域主体功能定位和长江生态环境风险防控的总体要求，通过制定和执行严格的环境污染物区域限排政策，形成落后产能与企业退出倒逼机制，加大沿江重化工业等重污染行业整治力度，从根本上改变长江沿江重化工业分散布局、污染和风险难以控制的局面。加强水环境综合治理，继续实施污染物总量控制与减排，重点围绕长江干流、主要支流和鄱阳湖、洞庭湖、太湖、巢湖等开展环境污染综合整治，控制河流有机污染与湖泊富营养化。加大城市污水处理厂和污水收集管网建设，建设高标准、全覆盖的沿江污水处理系统，切实提高尾水排放标准，确保无分散工业和生活污染直排入江。建立重点开发区、污染排放大户的污染物在线监控系统，规范排污口布局，加强排污口整治。加快发展生态循环农业，减少面源污染。全面改善大气环境，持续有效的开展节能减排，重点加强对电力、钢铁、建材、造纸、纺织印染、化工等行业污染物排放总量控制，鼓励企业开展节能改造和采用清洁生产工艺。防范和修复土壤污染，全面开展受损土壤污染普查，通过生物、工程等措施开展受损场地、农田的修复，严控新增土壤污染。

2. 按照主体功能区规划组织高效、安全的空间结构

1）推进主体功能区落实，构筑开发与保护并重的国土空间结构。

“十三五”期间，是《全国主体功能区规划》实施的重要时期，也为长江经济带重塑高效国土空间带来了重要机遇。长江经济带九省二市有85个县市区处在国家级优化开发区，面积为4.2万km^2，将近占全国优化开发区面积的30%；重点开发区423个县市区，面积为46.3万km^2，超过全国各级重点开发区总面积的1/3；农产品主产区365个县市区，面积为66.9万km^2，其中国家级农产品主产区面积接近全国同类功能区面积的1/3；生态功能区202个县市区，面积为88.4万km^2（表1-12，图1-20）。

表1-12　长江经济带主体功能区域统计

项目	国家级优化开发区	重点开发区		农产品主产区		重点生态功能区		总计
		国家级	省级	国家级	省级	国家级	省级	
2013年县市区数（个）	85	216	207	233	132	114	88*	1075
各类各级主体功能区面积（万km^2）	4.2	26.3	20.0	60.3	6.6	58.7	29.7	205.7
功能区面积占经济带总面积的比重（%）	2.0	12.8	9.7	29.3	3.2	28.5	14.4	100.0
功能区面积占全国同类面积的比重（%）	29.5	33.2	36.6	32.5	12.8	15.1	16.3	21.4

*包括浙江省15个省级生态经济区。

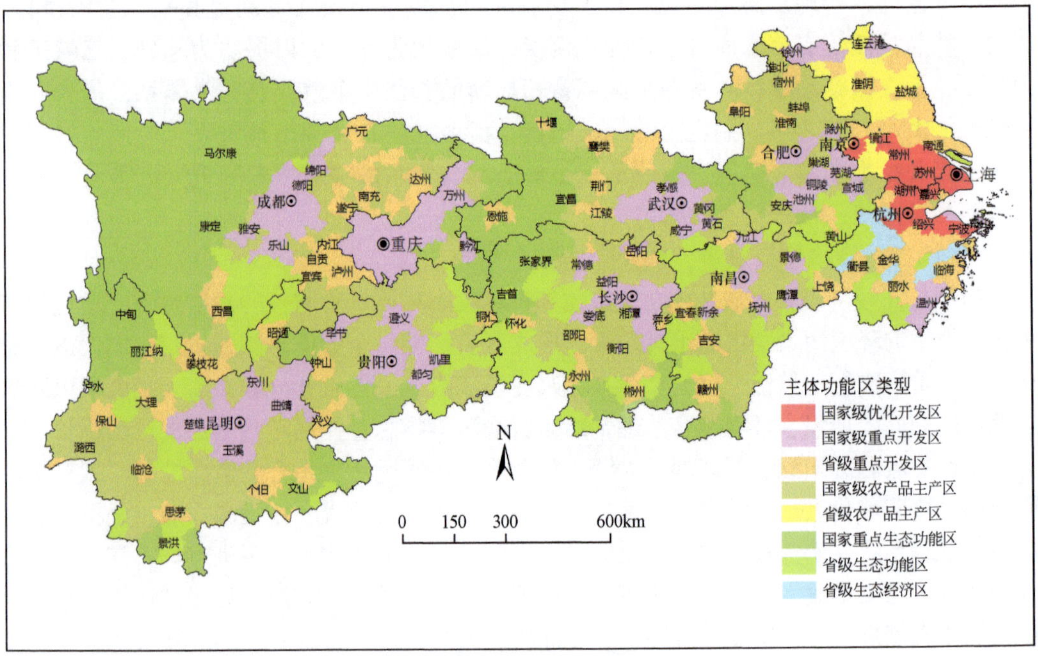

图 1-20　长江经济带的主体功能区域

长江经济带优化和重点开发区域面积将近占经济带面积的 15%，主要集中在下游和长江沿岸地区。优化开发区域在经济带未来国土空间构筑中主要承担高端服务业集聚、制造业转型升级、城镇化品质提升的重点任务；重点开发区域是经济带未来经济增长的主要区域，是培育新型城市群的关键区域，中上游沿岸重点开发区域，在推进新型工业化进程、增强产业和人口集聚能力方面将发挥重要功能。农产品主产区约占经济带面积的 1/3，其中 90% 为国家级农产品主产区，几乎都分布在中上游，大约各占 1/2 的比重。未来主要的功能一是发挥传统农业和农业技术劳动力优势，建立现代农业体系，为全国提供优势农产品和农业技术服务；二是发挥资源多样化优势，建立特色农业体系，为经济带地区和城市化地区提供多样化农产品和农业、农村休闲空间。重点生态功能区占经济带面积的 40% 以上，其中 2/3 以上为国家级，2/3 以上又分布在上游地区。生态功能区分布有中国重要的亚热带及其山地森林生态系统、湿地生态系统，是全国重要的生物多样性保护、生态系统多样性保护区，长江流域重要的水源涵养、土壤保持和石漠化防治区。

2）依据主体功能区划，进一步细化功能区域类型。

功能区域培育的主旨是形成要素合理配置、土地利用高效、自然和人文环境协调友好的有序空间结构。从开发上讲，要根据资源环境承载能力，确定科学合理的土地开发强度，控制人类活动的无序扩大；从保护上讲，要最大限度地保留自然生态空间、人居环境舒适空间、未来开发需求的预留空间。

主体功能区规划以县域尺度为最小评价和划分单元，这只是国土空间利用和保护规划的第一步工作，下一步要进行更精细尺度地块的功能划分，确定四类主体功能区域中开发利用、保护、预留的自然单元范围。因此，四大功能定位显然已不适合在更小地域尺度上应用，应有更细致、便于科学利用和保护的分类体系。

因长江经济带地域范围较大，国家政治、经济目标，地方需求目标，加快发展和谨慎保护目标交织在一起，不同目标对地域空间的分类认识差异较大。要想完成多目标、多因素的大范围、精细单元的功能分区需要更多的时间和精力。鉴于此，在认真贯彻落实主体功能区规划的同时，目前可对一些需求迫切的关键区域加以重点关注。

第一，未来增长的关键区域，主要指各地批复或申请即将批复的国家级新区，或省级政府拟建立的各类开发区、工业或服务业园区。对于此类区域，应控制总量的增长，已批复的区域应严格控制开发强度，严格控制生产性空间的扩张比例，强制保持足量的生态空间和生活空间，根据各地资源环境容量确定产业准入门槛。

第二，重点区域生活空间功能区域，一是指干流和一级支流沿岸，为保证居民生活、休闲和景观保护必需的功能区域；二是指城市群、一些大城市内部或周边控制城市硬化土地扩张而必须保留的开敞空间。

第三，生态系统保护的关键区域，主要包括生态红线区域、各级各类禁止开发区域、自然生物和农作物物种多样性保护区域、大型景观保护区域、干流或主要支流河势控制的关键区域，应依据国家、地方和行业相关标准进行划分。

第四，跨区域重大问题交织的关键区域，一是指大型水利工程建设和实施的区域，如三峡水库、南水北调水源地及输水区域等；二是指跨省市河流、湖泊及其流域水环境保护区域，如干流及主要支流跨行政边界断面、太湖、洞庭湖等；三是指大气、水环境容量已经严重超载的区域。对上述区域应由国家出面，尽快制定相关政策，划定保护或治理区域，控制问题的进一步恶化。

第五，特殊区域，主要指资源贫乏、生态极其脆弱、缺乏发展条件的贫困区域，以及民族文化保护的重要区域。

3）保障农业生产空间，促进贫困地区发展。

严格实行耕地红线，切实保证基本农田面积和空间落地，保障农业生产空间。以淮北平原、长江下游平原、两湖平原、成都平原、江南丘陵、云贵高原六大片区为主，大力发展现代农业，重点建设以双季稻为主的优质水稻、以优质弱筋和中筋小麦为主的优质专用小麦，以及优质棉花、“双低”优质油菜、以生猪与家禽为主的畜产品、以淡水鱼类与河蟹为主的水产品产业生产区域，培育稳定的生产空间。根据上中下游的特点，建立特色化的农业体系，上游发展烤烟、中药材、茶叶等特色农业，中游农业生产条件较好，应提高农业机械化水平，大力发展粮食、水产品等主要农产品，下游发展都市农业。

加强对贫困和欠发达地区的扶持，一方面，对自然条件差、极贫困地区，加大人口疏解；对具备一定资源条件的地区，实施生态式资源开发策略，同时加大资源开发和生态保护的补偿力度，改善地区经济，保障人民的基本生活条件。另一方面，通过小城镇建设，扶持中小型人口集散和公共服务中心，提升公共服务水平。除基本公共服务建设需要外，应严格控制大规模的基础设施建设。以积极发展都市农业、城郊农业、设施农业、休闲农业为主，提高城郊农村地区生活水平。

4）按照生态优先的原则，建设“一轴、两翼、三极、多点”的空间格局。

长江经济带国土空间结构的构筑要以生态优先为首要原则，有利于形成集聚合力，促进上中下游要素的合理流动，为中国建设高效型、节约型、生态型社会提供样板。因此，需要科学运用国土开发的理论模式，科学评估经济带目前的国土开发状态，推进“一轴、两翼、三极、多点”空间格局的建设。长江干流轴线，是黄金水道的一级轴线，也是中国国土空间结构的一级轴线，其地位等同于沿海轴线，水资源是该轴线持续发展的根本，要不断强化水资源节约利用和最大程度保护的理念，严格保护干流岸线资源，大力推进绿色发展。南北两翼的建设要充分利用已有的陆路通道，依托长江主要支流网络，推进经济社会要素的腹地延伸。三个国家级城市群作为经济带增长极的核心，要严格控制用地总量、污染物排放总量的增长，推进生态型、高效型城市群建设。其他增长点要坚持特色型、宜居型、公共服务型理念，发挥在地区经济社会中的支撑作用。

从长江经济带来看，经过30多年的建设，整体上已经形成“两横三纵”的国土空间开发架构，连接经济带城市群（表1-13）。目前下游省市（指上海、江苏、浙江），空间结构已呈网络化，特别是长江干流以南地区，快速铁路连接干流南岸城市，直至浙江沿海；公路网密度高，高速公路发达；南京至上海、南京至杭州最快的陆路通行时间分别不到60min和90min。

表1-13 “两横三纵”轴线的主要指标占经济带的比重（按地级行政区统计）（%）

轴线		面积	人口	GDP	铁路线	连接省会城市及城市群（都市圈）
干流轴线		16.59	32.12	45.28	快速铁路	成渝、武汉、合肥、南京、上海
南部横轴		19.19	20.66	21.53	部分快速	杭州、南昌、贵阳、昆明
东部沿海纵轴		6.65	20.59	35.91	快速铁路	南京、苏南、上海、杭州、海峡西岸
中部纵轴	京广线	5.42	9.08	11.25	快速铁路	武汉、岳阳—长株潭、衡阳—郴州
	京九线	5.87	9.17	6.30	部分快速	淮北、合肥—安庆，九江—南昌、赣南
	小计	11.29	18.25	17.55	—	—
西部纵轴		18.98	18.96	16.12	部分快速	成渝、黔中，滇中、攀枝花—滇中

“两横”：第一条横线为长江干流轴线，沿长江干流形成4个城市群，分别是长江三角洲、江淮、长江中游和成渝城市群，内河水运发达，高速公路为多数港口的货物集疏运方式，快速铁路连接三大城市群的核心城市，从西到东主要城市为：成都—重庆—（宜昌）① —武汉—合肥—南京—上海—杭州，重庆到上海动车时长12余小时；第二条横线为南部的铁路线，即浙赣—湘赣—湘黔—贵昆线，目前快速铁路通到贵阳，连接南部的城市群核心城市：杭州—南昌—株洲（长沙）—贵阳—昆明。三条纵线分别是：东部沿海轴线，通过京沪高铁连接苏北、苏南和浙江沿海主要城市；中部纵轴，由两条并行轴线组成，一是京广快线，连接武汉和长株潭城市群，二是京九线，连接合肥—安庆—九江—南昌城市群，其中合肥到南昌的快速铁路通过武汉连接；西部纵向轴线为成

① （ ）表示为支线的间接连接点，余同。

渝—渝黔线/成昆线，分别连接成渝—黔中城市群和成渝（成都）—滇中城市群。长江干流沿线轴线是横向主轴，面积占长江经济带的16%多，但人口和GDP总量分别占1/3和45%；纵向轴线以东部沿海轴线分量重，面积仅占6%多，人口和GDP分别超过1/5和1/3；西部轴线面积较大，面积和人口比重将近占经济带的1/5，和面积相比，经济总量比重偏低。

长江沿岸东西向通道建设不足，南北向通道运力紧张，极大地影响了长江轴线的横向联系，尤其是北岸的东西向通道建设一直比较薄弱。根据交通运输部《长江经济带综合立体交通走廊规划（2014—2020年）》，北岸重点进行上海—南京—合肥—武汉—重庆—成都的沿江高速铁路建设，南岸重点进行上海—杭州—南昌—长沙—贵阳—昆明的高速铁路建设，两条轴线结合商丘—合肥—杭州、重庆—贵阳等南北向高速铁路和快速铁路的建设，形成覆盖50万人口以上城市的快速铁路网，将大大增强长江沿岸地区要素的横向通行能力。

以横向快速铁路建设和长江航道整治为契机，结合沿江其他地市的高速公路体系，分别打造南北岸横向轴线。以城市群核心城市为节点，建设快速连接轴线，完善网络化、开放型空间系统（图1-21）。建立"三大两小"城市群之间的快速连接线，以长江干流为主轴，南部铁路线为副轴，壮大横向联系轴线。干流轴线依托黄金水道和陆路快速干线（沪汉蓉高速铁路和沪蓉高速公路），连接三大国家级城市群和江淮城市群的核心城市和国家级新区。南部轴线依托沪昆高速铁路和高速公路、杭瑞高速公路，连接长江三角洲城市群、长江中游城市群的南昌、株洲（长沙），黔中、滇中城市群。两条轴线形成以上海为顶点，向南北两翼辐射的空间态势，两条轴线之间由京沪、京九、京广、焦枝—枝柳、成渝—渝黔—成昆等纵向陆路干线连接。壮大东、中、西三大纵向主轴，东部纵轴以京沪—沪杭甬高铁为主干，连接海岸带、沿海高速、宁杭甬、宁合等快速交通，与下游水系航道一起形成由多种运输方式组成的立体化综合运输网络。中部纵轴以京广高铁为主干，连接京港澳高速、武汉—九江—南昌快速铁路、京九铁路、福银高速等陆路通道，形成连接中游各城市、都市圈的网络结构。西部纵轴以成渝—渝黔快速铁路为主干，连接兰海高速、成昆铁路等交通线，形成"一横一环"的网络结构。完善开放型空间系统，以枢纽机场为中心，以上海、重庆、杭州、武汉、长沙、昆明等城市的国际机场为重点，通过增加航班密度和通行城市，形成全球的空中网络通道。以上海港为主枢纽，以南京、苏州、武汉和重庆港为干流分段枢纽港，组织沿江港口货物集散，合理定位上海洋山深水港、宁波海港、太仓港等沿海港口功能，共同形成以上海为核心的国际航运中心，形成通达全球的海运网络，重塑海上丝路。结合《长江经济带综合立体交通走廊规划（2014—2020年）》的实施，完善铁水联运系统，以重庆、成都、武汉、长沙为起点，合理组织中欧国际班列，建设渝新欧、蓉欧快铁，汉新欧、湘欧快线，培育中亚、欧洲的连通线。尽快建设与昆明、南宁的快速通道，培育南亚陆路通道。通过两横三纵的陆路轴线，形成与国内沿海地区、中部地区、西部地区的对外联系通道。

5）完善主体功能区绩效考核机制，控制开发强度。

健全基于主体功能区的差别化产业准入和环境管理政策，按不同功能区定位和发展方向，加快调整完善财政、金融、产业、人口、土地、资源开发、环境保护、生态补偿

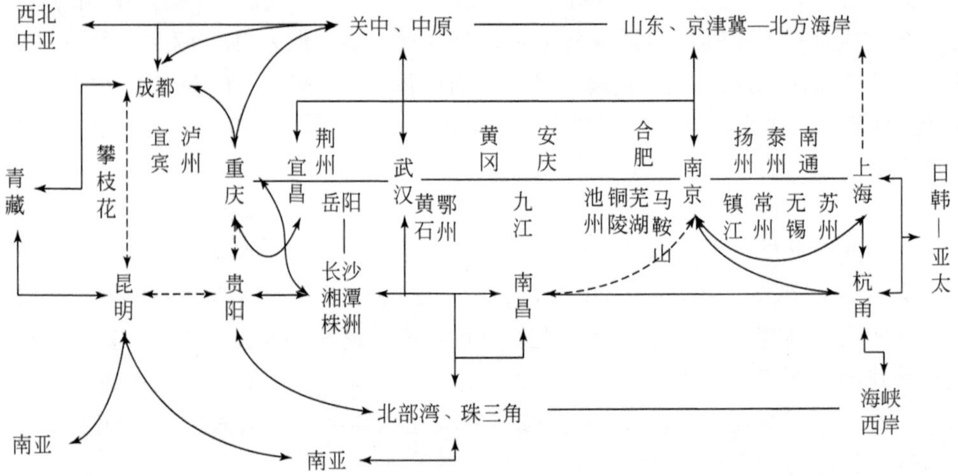

图 1-21 长江经济带重点轴线示意图

等配套政策。加强优化和重点开发区的集中集约开发，控制城市和产业园区无序蔓延，根据资源环境承载能力和城镇化发展需求，合理设定开发强度上限和中心城市增长边界，强化城市用地效率管控，根据城市功能稳步调整用地结构。提升已批复的开发区的产业集聚能力，控制区外产业集聚规模，健全用地规模和效率管控机制，避免开发区无限制扩张，完善开发区环境基础设施，推动与城市距离适宜、人口集聚基础好的开发区产城融合发展，由工业区向城市功能新区转型。严格耕地与基本农田保护，严禁新增建设用地占用基本农田。缓解农产品主产区和重点生态功能区的人口压力，引导人口疏解；着力加强区内小城镇建设，提升公共服务质量，适度集聚人口。

3. 以黄金水道为中心，建立快捷化、网络化、绿色化的综合运输交通体系

1）统筹干支流、中下游航道建设，完善黄金水道和支流航道的网络化。

按照《长江经济带综合立体交通走廊规划（2014—2020 年）》，遵循“深下游、畅中游、延上游、通支流”的原则，建设“一横一网十线”、干线畅通、干支衔接的航道网络。“一横”指长江干线，重点浚深下游航道，将 12. 5m 水深航道延伸到南京；中游实施荆州河段航道整治，水深提高至 4. 5m 以上；上游要延伸主航道，重庆—水富段提升为Ⅰ级航道，Ⅲ级航道延伸到攀枝花。发挥下游水系密集的优势，建设“一网”（高等级航道网），重点建设京杭—杭甬运河、通扬线等横向航道。根据各支流的自然条件和发展需求，统筹建设“十线”航道，推动航道梯级渠化，将航运功能向支流拓展。重视三峡船闸的能力挖潜，尽快实施三峡升船机运行，进一步研究船闸扩能改造。

2）加快陆路运输大通道建设，提升货物中转能力和效率。

大力发展多式联运，增加集装箱和大宗散货的铁水联运比重，提高铁水、空铁联运效率。优先实施消除铁路“卡脖子”工程，构筑与长江干线相平行的陆路运输通道，分流长江航运货流，缓解三峡大坝的运输压力。鉴于沪汉蓉高铁各区段的设计运行速度不一，应对宜昌—万州段进行调整，新建联络线连接郑渝高铁然后再南下至万州，形成运行速度都在 250km/h 以上的快速铁路。利用沪汉蓉高铁置换出来的铁路线，在武九线和合九线之间建设联络线，形成长江北侧铁路货运专线。整合长江南侧新建铁路与既有线

路，形成南侧沿江铁路，实行客货混跑。加快建设高等级公路网，加快消除“断头路”，贯通江北和江南沿江高速公路通道，加快解决“最后一公里”问题。优化航空网络，提高主要城市间航班密度，大力发展通用航空。合理优化煤炭、石油、铁矿石等大宗物资的运输系统，优化油气管网，加快主干管道和输配、储备体系建设，提高原油、成品油管输比例；控制“海进江”煤炭向中游延伸，降低下游中转运输密度。

3）优化港口布局，促进港口资源与物流市场整合。

按照优先发展枢纽港口、积极发展重点港口、适度发展一般港口的原则，推动港口资源的整合规划。发挥上海国际航运中心的引领作用，推进武汉、重庆中上游航运中心和南京区域性航运物流中心建设，优化配置港口岸线资源，严格控制港口码头无序建设。积极培育高端航运服务业态，鼓励大型港航企业通过码头投资、共建与合营码头企业等方式有效整合长江港口和航运资源，组织物流市场，推动港口经营与物流组织网络的一体化。优化地方港口（群），推动长株潭港口群、宁波与舟山港、泸州与宜宾及乐山港、鄂州港口群和荆州港口群的资源整合与功能优化，合理划分港口岸线功能，有序利用港口岸线资源。优化过江通道（桥梁、隧道、渡口渡线）的建设和使用，有效提升利用率，加强安全管理。

4. 以质量提升为主线，推进城镇化，促进城乡公平发展

1）构建“1+2+3”梯度发展的长江经济带城市群新格局。

根据长江经济带六大城市群的发展现状、潜力和国家总体发展战略的要求，将长江三角洲城市群建成长江经济带具有国际影响力的世界级城市群，在更高层次上参与国际合作和竞争，发挥其对全国经济社会发展的重要支撑和引领作用；将长江中游城市群和成渝城市群建成长江经济带上两个具有国家影响力的国家级城市群，成为推动国土空间均衡开发、引领中西部区域经济发展的重要增长极；将江淮城市群、滇中城市群和黔中城市群建成长江经济带具有区域竞争力的地区性城市群，成为集聚产业与人口、承接产业转移、依托优势资源发展特色产业、推动所在省区新型工业化和城镇化进程的集聚中心。发挥沪、汉、渝超大城市和宁、杭、蓉特大城市的引领作用，提升省会城市和地级城市等大城市的带动和集聚作用，加快培育和提高中小城市和特色小城镇的服务能力，推动“1+2+3”梯度发展的长江经济带城市群格局。远景将江淮城市群与长江三角洲城市群融为一体，形成新的世界级长江三角洲城市群。

2）加强城际轨道建设，提高城市间协作和要素流动效率。

坚持高效、快速、绿色和公共服务为先的发展理念，围绕城际交通（快速铁路、客运专线、高速公路）、城市干线交通（地铁、轻轨），协调发展多种交通方式，合理衔接市际、市域与市内各尺度的交通网。围绕新型城镇化和城镇群建设，实施统筹集束布局，推动重大基础设施（高铁站、物流基地、港口与机场）共享，扩容改造繁忙的城际交通走廊，打造市内1h职住通勤交通圈、市域2h通达圈和市际经济协作快速高效圈，支撑产业和人口的集散。加快城市群地区的交通运输管理体制改革，促进基础设施互联互通、公共交通服务完全融合和运输市场一体化。

3）推进新型城镇化进程，提高农村地区、贫困地区公共服务水平。

提升城市品质，加强城市规划与管理，提高城市综合承载能力，以生产生活安全

化、消费排放绿色化、景观布局特色化、功能运行高效化为宗旨，建设人文城市、宜居城市、山水城市、活力城市。控制超大城市、特大城市、大城市规模和开发强度，坚持异地城镇化和就地城镇化相结合，创新农业人口市民化模式，有序推进农业人口转移。整治农村地区、贫困地区居住环境，大力改善公共服务条件，通过教育合作、医疗卫生协作、文化共建、社会保障异地衔接等方式，提升公共服务水平，逐步实现城乡一体化的公共服务覆盖网络。加强特色小城镇建设，扶持中小型人口集散和公共服务中心，除基本公共服务建设、生态保护建设需要外，应严格控制大规模的生产性基础设施建设。对具备一定资源条件的贫困地区，实施生态式资源开发策略，同时加大资源开发和生态保护的补偿力度，改善地区经济，保障人民的基本生活条件；对自然条件差、极贫困地区，继续加大人口疏解。

5. 以创新为主动力，促进形成统一开放的市场经济体系

1）推动与“一带一路”战略衔接，加大对内对外开放的力度。

构建东西双向、海陆统筹的对外开放新格局，进一步提升对外开放水平。强化上海国际贸易和金融中心地位，发挥长三角科技优势、知识优势和面向国际有利区位的优势，一方面以浦东自由贸易区建设为重点，推动国际贸易中心的发展，并结合杭州湾城市群和浙江省海峡西岸城市群的建设，推动与“一带一路”向海战略的衔接；另一方面，以国际金融中心建设为重点，引领经济带高端服务业发展，为经济带经济一体化提供支撑。深化内陆开放试验区，建设向西开放新高地，加强与“一带一路”西向战略的衔接。加快“渝新欧”和云南国际通道的建设，提升重庆在向西开放中的窗口地位和引领作用；加快推进昆明与南亚、东南亚基础设施的互联互通建设，加快云南沿边金融改革试验区的发展，将昆明建设成为面向南亚和东南亚的开放枢纽。大力推动对内对外开放合作，以省会城市为重点，培育内陆开放型经济高地。完善中上游口岸支点布局，增开国际航线、航班，支持国际铁路主要站点和重要内河港口设立直接办理货物进出境手续的查验场所。

2）推进自主创新能力建设，建设具有全球影响力的科技创新中心。

打造创新基础平台，创立创新示范高地，充分利用国家和地方科技重点实验室、企业技术中心等各级各类科技资源，以上海为中心，结合沿江各地重点工业园和产业集聚区的产业发展特点，确定长江经济带各重点产业链技术创新格局，建设具有全球影响力的科技创新群（链）。积极推动区域技术创新联盟建设，实施一批国家重点产业创新路线图，推进重点产业关键核心技术、重大装备和关键产品研发，积极实施一批重大产业创新和应用示范工程，提升长江经济带在新一代信息技术、智能制造、装备制造、新材料等重点领域的关键共性技术、标准的研发能力和产品制造能力。改善创新创业环境，推动大众创业、万众创新，强化知识产权、技术专利的法律保护，完善低成本、便利化、全要素的创新创业综合服务平台。

3）着力推进统一市场建设，加快沿线产业梯度转移。

构建传统产业转型升级、新兴产业快速成长、现代服务业协调发展的沿江现代产业体系。以上海自贸区建设为带动，深化行政管理体制改革，清理和废除妨碍统一市场和公平竞争的各种规定和做法，打破地区封锁和行业垄断，促进各类要素自由流动，提高

资源配置效率。按照点面结合的原则，积极开展先行先试，探索区域合作新机制，包括税源的划分机制、资源使用的购买和补偿机制、政绩的分类考核机制、政府机构的交流机制等。发挥长江三角洲、沿海沿江航运和制造业的基础优势，一方面依托上海国际贸易中心建设，加快国内外贸易和物流业发展；另一方面，依托浦东自由贸易区、南京江北新区、浙江舟山新区建设，充分发挥市场调节作用，加快传统优势产业的升级改造和"腾笼换鸟"，推进以高端制造业为核心的产业集群建设，推动以航运业、物流业为重点的现代服务业发展。依托重庆两江新区、成都天府新区、贵州贵安新区、云南滇中新区，建设高新技术产业、先进制造业和现代服务业基地，以及科技教育、商贸物流、金融中心。制定跨省市的全局性产业发展战略，构建产业集聚发展协调新模式，健全长江经济带联席会议制度，统筹考虑地区之间的产业错位发展，明确各地区的功能定位，建立上中下游、干支流联动机制。支持中游和上游有条件的地区申请设立新的承接产业转移示范区，鼓励通过委托管理和投资合作等多种形式与下游地区合作共建产业园区，推动重点产业的优化调整布局和产业转移，严格禁止污染性产业、企业向中上游转移。

6. 创新机制体制，确保长江经济带一级轴线地位

1）从战略层面制订针对性的政策，树立长江经济带一级轴线地位。

从发达国家和国内区域发展宏观战略的成功经验看，针对性的配套政策是促进重点区域快速、健康发展的首要措施。加大对长江经济带各地产业发展、环境保护、基础设施建设等相关政策的整合力度，清理与一体化市场体系建设不兼容的地方政策和规定，建立一体化人才、物流、产权、金融等市场要素的信息和交易平台，形成分工有序、合作充分和竞争公平的市场环境。依托长江三角洲、长江中游和成渝三大城市群，对各个省份进行差别化功能定位。制订保障性的鼓励政策，加快上中下游之间在产业园区共建、异地 GDP 核算、土地开发和利税分享等方面的进程。

2）建立跨行政区的协调机构，统筹安排长江经济带发展面临的重大事宜。

在处理好政府和市场之间关系的基础上，建立多层次、多部门的区域协调平台和机构，以对话和协商的形式推动区域合作，以一体化的管理信息平台和监测网络作为合作的基础。借鉴欧洲莱茵河管理经验，打破部门和地方分割，成立由沿江省市政府、国家相关行业主管部门、重点企业和资深学者等组成的"长江流域综合开发与管理委员会"，负责议定流域开发和保护相关管理办法、规划、方案、重点项目等重大事项；下设流域综合管理委员会办公室，作为委员会日常事务处理和利益相关各方协调的常设机构，切实保障长江的永续利用和长江经济带可持续发展。另外，还可以以水利部长江水利委员会为主体，合并环境保护部、农业部、交通运输部、国家林业局等相关部委在长江流域的分支机构，成立"长江经济带综合开发与管理委员会"，扩大其相应职能与权力，负责协调流域管理和区域管理，以及经济带建设相关政策的制定和实施监督。

3）构建流域和区域管理相结合的法律法规体系，保障经济带的持续发展。

在现有的法律法规体系基础上，制定针对长江经济带的《长江经济带综合管理法》（长江法），形成整个经济带的水资源保护和污染防治、生态环境保护、资源开发管理等综合性的法律框架，理顺在长江经济带执行的各部门法律法规之间的关系，建立完善的

流域管理和区域管理相结合的法律法规体系，保障“长江经济带综合开发与管理委员会”的法律地位和相应的执法权力。充分发挥非政府组织（NGO）和行业协会等专业组织的桥梁作用，以及公众知情和监督的权利，建立相关法律法规、政策规划落实的监督机制。

参考文献

安宇宏. 2015. 国际产能合作. 宏观经济管理，(10)：83.
陈雯，虞孝感. 1997. 长江产业带建设特征、问题与发展思路. 地理科学，17（2)：113-119.
段学军，虞孝感. 2009. 从极化区的功能探讨长江三角洲的扩展范围. 地理学报，64（2)：211-220.
樊杰. 2006. 基于国家“十一五”规划解析经济地理学科建设的社会需求与新命题. 经济地理，26（4)：545-550.
樊杰. 2007. 我国主体功能区划的科学基础. 地理学报，62（4)：339-350.
国家发展和改革委员会. 2015. 全国及各地区主体功能区规划（上、中、下）. 北京：人民出版社.
胡家勇. 2014. 经济“新常态”下区域发展动力的转换. 区域经济评论，(6)：26-28.
胡舒立，吴敬琏，厉以宁，等. 2015. 中国2015：看清新常态. 北京：民主与建设出版社.
刘伟. 2014. 经济“新常态”对宏观调控的新要求. 上海行政学院学报，15（5)：4-14.
刘毅. 1995. 长江产业带能源持续发展的若干问题研究. 北京：测绘出版社.
刘昭然. 2013. 欧盟多式联运政策对我国发展铁水联运的启示. 铁路运输与经济，35（5)：56-60.
陆大道. 1986. 2000年我国工业生产力布局总图的科学基础. 地理科学，6（2)：375-384.
陆大道. 1987. 我国区域开发的宏观战略. 地理学报，42（2)：97-105.
陆大道. 1995. 长江产业带的战略地位及经济一体化. 北京：测绘出版社.
陆大道. 2014. 建设经济带是经济发展布局的最佳选择. 地理科学，34（7)：669-772.
陆大道，赵令勋，荣朝和. 1992. 重视长江产业带开发的规划研究. 人民长江，23（11)：4-8.
陆大道，刘毅，樊杰. 1999. 我国区域政策实施效果与区域发展的基本态势. 地理学报，54（6)：496-508.
罗诗刚. 2006. 加快长江船型标准化探讨. 集装箱运输，(7)：11-13.
钱宁，张仁，周志德. 1987. 河床演变学. 北京：科学出版社.
王传胜. 1999. 长江中下游岸线资源的保护与利用. 资源科学，21（6)：66-69.
王传胜. 2010. 长江中下游干流岸线资源评价. 北京：气象出版社.
王一鸣. 2010. 我国中长期经济增长趋势与加快转变经济发展方式. 宏观经济研究，(12)：3-14.
徐建辉，江洪. 2015. 长江三角洲PM2.5质量浓度遥感估算与时空分布特征. 环境科学，36（9)：3119-3127.
徐勇，汤青，樊杰，等. 2010. 主体功能区划可利用土地资源指标项及其算法. 地理研究，29（7)：1222-1232.
杨桂山，翁立达，李利锋. 2007. 长江保护与发展报告. 武汉：长江出版社.
虞孝感. 1997. 长江产业带的建设与发展研究. 北京：科学出版社.
虞孝感. 2003. 长江流域可持续发展研究. 北京：科学出版社.
虞孝感，陈雯. 1993. 关于长江产业带建设总体布局的初步思考. 长江流域资源与环境，2（3)：193-199.
虞孝感，陈雯. 1995. 长江产业带发展态势与若干重大问题. 中国科学院院刊，(3)：231-236.
虞孝感，陈雯. 1996. 长江产业带建设的综合研究. 中国软科学，(5)：60-64.

虞孝感，王磊，杨清可，等. 2015. 长江经济带战略的背景及创新发展的地理学解读. 地理科学进展，(34) 11：1368-1376.

张占斌，周跃辉. 2015. 关于中国经济新常态若干问题的解析与思考. 经济体制改革，(1)：34-38.

Xu Y, Tang Q, Fan J, et al., 2011. Assessing construction land potential and its spatial pattern in China. Landscape and Urban Planning, 103: 207-216.

第二章

Chapter 2

长江经济带新型城镇化与城市群发展战略

第一节　新型城镇化进程与束簇状城镇体系建设

一、长江经济带新型城镇化在国家新型城镇化中的战略地位与作用

长江是货运量位居全球内河第一的黄金水道，长江通道是我国国土空间开发最重要的东西轴线，在区域发展总体格局中具有重要战略地位。改革开放以来，长江经济带已发展成为我国综合实力最强、战略支撑作用最大的区域之一。依托黄金水道推动长江经济带发展，打造中国经济新支撑带，是党中央、国务院审时度势，谋划中国经济新棋局做出的既利当前又惠长远的重大战略决策。长江经济带是中国新一轮改革开放转型时期，实施的新区域开放开发战略，其空间范围东起上海、西至云南，涵盖上海、江苏、浙江、安徽、江西、湖北、湖南、重庆、四川、云南和贵州九省二市（图2-1），总面积为205.7万km^2，占全国的21.27%。

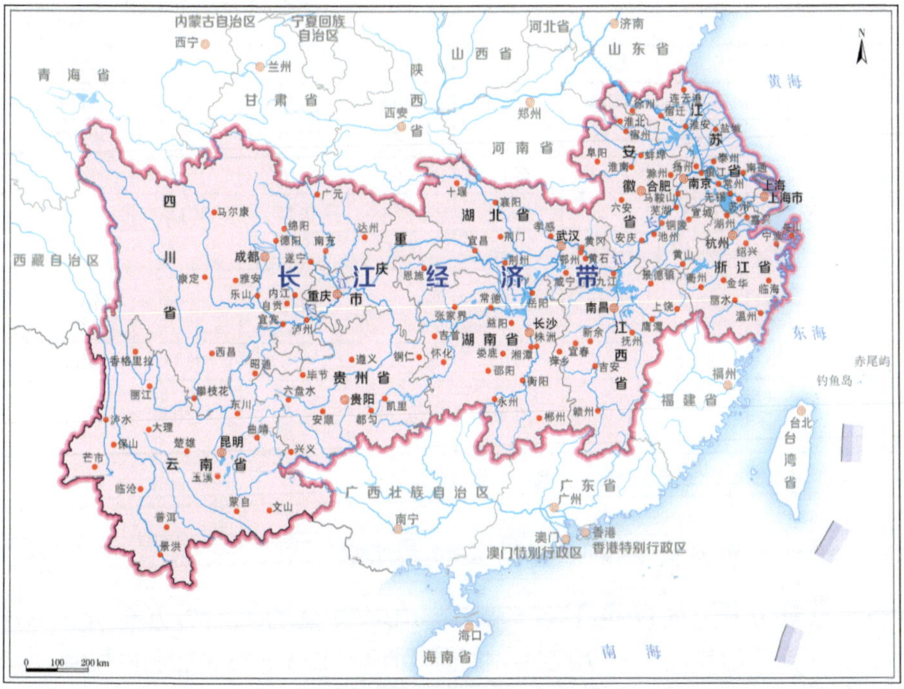

图2-1　长江经济带的空间范围示意图

长江经济带是中国横跨东、中、西不同类型区域的巨型经济带，也是世界上涵盖人口最多、产业规模最大、城市体系最为完整的流域经济带。在新型城镇化背景下，依托黄金水道推动长江经济带发展，对挖掘中上游广阔腹地蕴含的巨大内需潜力、促进经济增长空间从沿海向沿江内陆拓展、优化沿江产业结构和城镇化布局，推动我国经济提质增效升级，以及形成上中下游优势互补、协作互动格局，缩小东、中、西部地区发展差距具有重要的战略意义。

（一）长江经济带是国家新型城镇化发展的主体带

2014 年长江经济带总人口为5.84 亿人，占全国的42.71%，其中城镇人口为3.17 亿人（表2-1），占全国城镇人口的42.32%；城市密度为1.2 个/万 km^2，是全国的1.74 倍，城镇密度为44.25 个/万 km^2，是全国的2.11 倍。因而是国家新型城镇化发展的主体带，长江经济带新型城镇化的成败直接决定着国家新型城镇化的安全与成败。

表2-1　2014 年长江经济带11 省市经济总量在国家的战略地位统计表

区域	面积（万 km^2）	总人口（亿人）	GDP（万亿元）	第一产业增加值（万亿元）	第二产业增加值（万亿元）	第三产业增加值（万亿元）	固定资产投资（万亿元）	社会消费品零售总额（万亿元）	城镇化水平（%）
上海市	0.63	0.24	2.36	0.01	0.82	1.53	0.60	0.87	88.02
江苏省	10.27	0.80	6.51	0.36	3.11	3.04	4.16	2.32	62.85
浙江省	10.18	0.55	4.02	0.18	1.92	1.92	2.36	1.69	62.96
安徽省	13.94	0.61	2.08	0.24	1.12	0.73	2.13	0.73	47.86
湖北省	18.74	0.58	2.74	0.32	1.28	1.13	2.43	1.18	54.51
湖南省	21.18	0.67	2.70	0.31	1.25	1.14	2.20	1.01	47.96
江西省	16.69	0.45	1.57	0.17	0.84	0.56	1.51	0.51	48.87
四川省	48.80	0.81	2.85	0.35	1.45	1.05	2.36	1.17	44.90
重庆市	8.24	0.17	1.43	0.11	0.65	0.67	1.32	0.12	58.34
云南省	39.40	0.47	1.28	0.20	0.53	0.55	1.11	0.46	39.31
贵州省	17.62	0.35	0.93	0.13	0.38	0.41	0.88	0.26	37.83
长江经济带合计	205.69	5.84	28.47	2.38	13.35	12.73	21.06	10.32	53.95
全国总计	967.20	13.68	63.65	5.83	27.14	30.67	51.28	26.24	54.77
经济带占全国比重(%)	21.27	42.71	44.73	40.82	49.19	41.51	41.07	39.33	

资料来源：中国和各省份2014 年国民经济和社会发展统计公报。

（二）长江经济带是国家经济增长的主撑带

从经济总量分析，2014 年长江经济带GDP 总量为28.47 万亿元，占全国的44.73%，第一产业增加值2.38 万亿元，占全国的40.82%，第二产业增加值13.35 万亿元，占全国的49.19%，第三产业增加值12.73 万亿元，占全国的41.51%，固定资产投资21.06 万亿元，占全国的41.07%，社会消费品零售总额10.32 万亿元，占全国的39.33%（表2-1），外商投资总额1.6 万亿美元，占全国的48.92%。从经济增长速度分析，2014 年全国经济增长速度为7.3%，其中东部地区平均经济增长速度为8%，中部地区为7.92%，西部地区为8.76%，东北地区为5.96%，而长江经济带平均经济增长速度为8.77%（表2-2），是各大板块中经济增长速度最快的。可见，长江经济带是继中国沿海经济带之后最有活力的经济带，是支撑中国经济转型升级的新支撑带，是中华民族全面复兴的战略脊梁带，是疏通黄金水道大动脉的战略通道带。长江经济带的发展直接影响着国家全面建成小康社会和国家实现现代化的大局。

表 2-2　2014 年全国及不同地区平均经济增长速度对比分析表

区域	全国	东部地区	中部地区	西部地区	东北地区	长江经济带
空间范围	31 个省份	10 个省份	6 个省份	12 个省份	3 个省份	11 个省份
平均经济增长速度（%）	7.3	8.0	7.92	8.76	5.96	8.77

资料来源：根据中国及各省份 2014 年国民经济和社会发展统计公报计算得到。

（三）长江经济带是国家城乡发展“H”形新格局的主轴带

在由西部丝路轴线、中部沿江轴线和东部沿海轴线三条主轴线组成的中国城乡发展“H”形空间格局中，长江经济带作为唯一一条东西向的横轴线，成为推动我国区域发展格局由“T”形长期主导的战略格局转变为适应新常态的“H”形战略格局的重要支撑带。

（四）长江经济带是国家东、中、西合作的主纽带

长江经济带横贯我国东、中、西部地区，是国家发展战略重心内推的主力承载带，也是联动东、中、西部地区协调发展的战略扁担带，沿江分布密集的城市群使长江经济带具有独特优势和巨大发展潜力。长江经济带的开放开发将有效解决我国东西部区域发展不协调、不平衡等诸多问题，对充分发挥经济带的核心竞争力、推动中部崛起和西部大发展具有重要的战略意义。

二、长江经济带新型城镇化发展与城镇体系建设现状特点

（一）经济带城镇化水平略低于全国平均水平，城镇密度远高于全国平均水平

1978～2014 年，长江经济带总人口由 4.38 亿人增加到 5.84 亿人，增长了 33.33%，同期全国总人口由 9.63 万人增加到 13.68 万人，增长了 42.06%，长江经济带总人口在全国的比重由 45.52% 下降至 42.71%。从城镇人口来看，长江经济带城镇人口由 6488 万人增加到 31 715 万人，增长了 388.83%，占全国城镇人口比重由 37.62% 提升至 42.32%（表 2-3）。从城镇化水平来看，1978 年长江经济带城镇化水平为 14.81%，低于全国平均水平 3.11 个百分点，之后二者的差距不断缩小，至 2014 年长江经济带城镇化水平达到 54.28%，同期全国城镇化率为 54.77%，二者之间的差距缩小至 0.49 个百分点（图 2-2）。根据城镇化发展的阶段性规律判断，长江经济带目前处于城镇化快速成长阶段（方创琳等，2014）。从城市密度分析，长江经济带现有 247 个城市（包含 2 个直辖市、107 个地级市与 138 个县级市），城市密度为 1.2 个/万 km^2，比全国城市密度（0.69 个/万 km^2）高将近 1 倍，从城镇密度分析，长江经济带现有 9071 个城镇，城镇密度高达 44.25 个/万 km^2，超出全国城镇密度（20.96 个/万 km^2）一倍多（图 2-3），可见，长江经济带是一个城市与城镇高度密集带，也是未来高密度城镇化集聚地区。

表 2-3　长江经济带历年主要城镇化发展指标在全国的地位分析表

年份	经济带 GDP 占全国比重（%）	经济带总人口占全国比重（%）	经济带城镇人口占全国比重（%）	全国城镇化水平（%）	经济带城镇化水平（%）	全国城镇密度（个/万 km^2）	经济带城镇密度（个/万 km^2）
1978	41.54	45.52	37.62	17.92	14.81	2.27	—
1980	42.23	45.40	38.74	19.39	16.54	—	—
1985	40.99	44.86	37.81	23.71	19.98	9.69	18.72
1990	41.04	44.87	39.59	26.41	23.3	12.59	23.59
1995	39.07	44.37	41.33	29.04	27.05	18.26	43.20
2000	40.48	43.83	41.38	36.22	34.19	21.16	46.42
2005	43.38	42.84	41.05	42.99	41.2	20.34	44.74
2010	44.10	42.95	41.92	49.95	48.74	20.22	43.70
2011	44.93	42.74	41.93	51.27	50.29	20.50	43.31
2012	45.46	42.73	42.12	52.57	51.83	20.71	44.00
2013	45.62	42.74	42.17	53.73	53.01	20.96	44.25
2014	44.73	42.71	42.32	54.77	54.28	20.96	44.25

资料来源：根据中国及各省历年统计年鉴原始数据计算得到。

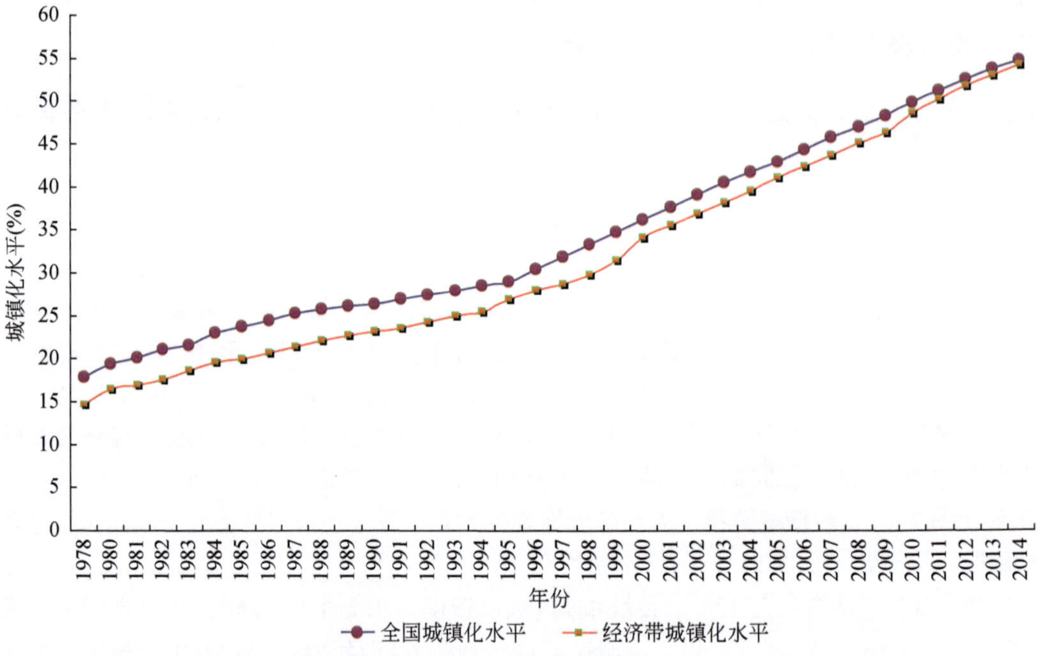

图 2-2　长江经济带城镇化水平与全国城镇化水平比较示意图

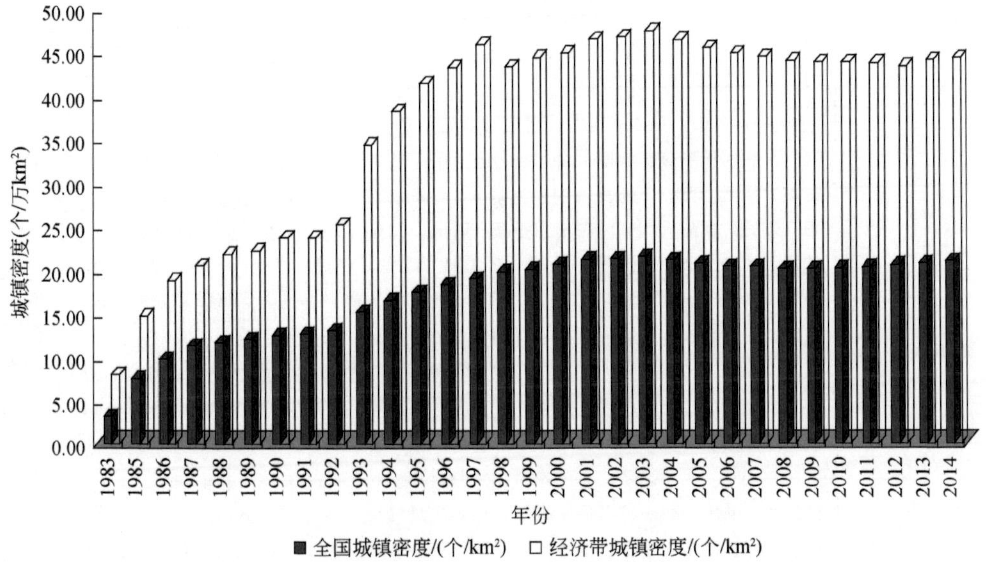

图 2-3　长江经济带城镇密度与全国城镇密度对比示意图

（二）经济带城镇体系等级规模结构形成了“顶端小、底端大”的金字塔形格局

根据国务院《关于调整城市规模划分标准的通知》（国发〔2014〕51 号）中的城市规模划分标准，长江经济带 247 个城市中，超大城市 2 个（上海和重庆）、特大城市 4 个（武汉、成都、南京与杭州）、大城市 25 个（其中Ⅰ型大城市包括苏州、昆明与合肥 3 个，Ⅱ型大城市包括长沙、无锡等 22 个）、中等城市 65 个、小城市 151 个（其中Ⅰ型小城市 119 个，Ⅱ型小城市 32 个），城镇体系形成了“顶端小、底端大”的金字塔形合理规模等级格局（表 2-4），成为长江经济带串珠状城镇体系的重要组成部分（图 2-4）。从长江经济带上中下游地区分析，其表现出不同的城市等级规模结构，其中：下游地区城市等级规模结构相对完善，呈现出稳定的“金字塔形”结构，中游地区城市表现出高等级城市缺失的“断金字塔形”结构，特大城市和超大城市的引领作用不突出，而上游地区城市则表现出一定的“倒金字塔形”结构，县级市发育较为薄弱。

表 2-4　基于“六普”数据的长江经济带城市规模体系结构

类型		城市名称及数量（个）
超大城市		（2 个）上海、重庆
特大城市		（4 个）成都、武汉、南京、杭州
大城市	Ⅰ型	（3 个）昆明、合肥、苏州
	Ⅱ型	（22 个）贵阳、荆州、宜昌、襄阳、衡阳、南昌、长沙、徐州、淮安、盐城、温州、芜湖、淮南、无锡、常州、南通、扬州、台州、宁波、江阴、昆山、慈溪
中等城市		（65 个）南充、遂宁、攀枝花、六盘水、自贡、泸州、德阳、绵阳、内江、乐山、宜宾、遵义、宣威、赣州、十堰、邵阳、郴州、永州、萍乡、九江、新余、黄石、鄂州、孝感、株洲、湘潭、岳阳、常德、益阳、天门、仙桃、浏阳、连云港、金华、蚌埠、马鞍山、淮北、安庆、阜阳、宿州、六安、宿迁、瑞安、义乌、乐清、邳州、镇江、嘉兴、湖州、绍兴、舟山、泰州、丹阳、宜兴、张家港、常熟、余姚、诸暨、临海、温岭、兴化、如皋、泰兴、江都、吴江

续表

类型		城市名称及数量（个）
小城市	Ⅰ型	（119 个）东台、抚州、启东、巴中、耒阳、亳州、怀化、汉川、曲靖、西昌、宜春、东阳、海门、大冶、醴陵、枣阳、钟祥、铜陵、潜江、太仓、景德镇、荆门、娄底、衢州、毕节、富阳、广元、巢湖、新沂、桐乡、海宁、随州、滁州、上虞、靖江、丰城、达州、姜堰、资阳、永康、溧阳、大理、简阳、安顺、眉山、大丰、平湖、嵊州、高邮、咸宁、兴义、常宁、楚雄、吉安、天长、汨罗、恩施、都江堰、广安、宣城、江油、玉溪、麻城、应城、句容、上饶、高安、丽水、池州、黄山、乐平、沅江、洪湖、金坛、凯里、南康、广水、仪征、松滋、临安、武穴、桐城、黄冈、保山、彭州、昭通、张家界、涟源、阆中、安宁、奉化、冷水江、安陆、广汉、宁国、文山、临湘、峨眉山、枝江、都匀、瑞金、资兴、界首、石首、蒙自、老河口、吉首、开远、湘乡、贵溪、雅安、兰溪、崇州、铜仁、景洪、明光、赤壁、宜城、江山
	Ⅱ型	（32 个）洪江、利川、绵竹、鹰潭、邛崃、丹江口、共青城、樟树、什邡、武冈、普洱、当阳、建德、扬中、宜都、仁怀、清镇、个旧、津市、丽江、瑞昌、德兴、临沧、潞西、万源、福泉、华蓥、龙泉、瑞丽、井冈山、赤水、韶山

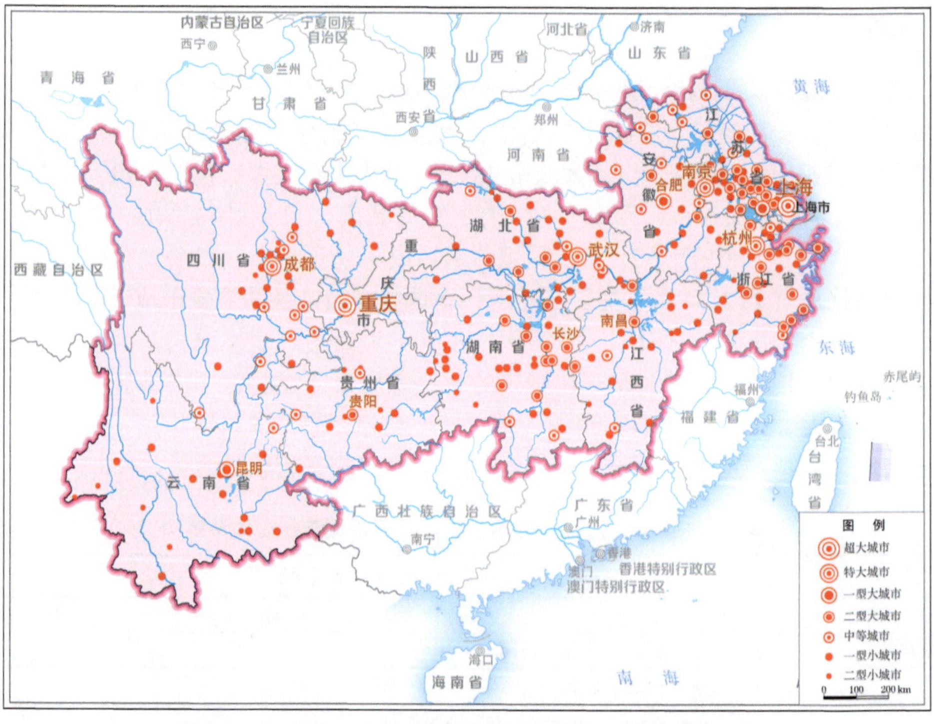

图 2-4　2010 年长江经济带城镇体系等级规模结构示意图

（三）经济带下游地区城市职能分工互补性强，中上游地区尚未形成互补的职能分工体系

基于 2010 年全国第六次人口普查数据（以下简称“六普”）中各县市行业人口和就

业结构数据（重庆市为主城区数据），借助SPSS统计软件，采用聚类分析方法，探讨长江经济带城镇职能体系结构特征。研究结果表明，目前长江经济带服务型城市仅有上海市1个，表现为服务业极为发达；制造型城市也仅有苏州市1个，表现为制造业极为发达；制造服务型城市有15个，主要集中于长江三角洲地区，中西部地区仅有重庆市、武汉市与成都市3个城市，表现为制造业和服务业相对突出；其余229个城市均为综合职能、分工不明确、互补性差的综合性城市，即三次产业从业比重相对均衡，尚未分化出优势行业。根据城市职能分工体系可见，长江下游地区的城市发展职能分工与互补性较强，各城市之间职能分工体系逐步形成，典型表现为上海市与苏州市之间的互补，而长江中游和上游地区产业层次较低，高附加值产业比重较小，则尚未形成相对紧密的产业职能分工和互补合作体系（图2-5，表2-5）。

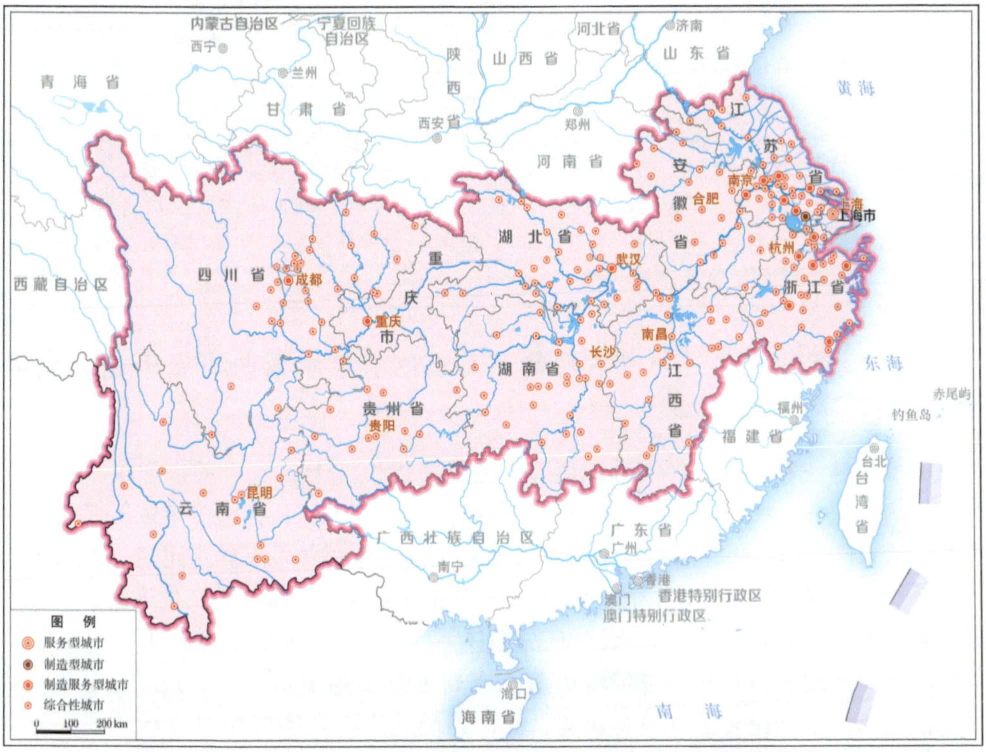

图2-5　2010年长江经济带城市职能体系结构示意图

表2-5　基于“六普”数据的长江经济带城市职能体系结构

类型	城市名称及数量（个）
服务型城市	（1个）上海
制造型城市	（1个）苏州
制造服务型城市	（16个）重庆、宁波、温州、成都、南通、常州、杭州、嘉兴、金华、南京、绍兴、台州、无锡、武汉、泰州、扬州

续表

类型	城市名称及数量（个）
综合性城市	（229个）赣州、徐州、盐城、亳州、常德、郴州、达州、德阳、阜阳、衡阳、怀化、黄冈、吉安、荆州、六安、泸州、绵阳、南充、内江、曲靖、上饶、邵阳、孝感、宿州、宜宾、宜春、永州、岳阳、昭通、资阳、遵义、松滋、安陆、安宁、安庆、安顺、巴中、蚌埠、保山、毕节、常宁、常熟、巢湖、池州、赤壁、赤水、崇州、滁州、楚雄、慈溪、大丰、大理、大冶、丹江口、丹阳、当阳、德兴、东台、东阳、都江堰、都匀、峨眉山、鄂州、恩施、丰城、奉化、福泉、抚州、富阳、高安、高邮、个旧、共青城、汨罗、广安、广汉、广水、广元、贵溪、贵阳、海门、海宁、汉川、合肥、洪湖、洪江、湖州、华蓥、淮安、淮北、淮南、黄山、黄石、吉首、简阳、建德、江都、江山、江阴、江油、姜堰、界首、金坛、津市、荆门、井冈山、景德镇、景洪、靖江、九江、句容、开远、凯里、昆明、昆山、兰溪、阆中、老河口、乐平、乐清、乐山、耒阳、冷水江、醴陵、丽江、丽水、利川、溧阳、连云港、涟源、临安、临沧、临海、临湘、浏阳、六盘水、龙泉、娄底、潞西、麻城、马鞍山、眉山、蒙自、绵竹、明光、南昌、南康、宁国、攀枝花、彭州、邳州、平湖、萍乡、普洱、启东、潜江、清镇、邛崃、衢州、仁怀、如皋、瑞安、瑞昌、瑞金、瑞丽、上虞、韶山、什邡、嵊州、十堰、石首、随州、遂宁、太仓、泰兴、天门、天长、桐城、桐乡、铜陵、铜仁、万源、温岭、文山、芜湖、吴江、武冈、武穴、西昌、仙桃、咸宁、湘潭、湘乡、襄阳、新沂、新余、兴化、兴义、宿迁、宣城、宣威、雅安、扬中、仪征、宜昌、宜城、宜都、宜兴、义乌、益阳、鹰潭、应城、永康、余姚、玉溪、沅江、枣阳、张家港、张家界、樟树、长沙、镇江、枝江、钟祥、舟山、株洲、诸暨、资兴、自贡

（四）城市体系空间分布不均衡，高度依附于水系与交通干道形成串珠状空间格局

从流域一体化看，长江经济带城市节点主要依附长江干支流水系，形成树枝状城市带群。作为以长江干流和支流水系联通的一体化流域经济区，长江经济带依托于长江“黄金水道”带来的交通优势，沿长江干流及其主要支流的城镇化发展较为迅速，城市节点主要依附长江干支流水系和交通干道，形成树枝状城市带群。目前，长江中下游、汉江、湘江流域城镇体系发展相对完善，其他地区城镇体系则有待进一步发展（图2-6）。

从交通一体化看，长江经济带城市节点主要依附交通干道，形成放射–串珠状城市带群。依托于沪宁高速和沪杭甬高速的长江三角洲城市群发展已相对成熟，依托于京广线、京九线与沪昆线的长江中游城市群以及依托于成渝线、宝成线与成昆线的成渝城市群发展较快。此外，依托于沪昆线、渝黔线的黔中城市群与依托于沪昆线、成昆线的滇中城市群尚处于发展中。目前，长江经济带城市节点主要依附交通干道，形成放射–串珠状城市带群。

三、长江经济带新型城镇化发展与城镇体系建设存在的问题

（一）经济带处于快速城市化阶段，外来人口市民化制约城镇化质量提升

改革开放后长江经济带城镇化发展取得了巨大成就，城镇化率在1978年至2014年的36年间由14.81%提升至54.28%，增长了39.47个百分点，但仍落后于同期全国平

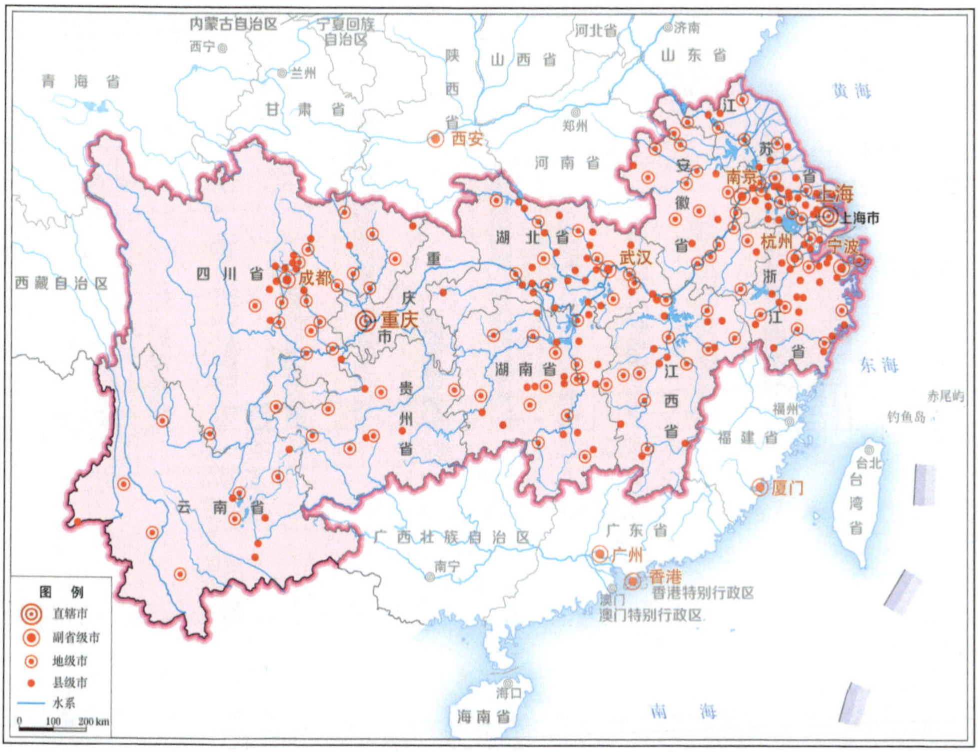

图 2-6　2013 年长江经济带城镇体系与流域关系图

均水平 0.49 个百分点。同时，长江经济带目前整体仍处于快速城市化阶段，距离城镇化成熟阶段（70%）尚有 15 个百分点的差距，未来仍需保持较快的城镇化增速，以适应经济社会发展需求。虽然长江经济带城镇化发展速度相对较快，但城镇化质量还有待进一步提升。主要表现在交通拥堵、环境污染等种种城市病的存在及城市外来人口的市民化进程滞后等方面（黄金川等，2003；姚士谋等，2006）。受现有户籍制度的制约，大量久在城市定居的外来常住人口无法享受应有的公共服务与社会福利，并未完全完成城市化过程，阻碍了长江经济带城镇化发展质量的提升。

以 2010 年全国第六次人口普查数据进行分析（图 2-7），目前长江经济带九省二市中，除云南省常住人口与户籍人口基本持平外，其余各省市常住人口与户籍人口之间差距巨大。常住人口数量大于户籍人口的为上海、浙江、江苏与云南，四省合计常住人口比户籍人口多 1993 万人，其中仅上海市即多出 883 万人；常住人口少于户籍人口按数量由多到少排序依次为四川省（956 万人）、安徽省（911 万人）、贵州省（685 万人）、湖南省（507 万人）、湖北省（452 万人）、重庆市（430 万人）、江西省（256 万人），七省市合计常住人口比户籍人口少 4197 万人。

整体而言，长江经济带整体仍然表现为人口的净输出，输出数量为 2204 万人。为保障长江经济带乃至全国城镇化的持续健康发展，亟须提高长江经济带城镇化质量，并推动城镇化的均衡化发展。

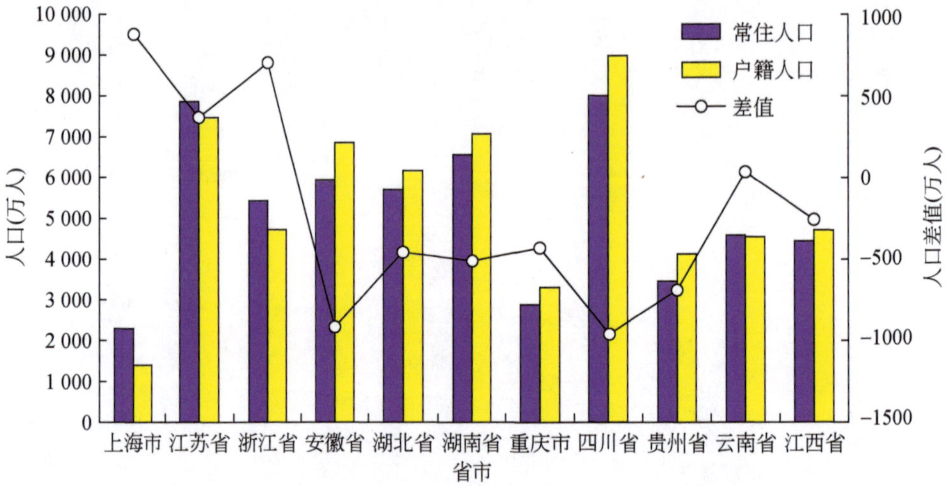

图 2-7　长江经济带各省市常住人口与户籍人口差距

注：基于第六次人口普查数据。

（二）经济带城市规模等级体系不均衡，中游缺少特超大城市，上游缺少大城市

长江经济带目前整体城市规模等级结构相对完善，但不同区域之间等级规模结构体系则有待完善。整体而言，东部地区大中小城市相互协调，城镇规模体系结构较为合理，发育较为成熟；中部地区大中小城市发育较为完善，但作为核心城市的超大城市与特大城市发育不足；西部地区大部分还处于核心城市一城独大的局面，缺乏大城市这一承上启下的环节，部分地区如黔中城市群地区核心城市的吸引力也相对较弱，尚需要进一步的发展。整体而言，长江经济带城市规模等级结构体系有待进一步完善，未来应结合主要交通线路设置以及长江“黄金水道”的开发推动大中小城市的协调发展，切实发挥区域合力。

（三）经济带城市职能规模空间分异明显，下游到上游变化程度降低，缺少整体规划调控

长江经济带城市职能规模整体空间分异明显，下游城市职能规模变化剧烈，中游次之，上游城市职能规模变化较小（图 2-8）。下游来看，江苏省南京、徐州、南通、苏州和盐城多个大城市职能规模增幅较大，同时苏中和苏南地区的多数中等城市稍有下降，体现了该地区大城市对周边城市人口产生了较大的集聚效应；浙江省只有杭州等少数城市职能规模增长，其他城市保持平衡或略有下降；安徽省地级城市职能规模普遍提升，区域内人口集聚现象显著。中游的湖北省整体平稳，部分城市规模下降，而湖南和江西多数城市职能规模有较高提升。上游地区的成渝地区特大城市集聚显著，周边的中小城市规模下降，而贵州和云南省重大交通设施沿线的中心城市规模提升，边界区域城市显著下降。

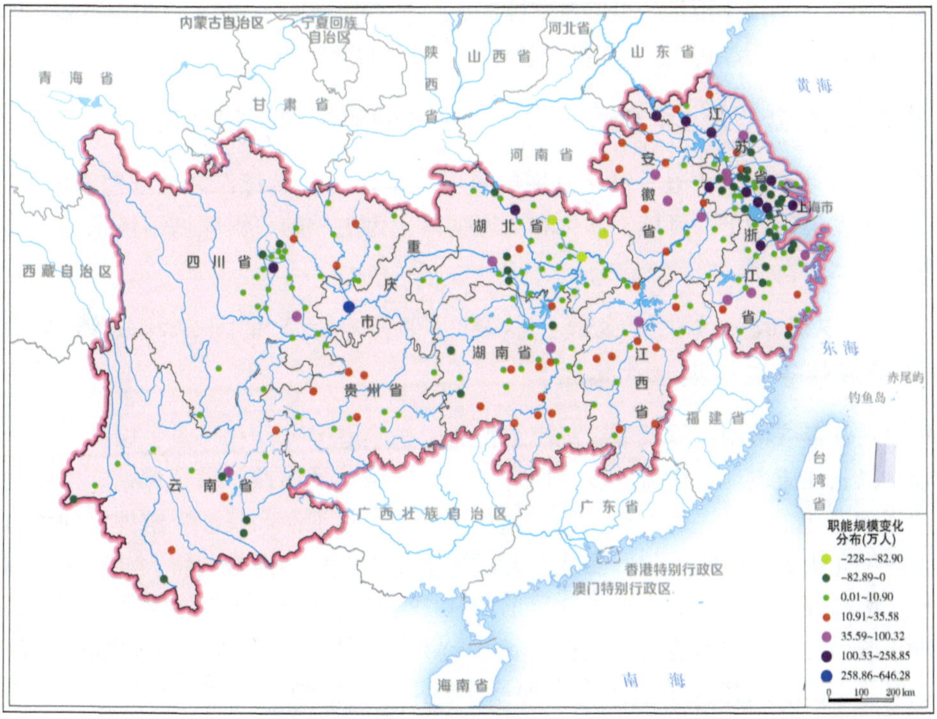

图 2-8　2013 年长江经济带城镇职能规模变化示意图

(四) 城镇体系空间分布不均衡，空间运行成本高，城镇化发展质量下游高于中上游

城镇人口过于集中于下游地区，加大了下游城镇化压力，削弱了上中游的城镇化压力。以 2010 年第六次人口普查为例，下游地区三省（上海、江苏、浙江）以占整个经济带 10. 3% 的土地承载了 36. 4% 的城镇人口（1. 01 亿人），中部四省（湖南、湖北、江西、安徽）以 34. 3% 的土地承载了 36. 6% 的城镇人口（1. 02 亿人），西部四省（重庆、四川、贵州、云南）以 55. 4% 的土地仅承载了 27. 0% 的城镇人口（0. 75 亿人）。城镇人口过于集中于东部地区给其造成了严重的资源环境压力。中上游地区物流的 70% 以上要长距离运输到下游地区出海，加剧了空间运行成本，同时由于人才、技术外流也减弱了西部地区经济持续发展的能力，长远来看不利于长江流域城镇化持续健康发展。亟须采取相应措施，扭转目前东强西弱的城镇化格局，促进城镇化在全经济带的均衡发展。

(五) 经济带城镇化发展对流域资源环境产生了越来越大的压力

长江经济带占据全国近一半的能源消费总量，排放出超一半的废水和 1/3 的废气废物，城镇化发展与资源环境之间的矛盾日益凸显。从经济带能源消费分析，2013 年长江经济带能源消费总量达到了 16. 90 亿 t 标准煤，占全国的 45. 08%，自 2000 年以后年均增长 9. 2%；从环境污染状况分析，长江经济带废水排放量达 376. 54 亿 t，占全国的 54. 14%，二氧化硫、氮氧化物、粉尘的排放量分别达到了 706. 45 万 t、717. 34 万 t 与 356. 91 万 t，分别占全国的 34. 56%、32. 20% 与 27. 92%，固体废弃物产生量达到 98 053. 6 万 t，占全国

29.92%。可见，长江经济带的发展对资源环境产生了较大压力，需采取相应措施，促进经济社会发展与资源环境相适应，以推动长江经济带城镇化的可持续发展。

四、建设以流域一体化和交通一体化为主导的束簇状城镇体系

长江经济带在国家新型城镇化发展的重要战略地位和自身作为流域经济带的属性，决定了未来发展需要走以流域一体化和交通一体化为主导的束簇状城镇体系建设的新型城镇化发展之路。

（一）以流域一体化为主线，构建“水轴串城”的串珠状城镇体系，优化经济带城镇等级规模结构体系

针对长江经济带城镇体系等级规模结构的“金字塔形”结构特点，以长江黄金水道为水轴，以长江流域一体化为主线，构建“水轴串城”的串珠状城镇体系。一是进一步强化“塔尖”上的两个超大城市上海、重庆分别对长江下游和长江上游地区的辐射带动作用，确保龙头龙尾同时崛起；二是下大力气建设“塔身”地带的特大城市武汉和大城市长沙、南昌等长江中游地区城市，目前长江中游地区整体上处在“塔腰地带”，中游地区中心城市的辐射带动能力较弱，对长江经济带一体化发展具有“拖后腿效应”，急需将武汉等中部地区特大城市培育成为长江经济带中游地区的战略支撑点；三是夯实“塔底”数量众多的中小城市，这些城市作为特大城市和大城市的卫星城市和组合城市，构成了长江经济带上“水轴串城”的串珠状城镇体系，是长江经济带城乡一体化发展的主体和新型城镇化的重要组成部分。通过“塔尖—塔身—塔底”不同等级规模城市的培育和强化，优化形成长江经济带由超大城市-特大城市-大城市-中等城市-小城市-小城镇等不同等级规模城市构成的“新金字塔形”城镇等级规模结构体系。

与此同时，把城市群作为长江经济带新型城镇化的主体，在长江经济带上重点建设1个世界级城市群（长江三角洲城市群）、2个国家级城市群（长江中游城市群、成渝城市群），3个地区性城市群（江淮城市群、滇中城市群和黔中城市群），形成“1+2+3”梯度发展的长江经济带城市群建设新格局。

（二）以交通一体化为主轴，构建“陆轴连城”的轴辐式城镇体系，优化经济带城镇体系空间结构体系

针对长江经济带城镇体系空间分布不均衡、空间运行成本高、上中下游地区跨度很大的自然特点，建议以长江黄金水道为依托，以水路、铁路、公路、民航、管道等多种运输方式协同发展的综合交通一体化为主轴，构建“陆轴连城”的轴辐式城镇体系，优化经济带城镇体系空间结构体系。伴随着长江经济带交通网络的不断完善，区域城镇化发展也不断加速。2013年，长江经济带中内河航道里程为8.9万km，其中高等级航道里程为0.67万km；铁路营业里程为2.96万km，其中高速铁路里程为4000km，复线率为49.8%，电化率为69.7%；公路通车里程为188.8万km，国家高速公路里程为3.2万km，乡镇通沥青（水泥）路率为97.9%，建制村通沥青（水泥）路率为84.9%；输油（气）管道里程为4.4万km，城市轨道交通营业里程为1089km，民用运输机场74个，长江干线过江桥梁

（含隧道）89座，长江经济带已经形成了基于流域一体化和交通一体化的带状城镇体系。未来发展要重点解决长江中游地区黄金水道“肠梗阻”问题和下游出海口“堵塞”问题，在现有交通一体化建设的基础上，一是加快建设沿江高速铁路通道，包括上海经南京、合肥、武汉、重庆至成都的沿江高速铁路和上海经杭州、南昌、长沙、贵阳至昆明的沪昆高速铁路，连通南北高速铁路和快速铁路；二是加快建设沿江高速公路通道，包括建设以上海至成都、上海至重庆、上海至昆明、杭州至瑞丽等国家高速公路为重点，建成连通重点区域、中心城市、主要港口和重要边境口岸的束簇状高速公路通道，提高国省干线公路技术等级，普通国道二级及以上公路比重达到80%以上；三是研究在三峡大坝地区建设三峡翻坝体系或三峡水运新船闸的可能性，目前三峡大坝过货量已经超过设计能力1亿t，平均过船时间超过43h，严重制约了黄金水道优势功能的发挥；四是完善油气运输管道，合理布局沿江管网设施，加强长江三角洲向内陆地区、沿江地区向腹地辐射的原油和成品油输送管道建设，完善区域性油气管网，加快互联互通，形成以沿江干线管道为主轴，连接沿江城市群的油气供应保障通道；五是建设综合交通枢纽，按照“零距离换乘、无缝化衔接”要求，加快建设上海、南京、连云港、徐州、合肥、杭州、宁波、武汉、长沙、南昌、重庆、成都、昆明、贵阳14个全国性综合交通枢纽，提高综合交通运输体系的运行效率，增强对产业布局的引导和城镇发展的支撑作用①。通过交通一体化的发展，将长江经济带上的大中小城市、港口、城市群、产业园区、国家高新区和国家级新区等不同空间尺度的城市节点有机连成一体，形成“陆轴连城”的轴辐式城镇体系。

（三）以产业布局一体化为主导，构建“产业链城”的产城融合式城镇体系，优化经济带城市职能分工体系

针对长江经济带下游地区城市职能分工互补性较强，而中上游地区尚未形成互补的职能分工体系、同质化竞争大于合作的现实，顺应全球新一轮科技革命和产业变革趋势，推动沿江产业由要素驱动向创新驱动转变，建议推进长江经济带上中下游地区产业发展与布局的一体化，形成链式联动的产业升级体系、产业梯度转移体系、物流产业体系和产业通关一体化体系等。一是依靠科技创新推动经济带产业升级转型。据统计，长江经济带R&D投入占全国的43.93%，专利申请数占全国的54.02%，高等院校数量和在校学生数均占全国的42%以上，拥有丰富的科技创新资源。因此，应充分发挥上海张江国家自主创新示范区、武汉东湖国家自主创新示范区和合芜蚌（合肥、芜湖、蚌埠）国家自主创新示范区的引领示范作用，推进长株潭国家自主创新示范区建设，通过自主创新，把长江经济带建成产业创新集聚带。二是依托沿江国家级及省级高新技术产业开发区和经济技术开发区，以电子信息、高端装备、汽车、家电、纺织服装等世界级产业集群为主导，重点沿江布局一批战略性新兴产业集聚区、国家高技术产业基地和国家新型工业化产业示范基地，推进长江经济带成为中国迈向2025年的先进制造业基地。三是科学建设沿江国家及省级新区，把新区建成长江经济带创新发展的新产业空间和创新空

① 详见《国务院关于依托黄金水道推动长江经济带发展的指导意见》，国发〔2014〕39号文件，2014年9月12日。

间。四是大力发展滨江旅游业。充分发挥长江沿线各地独具特色的历史文化、自然山水和民俗风情等优势，构建由精品旅游城市、精品旅游线路、精品旅游景区、精品旅游度假休闲区和生态旅游目的地构成的长江黄金旅游通道，把长江经济带建成国际黄金旅游带。五是推动流域上中下游的产业梯度转移与合作。在着力推动下游地区产业转型升级的同时，依托中上游地区广阔腹地，增强基础设施和产业配套能力，引导具有成本优势的资源加工型、劳动密集型产业和具有市场需求的资本、技术密集型产业向中上游地区转移，建设上下联动的产业承接转移示范区和加工贸易梯度转移承接地，推动产业协同合作、上下联动、江海联动、产城联动、链式联动发展，逐步构建“产业链城”的产城融合式有链有群型城镇体系，优化长江经济带上中下游地区的城市职能分工体系，把长江经济带建设成为产业创新与经济发展的经济共同体和利益共同体。

（四）以生态环保一体化为先导，构建生态型城镇体系，缓解经济带城镇化的资源环境压力

针对长江经济带新型城镇化面临的资源与生态环境保障压力，推进流域生态建设与环境保护与治理的一体化，构建生态环保型城镇体系。一是强化长江水资源保护和合理利用，落实最严格水资源管理制度，明确长江水资源开发利用红线、用水效率红线，建设沿江、沿河、环湖水资源保护带、生态隔离带，增强水源涵养和水土保持能力。二是严格控制和治理长江水污染，明确水功能区限制纳污红线，完善水功能区监督管理制度，科学核定水域纳污容量，大幅削减化学需氧量、氨氮排放量，加大总磷、总氮排放等污染物的控制力度。加大沿江化工、造纸、印染、有色等排污行业环境隐患排查和集中治理力度，加强三峡库区、丹江口库区、洞庭湖、鄱阳湖、长江口及长江源头等水体的水质监测和综合治理。三是划定沿江生态保护红线，加大重点生态功能区建设和保护力度，构建中上游地区生态屏障。推进太湖、巢湖、滇池、草海等全流域湿地生态保护与修复工程，加强金沙江、乌江、嘉陵江、三峡库区、汉江、洞庭湖和鄱阳湖水系等重点区域水土流失治理和地质灾害防治。四是探索建立长江流域上中下游地区生态补偿机制。按照“谁受益谁补偿”的原则，探索上中下游开发地区、受益地区与生态保护地区试点横向生态补偿机制，依托重点生态功能区开展生态补偿示范区建设。最终把长江经济带建设成为资源节约型和环境友好型的流域生态经济带，建成生态环保共同体。

（五）以江海联动为主出口，构建江海联动的双向开放型城镇体系，提升长江经济带对外开放度

按照《国务院关于依托黄金水道推动长江经济带发展的指导意见》（国发〔2014〕39号）的要求和国家全面实施“一带一路”战略的总体部署，加快推进长江经济带双向对外开放力度，以江海联动为主出口，构建江海联动的双向开放型城镇体系。一是继续向东开放。加快建设中国（上海）自由贸易试验区，发挥上海对沿江开放的引领带动作用，通过先行先试、经验推广和开放合作，充分发挥上海对外开放的辐射效应、枢纽功能和示范引领作用，带动长江经济带向更高水平开放，增强国际竞争力。二是打通西南出口向南开放。推进孟中印缅、中老泰等国际运输通道建设，实现基础设施互联互

通。推动孟中印缅经济走廊合作，深化参与中国–东盟湄公河流域开发、大湄公河次区域经济合作。三是打通陆路西向开放通道向西开放。加强与丝绸之路经济带的战略互动，把四川、重庆培育成为连接丝绸之路经济带的重要纽带，增强对中亚、欧洲等地区进出口货物的吸引能力。四是推动长江通关一体化。加强内陆海关与沿海沿边口岸海关的协作配合，加强口岸与内陆检验检疫机构的合作，全面推进“一次申报、一次查验、一次放行”模式，实现长江经济带海关区域通关一体化和检验检疫一体化。五是优化长江沿江港口功能布局，大力发展现代航运服务业，加快上海国际航运研究中心、武汉长江中游航运中心、重庆长江上游航运中心和南京区域性航运物流中心建设，加快发展多式联运及集疏运体系，增强沿江物流园区综合服务功能，培育壮大现代物流企业，形成若干区域性物流中心，构建形成长江江海联动的国际物流体系。

（六）形成流域–交通–产业–生态–开放“五位一体”的束簇状城镇体系，提升城镇化发展质量

通过构建以流域一体化为主线的“水轴串城”的串珠状城镇体系，以交通一体化为主轴的“陆轴连城”的轴辐式城镇体系，以城市群为主体的“1+2+3”梯度发展的城市群结构体系，以产业布局一体化为主导的“产业链城”的产城融合型城镇体系，以生态环保一体化为先导的生态型城镇体系，以江海联动为主出口的双向开放型城镇体系，形成流域–交通–产业–生态–开放“五位一体”的长江经济带束簇状城镇体系，不断优化长江经济带城镇等级规模结构体系、城市职能分工体系和空间结构体系，缓解经济带城镇化的资源环境压力，提升长江经济带对外开放度，提升城镇化发展质量，实现长江经济带产业发展与布局一体化、流域上中下游一体化、基础设施建设一体化、生态建设与环境保护一体化、城乡发展与城乡统筹一体化、区域市场一体化、社会发展和基本公共服务一体化，把长江经济建设成为上下协同、江海联动、多式联运、人水和谐、经济共荣的命运共同体和利益共同体，为国家新型城镇化发展做出重大贡献。

第二节 以带串群与梯度分级的城市群发展战略

2013 年 12 月的中央城镇化工作会议明确提出以城市群为轴心的新型城镇化发展方向，以加快构建科学合理的城镇化宏观布局。2014 年 3 月 16 日，《国家新型城镇化规划（2014–2020 年）》明确指出以城市群为推进城镇化的主体形态，完全符合全球化背景下的城镇化一般规律，符合我国资源环境承载能力的基本特征。城市群地区已经成为我国经济发展格局中最具活力和潜力的核心地区，也是我国生产力布局的增长极点和核心支点，具有将各种生产要素流动汇聚与扩散的功能。长江经济带横跨我国东、中、西三大区域，沿江分布密集的城市群使长江经济带具有独特优势和巨大发展潜力。

一、长江经济带“1+2+3”城市群空间组织格局与战略支撑地位

（一）长江经济带“1+2+3”的城市群空间组织格局

长江经济带城市群包括了 1 个世界级城市群（长江三角洲城市群）、2 个国家级城市

群（长江中游城市群和成渝城市群）和3个地区性城市群（江淮城市群、滇中城市群和黔中城市群），形成了“1+2+3”分级梯度发展的城市群空间组织格局。其中：长江三角洲城市群由上海、南京、无锡、常州、苏州、南通、扬州、镇江、泰州、杭州、宁波、嘉兴、湖州、绍兴、舟山、台州共16个城市构成；长江中游城市群由武汉、黄石、鄂州、孝感、黄冈、咸宁、仙桃、潜江、天门、襄阳、宜昌、荆州、荆门、长沙、株洲、湘潭、衡阳、岳阳、益阳、常德、娄底、南昌、九江、景德镇、鹰潭、新余、抚州、宜春、萍乡、上饶、吉安共31个城市组成；成渝城市群由重庆（包括万州、涪陵、渝中、大渡口、江北、沙坪坝、九龙坡、南岸、北碚、万盛、渝北、巴南、长寿、江津、合川、永川、南川、双桥、綦江、潼南、铜梁、大足、荣昌、璧山、梁平、丰都、垫江、忠县、开县、云阳、石柱31个县区）、成都、德阳、绵阳、眉山、资阳、遂宁、乐山、雅安、自贡、泸州、内江、南充、宜宾、达州、广安共16个城市组成；江淮城市群由合肥、芜湖、蚌埠、淮南、安庆、池州、铜陵、马鞍山、滁州、宣城共10个城市构成；滇中城市群由昆明、曲靖、玉溪、楚雄4个城市构成；黔中城市群由贵阳、遵义、安顺、毕节、凯里（黔东南苗族侗族自治州县级市）、都匀（黔南布依族苗族自治州县级市）共6个城市构成（图2-9，表2-6）。

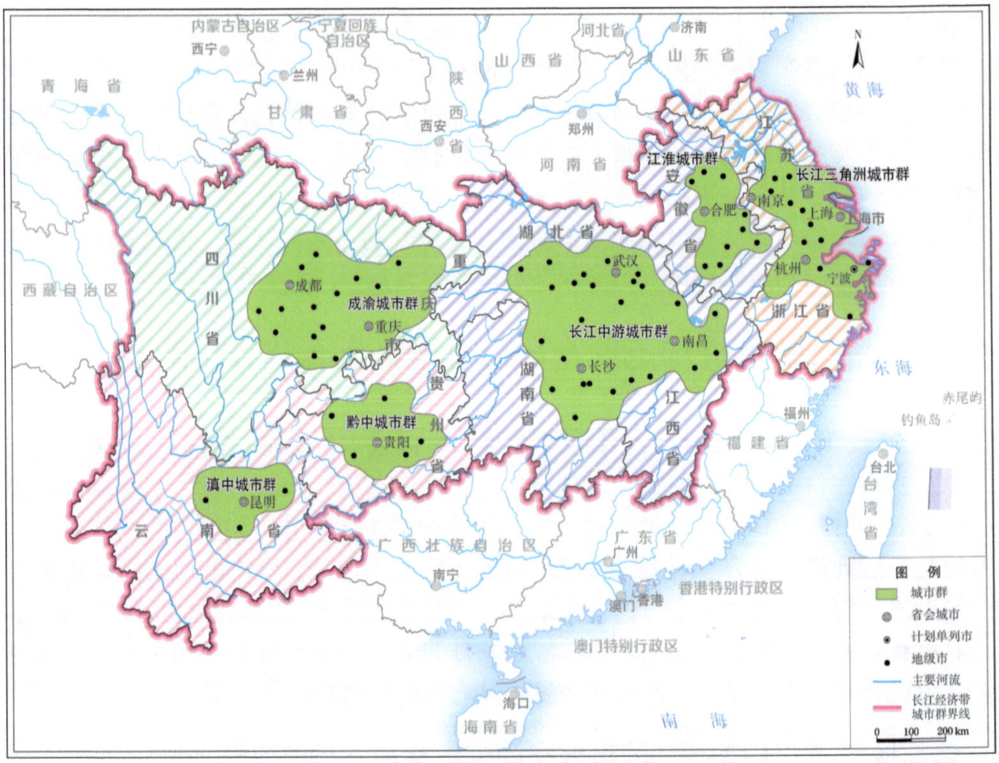

图2-9　长江经济带城市群的空间格局与范围示意图

表 2-6　长江经济带城市群“1+2+3”空间格局及主要指标统计比较表(2014 年)

级别及城市群名称		地市个数	空间范围	总面积(万 km^2)	总人口(亿人)	城镇人口(亿人)	GDP(万亿元)	第一产业增加值(亿元)	第二产业增加值(亿元)	第三产业增加值(亿元)	全社会固定资产投资(万亿元)	实际利用外资(亿美元)	城镇化水平(%)
1 个世界级	长江三角洲城市群	16	上海、南京、无锡、常州、苏州、南通、扬州、镇江、泰州、杭州、宁波、嘉兴、湖州、绍兴、舟山、台州	11.08	0.98	0.70	10.58	0.31	4.84	5.42	5.37	601.81	71.42
2 个国家级	长江中游城市群	31	武汉、黄石、鄂州、孝感、黄冈、咸宁、仙桃、潜江、天门、襄阳、宜昌、荆州、荆门、长沙、株洲、湘潭、衡阳、岳阳、益阳、常德、娄底、南昌、九江、景德镇、鹰潭、新余、抚州、宜春、萍乡、上饶、吉安	35.00	1.26	0.68	6.00	0.64	3.14	2.23	4.75	232.58	53.64
	成渝城市群	16	重庆(包括万州、涪陵、渝中、大渡口、江北、沙坪坝、九龙坡、南岸、北碚、万盛、渝北、巴南、长寿、江津、合川、永川、南川、双桥、綦江、潼南、铜梁、大足、荣昌、璧山、梁平、丰都、垫江、忠县、开县、云阳、石柱 31 个县区)、成都、德阳、绵阳、眉山、资阳、遂宁、乐山、雅安、自贡、泸州、内江、南充、宜宾、达州、广安	23.95	1.10	0.54	4.07	0.41	2.04	1.63	3.28	216.63	48.86

续表

级别及城市群名称		地市个数	空间范围	总面积（万 km^2）	总人口（亿人）	城镇人口（亿人）	GDP（万亿元）	第一产业增加值（亿元）	第二产业增加值（亿元）	第三产业增加值（亿元）	全社会固定资产投资（万亿元）	实际利用外资（亿美元）	城镇化水平（%）
3个区域级	江淮城市群	10	合肥、芜湖、蚌埠、淮南、安庆、池州、铜陵、马鞍山、滁州、宣城	8.06	0.33	0.19	1.56	0.14	0.90	0.52	1.65	98.13	56.95
	滇中城市群	4	昆明、曲靖、玉溪、楚雄	9.60	0.18	0.09	0.72	0.08	0.35	0.30	0.54	23.87	52.48
	黔中城市群	6	贵阳、遵义、安顺、毕节、凯里（黔东南苗族侗族自治州县级市）、都匀（黔南布依族苗族自治州县级市）	5.51	0.21	0.10	0.65	0.07	0.27	0.31	0.76	10.26	49.13
长江经济带城市群小计		83		93.21	4.06	2.30	23.58	1.65	11.52	10.41	16.36	1183.28	56.65
长江经济带城市群占长江经济带的比重（%）		65.87		45.31	70.98	72.54	82.85	69.36	86.30	81.67	77.75	93.04	
长江经济带城市群占全国比重（%）		12.44		9.71	29.68	30.69	37.05	28.30	42.45	33.92	31.90	92.08	

2014 年，长江经济带 6 大城市群总面积为 93.21 万 km^2，分别占长江经济带和全国总面积的 45.31% 和 9.71%；总人口为 4.06 亿人，分别占长江经济带和全国的 70.98%、29.68%；城镇人口为 2.30 亿人，分别占长江经济带和全国的 72.54%、30.69%；城镇化水平为 56.65%，高于长江经济带 53.95% 和全国 54.77% 的平均水平；地级城市个数为 83 个，占长江经济带地级市总数的 65.87%；GDP 为 23.58 万亿元，分别占长江经济带和全国的 82.85% 和 37.05%；固定资产投资为 16.36 万亿元，分别占长江经济带和全国的 77.75%、31.90%；实际利用外资为 1183.28 亿美元，分别占长江经济带和全国的 93.04%、92.08%。可见，长江经济带城市群是长江经济带新型城镇化的主体，是长江经济带经济增长的战略核心区和未来增长最具潜力与活力的地区，是长江经济带主体功能区中的重点开发区和优化开发区，也是长江经济带环境污染较为严重和亟待重点治理的地区。

（二）长江经济带城市群的战略支撑地位

1. 城市群是长江经济带新型城镇化的主体

以“流”空间支撑的信息经济已经成为全球新的经济业态，资本与生产技术在“流”空间迅速向全球扩张，产品价值链的各个环节被快速分解到全球区域（叶磊等，2012）。城市群作为中国推进新型城镇化的主体形态，已经成为国家和地区适应与参与全球竞争和塑造国际城市体系地位的支撑平台（Alfaro et al.，2014；Schlecht et al.，2015）。依附于全球最长的长江内河航道，以长江三角洲世界级城市群为龙头的长江经济带表现出强劲的发展势头。2014 年，长江经济带城市群集中了全国 29.68% 的总人口和 30.69% 的城镇人口；长江经济带城市群地区 56.65% 的城市化水平分别高于长江经济带和全国 2.7 个百分点和 1.9 个百分点，其中长三角和江淮城市群城市化水平分别达到 71.42% 和 56.96%，均高于全国水平。城市化水平较低的滇中城市群（52.48%）和黔中城市群（49.13%）均比所在云南省（39.31%）和贵州省（37.83%）高 13.17 和 11.3 个百分点。作为长江经济带和所在地区的新型城镇化先行区，六大城市群分别在东、中、西三大区域成为带动整个长江经济带和全国新型城镇化战略发展的主体与示范平台。

2. 城市群是长江经济带经济增长的战略核心区和未来增长最具潜力和活力的地区

为适应国际经济新格局和中国新型城镇化战略的新变化，国家“一带一路”的战略构想明确了中国对外开放的新路径，也将成为中国经济新的增长点。长江经济带亦能够更好地贯通和连接“一带一路”，是形成与丝绸之路经济带的战略互动，打造新的经济支撑带和具有全球影响力的开放合作新平台。作为长江经济带最具竞争力的核心区和中国内引外出的重要枢纽与门户，2014 年，长江经济带六大城市群依托 45.31% 的土地承载了长江经济带 70.98% 的人口、82.85% 的 GDP、77.75% 的固定资产投资和 93.04% 的实际利用外资金额。因此，依托黄金水道的城市群区域将作为引领长江经济带参与全球竞争与“一带一路”建设的全新地域单元，是长江经济带经济增长的战略核心区和未来增长最具潜力和活力的地区。

3. 城市群是长江经济带主体功能区中的重点开发区和优化开发区

基于资源环境承载力全面提升城镇化质量为主旨的主体功能区划是中国特色新型城镇化道路的空间基础与主导路径（方创琳，2013）。城市群地区是长江经济带经济社会高度发达的地区，资源环境承载能力得以较好挖掘，开发强度与未来发展潜力均处高位(方创琳，2014)。根据《全国主体功能区规划》方案，开发程度较高、资源环境承载压力较大的长江三角洲城市群为优化开发区（Wang et al.，2015)；发展程度较高且资源环境承载力较大的江淮城市群（安徽合肥及沿江的部分地区)、长江中游城市群（湖北武汉城市圈、湖南环长株潭城市群、江西鄱阳湖生态经济区)、成渝城市群（重庆经济区、成都经济区)、黔中城市群（贵州中部以贵阳为中心的部分地区）和滇中城市群（云南中部以昆明为中心的部分地区）均为重点开发区。可见，城市群地区是长江经济带区域发展战略中的重点开发区域。

4. 城市群是长江经济带环境污染最为严重的地区和亟待重点治理的地区

长江经济带的快速城镇化进程伴随着大量的能源消费，对资源环境产生了巨大的压力。2013 年长江经济带能源消费总量达到了 16.90 亿 t 标准煤，占全国的 45.08%，且自 2000 年以后每年以 9.2% 的速度增长。2013 年，长江经济带城市群废水排放量为 67.07 亿 t，占长江经济带的 17.81%；工业二氧化硫排放量为 456.35 万 t，占长江经济带的 64.60%；工业烟尘排放量为 135.43 万 t，占长江经济带的 37.95%；固体废弃物为 5.02 亿 t，占长江经济带的 51.17%。虽然随着国家环境治理力度不断加大和技术进步，三废的无害化处理率和综合利用率逐年上升，但城市群是长江经济带环境污染最为严重的地区和亟待重点治理的地区。可见，长江经济带的发展对资源环境产生了较大压力，需采取相应措施，促进经济社会发展与资源环境相适应，以推动长江经济带城镇化的可持续发展。

二、长江经济带城市群可持续发展问题的总体判断

（一）沿江城市群空间范围的界定带有强烈的政府主导性，脱离了城市群发育的最基本标准

城市群的发育过程是一个循序渐进的自然过程，是资源、产业、技术、投资、区位，以及全球化、工业化、信息化、市场化、高铁化、新政策等多种驱动力复合作用的结果，具有显著的发育阶段性和空间连续性特征。诸驱动力在经历了城市—都市区—城市圈—城市群的发展历程之后，固化形成城市群识别的最基本标准（方创琳，2007，2009)，即城市数量（≥3 个)、500 万人口以上的特大城市数量（≥1 个)、人口规模(≥2000 万人)、城市化水平（≥50%)、人均 GDP（≥10 000 美元)、非农产业产值比率（≥70%)、核心城市 GDP 中心度（≥45%)、经济密度（≥1500 万元/km²)、经济外向度（≥30%）共 9 项具体指标（表 2-7)。

表 2-7　长江经济带城市群主要指标统计比较表（2014 年）

城市群名称	城市数量（个）	500 万人口以上的特大城市数量（个）	人口规模（万人）	非农产业产值比率（%）	核心城市 GDP 中心度（%）	城市化水平（%）	人均 GDP（美元）	经济密度（万元/km²）	经济外向度（%）	达标程度（%）
长江三角洲城市群	16	9	9 823	97.03	39.32	71.42	16 912	9 547	77.44	87.5

续表

城市群名称	城市数量（个）	500万人口以上的特大城市数量（个）	人口规模（万人）	非农产业产值比率（%）	核心城市GDP中心度（%）	城市化水平（%）	人均GDP（美元）	经济密度（万元/km^2）	经济外向度（%）	达标程度（%）
长江中游城市群	31	4	13 117	89.40	34.88	53.46	7 404	1 766	12.53	75
成渝城市群	16	3	11 019	90.01	59.79	48.86	5 800	1 698	25.20	75
江淮城市群	10	3	3 328	91.11	33.10	56.95	7 356	1 932	17.91	75
滇中城市群	4	1	1 771	58.80	51.22	52.48	6 429	755	17.17	50
黔中城市群	6	1	2 052	88.79	38.53	49.13	4 962	1 177	9.59	50

按照2/3以上指标达到发育标准的基本原则判定，长江经济带6个城市群中只有长江三角洲城市群、长江中游城市群、成渝城市群和江淮城市群达到发育标准，而黔中城市群和滇中城市群尚未达到标准。从发育程度来看，长江经济带的6个城市群之中，只有长江三角洲城市群的发育超越了规划范围，呈现出强劲发育态势；长江中游城市群规划范围较为适中，呈现出跨省东向连绵态势；成渝城市群规划范围较大，成都带形发育，重庆放射发育，两者尚未连绵；江淮城市群规划范围过大，目前呈现与长江三角洲融合发育的态势；滇中城市群和黔中城市群规划范围均过大，且目前尚未发育。

由此可见，沿江城市群空间范围的界定带有强烈的政府主导性，脱离了城市群发育的最基本标准。黔中城市群和滇中城市群因其所处的特殊地域使得中央政府将其纳入中国城市群结构体系，并按城市群建设模式来培育，以期带动中国西部地区和少数发族地区经济社会的快速发展。

（二）沿江城市群整体发育程度弱于沿海城市群

都市区是城市群的基本构成单元，也是反映城市群发育程度的重要参照。以全国283个地级市和2003个县级行政单位（市辖区除外）为研究对象，借鉴黄金川等（2014，2015）在中国城市群发育格局识别的研究成果，构建都市区和城市群空间一体化范围的界定标准（表2-8），运用ArcGIS平台揭示长江经济带和沿海城市群的都市区发育空间格局特征，即按发育程度将全国城市集聚区分为城市群地区、准城市群地区、联合都市区和都市区四种类型区域。其中长江经济带城市群包括长江三角洲城市群、长江中游城市群、成渝城市群、江淮城市群、黔中城市群和滇中城市群，沿海城市群除长江三角洲城市群之外，还包括辽中南城市群、京津冀城市群、山东半岛城市群、海峡西岸城市群、珠江三角洲城市群和广西北部湾城市群。研究数据主要来源于《中国县（市）社会经济统计年鉴2011》《中国城市统计年鉴2011》《中国区域经济统计年鉴2011》，以及中国第六次人口普查数据。

表 2-8　城市群空间一体化范围界定标准

研究单元		界定标准
都市区	中心市	市辖区人口≥20 万的地级市辖区或城区人口≥30 万的县级市。其中，辖区人口≥50 万的地级市辖区为大中心市，辖区人口在 20 万 ~ 50 万的地级市辖区或城区人口≥30 万的县级市为小中心市
	外围县	城市化率≥40%、人均 GDP≥15 000 元/人（参考联合国和钱纳里对工业化中期阶段的划分标准）、非农产业 GDP 比重≥80%、非农就业比重≥60% 和人口密度≥200 人/km² 的县或县级市为达标县，同时依据行政区划原则确定其都市区归属
城市群	联合都市区	两个以上的都市区空间上彼此邻接的都市区
	准城市群	至少包括两个联合都市区，且包括一个 200 万人口以上的超大城市，人口密度≥500 人/km²，人口规模≥1500 万人，经济密度≥2500 万元/km²
	城市群	至少包括两个联合都市区，人口规模≥2000 万人，且经济密度≥6000 万元/km²

计算结果显示，就目前的发育程度而言，发育成熟的城市群包括长江三角洲城市群、京津冀城市和珠江三角洲城市群，全部集中在沿海地带；准城市群包括山东半岛城市群、长江中游城市群的武汉地区和成渝城市群的成都地区；联合都市区包括沿海的哈长城市群、辽中南城市群、海峡西岸城市群、广西北部湾城市群和沿江的江淮城市群、长江中游城市群的湘赣地区和成渝城市群的重庆地区；沿江的黔中城市群和滇中城市群均属于都市区类型。由指标数值来看，长江经济带城市群规划范围内发育的都市区面积占规划区面积的平均比重为 35. 89%，沿海城市群为 36. 22%；长江经济带城市群规划范围内发育的都市区人口占规划区总人口的平均比重为 66. 56%，沿海城市群为 70. 91%；长江经济带城市群的 GDP 平均比重为 82. 63%，沿海为 86. 12%。长江经济带城市群整体发育程度明显弱于沿海城市群（表 2-9，图 2-10）。

表 2-9　2013 年长江经济带城市群与沿海城市群发育范围比较一览表

城市群名称		规划范围			规划范围内发育的都市区统计					
		面积（万 km²）	人口（亿人）	GDP（万亿元）	面积（万 km²）	比重（%）	人口（万人）	比重（%）	GDP（万亿元）	比重（%）
长江经济带城市群	长江三角洲城市群	9. 91	1. 02	6. 88	9. 78	98. 69	10 100	99. 30	6. 37	92. 55
	长江中游城市群	2. 72	0. 14	0. 67	1. 61	59. 19	1 035	75. 82	0. 55	82. 60
	成渝城市群	25. 65	1. 14	2. 43	6. 84	26. 67	6 079	53. 37	1. 64	67. 49
	江淮城市群	8. 21	0. 35	0. 92	2. 41	29. 35	1 702	48. 95	0. 66	71. 52
	滇中城市群	9. 43	0. 17	0. 42	0. 83	8. 80	512	29. 65	0. 24	57. 33
	黔中城市群	5. 51	0. 19	0. 28	0. 58	10. 53	537	28. 81	0. 13	45. 06
	小计	61. 43	3. 01	11. 60	22. 05	35. 89	19 965	66. 56	9. 59	82. 63

续表

城市群名称		规划范围			规划范围内发育的都市区统计					
		面积（万 km^2）	人口（亿人）	GDP（万亿元）	面积（万 km^2）	比重（%）	人口（万人）	比重（%）	GDP（万亿元）	比重（%）
沿海城市群	辽中南城市群	12.06	0.39	2.05	3.18	26.37	2 585	66.37	1.61	78.48
	京津冀城市群	17.27	0.81	3.91	4.43	25.65	5 089	62.68	3.27	83.82
	山东半岛城市群	7.38	0.45	2.60	4.43	60.03	3 219	72.05	2.18	83.81
	海峡西岸城市群	5.49	0.25	1.13	2.12	38.62	1 969	70.17	0.92	81.57
	珠三角城市群	5.59	0.56	3.77	3.15	56.35	5 063	90.20	3.66	97.00
	广西北部湾城市群	4.2	0.12	0.29	1.52	36.19	582	48.50	0.20	68.15
	小计	51.99	2.55	13.75	18.83	36.22	18 507	70.91	11.84	86.12

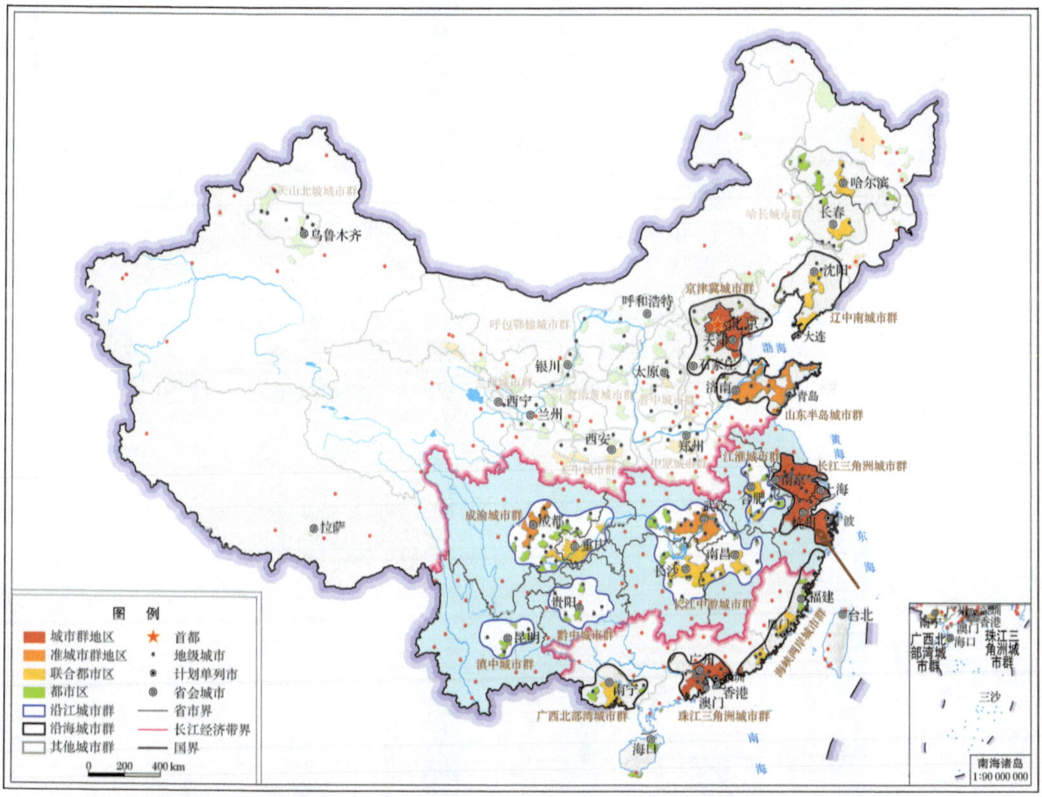

图 2-10　2013 年长江经济带城市群与沿海城市群空间一体化范围对比图

（三）沿江城市群发育极不平衡，上中下游城市群发育程度差异大，越往上游发育程度越弱

受长江经济带沿江的自然地理条件、经济地理区位、航道开发与运输能力、沿江城市的综合实力及国家区域开发政策等因素的影响，长江经济带六大城市群发育极不平

衡，上中下游城市群发育程度差异大，越往上游发育程度越弱。长江三角洲城市群和江淮城市群地处长江经济带下游，2014 年城镇化水平为 64. 19%，长江中游城市群平均城镇化水平为 53. 64%，下游成渝城市群、滇中城市群和黔中城市群平均城镇化水平为 50. 16%；同样长江三角洲城市群的 GDP、固定资产投资和实际利用外资分别为 12. 13 万亿元、7. 02 万亿元和 700 亿美元，长江中游城市群的 GDP、固定资产投资和实际利用外资分别为 6 万亿元、4. 75 万亿元和 232 亿美元，而成渝城市群、滇中城市群和黔中城市群的 GDP、固定资产投资和实际利用外资分别为 5. 44 万亿元、4. 59 万亿元和 250. 76 亿美元，其中滇中城市群和黔中城市群的三个指标占长江经济带城市群的比重均低于 5%（图 2-11、图 2-12）。可见，长江经济带上中下游城市群发育具有极大的空间差异。

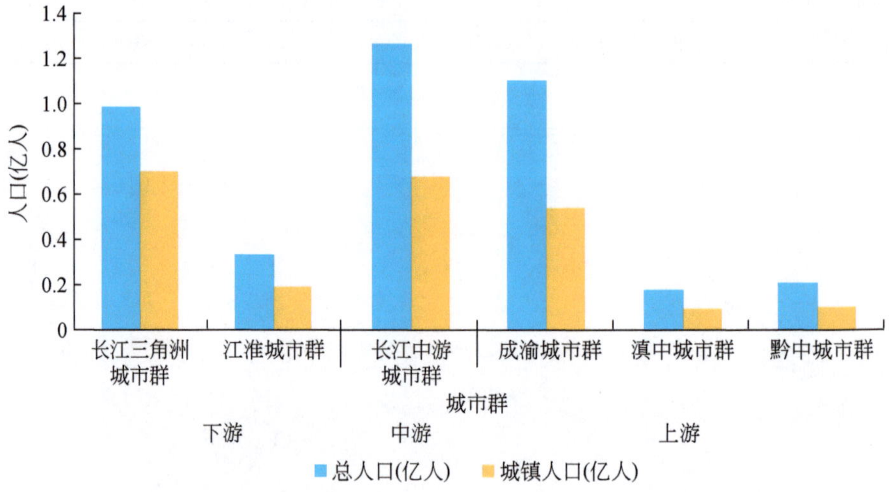

图 2-11　2014 年长江经济带城市群上中下游的总人口与城镇人口对比图

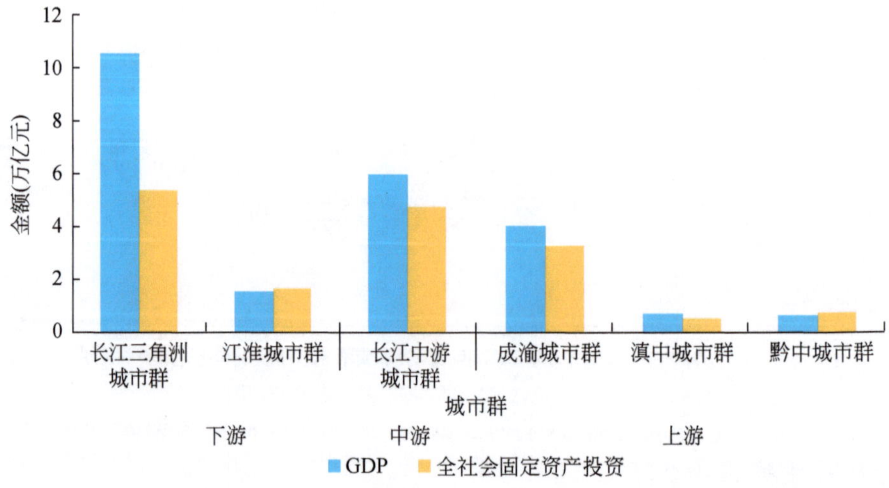

图 2-12　2014 年长江经济带城市群上中下游 GDP 与全社会固定资产投资对比

（四）沿江城市群发育以长江为主动力，并呈现出动力多元化的发展态势，文化驱动力薄弱

长江经济带是以沿江产业为主的中国内河经济带，长江的港口城市、航运系统及与其配套的综合交通体系是沿江城市群发育的主动力。目前，长江经济带城市群的产业体系主要以长江航运产业为支撑，如沿江分布的钢铁产业集群，包括下游的上海宝钢、马鞍山钢铁，中游的武汉武钢，上游的重庆钢铁和攀枝花的攀钢。另外，长江三角洲城市群已经形成长江口造船产业，轨道交通装备与工程机械制造等重型机械产业基地；长江中游城市群主导产业正由水运依附型的石油化工、钢铁、有色金属等产业向轨道交通装备、工程机械制造、电子信息等新兴产业转变；成渝城市群、滇中城市群、黔中城市群虽然受长江主航道条件限制，但长江航运、水电依附型的装备制造、能源产业在区域经济发展中占有重要的比重。随着长江经济带国家战略的实施，沿江城市群产业体系呈现出动力多元化的发展态势，依托航运和综合交通体系延伸的电子信息、生物医药、商贸物流、纺织服装、汽车、食品等战略性新兴产业快速发展。但目前长江经济带城市群文化驱动力薄弱，历史闻名的长江下游吴越文化圈、中游的楚湘文化圈、上游的巴蜀文化圈尚未得到应有的重视，文化要素流动对经济社会建设的互相支撑与拉动交流需深入挖掘。

（五）沿江城市群发展面临的资源与生态环境保障形势严峻

长江经济带资源丰富，但存在极大的区域差异与供给–消费错位。2013 年，长江经济带土地面积占全国的 21.27%，水资源、耕地资源、森林资源、矿产资源和能源资源占全国的比重分别为 39.47%、34.42%、40.77%、33.21% 和 87%。但从上中下游来看，水资源、耕地、森林和矿产资源从上游向下游递减，但资源与能源消费与之相反。其中，长江上游矿产资源是下游的 24 倍，但下游的能源消费则是上游的 1.5 倍。生态环境保障存在同样的供给与消费错位的特征。2013 年，长江经济带上游的水资源量是下游的 4 倍，而下游的废水排放量（37.52 亿 t）是上游（11.91 亿 t）的 3.15 倍；下游的工业二氧化硫排放量和工业烟尘排放量分别为上游的 1.2 倍和 1.5 倍，中下游大面积蔓延的雾霾污染覆盖了所有城市群，充分反映出城市群地区的环境污染问题日益突出（方创琳，2014）。所以，沿江城市群将持续作为中国经济发展最具活力和潜力的地区，同样作为生态环境问题高度集中且激化的高度敏感地区，面临着严峻的资源与生态环境保障形势。

（六）沿江城市群内部各城市之间的竞争大于合作，缺乏一体化的统筹协调机制

首先，长江经济带横跨东、中、西三大地带和九省二市，地域广阔，区域差异大，上中下游省市发展情况与合作诉求迥异。目前，长江经济带地区虽然建立了一些区域合作组织，如 20 世纪 80 年代成立的长江沿岸中心城市协调会，成员众多，级别不同，有直辖市、省会城市、地级市等，地域跨度大，诉求不一，难以有实质性的合作。其次，

协调机制不完善。城市群之间和内部城市合作大多通过高层互访、定期联席会议、设立合作办事机构等，既没形成自上而下的行政效力，又无相应的机制保障，难以承担协调职能。最后，缺失监督保障。以签订合作协议或彼此间口头承诺等形式形成的合作内容，缺乏硬性的监督和约束，使政府间合作多流于形式（曾刚等，2014）；四是区域竞争大于合作。一方面地处流域的不同区位，边界区域边缘化、流域污染的跨行政区转嫁等问题难以监督、协调与管理；另一方面各地在招商引资、产业引进等方面多陷入土地、财税等方面优惠政策的恶性竞争，导致地方和国家利益受损，如近年部分省市相继开通中欧国际铁路货运班列，相互低价揽货，过度竞争，造成资源极大浪费。所以，建立沿江城市群统筹协调机制迫在眉睫。

三、长江经济带城市群的分级梯度发展重点

（一）构建“1+2+3”梯度发展的长江经济带城市群新格局

把城市群作为长江经济带新型城镇化的主体，构建“1+2+3”梯度发展的长江经济带城市群新格局。重点把长江三角洲城市群建成长江经济带具有国际影响力的世界级城市群，把长江中游城市群和成渝城市群建成长江经济带上两个具有国家影响力的国家级城市群，把江淮城市群、滇中城市群和黔中城市群建成长江经济带具有区域竞争力的地区性城市群，形成“1+2+3”梯度发展的长江经济带城市群新格局（图 2-13）。远景将江淮城市群与长江三角洲城市群融为一体，形成新的世界级长江三角洲城市群。

（二）以流域一体化和交通一体化为主线，推进长江经济带城市群建设六大一体化发展进程

长江经济带作为典型的流域经济形态，是我国乃至世界最为重要的流域经济带，城市群是流域经济带的主体平台。以流域一体化理念统筹城市群协调发展，实现从“区划经济”向“区域经济”转变；以交通一体化理念打造以长江黄金水道为轴，高速公路、高速铁路、航空、管道等共同组成的综合交通网络，推进长江经济带城市群建设的产业发展与布局一体化、沿江交通等基础设施建设的一体化、沿江城镇体系建设一体化、沿江区域性市场建设一体化、长江流域上中下游生态建设与环境保护一体化、沿江社会发展与基本公共服务一体化。

（三）以差异化驱动力为支撑，因地制宜地突出各级各类城市群发展优势与建设重点

围绕世界级城市群–国家级城市群–地区性城市群在全球和国家劳动地域分工中所承担的不同功能，以《国务院关于依托黄金水道推动长江经济带发展的指导意见（国发〔2014〕39 号）》及《长江经济带综合立体交通走廊规划（2014—2020 年）》为指导，以 1 个世界级城市群长江三角洲城市群，2 个国家级城市群长江中游城市群、成渝城市群三大城市群为主体，以 3 个区域级城市群江淮城市群、黔中城市群和滇中城市群等区域性城市群为补充，突出每个城市群的发展重点。

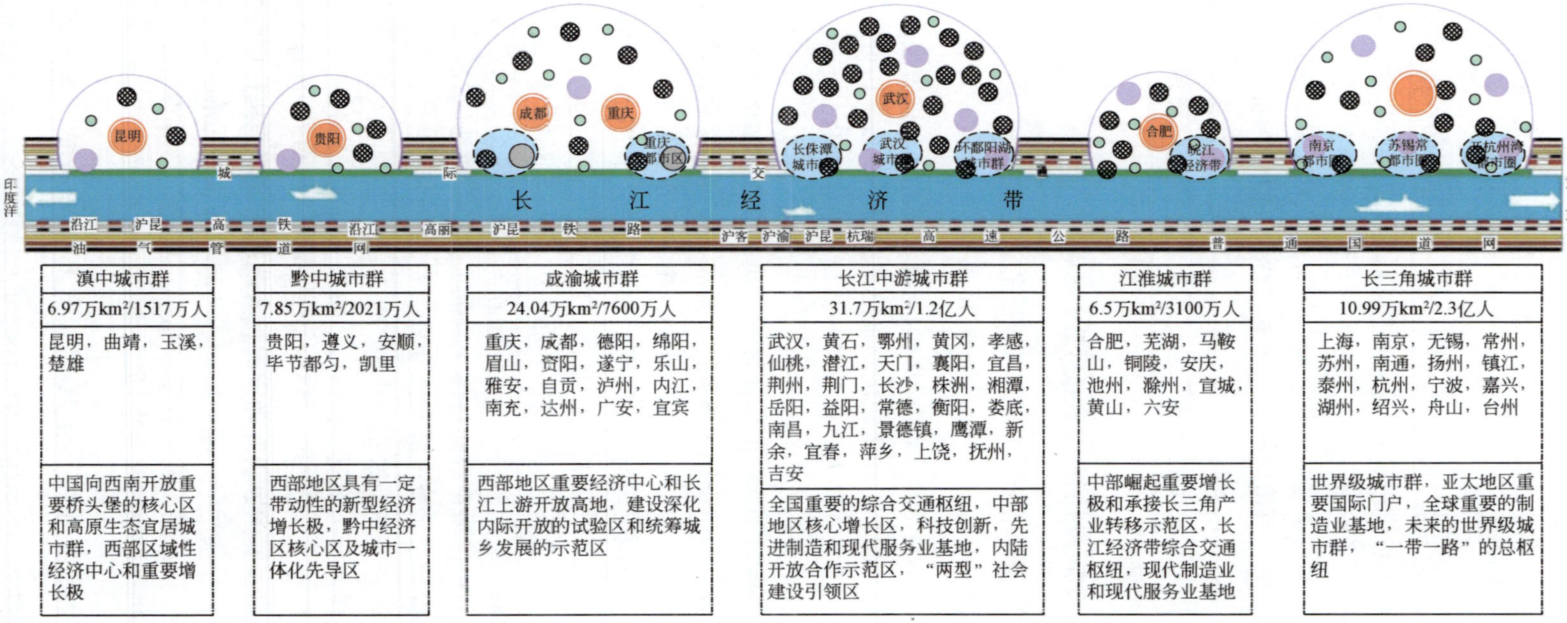

图2-13　长江经济带以带串群、梯度分级的“1+2+3”城市群发展格局示意图

（四）以市场化运行机制为纽带，加快推进长江经济带城市群发育的市场化进程

发挥城市群在长江经济带发展战略中的引领作用，建议建立国家商务部指导、九省二市协调的市场一体化工作推进机制，围绕“规则体系共建、创新模式共推、市场监管共治、流通设施互联、市场信息互通、信用体系互认”六个方面，着力打破地区封锁和行业垄断，推进长江经济带市场一体化发展。同时，以国家贸易流通体制改革和发展综合试点为契机，率先在城市群地区推广现代流通技术，创新流通发展方式，推动体制机制创新，加快营造国际化、市场化、法治化的营商环境，努力使长江经济带城市群成为我国推进内贸改革和提高开放型经济水平的试验平台，为全国建设统一开放、竞争有序的现代市场体系积累经验。

四、长江经济带城市群可持续发展的对策建议

（一）成立长江经济带城市群一体化发展委员会，建立“1+3”流域一体化的统筹协调机制

建议借鉴京津冀协同发展的统筹协调机制与管治模式，在国家层面成立经济带城市群一体化协调发展领导小组。工作机制由决策层和执行层构成，协调推进长江经济带城市群的建设。决策层由国家领导人担任领导小组组长，由九省二市政府分管副省（市）长任副组长，建议九省二市轮流作为领导小组联席会议主席方，每年在一季度召开一次会议，研究确定重大合作事项和年度工作计划，协调、指导和推动重大合作项目；执行层由九省二市发展和改革部门设立联络处，负责收集情况、综合协调、沟通联系、督促落实及日常事务。原则上每年召开一次工作会，由主席方联络处牵头组织，负责协调落实联席会议定事项，协商制定年度计划草案，协调推进合作中的有关事项。

长江流域上中下游独立成立3个区域性城市群协调发展领导小组，协商推进区域内城市群带共性的合作事项。长江上游地区领导小组成员包括渝川黔滇省市政府，负责成渝城市群、滇中城市群和黔中城市群的一体化发展工作；中游地区领导小组成员包括鄂湘赣省政府，负责长江中游城市群的一体化发展工作；下游地区领导小组成员包括沪浙苏皖4省市政府，负责长三角城市群和江淮城市群的一体化工作；长江上中下游各省市轮流作为联席会议主席方，在国家领导小组的指导下，协调落实长江经济带一体化重大事项。其工作机制同样包括决策层和执行层。决策层由区域内各省市分管副省（市）长组成，原则上每年年底召开一次会议，研究确定重大合作事项和年度工作计划，协调推进重大合作项目，提出需要国家研究确定的重大问题和事项；执行层分别在发展和改革部门设立联络处，负责收集情况、综合协调、沟通联系、督促落实及日常事务。原则上每年召开一次工作会，由主席方联络处牵头组织，负责汇总落实情况，协商制定年度合作计划草案，协商推进合作中的有关事项。

（二）遵循城市群发育的科学规律，避免脱离实际催生扩大城市群

城市群的发育过程是一个循序渐进的自然过程，是在各城市之间形成同城化、高度

一体化、集约化、整体化、功能化的有机整体。在分类分级建设长江经济带城市群过程中，建议采取定性与定量相结合的系统集成方法，适当照顾行政区划的完整性，科学识别出每一个城市群的空间范围，科学测算城市群地区的资源环境承载力和资源环境保障程度，以此为基础编制好与资源及生态环境承载力相适应的长江经济带城市群发展总体规划，明确长江上中下游地区每个城市群作为国家不同层级经济增长中心的发展目标、空间结构和开发方向，明确每个城市群承载的“底线”和发展的“上线”，将城市群发展对长江经济带资源环境的代价降到最低程度，将资源与生态环境对长江经济带城市群发展的限制降到最低限度，依据资源与生态环境容量，逐步建设资源节约型和环境友好型城市群。同时要充分认识长江经济带城市群建设的长期性和艰巨性，要遵循城市群发育的阶段性规律，逐步培育，持续建设，避免操之过急、一哄而上，把“滥圈滥划、扩容贪大、拔苗助长、无中生有、拼凑成群”等一系列亟待解决的“城市群病”带离长江经济带，避免脱离实际催生新的城市群或扩容在建的城市群。

（三）建立长江经济带城市群发展的公共财政制度和公共财政储备机制

城市群的培育与建设是多个城市的共同行为和公共义务，只有拥有了有力的公共财政支持才能得以施行和实现。建议在长江经济带各城市群地区设立一个类似于欧盟理事会性质的城市群公共财政专业委员会，共同协调城市群建设的财政政策，共同行使区域财政一体化的权力。借鉴法国巴黎城市群和英国伦敦城市群对区域公共物品进行共建共享的经验，建立长江经济带城市群公共财政储备制度、横向利益分享机制和利益补偿机制，共建共享城市群区域公共物品，包括共建共享长江经济带区域性交通、能源、环保、生态等公共设施和公共物品，推动长江经济带城市群跨区域基础设施建设、生态环境共建共治、产业分工合作、公共服务对接。同时依法制定城市群跨区域经济核算、税收分成、基础设施投融资、资源调度使用、环保容量调剂补偿、土地利用统筹等共建共享政策，并建立长江经济带城市群公共财政支出的监督体系。

（四）构建错位发展、功能互补、上下联动的“以轴串群”的流域生态经济带束簇状城镇体系

针对长江经济带城镇化水平略低于全国平均水平、长江经济带下游地区城市职能分工互补性强，中上游地区尚未形成互补的职能分工体系、城镇体系空间分布不均衡，空间运行成本高，经济带城镇化发展对流域资源环境产生了越来越大压力等问题，建议在长江经济带城市群建设中，以流域一体化为主线，构建“水轴串城”的串珠状城镇体系；以交通一体化为主轴，构建“陆轴连城”的轴辐式城镇体系；以产业布局一体化为主导，构建“产业链城”的产城融合式城镇体系；以生态环保一体化为先导，构建生态型城镇体系；以江海联动为主出口，构建江海联动的双向开放型城镇体系；形成流域-交通-产业-生态-开放“五位一体”的束簇状城镇体系，进而不断优化长江经济带的城镇等级规模结构体系、城市职能分工体系和空间结构体系，缓解经济带新型城镇化的资源环境压力，实现长江经济带产业发展与布局一体化、流域上中下游一体化、基础设施建设一体化、生态建设与环境保护一体化、城乡发展与城乡统筹一体化、区域市场一体

化、社会发展和基本公共服务一体化，把长江经济建设成为上下协同、江海联动、多式联运、人水和谐、经济共荣的命运共同体和利益共同体，提升长江经济带对外开放度，提升城镇化发展质量，为国家新型城镇化发展做出重大贡献。

（五）加强长江经济带城市群发展的生态环境联防联治，建成生态型城市群

针对长江经济带城市群发展面临的资源与生态环境压力，建议从长江流域一体化的角度重点建设流域上中下游生态经济区、三峡库区生态经济区、洞庭湖生态经济区、鄱阳湖生态经济区和巢湖生态经济区等人水和谐、江湖和谐的生态示范区，综合治理沿江水污染和土壤污染，加大力度治理水土流失和地质灾害，构筑沿江生态安全屏障，把长江经济带城市群建成资源节约型城市群、环境友好型城市群和生态型城市群。

（六）加快长江经济带城市群发展的创新驱动步伐，建设创新型城市群

实施创新驱动发展战略，以沿江上海、南京、武汉、长沙、成都、重庆等国家创新型城市为核心，突出上海张江国家自主创新示范区、武汉东湖国家自主创新示范区、合芜蚌（合肥、芜湖、蚌埠）自主创新综合试验区、长株潭国家自主创新示范区建设，把长江经济带建成国家创新轴，把沿江城市群建成创新型城市群，把沿线中心城市建成创新型城市，通过城市群和城市的技术创新、产业创新、人居环境创新和体制机制创新，把长江经济带建成辐射南北的创新支撑带。

（七）重点建设一批支撑长江经济带城市群发展的重大工程和国家级新区

一是突出建设横向重大基础设施工程，包括沿江铁路工程，沿江高速公路工程，沿江空中航道工程，江海联动国际物流中心工程，武汉、重庆内陆自由贸易实验区建设工程，长江北支或长江出海口北通道建设工程等，同时要研究建设三峡翻坝工程或新建船闸疏通长江中游“肠梗阻”问题的可能性；二是继续推进沿江国家级新区建设，作为推动沿江城市群发展的重要平台和支撑，在已建的上海浦东新区、舟山群岛新区、南京江北新区、长沙湘江新区、成都天府新区、重庆两江新区、贵州贵安新区、云南滇中新区8个国家级新区的基础上，根据城市群发展的客观需要，有选择地建设一批国家级和省级新区，通过产城融合的新区建设，支撑长江经济带城市群的可持续发展。

第三节　沿江中心城市建设

随着国家发展和改革委员会开始编制《推动长江经济带转型升级指导意见》，部署建设综合立体交通走廊打造长江经济带，长江经济带各城市定位也发生了变化。目前，长江经济带由247个城市（包含2个直辖市、107个地级市与138个县级市）构成了“顶端小底端大”的合理金字塔形城市规模结构体系。在国家长江经济带点轴开发的重大战略中，作为战略点的中心城市和国家级新区是长江经济带经济发展的集聚中心，对经济带发展具有重要的集聚与辐射带动作用。

一、长江经济带中心城市的结构框架与发展思路

作为中国新一轮改革开放转型实施的新区域，长江经济带是长江沿岸最发达的地区，也是全国高密度的走廊之一，在沿江九省二市和全国的经济地位和作用日益突出。

（一）经济带三级中心城市的结构框架

依据《国务院关于依托黄金水道推动长江经济带发展的指导意见》（国发〔2014〕39号）和《长江经济带综合立体交通走廊规划（2014—2020年）》对长江经济带节点城市的具体定位，统筹考虑行政级别、综合竞争力和沿长江港口的地理区位，将长江经济带的中心城市分为一级中心城市、二级中心城市和三级中心城市三个层次。

1. 一级中心城市

长江经济带一级中心城市包括上海和重庆。上海作为长江城市群的龙头城市，城市化率在长江经济带城市中位居最高，为89.57%，总人口占长江经济带人口的12.59%，城镇人口占长江经济带总城镇人口的17.17%，是长江经济带的一级中心城市。重庆由于城市行政区划调整较大，城市化率只有52.83%，但其是中国西部的经济中心和长江上游的国家枢纽港、航运中心，长江经济带城市支撑体系龙尾的战略区位决定了其在长江经济带中具有一级中心城市的地位。

2. 二级中心城市

二级中心城市共9个，即南京、武汉、成都、杭州、合肥、长沙、南昌、昆明、贵阳。武汉和南京的城市化率分别为81.53%和80.89%，城市化率分别位于长江经济带第二、第三位，其中，南京是长江三角洲城市群的副中心城市，武汉是长江中游城市群的中心城市，二者对所在城市群的新型城镇化进程具有重要的带动作用，杭州、合肥、长沙、南昌、成都、昆明、贵阳均为省会城市，是本省区域城市化中心城市。以上9个城市是长江经济带二级中心城市。

3. 三级中心城市

三级中心城市包括13个，即苏州、宁波、南通、芜湖、马鞍山、安庆、九江、黄石、荆州、宜昌、岳阳、泸州、宜宾为长江沿岸重要的港口城市（图2-14），同样是长江经济带新型城镇化战略的重要节点。

（二）长江经济带中心城市的发展思路

以一级中心城市上海和重庆为长江经济带城市支撑体系的龙头和龙尾，以由省会构成的二级中心城市南京、武汉、成都、杭州、合肥、长沙、南昌、昆明、贵阳为龙角与龙爪，以由沿江重要港口组成的三级中心城市苏州、宁波、南通、芜湖、马鞍山、安庆、九江、黄石、荆州、宜昌、岳阳、泸州、宜宾为龙身，共同构成以长江黄金水道为纽带，横跨中国东、中、西三大区域的长江经济带经济腾飞巨龙，支撑由西部丝路轴线、中部沿江轴线和东部沿海轴线三条主轴线组成的中国城乡发展“H”形空间格局的东西横向脊梁。

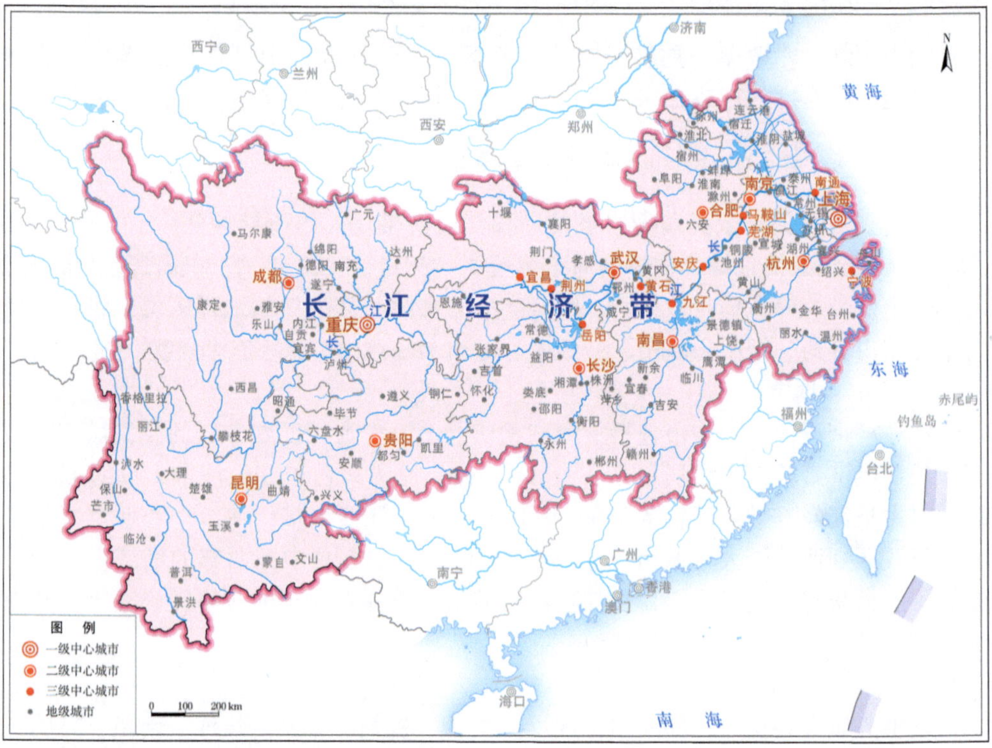

图 2-14　长江经济带三级中心城市空间分布示意图

二、长江经济带中心城市的建设现状

（一）中心城市是长江经济带新型城镇化的核心增长极点

长江经济带作为唯一一条东西向的横轴线，一个城市与城镇高度密集带，也是未来高密度城镇化集聚地区，成为推动我国区域发展格局由“T”形战略格局转变为新常态下“H”形战略格局的重要支撑带。长江经济带 24 个中心城市是新型城镇化战略实施的前沿阵地与增长核心。中心城市总面积占长江经济带总面积的比重为 16.74%，总人口占比为 33.67%，城镇人口占比为 45.08%，城市化率为 63.34%，比长江经济带城市化率（54.28%）高近 9 个百分点，比长江经济带六大城市群的平均城市化率（56.65%）高近 6.7 个百分点。

（二）中心城市是长江经济带经济发展的集聚中心

长江经济带以长江黄金水道为纽带形成了横跨中国东、中、西不同类型区域的巨型经济带。经济带的中心城市是人口集聚、产业集中、城市束簇状联结的核心节点（吴启焰，1999）。以各级中心城市为集聚中心，形成了世界上人口最多、产业规模最大、城市体系最为完整的流域经济带，在国家经济发展和新型城镇化发展中发挥着十分重要的战略作用。2014年，长江经济带24个中心城市GDP为143 782亿元，占长江经济带的50.52%，占全国GDP的22.59%（图2-15）。中心城市第一、第二、第三产业增加值分别为6672亿元、67 363亿元和69 741亿元，分别占长江经济带的比重为28.03%、50.46%和54.74%，占全国的比重分别为11.44%、24.82%、22.74%。全社会固定资产投资83537亿元，占长江经济带和全国的比重分别为39.70%和16.29%。实际利用外资913亿美元，占长江经济带的71.47%和全国的71.05%（表2-10）。因此，依托这一黄金水道的中心城市将作为引领长江经济带参与全球竞争与“一带一路”建设的全新地域单元，成为长江经济带经济增长的集聚中心和未来增长最具潜力和活力的增长极。

（三）中心城市综合竞争力区域分异与功能分化明显

为探讨各城市综合竞争力，从经济增长表现（GDP、人均GDP与GDP增长率）、经济外向度（实际利用外资、进出口总额）、经济发展动力（固定资产投资、社会消费品零售总额）、公共服务能力（财政收入）、城镇化发展（城镇化率）五方面构建城市综合竞争力评估指标体系，利用层次分析法确定各指标层权重，并采用模糊隶属度函数法对各评估指标进行标准化处理，进而计算各城市综合竞争力指数，以探讨其发展特点。

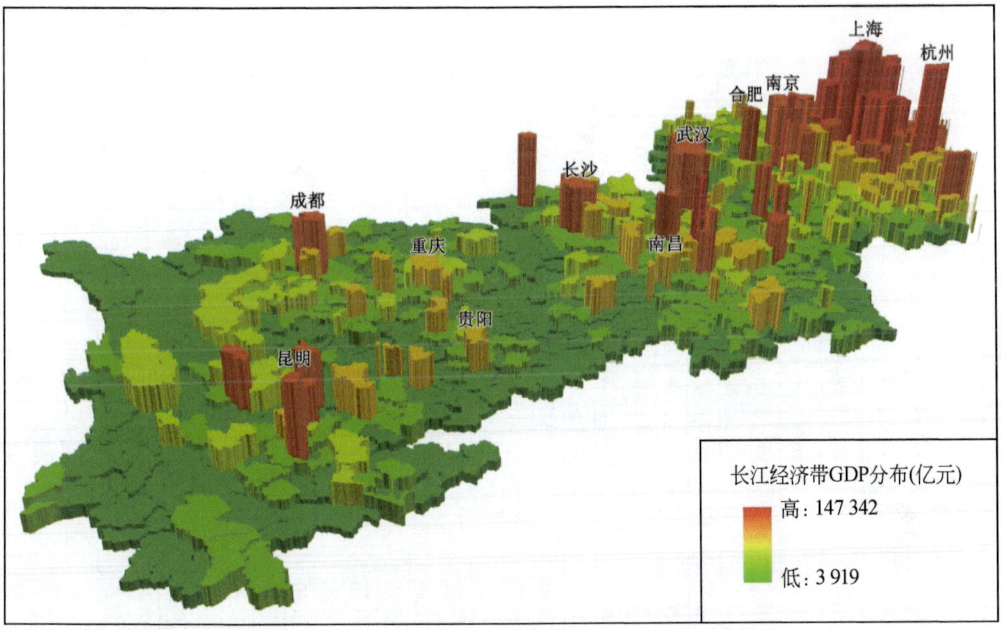

图2-15　长江经济带中心城市的GDP分布示意图

表 2-10　2014 年长江经济带中心城市建设的主要经济指标一览表

级别及城市名称		地市个数	所属城市群	总面积（km^2）	总人口（万人）	城镇人口（万人）	GDP（亿元）	第一产业增加值（亿元）	第二产业增加值（亿元）	第三产业增加值（亿元）	全社会固定资产投资（万亿元）	实际利用外资（亿美元）	城镇化水平（%）
一级中心城市	上海	2	长江三角洲城市群	6 341	2 426	2 173	23 561	124	8 165	15 272	6 016	182	89.57
	重庆		成渝城市群	82 374	3 375	1 783	14 265	1 061	6 532	6 673	13 224	106	52.83
二级中心城市	南京	9	长江三角洲城市群	6 597	649	525	8 821	224	3 671	4 925	5 460	33	80.89
	武汉		长江中游城市群	8 494	1 034	843	10 069	350	4 786	4 934	7 003	62	81.53
	成都		成渝城市群	12 133	1 211	851	10 057	371	4 561	5 125	6 620	100	70.27
	杭州		长江三角洲城市群	16 596	889	668	9 201	274	3 859	5 068	4 953	63	75.14
	合肥		江淮城市群	11 445	770	532	5 158	258	2 872	2 028	258	22	69.09
	南昌		长江中游城市群	7 402	518	367	3 668	165	2 017	1 486	3 434	32	70.85
	长沙		长江中游城市群	11 816	731	528	7 825	318	4 246	3 261	5 436	40	72.23
	贵阳		黔中城市群	8 034	456	334	2 497	108	977	1 413	2 336	7	73.25
	昆明		滇中城市群	21 582	623	458	3 713	188	1 642	1 883	3 138	22	73.52
三级中心城市	苏州	13	长江三角洲城市群	8 488	661	478	13 500	230	6 899	6 372	6 231	81	72.31
	宁波		长江三角洲城市群	9 816	584	399	7 603	275	3 936	3 392	3 899	70	68.32
	南通		长江三角洲城市群	8 544	768	446	5 653	367	2 874	2 412	3 896	23	58.07
	芜湖		江淮城市群	5 988	362	220	2 308	136	1 516	656	136	20	60.77
	马鞍山		江淮城市群	4 049	223	143	1 357	84	860	414	84	18	64.13
	安庆		江淮城市群	15 398	538	227	1 544	226	829	490	226	3	42.19
	九江		长江中游城市群	18 823	508	250	1 780	137	985	658	1 813	15	49.21
	黄石		长江中游城市群	4 586	245	154	1 207	101	739	367	1 150	5	62.86
	荆州		长江中游城市群	14 067	658	284	1 480	660	475	345	1 652	1	43.16
	宜昌		长江中游城市群	21 084	410	228	3 132	351	1 857	924	2 471	3	55.61
	岳阳		长江中游城市群	15 087	560	293	2 669	292	1 440	937	1 790	3	52.32
	泸州		成渝城市群	12 236	509	228	1 270	162	759	338	1 181	1	44.79
	宜宾		成渝城市群	1 3271	554	243	1 444	210	866	368	1 130	1	43.86
长江经济带中心城市合计		24		34 4251	19 262	12 655	143 782	6 672	67 363	69 741	83 537	913	63.62
中心城市占经济带比重（%）				16.74	33.67	45.08	50.52	28.03	50.46	54.74	39.70	71.47	53.95
中心城市占全国比重（%）				3.56	14.08	18.89	22.59	11.44	24.82	22.74	16.29	71.05	54.77

由于涉及指标均为正向指标，在标准化时采用半升梯形模糊隶属度函数模型处理，计算公式见式（2-1）。

$$\Phi_{(e_{ij})} = \frac{e_{ij} - m_{ij}}{M_{ij} - m_{ij}} = \begin{cases} 1 & e_{ij} \geqslant M_{ij} \\ \dfrac{e_{ij} - m_{ij}}{M_{ij} - m_{ij}} & m_{ij} < e_{ij} < M_{ij} \\ 0 & e_{ij} \leqslant m_{ij} \end{cases} \tag{2-1}$$

式中，e_{ij}代表评价指标的具体属性值，i 代表城市个数，j 代表第 i 城市指标个数；M_{ij}、m_{ij}分别代表第 i 城市第 j 个指标属性值的最大值与最小值；Φ 代表 i 城市 j 指标的隶属度，其值为 0～1。

根据计算结果，目前，上海市综合竞争力最强，其综合竞争力指数为 0.8588，显示出其对于整个长江经济带的辐射带动作用，而同样作为国家中心城市的重庆市（主城区）虽排名第二，但其影响力则相对有限，综合竞争力指数仅为 0.4351（表 2-11）。三个区域中心城市中的武汉市与南京市表现较好，分别名列第三、第四位，成都市则表现较差，仅以 0.3327 列第七位，在充分发挥区域中心城市作用，辐射带动西南地区经济与社会发展目标方面有一定差距。省会城市也呈现出东强西弱的格局，除东部的杭州市、中部的长沙市综合竞争力达到 0.3 以上，其余城市普遍较低，其中昆明市以 0.0702 列最后一位（图 2-16）。

表 2-11 2014 年长江经济带国家中心城市与区域中心城市综合竞争指数

区域	经济增长表现	经济外向度	经济发展动力	公共服务能力	城镇化发展	综合评估指数
上海市	0.1800	0.3000	0.1789	0.1000	0.1000	0.8589
重庆市（主城区）	0.1130	0.1135	0.1015	0.0112	0.0960	0.4352
武汉市	0.1556	0.0529	0.1445	0.0363	0.0252	0.4145
南京市	0.1743	0.0379	0.1088	0.0104	0.0595	0.3909
杭州市	0.1418	0.0677	0.0937	0.0351	0.0303	0.3686
长沙市	0.176	0.0503	0.0955	0.0128	0.0165	0.3511
成都市	0.0913	0.0846	0.1375	0.0133	0.006	0.3327
合肥市	0.0796	0.0162	0.0753	0.0098	0.0003	0.1812
南昌市	0.0753	0.0226	0.0304	0.0039	0.0091	0.1413
贵阳市	0.100	0	0	0.0043	0.0208	0.1251
昆明市	0.0240	0.0160	0.0302	0	0	0.0702

为分项讨论各城市发展状况，对分项指标进行归一化处理后制图，为使显示更为直观，仅对排名前七位的城市进行分析。除上海表现相对均衡外，其余各城市均存在不同程度的“瘸腿”现象，尤其在经济外向度与公共服务能力方面相差悬殊。

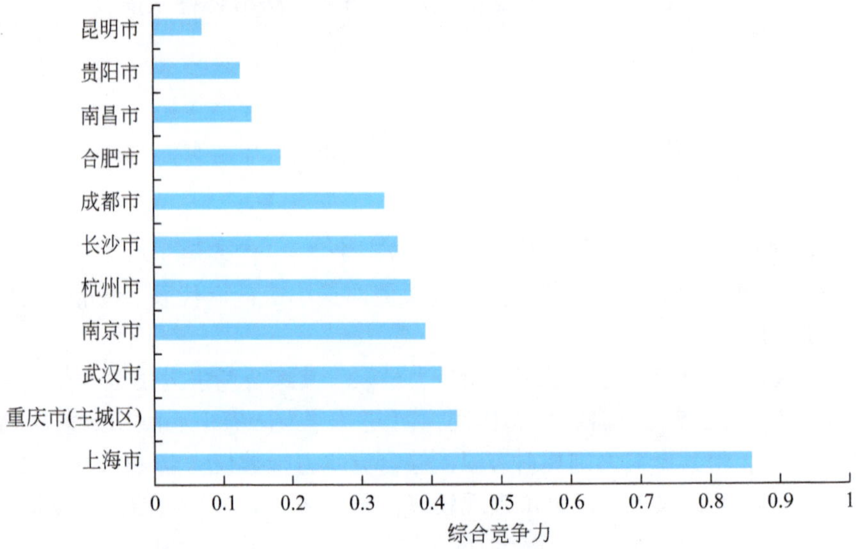

图 2-16　长江经济带主要中心城市综合竞争力示意图

三、长江经济带中心城市建设存在的问题

（一）除上海外，长江经济带各级中心城市综合竞争力普遍偏弱

国家/区域中心城市是一个国家综合实力最强、集聚辐射和带动能力最大的城市代表，通常是全国性或区域性的经济中心、政治中心、文化中心、科教中心和对外交往中心。国家/区域中心城市是国家参与国际分工合作和竞争的代表，是国家或国家主要经济区域内经济活动组织和资源配置的枢纽，其建设发展状况，不仅关乎城市自身地位的巩固和提升，还直接影响区域的协调发展，而且关系国家经济社会发展大局，关系国家的国际竞争力和国际地位。

根据前面对国家及区域中心城市综合竞争力评价结果，除上海外，长江经济带的国家及区域中心城市综合竞争力普遍偏弱，对区域经济的带动作用有待进一步提升。从各城市定位来看，各城市距离其目标定位尚需从多方面加以努力。分城市而言，上海市更需关注保持经济增长；重庆市（主城区）则在公共服务能力和经济发展动力方面有较大改善空间；南京市在公共服务能力和经济外向度方面需要进一步增强；武汉市则需大力加强在经济外向度方面的表现；成都市各项指标发展均较弱，尤以城镇化发展和公共服务能力方面表现较差，未来尚需更多努力。同时，各城市均需大力提升对外开放程度，并加强公共服务供给能力，为实现其城市定位打下坚实基础。

（二）创新能力不足，阻碍了国家/区域中心城市国际竞争力的提升

创新能力是城市发展潜力大小的重要标志，也是推动城市经济发展最重要的动力所在。由于我国城市化起步较晚，技术积累相对较少，因而创新能力相对较弱；同时，部分城市 R&D 的经费投入占 GDP 的比重相对较少，因而阻碍了城市自我创新能力的快速

提升；此外，由于创新激励与管理的机制尚不完善，全社会尚未形成尊重创新、鼓励创新的良好文化氛围，阻碍了创新能力的充分发挥。种种原因，影响了国家/区域中心城市自我创新能力的快速提升，进而减弱了城市参与国际竞争的能力（Tabuchi，2013）。因而，国家/区域中心城市如何大力推动自主创新，以提升城市竞争力与影响力，是一个亟须解决的问题。

（三）人力资源相对丰富，但人口老龄化程度将进一步加深

65 岁以上人口占城市人口总数 7% 以上或者 60 岁以上人口占城市人口 10% 以上的城市被称为老龄化城市。长江经济带中心城市人口高度集中，人力资源相对丰富，但人口老龄化趋势普遍显著，均处于老龄化城市之列。截至 2013 年底，东部中心城市上海户籍 60 岁及以上老年人近 388 万人，占全市户籍人口的 27.1%，比上年新增 20.3 万人；2014 年底，上海户籍老年人口首次突破 400 万人，预计“十三五”中期将突破 500 万人，老龄化程度持续提高。2013 年年底，中部中心城市武汉市户籍总人口近 822.05 万人。其中，2012 年全市 60 周岁以上老年人 145.62 万人，约占全市户籍人口的 17.71%，比 2011 年增长 8.33 万人，增长率为 6.02%，2015 年底，武汉老年人年增加数量超过 10 万人。同样，西部重庆市 2013 年底 60 周岁及以上户籍老年人口近 624.52 万人，占全市总人口的 18.61%，高于全国老龄化水平 3.71%，平均每 5 个重庆人中就有一位老人。2010～2018 年，老龄人口将增加 150 万人，年均增加 16 万人。这意味着长江经济带中心城市的人口年龄分布呈现出老龄化加剧的趋势，社会的养老负担正在加重。

（四）中心城市作为重点排放源对长江经济带资源环境造成较大压力

2014 年，长江经济带 24 个中心城市工业废水排放量为 36.59 万 t，工业二氧化碳排放量为 215.2 万 t，工业烟尘排放量为 69.75 万 t，分别占长江经济带的 9.73%、30.45% 和 18.91%。据国家环境保护部公布的数据，2013 年，昆明市一般工业固体废弃物产生量为 3319.12 万 t，排名全国第 10 位，其工业危险废弃物为 74.44 万 t，排全国第 7 位，同样作为中心城市的岳阳，其工业危险废弃物 129.31 万 t，苏州 61.74 万 t，分别排全国第 4 位和第 10 位；医疗废弃物产生量成都（15 511 万 t）、杭州（15 000 万 t）、武汉（13 657 万 t）、重庆（111 307 万 t）、昆明（10 210 万 t）、宁波（9866 万 t）排名分别为第 3、第 4、第 5、第 6、第 8、第 10 位；城市生活垃圾产生量，上海为 736 万 t，排名全国第 1 位，重庆为 453 万 t，排名第 3 位，杭州、宁波和武汉分别为 308 万 t、260 万 t 和 256 万 t，分别排名第 7、第 8 和第 10 位，以上 5 个长江经济带中心城市的城市生活垃圾总量为 2013 万 t，占全国发布城市生活垃圾产生总量的 13.31%。所以，中心城市同样是长江经济污染物的重点排放源，对资源环境产生了较大压力，需采取相应措施，促进经济社会发展与资源环境相适应，以推动长江经济带城镇化可持续发展。

四、长江经济带中心城市可持续发展的对策建议

（一）成立中心城市协调互动发展办公室，建立统一协调机制

建议借鉴京津冀协同发展的统筹协调机制与管治模式，在国家层面成立经济带城市

群一体化协调发展委员会，下设中心城市协调互动发展办公室，负责统一制定长江经济带区域规划和各专项规划，指导、监督和协调各成员城市按照区域经济一体化原则，整合港口、航空、铁路、公路、电力、水、人力等资源，明确各级各类中心城市的地位分工及城市职能，避免重复建设和恶性竞争，促进半岛城市群之间的人流、物流合理高效流动。同时，定期举办长江经济带市长联席会议或者市长论坛，按照“扬长避短、形式多样、互利互惠、共同发展”的原则，平等协商、共同研究长江经济带跨行政区划发展中的政策协调、信息共享、产业结构调整、基础设施建设、生态环境保护建设、旅游资源综合开发及区域间的重大项目合作等重大事项，加强长江经济带经济、交通、人才等方面的交流，促进区域经济合作。

（二）完善中心城市的多元化职能，提升中心城市辐射带动能力

建设长江经济带中心城市，必须完善其功能，增强其产业承载能力和人口吸纳能力，使其有一定的首位度。其一，根据中心城市政府有效履行经济社会管理职能的需要，将相应的许可权赋予中心城市行使。支持区域性中心城市加快户籍制度改革，加快外来人口市民化。其二，完善长江经济带中心城市功能。积极对接并融入长江经济带综合交通体系建设，加快区域性中心城市外部交通和内部交通衔接，构建高效合理的交通网络体系，不断拓展区域性中心城市的辐射能力。以增强经济实力为基础，以提高效率为保证，以改革创新为动力，通过在技术、体制和文化等不同层面的改革，打破对现有生产力发展的束缚，重点从产业结构、区域功能、空间结构和环境风貌等方面入手，通过产业重组、环境重整、形象重塑，提高区域性中心城市的发展水平。其三，创新城市管理理念。确立适应社会主义市场经济要求的城市管理思想，建立符合市场经济和现代化建设规律的城市管理体制，着力提高管理水平。建立精干、权威、高效的政府管理系统，强化对城建工作依法管理的职能。其四，以中心城市为核心，构建长江经济带及六大城市群的城市体系，使城市等级规模结构、空间结构和职能结构体系更加合理。

（三）成立中心城市企业联合体，建立企业互动型中心城市

借助长江黄金水道的自然优势，鼓励长江经济带中心城市企业横向经济联合，实施区域经济规模化、集团化战略。以市场为导向，调整和重组跨越行政区划的经济关系和经济结构，组建和发展以企业联合为主体的跨地区、跨行业、跨所有制、综合型多功能的新型股份制集团公司，打破地区之间、部门之间、行业之间的分割封闭状态，充分利用国内外和长江经济带的市场和资源，实现资源配置优化、优势互补、共同发展。让这些中心城市企业经济联合体成为促进区域横向联合的纽带和长江经济带一体化发展的窗口。

（四）加快塑造长江经济带创新型文化，建立文化创意中心城市

文化创新产业是世界范围内中心城市发展的主要趋向。应本着文化先行的原则，努力盘活长江经济带各中心城市的文化资源存量，把文化、科研、教育作为发展城市现代化、区域化的重要基础，努力塑造长江经济带各级各类城市文化主题和精神内涵，营造

"包容、多样、开放、融合"的文化氛围，建设以大学、研究所、设计院为主体的创新高地和文化中心城市，尽快从初级制造业向高级制造业转换，进而向掌握更多自主知识产权的产业高端-创造型沿江城市群带迈进，实现由传统的制造业品牌"创新向创造"的知识创新转换。知识经济时代企业追逐人才而选址，而人才则追逐有质量的城市地点，创意城市应是"全球人才磁石"。实施创意人才工程，创造培育和集聚创新人才的社会环境，建设长江经济带文化创意城市。

（五）大力发展生产性服务产业，建设现代服务型中心城市

借鉴世界城市的发展经验，中心城市发展策略是与他们的经济产业结构发展紧密相连的。目前长江经济带产业发展重点是大力发展服务业，尤其是生产性服务业，即制造业和高科技产业服务的商务、金融、会计、广告，设计、法律等服务产业，生产性服务业的发展又取决于城市所在区域现代制造业和高科技产业的大规模发展和提升。同时，应加强中心城区和外围产业空间共同发展的策略，打造长江经济带中心城市群。

（六）积极发展健康养老产业，建设宜业宜居型中心城市

积极应对人口老龄化、加快发展养老服务业，不断满足持续增长的养老服务需求，已成为全面建设小康社会的一项紧迫任务。建议到"十三五"时期，长江经济带中心城市全面建成服务供给、社会保障、政策支撑、需求评估、行业监管"五位一体"的社会养老服务体系，全面建成老年友好型城市和老年宜居社区。而要满足持续增长的多层次、多样化、个性化的养老服务需求，必须大力发展养老产业，充分发挥市场作用。为此，需要有效培育、激发和引导服务需求，广泛运用社会力量丰富养老服务产品供给，形成完善的养老服务产业链。

（七）推进节约集约发展，建设绿色低碳型中心城市

以节约集约为中心城市发展的指导理念，以指标体系作为城市规划的依据，指导城市开发和建设；以生态修复和保护为目标，建设自然环境与人工环境共融共生的生态系统；以绿色交通为支撑的紧凑型城市空间布局；以生态谷（生态廊道）、生态细胞（生态社区）构成城市基本构架；以可再生能源利用为标志，加强节能减排，发展循环经济；以城市直接饮用水为标志，在水质性缺水地区建立中水回用、雨水收集、水体修复为重点的生态循环水系统；以循环经济和低碳产业为基础，建成绿色现代产业集群，将中心城市建设成为区域性的生态低碳城市典范。

（八）利用信息技术，建设创新智慧型中心城市

建设智慧城市是中国城市治理的新趋向，长江经济带中心城市作为全国经济发展的主要集聚节点，必须以智慧城市建设作为主要发展目标。运用信息和通信技术手段感测、分析、整合城市运行核心系统的各项关键信息，从而对包括民生、环境保护、公共安全、城市服务、工商业活动在内的各种需求做出智能响应。通过一系列新技术"武装"的中心城市实施数字化，并将城市的水、电、油、气、交通、公共服务等所有资源

联网，由此侦测、分析和整合各种数据并智能化地做出响应，服务于市民的需求。

参考文献

方创琳．2007. 中国西部生态经济走廊．商务印书馆，36-48.

方创琳．2009. 城市群空间范围识别标准的研究进展与基本判断．城市规划学刊，(4)：1-5.

方创琳．2011. 中国城市群形成发育的新格局及新趋向．地理科学，31 (9)：1025-1034.

方创琳．2013. 中国城市发展格局优化的科学基础与框架体系．经济地理，(33) 12：1-9.

方创琳．2014. 中国城市群研究取得的重要进展与未来发展方向．地理学报，69 (8)：1130-1144.

方创琳．2015. 十三五期间构建中国城乡发展“H”型格局的建议．改革内参，8：25-27.

方创琳，等．2014. 中国新型城镇化发展报告．北京：科学出版社．

叶磊，欧向军．2012. 我国主要城市群的城市流动态比较．城市与区域，19 (6)：6-11.

吴启焰．1999. 城市密集区空间结构特征及演变机制——从城市群到大都市带．人文地理，(1)：15-20.

姚士谋，陈振光．2006. 对我国城市群区空间规划的新认识．现代城市，(1)：17-20.

黄金川，方创琳．2003. 城市化与生态环境交互耦合机制与规律性分析．地理研究，22 (2)：211-220.

黄金川，陈守强．2015. 中国城市群等级类型综合划分．地理科学进展，34 (3)：290-301.

黄金川，刘倩倩，陈明．2014. 基于 GIS 的中国城市群发育格局识别研究．城市规划学刊，(3)：37-42.

曾刚，等．2014. 长江经济带协同发展的基础与谋略．北京：经济科学出版社．

Alfaro L，Chen M X. 2014. The global agglomeration of multinational firms. Journal of International Economics，94 (2)：263-276.

Schlecht M T，Saumel I. 2015. Wild growing mushrooms for the Edible City? Cadmium and lead content in edible mushrooms harvested within the urban agglomeration of Berlin Germany. Environmental Pollution，204：298-305.

Tabuchi T，2013. Agglomeration in world cities. Procedia-Social and Behavioral Sciences，77：299-307.

Wang Z，Fang C，Zhang X. 2015. Spatial expansion and potential zoning of construction land use in the Yangtze River Delta. Journal of Geographical Sciences，25：1-14.

第 三 章
Chapter 3

长江经济带产业发展问题研究

第一节 产业发展的背景分析

随着经济全球化进程的日益加快和信息技术的迅猛发展，世界产业结构和分工体系正在发生深刻变化。世界经济增长重心逐步向亚太地区，特别是东亚地区转移。资本、技术、信息、人才等生产要素跨国界、跨地区流动日益频繁，产业合作和转移成为当今世界经济发展的大趋势。

当前，长江经济带乃至中国正处于一个重要的十字路口：构成经济高速增长模式的诸多要素、内外环境、增长动力与机制正在发生一系列重要变化：①劳动无限供给和低成本竞争优势正在逐步减弱；②资源和环境越来越难以支撑高消耗和高排放的工业化进程；③外部资源、贸易环境、金融体系等不稳定因素使中国经济在开放程度日益加深的同时，也越来越难以独善其身。

一、经济全球化和新的产业分工模式，有利于长江经济带承接更多的产业转移

近年来，经济全球化导致产业分工和转移呈现新的特点：一是区域合作和产业转移呈现多元化和多梯度的趋势，不再严格遵循梯度关系。二是国际产业转移出现产业供给链整体搬迁的趋势。三是生产外包成为国际产业转移的新方式，大部分跨国公司将非核心制造环节外包给专业的外部供应商。以上这些新特点有利于长江经济带，特别是中、上游地区避开产业梯度和地理区位的不利条件，成为承接国际产业转移的重要承载地。

以富士康为例，它是台湾鸿海精密集团在内地投资兴办的高科技企业，自从1988年在深圳投资建厂以来，已经在中国内地从珠三角到长三角再到环渤海、从西南到中南再到东北建立了30余个科技工业园区、在亚洲、美洲、欧洲等地拥有200余家子公司和派驻机构、现拥有120余万员工。其中，仅在长江经济带就有武汉、长沙、宁波、嘉善、上海、昆山、杭州、衡阳、重庆、成都等多个工厂和科技园。

二、产业沿江转移的趋势加强，有利于上中下游实现产业合作

在区域一体化的形势下，安徽、江西与长江三角洲的经济联系更为密切，不同地区间的合作与交流逐步增加。2008年长江三角洲在安徽投资额达1000万元以上的项目有4905个，投资总额为4542.8亿元，实际到位资金为1471.9亿元，占全省到位省外资金的55.7%。安徽企业与长江三角洲的城市联系越来越紧密，2008年1~7月，安徽企业通过“长江三角洲”报关的进出口总值为66.3亿美元。其中，进口17.4亿美元，出口48.9亿美元，分别占安徽外贸进出口总值、进口值、出口值的54.8%、31.1%、75.2%。仅就江苏而言，外来劳动力大约一半来自安徽。浙江每年在江西的投资占江西外来资金的30%以上，浙赣经济合作不断深入。“十一五”期间浙赣经济合作项目总数将近5000项，浙江在江西的实际投资额达630亿元，双方在农业、工业和商贸、旅游等方面开展着不同程度的合作。

三、国内用工成本增加导致产业向国外转移的趋势愈加明显

2015年冬季达沃斯论坛在瑞士达沃斯举办，本届年会的主题是“全球新局势”。北京大学教授林毅夫认为：中国现在劳动力密集型产业，由于国内工资不断上涨，将会出现像20世纪60年代的日本因为工资上涨，把劳动力密集型产业转移到‘亚洲四小龙’，帮助‘亚洲四小龙’实现工业化和品牌化。80年代‘亚洲四小龙’也面临工资上涨，然后把劳动力密集型产业转移到中国内地，在30多年的时间把中国变成世界工厂。目前，中国已经达到日本60年代、‘亚洲四小龙’80年代的同样情形，国内工资快速上涨，传统上让中国变成世界工厂的很多劳动密集型加工产业会出现向外转移的直接投资。中国劳动密集型加工业主要的生产地——粤闽浙苏鲁，在20世纪80年代转移到中国内地的港资企业、台资企业，以及外资（主要为韩资）企业已经差不多都转移出去了。

林毅夫认为，中国目前已经到了从“引进来”到“走出去”的发展阶段。中国现在是世界第三大外资提供国，将来可能还会更大。目前，对中国企业来讲最大的挑战是心理准备严重不足，人才准备严重不足。需要指出的是，中国向外转移劳动力密集型产业与当时的日本和“亚洲四小龙”有所不同，这种不同主要体现在数量上。在20世纪60年代日本整个制造业雇佣的人数是970万人，80年代韩国制造业雇佣的人数是230万人，而目前中国制造业雇佣的人数按照第三次工业经济普查所公布的数字是1.24亿人，相当于60年代日本开始把劳动密集型产业往外转移时的近12倍，是“亚洲四小龙”加起来的22倍。中国将这些劳动密集型产业向发展中国家转移，可能会带来全世界一个新的工业化浪潮，这不仅有利于促进世界发展，而且也有利于中国的发展，这是互利双赢的。

四、劳动力无限供给和低成本竞争的时代面临终结

半个多世纪以前，发展经济学家刘易斯就提出著名的“劳动无限供给”条件下的经济增长理论，指出具有典型“二元经济”特征的发展中国家在实现现代化之前，有可能在相当长时期内获得生存工资水平以上的无限劳动供给，从而有助于实现长期的经济增长。开始于农村的中国经济体制改革与制度变迁使得长期被束缚在低效率农业部门的富余劳动力逐渐释放，并源源不断地涌入非农业部门，形成劳动力“无限供给”和“低成本竞争模式”，实现了经济起飞，年均经济增速达到9.8%，并开始向罗斯托所说的成熟经济迈进（图3-1）。

2002年开始，构成中国经济“低成本竞争模式”的诸多因素发生变化：

1）东部沿海地区的劳动力价格因劳动力市场供求关系变化、人口红利逐步消失、农业生产比较优势提高、社会保障支出规范化、城市生活费用增加等多种因素的影响开始逐步上扬，劳动力短缺现象开始由高素质劳动力（技工荒）蔓延到普通劳动力（民工荒），从沿海地区蔓延到内陆地区。2008年1月1日《劳动合同法》实施以来，伴随着劳资法律关系的进一步规范，劳动力短缺和劳动力价格上涨现象加剧，劳动争议案件明显增加。

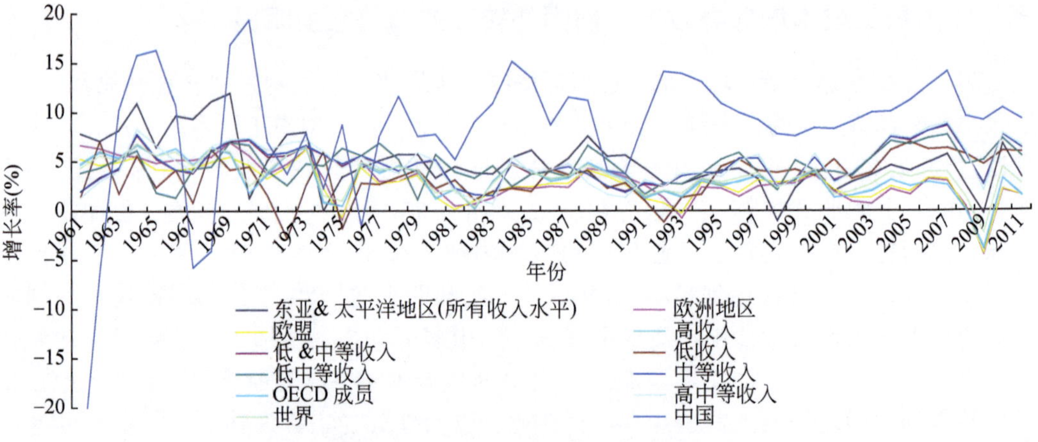

图 3-1　世界不同收入组国家 GDP 增长率及其与中国的比较（1961 ~ 2011 年）

资料来源：根据世界银行数据库计算而得。

2）严格的建设用地规模控制和基本农田保护制度以及土地“招拍挂”等供应方式的改革等，使土地资源不再无限制地低成本供给，土地交易价格迅速攀升。2005 年以来土地交易价格保持上升趋势，平均上涨幅度约在 10% 以上（图 3-2）。

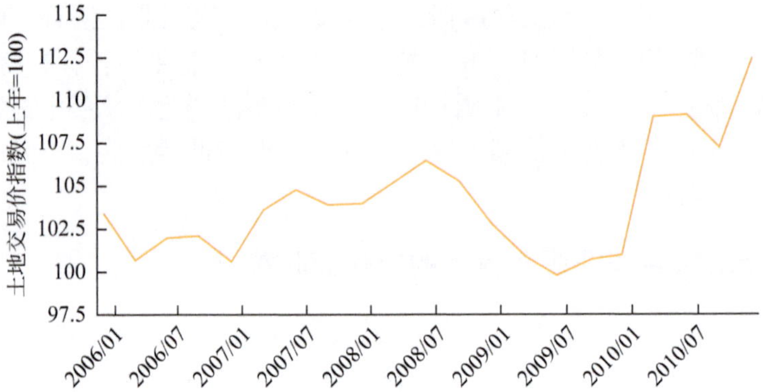

(a)合肥

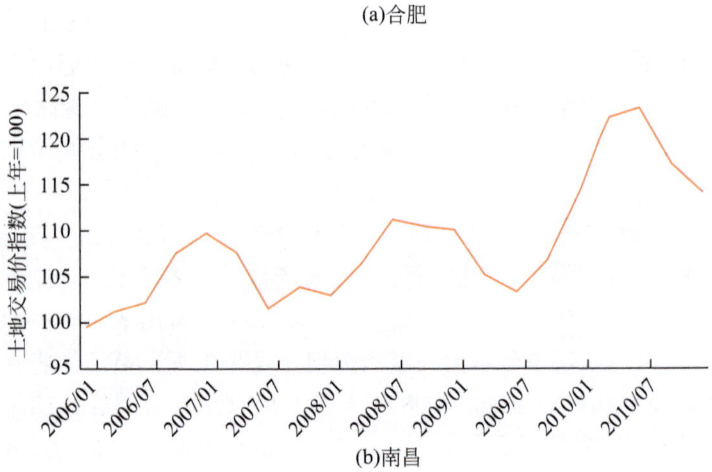

(b)南昌

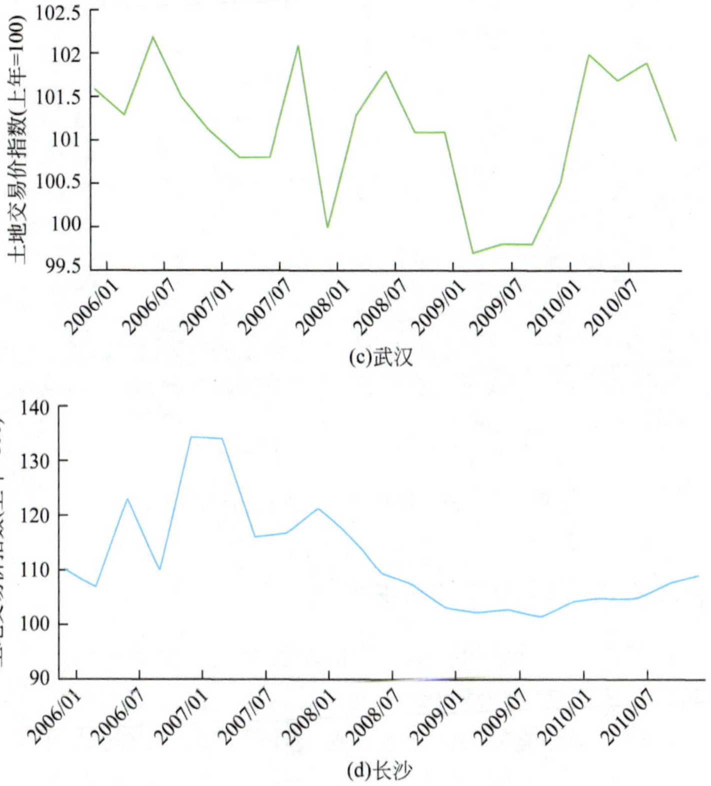

图 3-2　2006～2010 年长江中游省会城市（合肥、南昌、武汉、长沙）土地交易价格指数（上年=100）

3）原油、铁矿石等重要资源的进口需求持续大量增加，国内保障能力减弱，进口到岸价连年大幅提高，并直接推动了成品油、钢材等下游产品的价格上涨（图 3-3）。

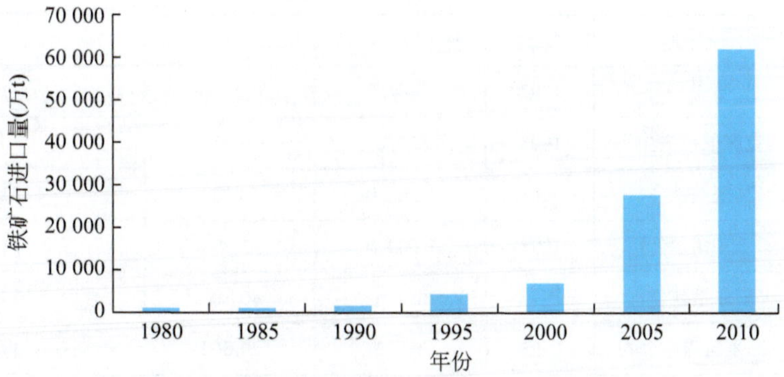

图 3-3　我国铁矿石进口量

4）人民币加速升值削弱了出口部门的价格竞争力。2005 年 7 月汇率改革以来，人民币已经累计升值超过 20%，这对于劳动密集型的出口加工部门产生了不利影响（图 3-4）。

上述因素相互叠加，使得长江经济带乃至中国经济在 21 世纪初不可避免地告别“劳动无限供给”和“低成本竞争”时代。

图 3-4 近 5 年来美元对人民币汇率变动

五、高消耗和高排放型增长方式面临挑战

近年来，中国经济虽然始终保持两位数的增长速度，但却付出了高昂的资源消耗与环境恶化的代价。一直被视为经济增长外生变量的环境治理成本由于政府依法加强了环境综合治理，如收取生态环境补偿保证金，加大环境违法行为的处罚力度等而逐渐被企业内部化。

1）能源与资源消耗显著增加。中国国内生产总值占全球 9.5% 左右，但却消耗了全球 31% 的原煤，30% 的铁矿石，27% 的钢材，25% 的氧化铝和 40% 的水泥。中国每万元 GDP 能耗是世界平均水平的 3 倍，美国的 4.3 倍，德国和法国的 7.7 倍，日本的 11.5 倍（表 3-1）。

表 3-1 全球大型钢铁企业职工人数及劳动生产率

国家及地区	企业	年份	钢产量（万 t）	职工人数（人）	全员劳动生产率（t 钢/人 · a）
德国	蒂森公司	1997	1 404.0	120 261	116.7
	克虏伯钢铁公司	1995	680.0	66 352	102.5
英国	英国钢铁公司	1995	1 560.0	50 000	312.0
法国	于齐诺尔公司	1997	1 600.0	51 394	311.3
南非	南非钢铁公司	1996	689.6	46 100	149.6
澳大利亚	布罗肯希尔公司	1995	845.2	49 000	172.5
韩国	浦项钢铁公司	1995	2 342.8	20 937	1 148.6
		1997	2 643.2	19 553	1 351.8
中国台湾	中国钢铁股份有限公司	1995	616.2	9 239	666.9
		1997	691.3	9 089	760.6

2）生态承载能力更加脆弱。高消耗和高污染行业的加速增长，使中国经济呈现出典型的“库兹涅茨环境倒U形曲线”①。土地荒漠化、水体污染、草原退化、森林破坏等并未根本遏制。自然灾害和极端气候事件发生频率加快，温室气体排放量迅速增加，以煤为主的能源结构加剧了酸雨面积的扩大趋势，城市煤烟型污染加重。在生态脆弱地区，环境退化与生活贫困还未走出恶性循环。

3）空间开发失控的问题也越来越突出。包括长江三角洲、珠江三角洲在内的经济相对发达地区，人居环境不断恶化，土地开发强度已经达到30%以上，超过了国外许多大城市和著名都市圈的国土开发强度。

4）区域间经济发展差距扩大的问题一直难以解决。全国最富与最穷的省人均GDP的差距从5.79倍扩大到11.57倍，全国城乡居民收入差距从2.5倍扩大到3.1倍。

资源与环境趋于恶化的原因，一方面是中国正处于工业化中后期阶段，资源环境问题呈现出典型的阶段性特征。更重要的是体制机制问题，当经济体系缺乏一种校正资源与要素价格扭曲和环境成本内部化的有效制度安排，对稀缺资源的掠夺式开采与大规模的低效率使用，对生态破坏和环境污染行为没有一套行之有效的可监督的激励与约束机制，粗放型的经济增长方式就不会得到根本转变。

第二节 产业发展的基本特征

2000年以来，长江经济带保持较高经济增速。2000年江西、安徽、云南的GDP增长率低于全国水平，其他省市均超过全国水平。2010年后，除了上海市外，其他省市增速均超过全国平均水平（表3-2）。2013年贵州、重庆、云南的经济增速分居第一、第二、第三名，均超过12%；四川、江西、安徽、湖北、湖南的增速也超过10%；增速相对较小的浙江、江苏也分别达到8.2%、9.6%，均超过全国平均水平。

表3-2 长江经济带GDP增速及与全国的比较（%）

区域	2000年	2005年	2010年	2013年
上海	11.0	11.1	9.9	7.7
江苏	10.6	14.5	12.7	9.6
浙江	11.0	12.8	11.9	8.2
安徽	8.3	11.8	14.6	10.4
江西	8.0	12.8	14.0	10.1

① 研究表明，当一个国家经济发展水平较低时，环境污染的程度较轻，但随着人均收入的增加，环境污染由低趋高，环境恶化程度随经济的增长而加剧；当经济发展达到一定水平后，即达到某个临界点或拐点以后，随着人均收入的增加，环境污染又由高趋低，环境污染的程度逐渐减缓，环境质量逐渐改善，这种现象被称为环境库兹涅茨倒U形曲线。

续表

区域	2000 年	2005 年	2010 年	2013 年
湖南	9.0	11.6	14.5	10.1
湖北	8.6	12.1	14.8	10.1
重庆	8.5	11.7	17.1	12.3
四川	9.3	12.6	15.1	10.0
云南	7.1	9.0	12.3	12.1
贵州	8.7	11.6	12.8	12.5
中国	8.4	11.3	10.4	7.7

数据来源：中国统计年鉴（2001 年、2006 年、2011 年和 2014 年）及长江经济带各省统计年鉴（2001 年、2006 年、2011 年、2014 年）。

经济总量占全国的比重不断上升。2000 年长江经济带 GDP 为 40 160.4 亿元，占全国的 40.5%。2013 年 GDP 为 259 525.2 亿元，占全国的 43.6%，上升了 3.1 个百分点。从分省的情况看，除了上海、浙江外，其他省市的比重均有所上升，特别是在后半期上升幅度更大（图 3-5）。

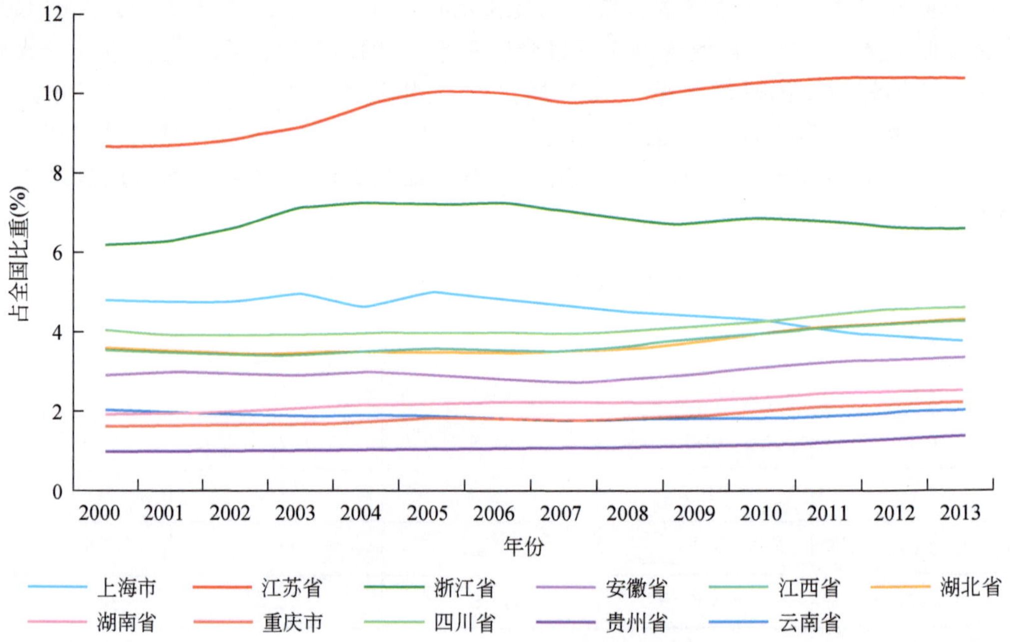

图 3-5　长江经济带 GDP 占全国的比重及其变化

2000 年长江经济带人均 GDP 相当于全国平均值的 111%，2013 年下降到 108%。2000 年除了长江三角洲城市群的人均 GDP 高于全国平均水平外，其他省市均低于全国平均水平。2013 年新增湖北与重庆的人均 GDP 高于全国平均水平（图 3-6）。

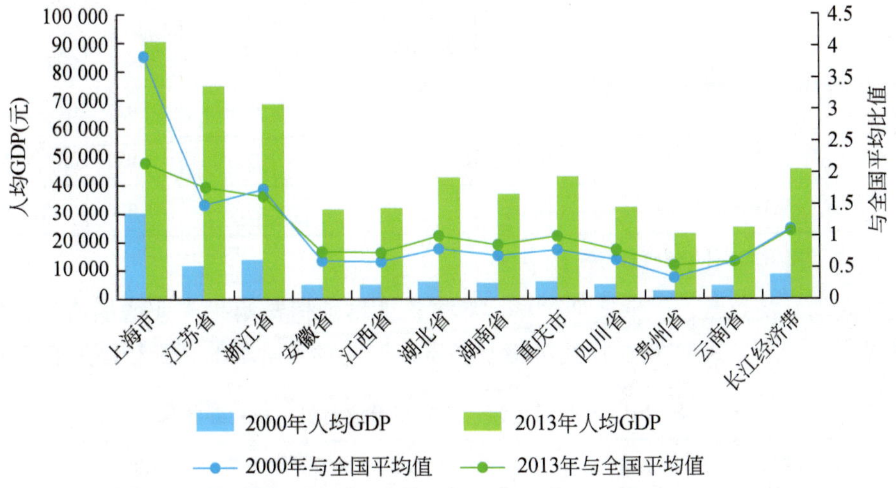

图 3-6　长江经济带人均 GDP 及与全国平均水平的变化

以人均 GDP 衡量，长江经济带内部区域分异明显。2013 年人均 GDP 最高的是上海，相当于全国平均水平的 215%，最低的贵州人均 GDP 只有全国平均水平的 54.7%，位居全国倒数第 1 位。

一、整体处于工业化高级阶段，但内部分异明显

长江经济带工业化水平较高，但结构性矛盾仍然存在。2013 年长江经济带及各省市产业发展阶段的相关指标见表 3-3。

表 3-3　2013 年长江经济带及各省市产业发展阶段的相关指标

区域	第一产业（%）	第二产业（%）	第三产业（%）	第二与第一产业增加值的比值	工业化率（%）	人均 GDP（元）	
						人民币	美元（2013 年）
上海	0.6	36.2	63.2	63	33.5	90 092	14 547
江苏	5.8	48.7	45.5	8	43.3	74 607	12 047
浙江	4.7	47.8	47.5	10	43.6	68 462	11 054
安徽	11.8	54.0	34.2	5	46.9	31 684	5 116
江西	11.0	53.5	35.5	5	44.9	31 771	5 130
湖北	12.4	40.5	47.1	4	42.7	42 613	6 881
湖南	12.1	46.9	41.0	4	40.8	36 763	5 936
重庆	7.8	45.5	46.7	6	41.5	42 795	6 910
四川	12.8	51.0	36.2	4	44.1	32 454	5 240

续表

区域	第一产业（%）	第二产业（%）	第三产业（%）	第二与第一产业增加值的比值	工业化率（%）	人均 GDP（元）	
						人民币	美元（2013 年）
贵州	12.4	40.5	47.1	3	33.6	22 922	3 701
云南	15.7	41.8	42.5	3	32.1	25 083	4 050
长江经济带	8.6	47.4	44.0	6	41.8	45 386	7 328

资料来源：根据相关统计年鉴资料整理。

根据人均经济总量、三次产业结构、第二产业增加值与第一产业增加值的比值、工业化率等测评标准，2013 年长江经济带及各省市产业发展阶段的判断结果见表 3-4。

表 3-4　2013 年长江经带及各省市产业发展阶段判断结果

区域	人均经济总量	三次产业结构	第二产业增加值与第一产业增加值的比值	工业化率
上海	★★★	★★★	★★★	★★★
江苏	★★★	★★★	★★★	★★
浙江	★★★	★★★	★★★	★★
安徽	★★	★★	★★	★★
江西	★★	★★	★★	★★
湖北	★★★	★★	★★	★★
湖南	★★	★★	★★	★★
云南	★★	★★	★	★
贵州	★★	★★	★	★
四川	★★	★★	★★	★★
重庆	★★★	★★★	★★★	★★
长江经济带	★★★	★★★	★★★	★★

★表示工业化初级阶段、★★表示工业化中级阶段、★★★表示工业化高级阶段。

综合上述标准，长江经济带处于工业化高级阶段。上海、江苏、浙江、重庆各项指标均处于工业化高级阶段。安徽、江西、湖南、四川各项指标均达到了工业化中级阶段。湖北人均经济总量处于工业化高级阶段，第二产业增加值与第一产业增加值的比值标准、产业结构标准均处于工业化中级阶段。贵州与云南在人均经济总量指标与三次产业结构指标的标准下呈现工业化中级阶段特征，在第二产业增加值与第一产业增加值的比值标准下处于工业化初级阶段。

长江经济带工业化水平区域差异较大。上游和中游地区仍处于工业化加速发展阶段，下游地区已进入工业化后期；中游和上游地区以工业为主，农业比重较高；下游地区第三产业发展强劲，已经实现了由工业经济向服务业经济的转型。

二、整体呈现“二三一”的产业结构特征

2013年长江经济带三次产业结构为8.6∶47.4∶44.0，整体呈现“二三一”的格局（表3-5）。如果以就业指标衡量，第一产业从业人员占34.9%，与第一产业的产值比重不相匹配，就业的非农化水平低于产值的非农化水平，说明劳动力从第一产业转移过慢，尤其是向第二产业转移过慢，这主要受城乡分割的二元户籍制度、土地产权制度、人力资本水平等因素影响。

表3-5 长江经济带三次产业产值结构与就业结构（2013年）（%）

区域	产值结构			就业结构		
	第一产业	第二产业	第三产业	第一产业	第二产业	第三产业
上海	0.6	36.2	63.2	4.1	39.2	56.7
江苏	5.8	48.7	45.5	20.1	42.9	37.0
浙江	4.7	47.8	47.5	13.6	50.0	36.4
安徽	11.8	54.0	34.2	34.4	27.3	38.3
江西	11.0	53.5	35.5	31.7	31.8	36.5
湖北	12.2	47.5	40.2	42.8	21.5	35.7
湖南	12.1	46.9	40.9	41.0	23.9	35.1
云南	15.7	41.7	42.5	55.5	13.2	31.3
贵州	12.3	40.5	47.1	63.3	14.2	22.5
四川	12.8	51.0	36.2	40.6	26.0	33.4
重庆	7.8	45.5	46.7	34.5	26.9	38.6
长江经济带	8.6	47.4	44.0	34.9	29.5	35.7
全国	9.4	43.7	46.9	31.4	30.1	38.5

各省市的产业结构具有一定的差异性。长江上中下游之间存在显著的产业梯度和要素禀赋差异，产业能级沿长江流向呈现递增趋势，要素丰裕度沿长江流向呈现递减趋势。上海以“三二一”的产业结构为主导，已经进入工业化后期向后工业化时期转变阶段，产业结构开始去工业化，向知识密集型和技术密集型的高技术产业、现代服务业转变。长江中上游地区尚处于工业化起步阶段或中期阶段。

1. 农业占全国的比重小幅下降，但地位依然突出

长江经济带在我国以“七区二十三带”为主体的农业战略格局中不可或缺，是我国重要的粮食生产和现代农业基地，也是粮食生产的核心区，承载着保障国家粮食安全和农产品有效供给的重任。2000年以来，虽然长江经济带的农林牧渔业总产值占全国的比重呈现下降的趋势，但历年的比重均保持在38%以上，所以仍起着举足轻重的作用（图3-7）。

图 3-7 长江经济带农业总产值及占全国的比重

长江流域具有丰富的天然资源，包括以亚热带和温暖带为主的气候资源，降水丰沛，流域有耕地 2460 万 hm^2，占全国耕地总面积的 1/4，是我国三大商品粮基地之一，2012 年长江经济带的粮食产量为 2.24 亿 t，占全国产量的 37.9%，主要分布在成都平原、江汉平原、洞庭湖平原、鄱阳湖平原、太湖平原、宁绍平原和淮北平原等区域，形成了以稻谷为主的粮食产业带。水域面积广阔，生产条件优越，水产品产量为 0.23 亿 t，占全国总产量的 39.3%，江汉平原、太湖平原、洞庭湖平原、鄱阳湖平原、成都平原等地是我国主要的淡水渔业生产基地。海洋渔业主要集中在浙、沪、苏三省市。其中，浙江的产量占三省市总产量的 75%。禽肉类产量为 667 万 t，占全国总产量的 36.6%。近年来，长江流域粮食和水产品产量占比基本稳定，禽肉类产量有小幅波动，但总体来看这几类农产品占比稳定，在全国地位突出，初步形成了水稻、小麦、棉花、油菜、畜产品、水产品产业带（图 3-8、图 3-9）。

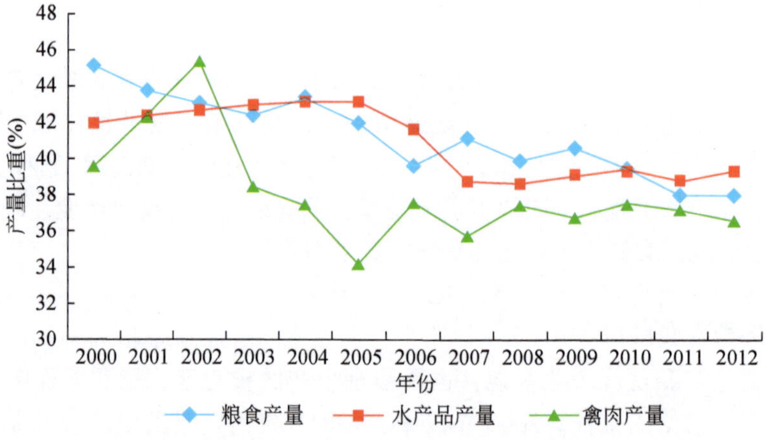

图 3-8 长江经济带粮食、水产品、禽肉产量占全国的比重（2012 年）

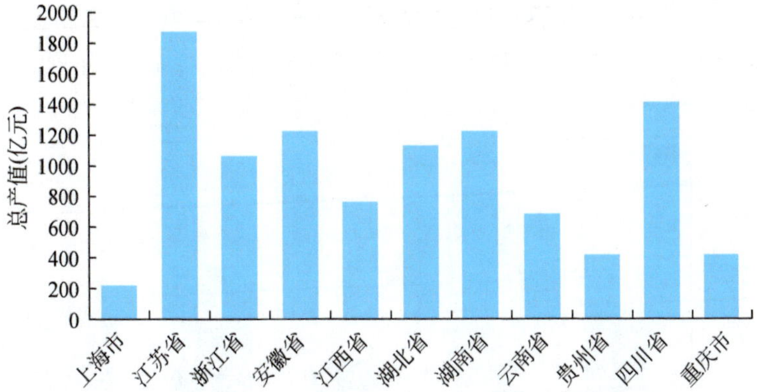

图 3-9　长江经济带各省市农林牧渔业总产值（2014 年）

2. 工业在全国地位突出，但梯度差异明显

长江经济带在全国工业体系中占据重要地位。2013 年长江经济带规模以上工业企业数为 167 473 个，占全国规模以上工业企业总数的 45.3%。规模以上工业企业的主营业务收入为 425 151 亿元，占全国规模以上工业企业主营业务收入的 40.9%。规模以上工业企业的利润总额为 24 889 亿元，占全国规模以上工业企业利润总额的 36.4%。

长江经济带的工业存量存在明显的区域差异，下游的工业存量主导了长江经济带的工业发展。上海、江苏、浙江的工业企业数占长江经济带的比重为 55.5%，工业企业主营业务收入占长江经济带的比重为 53.7%，利润总额占长江经济带的比重为 54.8%。上游的规模以上工业企业数和主营业收入、利润总额占长江经济带的比重分别为 14.9%、15.8% 和 16.3%（表 3-6）。

表 3-6　2013 年长江经济带及各省市工业企业经济指标

区域	工业企业数（个）	比重（%）	工业企业主营业务收入（亿元）	比重（%）	工业企业利润总额（亿元）	比重（%）
上海市	9 782	5.8	34 534	8.1	2 415	9.7
江苏省	46 387	27.7	132 270	31.1	7 834	31.5
浙江省	36 904	22.0	61 765	14.5	3 386	13.6
江西省	7 601	4.5	26 700	6.3	1 757	7.1
安徽省	15 114	9.0	33 079	7.8	1 759	7.1
湖北省	13 441	8.0	37 865	8.9	2 081	8.4
湖南省	13 323	8.0	31 617	7.4	1 585	6.4
重庆市	5 237	3.1	15 417	3.6	878	3.5
四川省	13 163	7.9	35 252	8.3	2 168	8.7
贵州省	3 139	1.9	6 878	1.6	477	1.9
云南省	3 382	2.0	9 773	2.3	549	2.2
长江经济带	167 473	—	425 150	—	24 889	—

3. 服务业保持快速发展，服务业体系完善

服务业保持快速发展，总量规模持续扩大。长江经济带的服务业增加值从2000 年的

16 092.6 亿元增加到2013 年的98 620.2 亿元，年均增长16.3%，高于全国平均水平0.3个百分点。从全国尺度分析，长江经济带的服务业较为发达，2012 年服务业产值规模占全国的42.6%（图3-10）。

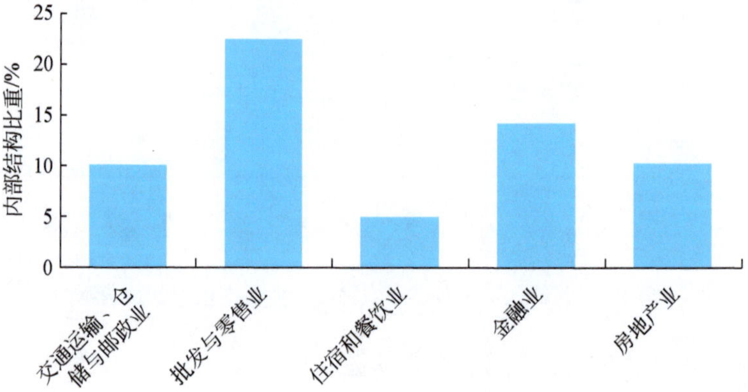

图3-10　长江经济带服务业内部结构比重

从服务业内部结构看，服务业体系较为完善，传统服务业与现代服务业共同发展。服务业发展主要集中在交通运输、仓储及邮电通信业、批发与零售业、金融业、房地产业等行业部门，2012 年四者比重达57.0%。长三角服务业的主导优势明显，现代服务业的集聚现象更为显著，尤其是金融业与房地产业，房地产业的增加值占长江经济带的59.7%，金融业的增加值占长江经济带的59.8%（图3-11）。

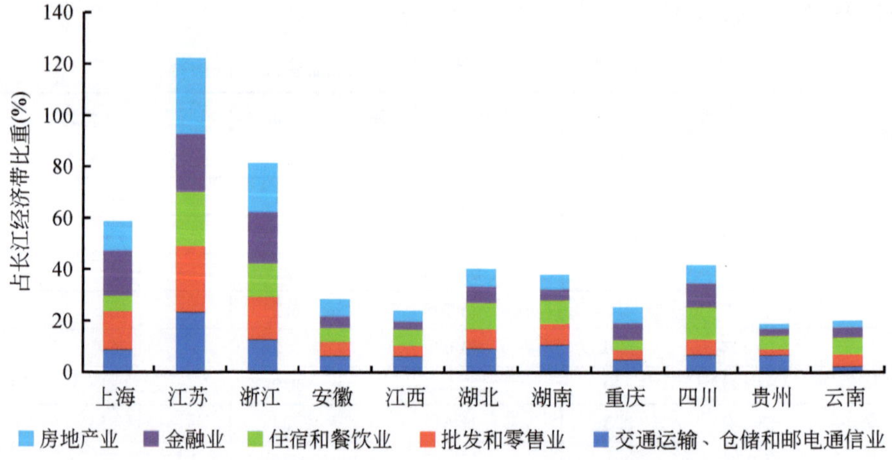

图3-11　各省市各行业占长江经济带的比重

4. 三次产业结构的变化

2000～2014 年长江经济带第一产业比重由15.8%下降到8.4%，下降趋势非常明显；第二产业比重由44.3%上升到46.9%，总体呈波动上升的趋势；第三产业由39.9%上升到44.7%，上升过程也经历小幅波动。总体上看，在此期间长江经济带产业结构不断优化，第二产业、第三产业的产值增速均超过第一产业，“二三一”的产业格局明显，第二产业和第三产业比重交替上升（图3-12）。

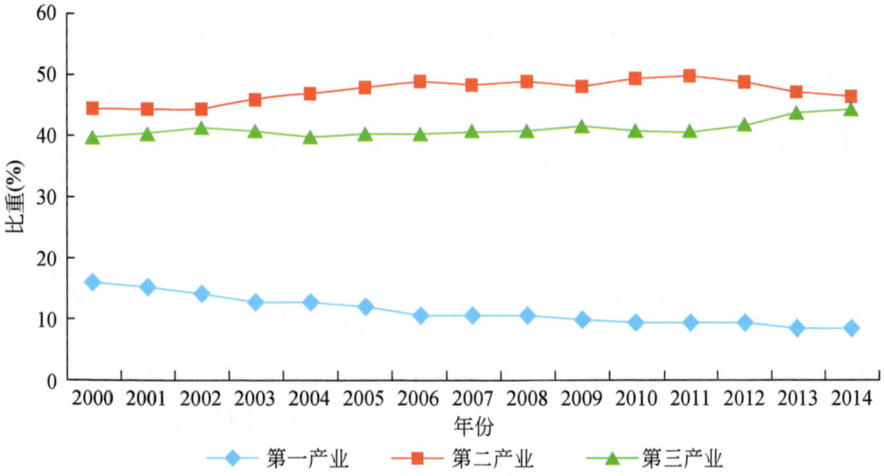

图3-12 长江经济带三次产业结构及其变化

第二产业比重逐年提升，在全国的地位逐步凸显。2000年第一产业、第二产业、第三产业增加值分别占全国的43.2%、39.3%、40.4%，2014年第二产业增加值占全国比重上升至49.2%，上升了9.9个百分点；第三产业增加值占全国的比重上升至41.5%，上升了1.1个百分点；第一产业增加值占全国的比重下降至40.8%，下降了2.4个百分点（图3-13）。

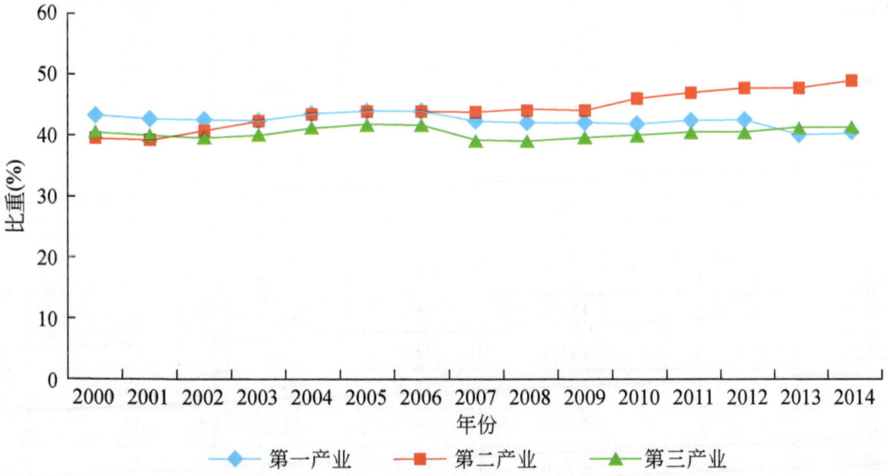

图3-13 长江经济带三次产业增加值占全国比重的变化

第一产业从业人员的比重呈现下降趋势，从2000年的52.5%下降至2013年的34.9%；第二产业与第三产业从业人员的比重逐年上升，第二产业从业人员的比重由2000年的22.3%上升至2013年的29.5%，第三产业从业人员的比重由2000年的25.2%上升至2013年的35.7%。第一产业从业人员的比重自2000～2012年以来一直高居三次产业首位，第三产业从业人员的比重一直高于第二产业的比重（图3-14）。

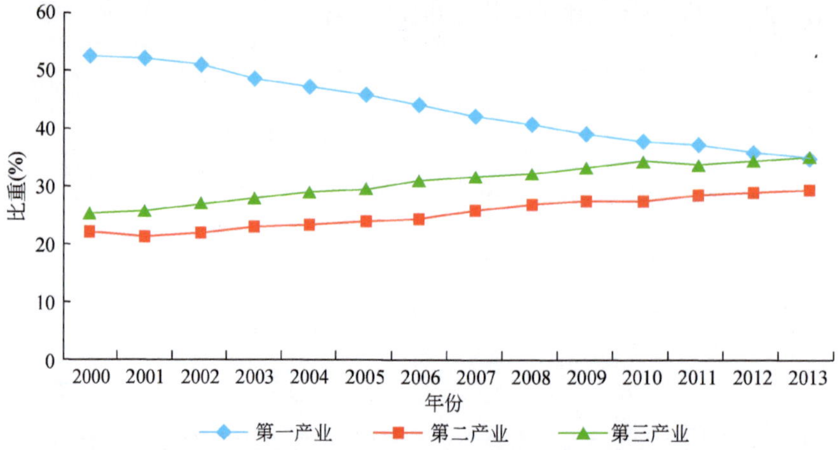

图 3-14　长江经济带三次产业从业人员结构及其变化

5. 产权结构特征

长江经济带国有经济比重相对于全国水平略低。2011 年长江经济带国有及国有控股企业工业总产值占全部工业企业工业总产值的 23.1%，低于全国 26.2% 的平均水平。长江经济带国有企业从业人员达 16.5%，低于全国平均水平 3.3 个百分点（表 3-7）。

表 3-7　按产值和就业计算的产权结构及其与全国的比较（2011 年）

区域	工业总产值			从业人员		
	规模以上（亿元）	国有及国有控股（亿元）	国有比重（%）	规模以上（万人）	国有及国有控股（万人）	国有比重（%）
上海	32 445.2	12 256.4	37.8	269.3	47.2	17.5
江苏	107 680.7	11 720.6	10.9	1 091.9	69.5	6.4
浙江	56 410.5	8 133.3	14.4	719.4	29.8	4.1
安徽	25 875.9	8 378.9	32.4	264.1	76.3	28.9
江西	17 949.4	4 147.0	23.1	203.0	44.0	21.7
湖北	28 073.1	10 512.2	37.4	279.6	80.4	28.8
湖南	26 386.6	6 705.9	25.4	289.7	62.8	21.7
重庆	11 847.1	3 899.1	32.9	145.8	42.7	29.3
四川	30 485.1	7 759.6	25.5	380.5	93.4	24.5
贵州	5 520.0	2 940.9	53.3	84.5	47.2	55.9
云南	7 780.8	4 416.6	56.8	90.6	36.7	40.4
长江经济带	350 454.4	80 870.5	23.1	3 818.4	630.0	16.5
全国	844 268.8	221 036.3	26.2	9 167.3	1 812.0	19.8

资料来源：根据《2012 中国工业经济统计年鉴》计算而得。

长江上、下游国有经济发展水平分异较大。江苏与浙江的国有经济比重最低，江苏国有经济的比重只有 10.9%，贵州与云南的国有经济比重高，云南高达 56.8%。

6. 重工业化结构特征明显，但低于全国平均水平

2005 年长江经济带重工业的主营业务收入占 67.5%，2011 年波动上升至 71.2%，

当年全国的重工业比重为 72.2%（表 3-8）。

表 3-8　长江经济带轻重工业比例及其与全国平均的比较（2011 年）

区域	轻工业主营业务收入		重工业主营业务收入	
	绝对值（亿元）	比重（%）	绝对值（亿元）	比重（%）
上海	7 041.4	20.5	27 258.55	79.5
江苏	27 327.4	25.5	79 702.69	74.5
浙江	21 620.58	39.1	33 737.86	60.9
安徽	7 466.15	29.9	17 494.01	70.1
江西	5 247.54	28.2	13 332.79	71.8
湖北	7 920.69	29.2	19 161.18	70.8
湖南	7 090.95	27.6	18 635.26	72.4
重庆	3 249.7	28.6	8 132.65	71.4
四川	9 942.94	33.3	19 944.97	66.7
贵州	1 072.07	21.3	3 950.04	78.7
云南	2 004.86	26.3	5 617.05	73.7
长江经济带	99 984.28	28.8	246 967.05	71.2
全国	234 307.1	27.8	607 523.2	72.2

注：目前能检索到的《中国工业经济统计年鉴》最新版只到 2012 年。

资料来源：根据《2012 中国工业经济统计年鉴》计算而得。

重工业化呈现不同的演化路径。长江上游地区的重工业比重波动下降，中游地区的重工业化比重在 2000 ~ 2010 年高于全国水平，2010 年后低于全国水平，下游地区呈现逐步偏重工业化的特征。2011 年上海、江苏、湖南、贵州、云南的重工业主营业务收入比重均高于全国水平，四川与浙江的重工业结构相较其他省市而言并不突出（图 3-15）。

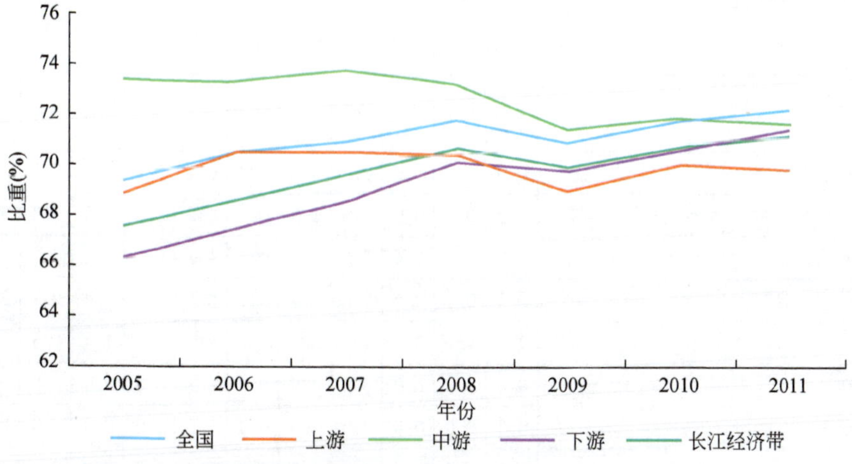

图 3-15　全国、长江经济带及长江上中下游的重工业比重及其变化

第三节　重点产业的发展现状与演化过程

长江经济带各省市在经历改革开放几十年的发展后，已经具备了雄厚的工业基础，

特别是高级制造业基础。在国家调结构、促发展、保民生的大背景下，长江经济带将在现有工业基础上，依托区域自主创新能力，将信息化与工业化深度融合，促进产业结构优化升级，有侧重地建设电子信息、高端装备、汽车、家电和纺织服装等世界级产业集群和制造业基地。

一、重点产业的甄别

在区域经济分析中，常用区位熵指标来衡量某一区域某个行业在更高层次区域中的地位和作用，或某个行业在区域经济中的专业化程度。区位熵的计算公式为

$$Q_{ip} = \frac{\mathrm{VA}_{ip} / \sum_{i=1}^{m} \mathrm{VA}_{ip}}{\mathrm{VA}_{in} / \sum_{i=1}^{m} \mathrm{VA}_{in}} \tag{3-1}$$

式中，Q_{ip}为 p 地区 i 工业行业的区位熵；VA_{ip}为 p 地区 i 工业行业的工业总产值（或工业增加值）；VA_{in}为全国 i 工业行业的工业总产值（或工业增加值），m 为工业行业的数量。

通过区位熵分析可知，上海的烟草制品业、汽车制造业、计算机、通信和其他电子设备制造业、金属制品、机械和设备修理业在全国具有绝对优势。浙江的化学纤维制造业、纺织业在全国占据优势地位。江苏的化学纤维制造业、仪器仪表制造业在全国处于绝对优势地位，可见长江下游地区的纺织、化学、装备制造业等产业发展实力较强。例如，我国纺织产业集群主要集中在东部地区的江苏、浙江两省，化学纤维作为纺织品重要原料，企业必然随着纺织行业而集群。因此，化学纤维制造业大部分集聚在东部沿海的江浙地区（表3-9）。

表3-9 2013年长江经济带及各省市工业行业的区位熵

行业	上海	安徽	贵州	湖南	四川	重庆	湖北	江苏	江西	浙江	云南	长江经济带
煤炭开采和洗选业	0.0	1.4	5.0	0.9	0.8	0.8	0.1	0.1	0.2	0.0	2.0	0.4
石油和天然气开采业	0.0	0.0	0.0	0.0	1.3	0.1	0.2	0.0	0.0	0.0	0.0	0.1
黑色金属矿采选业	0.0	1.2	0.4	0.6	1.5	0.1	1.2	0.1	0.8	0.0	1.9	0.5
有色金属矿采选业	0.0	0.4	0.6	2.5	1.4	0.1	0.4	0.0	2.4	0.1	3.2	0.6
非金属矿采选业	0.0	1.1	3.2	2.3	2.1	1.2	2.8	0.4	1.4	0.5	2.0	1.1
开采辅助活动	0.0	0.0	0.0	0.0	6.9	0.0	1.1	0.0	0.0	0.0	0.0	0.7
其他采矿业	0.0	0.0	0.0	4.0	2.3	0.0	1.5	0.0	0.0	0.0	0.0	0.6
农副食品加工业	0.2	1.4	0.5	1.3	1.2	0.7	1.8	0.5	0.9	0.3	0.8	0.8
食品制造业	1.2	0.8	0.6	1.4	1.2	0.6	1.2	0.3	0.9	0.5	0.9	0.7
酒、饮料和精制茶制造业	0.2	0.8	4.9	1.2	4.6	0.7	2.2	0.5	0.7	0.5	1.2	1.2
烟草制品业	3.1	0.4	7.2	3.0	0.9	1.2	1.6	0.4	0.7	0.8	17.8	1.6
纺织业	0.2	0.7	1.2	0.5	0.7	0.3	1.4	1.4	0.8	2.7	0.1	1.2

续表

行业	上海	安徽	贵州	湖南	四川	重庆	湖北	江苏	江西	浙江	云南	长江经济带
纺织服装、服饰业	0.8	1.1	0.1	0.4	0.3	0.3	1.1	1.6	2.0	2.0	0.0	1.2
皮革、毛皮、羽毛及其制品和制鞋业	0.4	0.8	0.1	0.9	0.6	0.8	0.3	0.5	1.3	2.0	0.0	0.8
木材加工和木、竹、藤、棕、草制品业	0.2	1.5	0.4	1.7	0.7	0.2	0.8	1.3	1.2	0.6	0.5	1.0
家具制造业	1.2	0.9	2.2	1.2	1.7	1.0	0.5	0.3	0.8	1.9	0.0	0.9
造纸和纸制品业	0.7	0.6	0.1	1.4	1.0	1.0	0.9	0.8	0.8	1.4	0.5	0.9
印刷和记录媒介复制业	1.1	1.7	1.1	1.9	1.4	1.3	1.2	0.8	1.7	1.1	1.2	1.2
文教、工美、体育和娱乐用品制造业	1.3	0.7	0.2	0.5	0.2	0.3	0.3	0.8	1.4	1.6	0.5	0.9
石油加工、炼焦和核燃料加工业	1.3	0.3	0.0	0.7	0.4	0.1	0.6	0.5	0.5	0.7	0.7	0.6
化学原料和化学制品制造业	1.1	0.7	0.1	1.1	0.9	0.6	1.2	1.5	1.0	1.3	1.0	1.2
医药制造业	0.8	0.7	4.5	1.0	1.4	1.0	1.1	1.0	1.6	0.8	1.2	1.1
化学纤维制造业	0.2	0.4	4.1	0.1	0.7	0.0	0.3	2.9	0.4	5.5	0.2	1.9
橡胶和塑料制品业	1.0	1.2	0.6	0.6	0.8	0.9	0.9	0.7	0.7	1.7	0.5	0.9
非金属矿物制品业	0.3	1.1	1.4	1.5	1.3	1.0	1.3	0.6	1.6	0.6	0.8	0.9
黑色金属冶炼和压延加工业	0.8	1.0	1.0	0.7	1.0	0.6	1.2	1.1	0.7	0.6	1.5	0.9
有色金属冶炼和压延加工业	0.3	1.6	1.0	1.9	0.5	0.8	0.9	0.6	4.6	0.8	3.4	1.1
金属制品业	0.9	1.0	0.4	0.8	0.8	0.8	1.0	1.3	0.6	1.2	0.2	1.0
通用设备制造业	1.8	1.2	0.2	1.0	1.1	0.7	0.7	1.3	0.5	1.6	0.2	1.2
专用设备制造业	1.1	1.0	0.2	2.6	1.0	0.6	0.7	1.2	0.5	0.8	0.3	1.1
汽车制造业	3.0	0.9	0.3	0.5	0.9	3.3	2.0	0.7	0.6	0.6	0.3	1.1
铁路、船舶、航空航天和其他运输设备制造业	1.2	0.4	0.8	1.4	0.9	5.2	0.9	1.6	0.7	0.9	0.2	1.3
电气机械和器材制造业	1.1	1.8	0.2	0.7	0.5	0.9	0.7	1.8	1.3	1.5	0.2	1.3
计算机、通信和其他电子设备制造业	2.1	0.4	0.1	0.6	1.4	1.8	0.5	1.7	0.5	0.5	0.0	1.1
仪器仪表制造业	1.3	0.5	0.2	0.9	0.2	1.2	0.4	3.1	0.4	1.4	0.2	1.5
其他制造业	0.7	1.0	1.2	1.7	1.2	2.0	1.5	0.9	0.7	2.3	0.5	1.2
废弃资源综合利用业	0.3	4.0	0.3	1.3	0.9	0.8	0.8	0.8	0.9	1.7	0.2	1.2
金属制品、机械和设备修理业	2.5	0.9	0.0	0.3	1.8	0.8	1.0	0.2	0.0	0.9	0.0	0.8
电力、热力生产和供应业	0.6	1.3	2.8	0.8	1.0	0.8	0.7	0.6	0.7	1.3	2.3	0.9
燃气生产和供应业	1.3	0.7	1.1	0.7	1.6	1.9	0.7	0.7	0.5	1.2	0.9	0.9
水的生产和供应业	1.3	0.6	0.9	1.3	1.8	1.0	0.9	0.7	1.0	1.7	1.3	1.1

安徽的废弃资源和废旧材料回收加工业在国内具有较强竞争力。湖南的优势部门是有色金属矿采选业、非金属矿采选业、其他采矿业、烟草制品业以及专用设备制造业。湖北省以非金属矿采选业、饮料制造业、汽车制造业为优势部门。江西的有色金属冶炼及压延加工业、有色金属矿采选业在全国占据优势地位。由此可见，长江经济带的中游地区主要是以资源密集型产业、劳动力密集型产业以及装备制造业为主，科技含量低，处于产业链的上游。例如，湖南的专业设备制造业以中联重科股份有限公司、三 重工

股份有限公司为龙头的企业在全国甚至全球的地位突出，湖北东风汽车集团是中国四大汽车集团之一（表3-10）。

表3-10　长江经济带及各省市的优势行业

区域	绝对优势行业（$Q_{ip} \geqslant 2$）	一般优势行业（$1<Q_{ip}<2$）
上海	烟草制品业（3.1）、汽车制造业（3.0）、计算机、通信和其他电子设备制造业（2.1）、金属制品、机械和设备修理业（2.5）	食品制造业（1.2）、家具制造业（1.2）、印刷和记录媒介复制业（1.1）、文教、工美、体育和娱乐用品制造业（1.3）、石油加工、炼焦和核燃料加工业（1.3）、化学原料和化学制品制造业（1.1）、通用设备制造业（1.8）、专用设备制造业（1.1）、铁路、船舶、航空航天和其他运输设备制造业（1.2）、电气机械和器材制造业（1.1）、仪器仪表制造业（1.3）、燃气生产和供应业（1.3）、水的生产和供应业（1.3）
浙江	化学纤维制造业（5.5）、纺织业（2.7）、其他制造业（2.3）	纺织服装、服饰业（2.0）、皮革、毛皮、羽毛及其制品和制鞋业（2.0）、家具制造业（1.9）、造纸和纸制品业（1.4）、印刷和记录媒介复制业（1.1）、文教、工美、体育和娱乐用品制造业（1.6）、化学原料和化学制品制造业（1.3）、橡胶和塑料制品业（1.7）、金属制品业（1.2）、通用设备制造业（1.6）、电气机械和器材制造业（1.5）、仪器仪表制造业（1.4）、废弃资源综合利用业（1.7）、电力、热力生产和供应业（1.3）、水的生产和供应业（1.7）、燃气生产和供应业（1.2）
江苏	化学纤维制造业（2.9）、仪器仪表制造业（3.1）	纺织业（1.4）、纺织服装、服饰业（1.6）、木材加工和木、竹、藤、棕、草制品业（1.3）、化学原料和化学制品制造业（1.5）、医药制造业（1.0）、黑色金属冶炼和压延加工业（1.1）、金属制品业（1.3）、通用设备制造业（1.3）、专用设备制造业（1.2）、铁路、船舶、航空航天和其他运输设备制造业（1.6）、电气机械和器材制造业（1.8）、计算机、通信和其他电子设备制造业（1.7）
安徽	废弃资源综合利用业（4.0）	煤炭开采和洗选业（1.4）、黑色金属矿采选业（1.2）、非金属矿采选业（1.1）、农副食品加工业（1.4）、纺织服装、服饰业（1.1）、木材加工和木、竹、藤、棕、草制品业（1.5）、印刷和记录媒介复制业（1.7）、橡胶和塑料制品业（1.2）、非金属矿物制品业（1.1）、有色金属冶炼及压延加工业（1.6）、金属制品业（1.0）、通用设备制造业（1.2）、专用设备制造业（1.0）、电气机械和器材制造业（1.8）、电力、热力的生产和供应业（1.3）
湖南	有色金属矿采选业（2.5）、非金属矿采选业（2.3）、其他采矿业（4.0）、烟草制品业（3.0）、专用设备制造业（2.6）	有色金属冶炼及压延加工业（1.9）、农副食品加工业（1.3）、食品制造业（1.4）、酒、饮料和精制茶制造业（1.2）、木材加工和木、竹、藤、棕、草制品业（1.7）、家具制造业（1.2）、造纸和纸制品业（1.4）、印刷和记录媒介复制业（1.9）、化学原料和化学制品制造业（1.1）、医药制造业（1.0）、非金属矿物制品业（1.5）、有色金属冶炼和压延加工业（1.9）、铁路、船舶、航空航天和其他运输设备制造业（1.4）、其他制造业（1.7）、废弃资源综合利用业（1.3）、水的生产和供应业（1.3）
湖北	非金属矿采选业（2.8）、酒、饮料和精制茶制造业（2.2）、汽车制造业（2.0）	其他采矿业（1.5）、黑色金属矿采选业（1.2）、开采辅助活动（1.1）、农副食品加工业（1.8）、食品制造业（1.2）、烟草制品业（1.6）、纺织业（1.4）、纺织服装、服饰业（1.1）、印刷和记录媒介复制业（1.2）、化学原料和化学制品制造业（1.2）、医药制造业（1.1）、非金属矿物制品业（1.3）、黑色金属冶炼和压延加工业（1.2）、其他制造业（1.5）

续表

区域	绝对优势行业（$Q_{ip}\geqslant 2$）	一般优势行业（$1<Q_{ip}<2$）
江西	有色金属冶炼和压延加工业（4.6）、有色金属矿采选业（2.4）	非金属矿采选业（1.4）、纺织服装、服饰业（2.0）、皮革、毛皮、羽毛及其制品和制鞋业（1.3）、木材加工和木、竹、藤、棕、草制品业（1.2）、印刷和记录媒介复制业（1.7）、文教、工美、体育和娱乐用品制造业（1.4）、医药制造业（1.6）、非金属矿物制品业（1.6）、电气机械和器材制造业（1.3）、水的生产和供应业（1.0）
重庆	汽车制造业（3.3）、铁路、船舶、航空航天和其他运输设备制造业（5.2）	非金属矿采选业（1.2）、烟草制品业（1.2）、印刷和记录媒介复制业（1.3）、非金属矿物制品业（1.0）、计算机、通信和其他电子设备制造业（1.8）、仪器仪表制造业（1.2）、其他制造业（2.0）、水的生产和供应业（1.0）、燃气生产和供应业（1.9）
四川	非金属矿采选业（2.1）、开采辅助活动（6.9）、其他采矿业（2.3）、酒、饮料和精制茶制造业（4.6）	石油和天然气开采业（1.3）、黑色金属矿采选业（1.5）、有色金属矿采选业（1.4）、农副食品加工业（1.2）、食品制造业（1.2）、家具制造业（1.7）、印刷和记录媒介复制业（1.4）、医药制造业（1.4）、非金属矿物制品业（1.3）、黑色金属冶炼及压延加工业（1.0）、通用设备制造业（1.1）、专用设备制造业（1.0）、计算机、通信和其他电子设备制造业（1.4）、其他制造业（1.2）、金属制品、机械和设备修理业（1.8）、电力、热力生产和供应业（1.0）、水的生产和供应业（1.8）、燃气生产和供应业（1.6）
贵州	煤炭开采和洗选业（5.0）、非金属矿采选业（3.2）、酒、饮料和精制茶制造业（4.9）、烟草制品业（7.2）、家具制造业（2.2）、医药制造业（4.5）、化学纤维制造业（4.1）、电力、热力生产和供应业（2.8）	纺织业（1.2）、印刷和记录媒介复制业（1.1）、非金属矿物制品业（1.4）、黑色金属冶炼和压延加工业（1.0）、有色金属冶炼和压延加工业（1.0）、燃气生产和供应业（1.1）、其他制造业（1.2）
云南	烟草制品业（17.8）、非金属矿采选业（2.0）、有色金属矿采选业（3.2）、有色金属冶炼和压延加工业（3.4）、电力、热力生产和供应业（2.3）	煤炭开采和洗选业（2.0）、黑色金属矿采选业（1.9）、酒、饮料和精制茶制造业（1.2）、印刷和记录媒介复制业（1.2）、化学原料和化学制品制造业（1.0）、医药制造业（1.2）、黑色金属冶炼和压延加工业（1.5）、水的生产和供应业（1.3）
长江经济带	—	非金属矿采选业（1.1）、酒、饮料和精制茶制造业（1.2）、烟草制品业（1.6）、纺织业（1.2）、纺织服装、服饰业（1.2）、印刷和记录媒介复制业（1.2）、化学原料和化学制品制造业（1.2）、医药制造业（1.1）、化学纤维制造业（1.9）、有色金属冶炼和压延加工业（1.1）、通用设备制造业（1.2）、专用设备制造业（1.1）、汽车制造业（1.1）、铁路、船舶、航空航天和其他运输设备制造业（1.3）、电气机械和器材制造业（1.3）、计算机、通信和其他电子设备制造业（1.1）、仪器仪表制造业（1.5）、其他制造业（1.2）、废弃资源综合利用业（1.2）、水的生产和供应业（1.1）

重庆的优势产业部门是汽车制造业、航空航天和其他运输设备制造业。四川的非金属矿采选业、开采辅助活动、其他采矿业、酒、饮料和精制茶制造业在全国具有优势。贵州的煤炭开采和洗选业、非金属矿采选业、酒、饮料和精制茶制造业、烟草制品业、家具制造业、医药制造业、化学纤维制造业、电力、热力生产和供应业是优势产业部门。云南的烟草制品业、非金属矿采选业、有色金属矿采选业、有色金属冶炼和压延加工业、电力、热力生产和供应业在国内具有竞争力。长江上游地区主要以资源密集型产业为主，近年来由于在电子信息、医药、高端装备制造、计算机制造等高新产业方面发展迅速，高技术产业逐渐成为专业化部门。例如，重庆的电子信息、高端装备制造、计算机制造等高技术产业逐渐成为专业化部门。重庆坐落着我国最大的微型车生产企业长安集团，并且依托重庆直投广告有限公司、中国铝业股份有限公司西南铝业（集团）有限责任公司、重庆四联集团、重庆耐德工业股份有限公司、重庆金美通信有限公司等大力发展低成本通用飞机的系统和设备。

二、发展现状

1. 计算机、通信和其他电子设备制造业

2011 年长江经济带计算机、通信和其他电子设备制造业的企业单位数为 5162 个，占全国的 45.4%；从业人员平均人数 341.4 万人，占全国的 41.7%；工业总产值为 28 953.4 亿元，占全国的 45.4%；利润总额为 1268.32 亿元，占全国的 44.9%（图 3-16）。

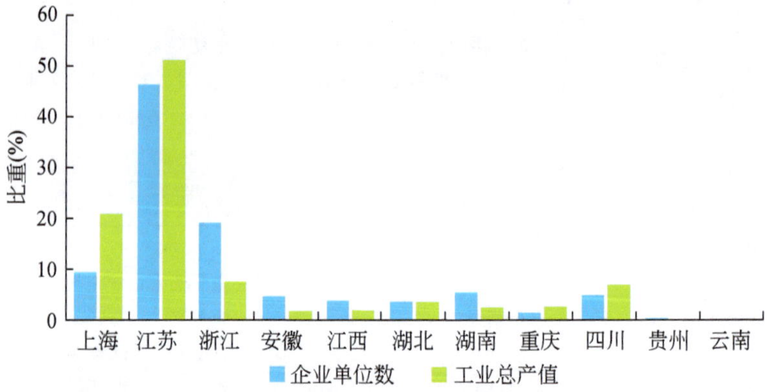

图 3-16　2011 年长江经济带各省市计算机、通信和其他电子设备制造业占全国的比重

在空间分布上，计算机、通信和其他电子设备制造业主要集中在长江下游地区，其工业总产值占长江经济带总产值的 79.9%。长江中上游地区并不发达，仅占 20.1%。江苏的计算机、通信和其他电子设备制造业尤为突出，居全国领先地位。近年来，江苏抢抓电子信息产业国际转移的机遇，加快江苏尤其是苏南地区电子信息产品制造和研发基地建设，规模逐渐壮大。

2. 汽车制造业

2013 年长江下游地区的汽车产量为 364.71 万辆，占全国总量的 17.8%，是我国最大的汽车生产基地。长江下游地区的汽车工业增加值占长江经济带的 54.5%，占全国汽车工业增加值的29.4%。长江下游地区有我国最大的中德轿车合资企业——上海大众，成长最快的中美轿车合资企业——上海通用，还有雪铁龙、菲亚特、铃木、起亚等公司。除了合资公司外，还有比亚迪、华普、万丰等民营企业。以上海为中心，还分布有50余家世界顶尖汽车企业，如浙江的吉利、南京的菲亚特、盐城的东风悦达等（图3-17）。

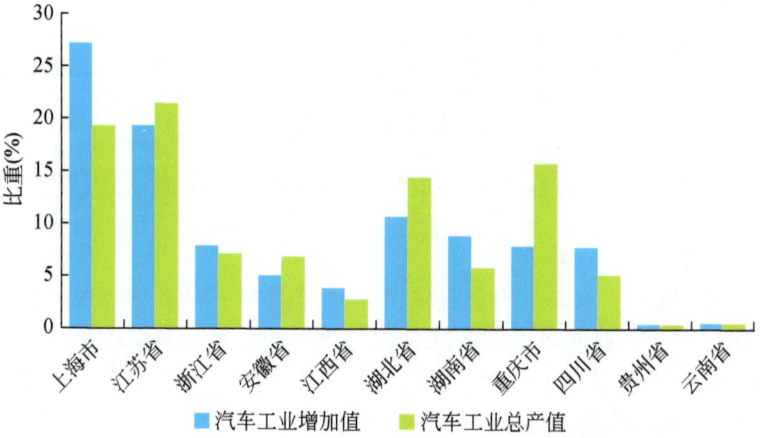

图3-17 2011年长江经济带各省市汽车工业经济指标比重

长江中游地区以湖北为代表，具有极强的市场集散功能和覆盖较广的特征，在国家西部开发战略中起着“承东启西”的重要作用。该地区汽车生产企业主要为东风汽车集团，与长春一汽集团、上海汽车集团并称为我国三大汽车集团。湖北建有武汉-襄阳-十堰汽车产业带，从卡车、货车到与本田、日产等合资生产的轿车。此外，一大批国内外知名的汽车制造企业进入湖南，如广汽菲亚特克莱斯勒汽车有限公司、北京汽车股份有限公司、陕西汽车集团、亚特、三菱、吉利、比亚迪等，自主品牌奇瑞、江淮昌河等汽车企业迅速崛起。

长江上游地区是中国最大的微车生产地，以四川、重庆为主，贵州与云南的汽车制造业基础较为薄弱。这个地区有我国最大的微型车生产企业——长安集团，它是2009年国家《汽车产业调整和振兴规划》中重点扶持的四大汽车集团之一。重庆还有力帆、吉利、大众、丰田等品牌，2013年生产汽车183.97万辆，位列全国汽车产量第五位。

3. 电气机械和器材制造业

电气机械和器材制造业的企业单位数为10 690个，占全国的53.2%；从业人员平均人数为280.3万人，占全国的46.8%；工业总产值为26 995.4亿元，占全国的52.6%；利润总额为1666.5亿元，是全国利润总额的50.3%（图3-18）。

在空间分布上，电气机械和器材制造业主要集中于长江上游地区，其中江浙两省电气机械和器材制造业的工业总产值最为突出，工业总产值占长江经济带总产值的81.6%，占全国总产值的42.8%，长江中上游地区电气机械和器材制造业的工业总产值仅占长江经济带的18.4%。

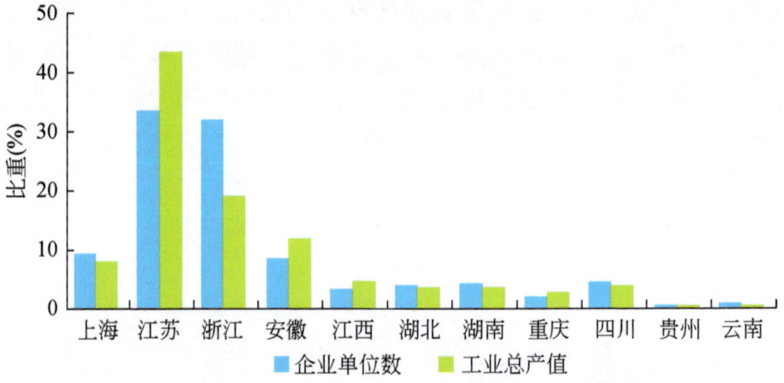

图 3-18　长江经济带各省市电气机械和器材制造业比重（2011 年）

4. 纺织业与纺织服装、服饰业

纺织业与纺织服装、服饰业的企业单位数分别为 13 683 家和 5792 家，分别占全国的 59.6% 和 49.3%；从业人员平均人数分别为 289.5 万人和 180.0 万人，分别占全国的 50.7% 和 47.1%；工业总产值分别为 16 494.9 亿元和 6579.5 亿元，分别占全国的 50.5% 和 48.6%；利润总额分别为 872.69 亿元和 461.2 亿元，分别占全国的 44.6% 和 48.4%（图 3-19、图 3-20）。

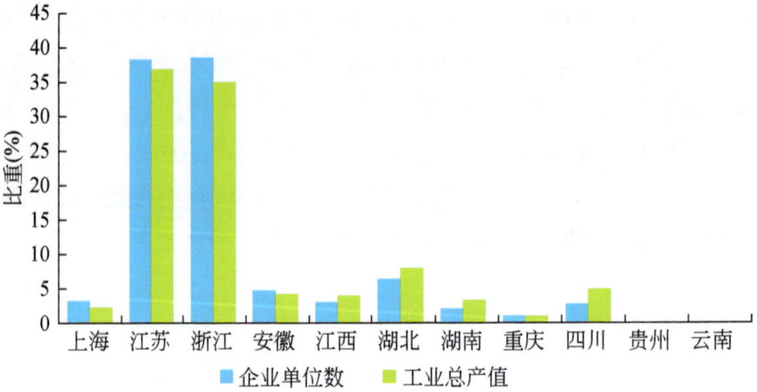

图 3-19　2011 年长江经济带各省市纺织业经济指标比重

纺织业与纺织服装、服饰业主要集中于长三角，工业总产值占长江经济带的 78.4%，占全国总产值的 38.1%。纺织业与纺织服装、服饰业属于典型的劳动密集型产业，产业集中度较低且以中小企业为主，呈现产业集群化发展的态势，产业集群主要集中在长三角，但企业间的同质化竞争较为激烈。上海、宁波、温州等城市都是服装业发达的城市。近年来在长三角已经形成多个服装服饰产业集聚地，如宁波和温州的男西服、常熟的羽绒服装、杭州的女装、海宁地区的皮装、桐乡地区的羊毛衫、织里地区的童装等。与京津唐、珠三角相比，长三角的服装产业具有产品种类齐全、生产规模大、产品档次清晰等优势。

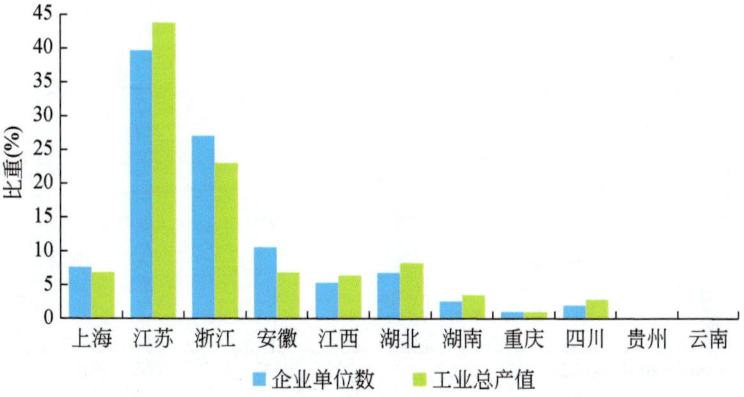

图 3-20　长江经济带各省市纺织服装、服饰业经济指标比重（2011 年）

三、演化过程

1. 计算机、通信和其他电子设备制造业

2000～2011 年长江经济带计算机、通信和其他电子设备制造业的规模不断扩大，总产值由 2000 年的 2474. 2 亿元上升至 2011 年的 28 953. 4 亿元，年均增长率为 25. 1%；该行业的全部从业人员平均人数自 2000 年的 66. 34 万人增加至 2011 年 341. 42 万人，年均增长率为 16. 1%。

长江经济带的计算机、通信和其他电子设备制造业在全国的地位越来越突出，总产值占全国的比例从 2000 年的 32. 8% 上升至 2011 年的 45. 4%，行业的全部从业人员平均人数自 2000 年的 33. 8% 上升至 2011 年的 41. 7%。

计算机、通信和其他电子设备制造业总产值与全部从业人员平均人数的比值为该行业的人均产值，2000 年全国计算机、通信和其他电子设备制造业人均产值为 38. 5 万元，高于长江经济带的 37. 3 万元；2005 年长江经济带该行业的人均产值已超过全国水平，且差距逐渐扩大，2011 年长江经济带该行业的人均产值高出全国水平 7. 0 万元（图 3-21～图 3-23）。

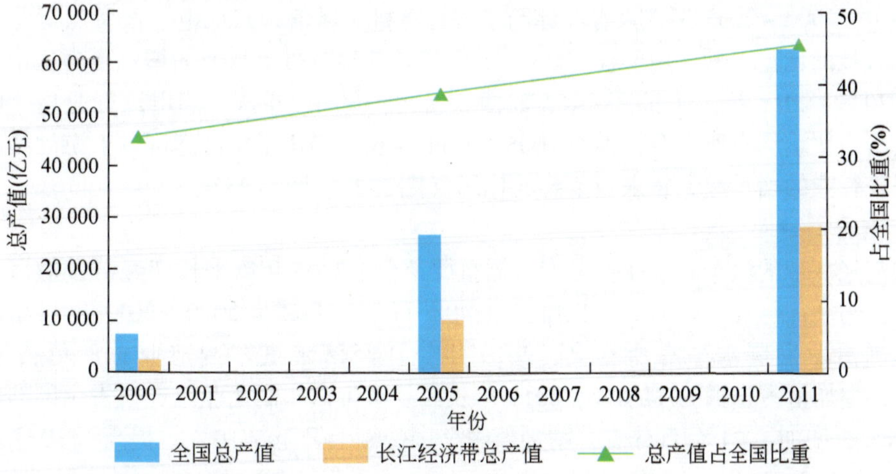

图 3-21　计算机、通信和其他电子设备制造业总产值占全国的比重

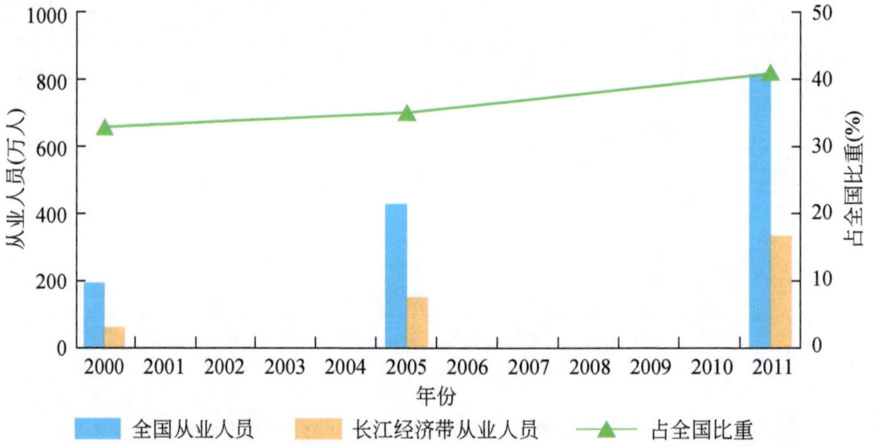

图 3-22　计算机、通信和其他电子设备制造业从业人员占全国的比重

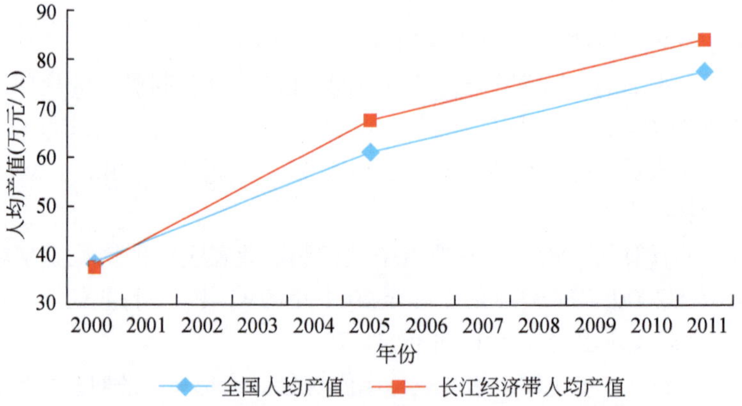

图 3-23　计算机、通信和其他电子设备制造业人均产值变化

从空间分布上看，长江下游地区尤其是江苏的计算机、通信和其他电子设备制造业较为突出。2000～2005 年，只有江苏与上海计算机、通信和其他电子设备制造业总产值和从业人员的比重上升，说明在 2000～2005 年长江经济带该行业的增长更为集中于苏沪两地。2005～2011 年，江苏、安徽、江西、湖北、湖南、重庆、四川该行业总产值和从业人员所占比重均有所上升，说明 2005～2011 年长江经济带中游地区、上游地区的重庆与四川该行业的增长起到越来越重要的作用（图 3-24、图 3-25）。

2. 汽车制造业

长江经济带的汽车制造业在全国占据重要地位，2005 年以来长江经济带的汽车制造业总产值与增加值在全国的比重均维持在 40% 以上，尤其是 2010～2011 年长江经济带的汽车制造业发展水平有所提高，2010 年长江经济带汽车制造业总产值占全国的 43.4%，增加值占全国的 44.0%，2011 年长江经济带汽车制造业总产值占全国的比重高达 64.4%，增加了 21 个百分点，增加值占全国份额上升至 54.0%，提高了 10 个百分点（图 3-26、图 3-27）。

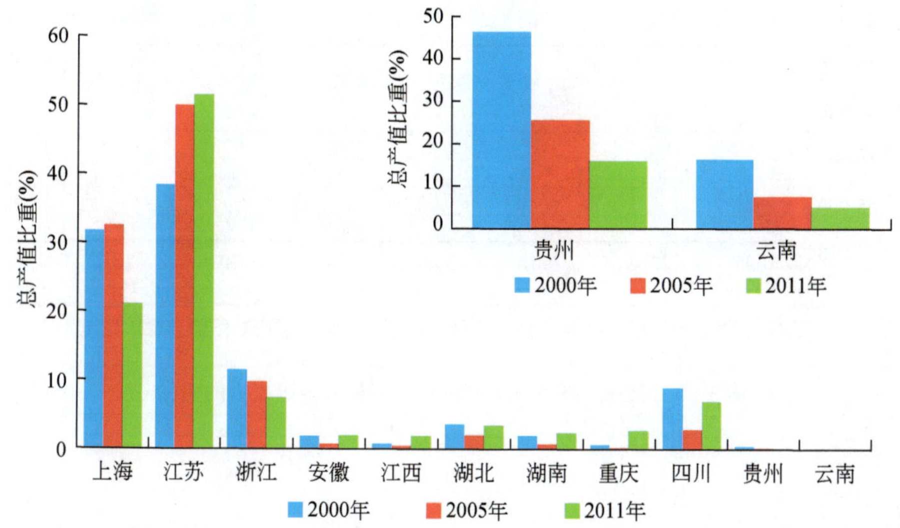

图 3-24　长江经济带各省市计算机、通信和其他电子设备制造业总产值比重及其变化

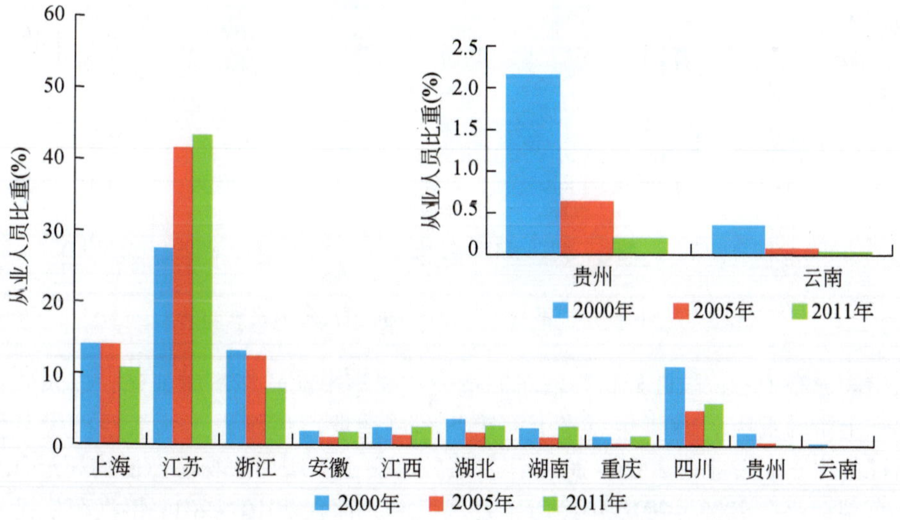

图 3-25　长江经济带各省市计算机、通信和其他电子设备制造业从业人员比重及其变化

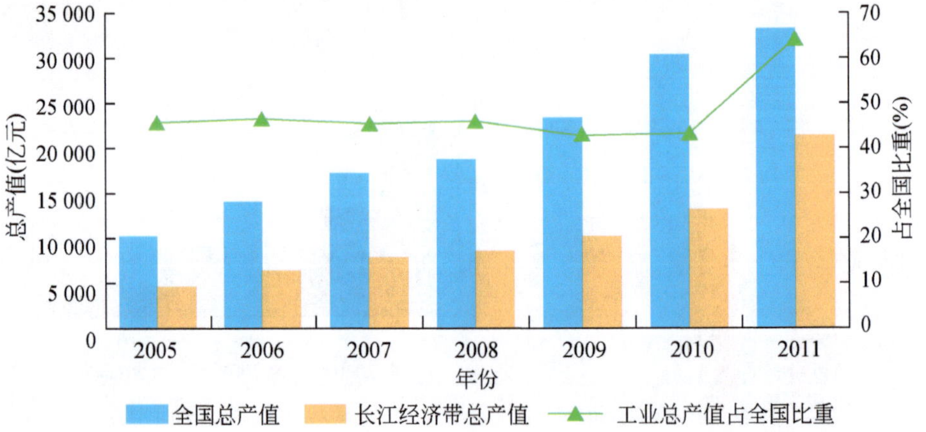

图 3-26　长江经济带汽车制造业总产值占全国比重的变化

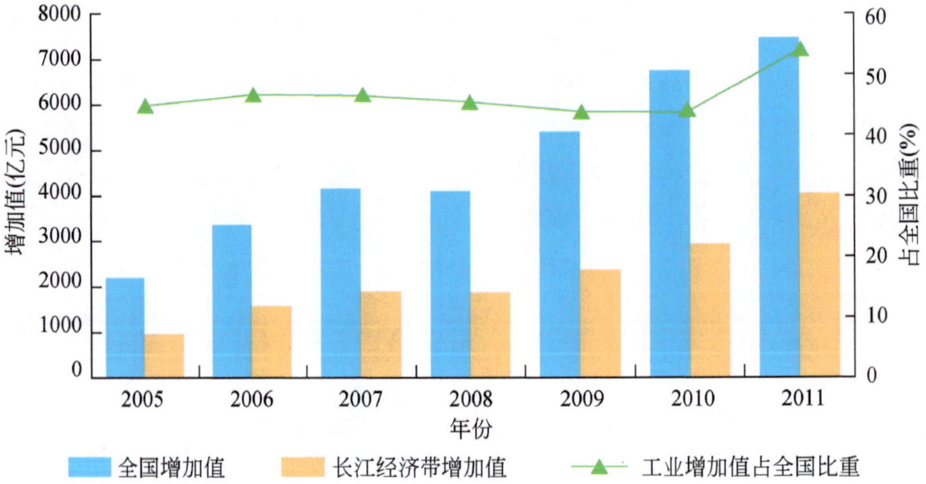

图 3-27　长江经济带汽车制造业增加值占全国比重的变化

从空间分布上看，长江经济带汽车制造业主要集中在长江下游地区，以及长江中游的湖北和上游的重庆。2005 年以来上海市汽车制造业产值领先于长江经济带其他各省市，浙江的汽车制造业在 2008～2010 年发展较为突出，增加值与总产值均超过江苏，江苏的汽车制造业在 2008～2010 年经历了发展低潮，而在 2010～2011 年汽车制造业增势迅猛，总产值超越上海。四川与湖南的汽车制造业发展呈现波动上升的趋势。由此可知，长江经济带的汽车制造业在 2010～2011 年大幅增长，主要得力于江苏、四川、湖南的高速增长（图 3-28、图 3-29）。

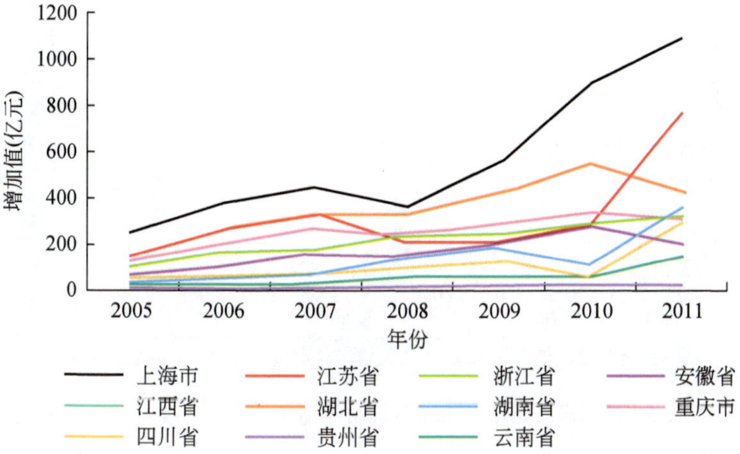

图 3-28 长江经济带各省市汽车制造业增加值变化

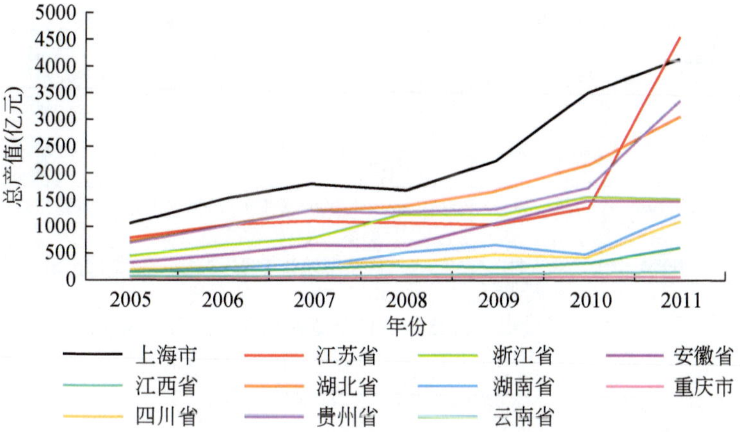

图 3-29 长江经济带各省市汽车制造业总产值变化

3. 电气机械和器材制造业

长江经济带电气机械和器材制造业在 2000 ~ 2005 年发展较为平稳，2005 ~ 2010 年该行业的发展呈现上升趋势。由图 3-30 ~ 图 3-32 可见，总产值由 2005 年的 6129. 0 亿元上升至 2011 年的 26 995. 4 亿元，所占全国的比重由 44. 1% 上升至 52. 5%；全部从业人员平均人数由 145. 3 万人上升至 280. 3 万人，所占全国的比重由 39. 6% 上升至 46. 8%。长江经济带电气机械和器材制造业的人均产值高于全国水平，且差距不断扩大；2000 年长江经济带人均产值为 21. 9 万元，高于全国水平 0. 8 万元，2005 年长江经济带的人均产值为 42. 2 万元，高于全国水平 4. 3 万元，2011 年长江经济带的人均产值为 96. 3 万元，高于全国水平 10. 5 万元。

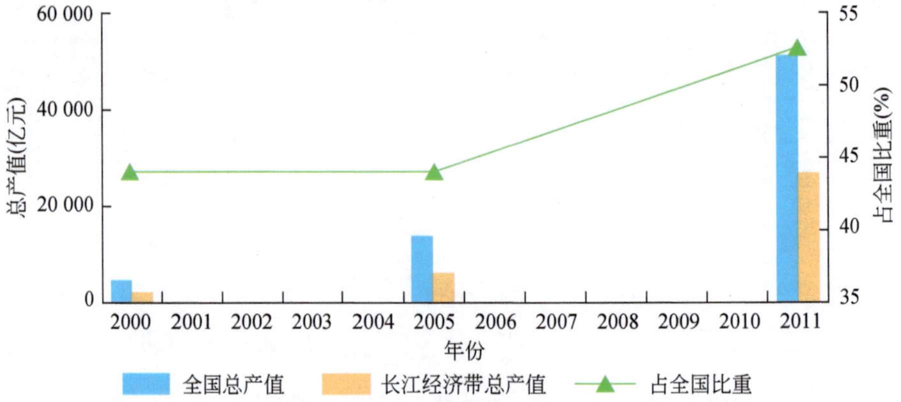

图 3-30 长江经济带电气机械和器材制造业总产值占全国比重的变化

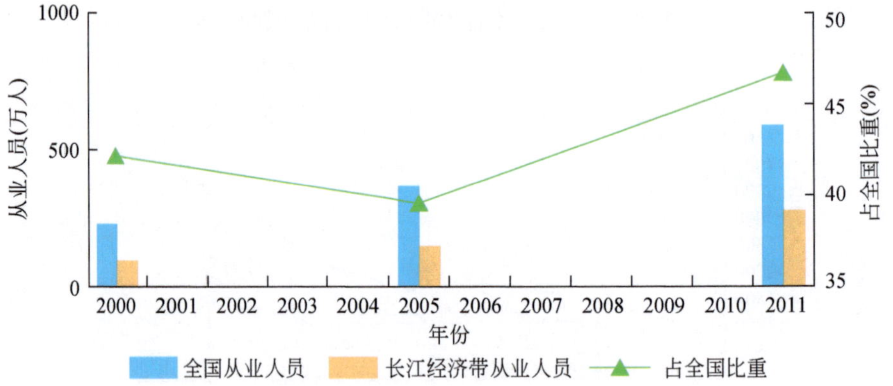

图 3-31 长江经济带电气机械和器材制造业从业人员占全国比重的变化

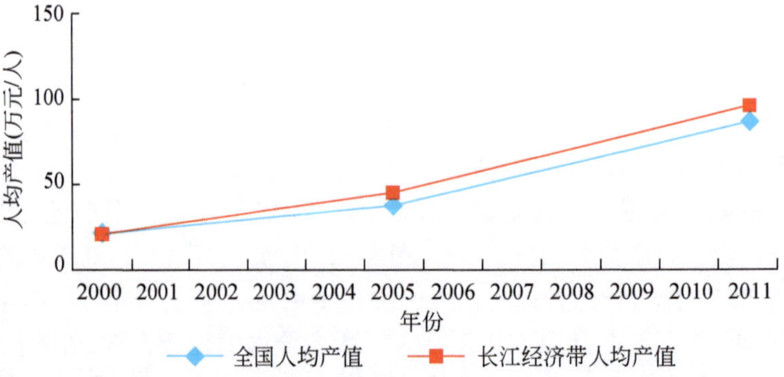

图 3-32 长江经济带电气机械和器材制造业人均产值变化

长江经济带的电气机械和器材制造业主要集中于长江下游地区。2000～2011 年长江下游地区电气机械和器材制造业的份额有所降低，主要是上海与浙江的比重下降。中游地区的安徽和江西，以及下游地区的江苏电气机械和器材制造业在 2005～2011 年的发展尤为突出（图3-33、图3-34）。

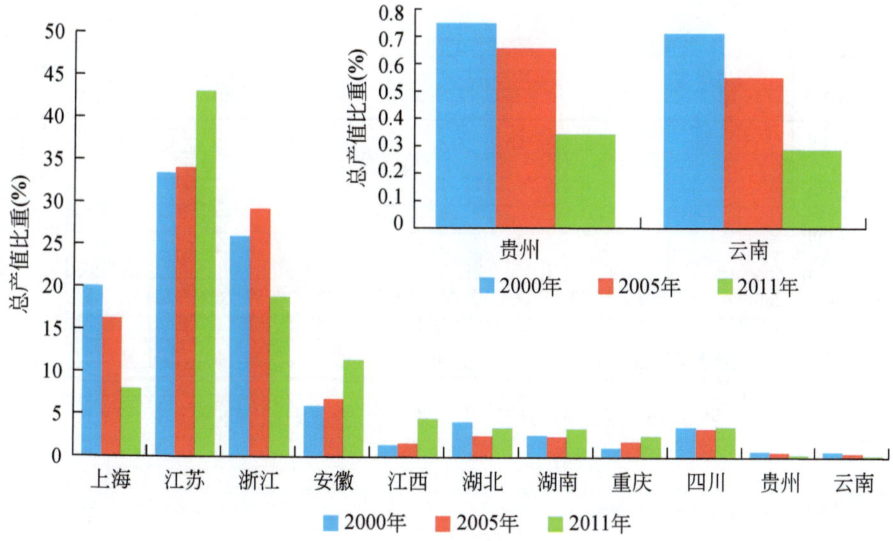

图3-33　长江经济带各省市电气机械和器材制造业总产值比重及其变化

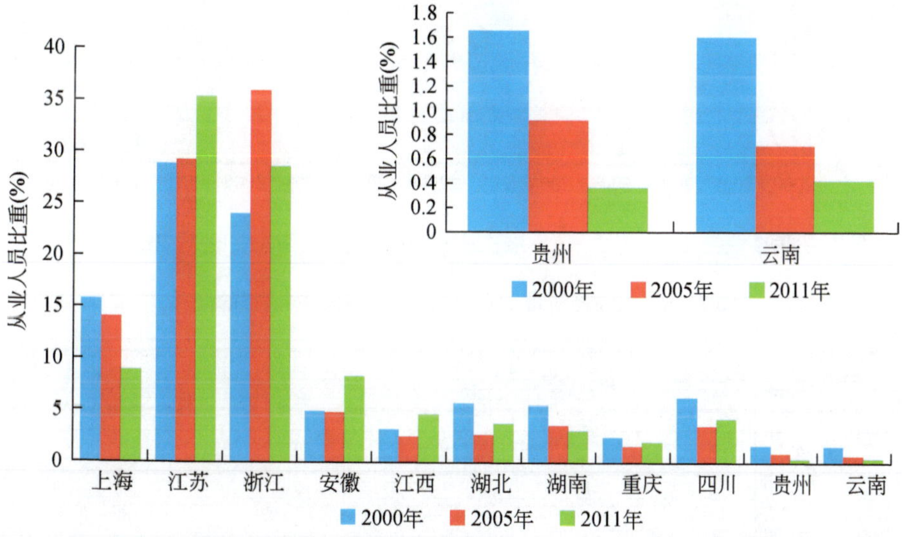

图3-34　长江经济带各省市电气机械和器材制造业从业人员比重及其变化

4. 纺织业与纺织服装、服饰业

长江经济带的纺织业总产值与从业人员占全国的比重在2000～2005年呈现小幅上升，在2005～2011年纺织业总产值与从业人员占全国的比重均表现下降的变化趋势。长江经济带纺织业的人均产值与全国水平不相上下，2011年长江经济带的人均产值为55.3万元，全国水平为55.5万元（图3-35～图3-37）。

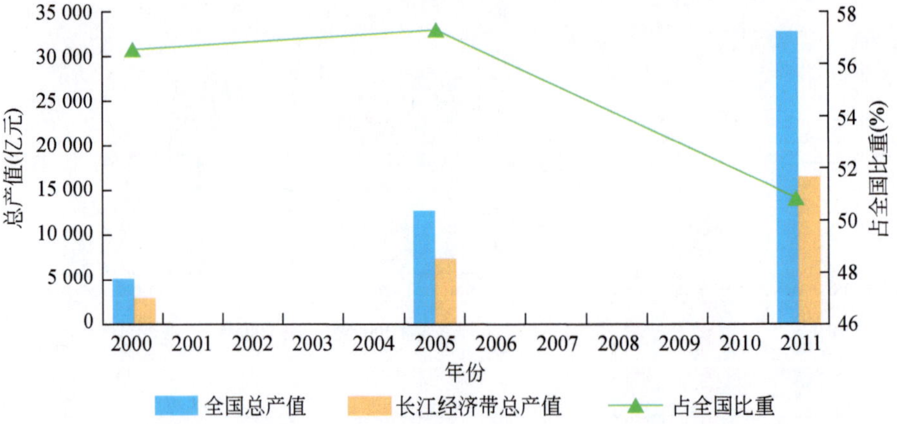

图 3-35　长江经济带纺织业总产值占全国比重的变化

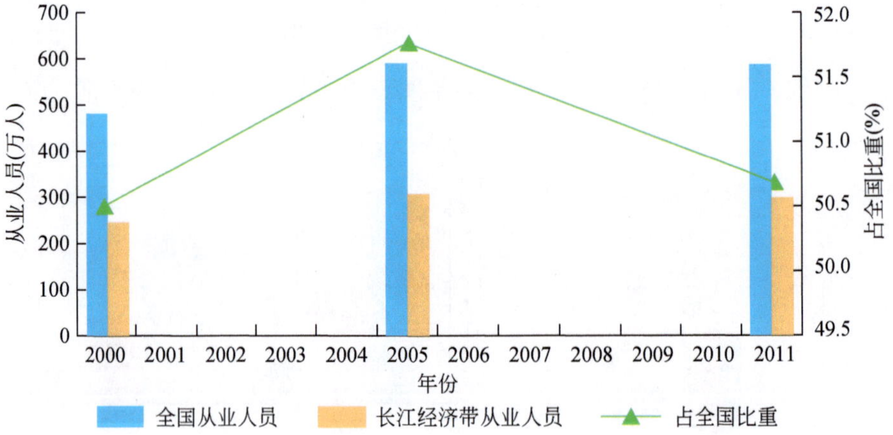

图 3-36　长江经济带纺织业从业人员占全国比重的变化

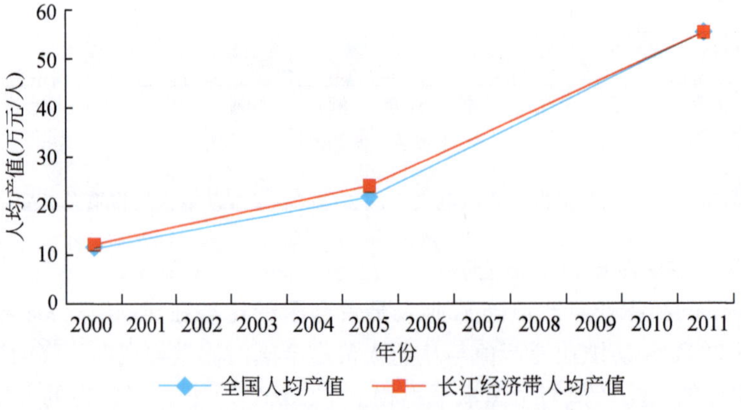

图 3-37　长江经济带纺织业人均产值变化

长江经济带的纺织业主要集中于江苏和浙江两省。2000～2005 年纺织业的增长主要体现在浙江纺织业的发展，浙江纺织业总产值占长江经济带的比重由 2000 年的 30.0% 上升至 2005 年的 40.5%，增加了 10.5 个百分点，纺织业从业人员占长江经济带的比重由 2000 年的 21.3% 上升至 2005 年的 34.1%，增加了 12.8 个百分点（图 3-38、图 3-39）。

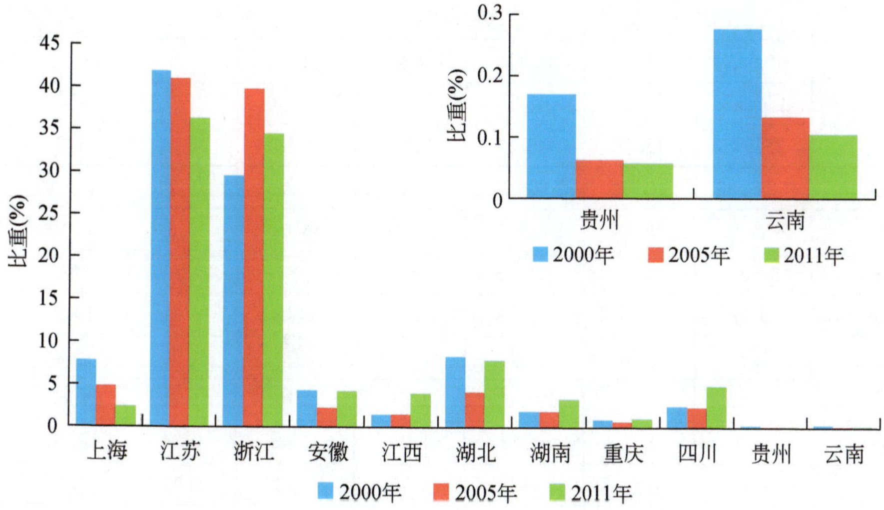

图 3-38　长江经济带各省市纺织业总产值比重及其变化

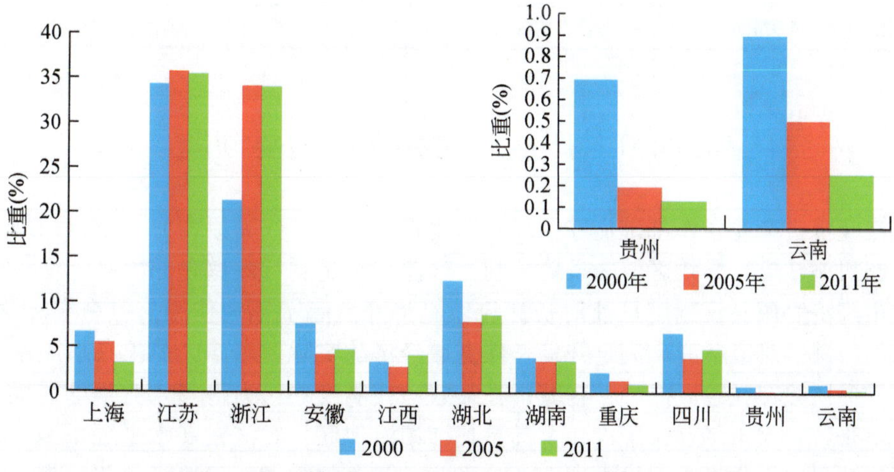

图 3-39　长江经济带各省市纺织业从业人员比重及其变化

长江经济带的纺织服装、服饰业总产值占全国的比重在 2005～2011 年呈现下降趋势，从业人员占全国的比重有小幅度上升。人均产值高于全国平均水平，但差距有所缩小。2005 年长江经济带的纺织服装、服饰业人均产值为 16.5 万元，比全国水平高 2.2 万元，2011 年的纺织服装、服饰业人均产值为 36.6 万元，高于全国水平 1.2 万元。从空间分布看，纺织服装、服饰业主要集中在长江下游地区，但集中现象有所缓解，由

表3-11可知，2005年长江下游地区该行业的总产值占长江经济带的90.3%，从业人员占长江经济带的86.8%，2011年长江下游地区该行业的总产值占长江经济带的71.7%，从业人员占长江经济带的70.1%（表3-11）。

表3-11　全国及长江经济带各省市纺织服装、服饰业总产值及从业人员比重

区域	2005年		2011年		2005年		2011年	
	总产值（亿元）	比重（%）	总产值（亿元）	比重（%）	从业人员（万人）	比重（%）	从业人员（万人）	比重（%）
上海	354.86	13.57	440.35	6.69	22.87	14.44	11.75	6.53
江苏	1 050.88	40.18	2 803.55	42.61	56.63	35.75	70.39	39.11
浙江	955.72	36.55	1 475.78	22.43	58.06	36.65	45.74	25.41
安徽	32.58	1.25	438.85	6.67	3.99	2.52	15.5	8.61
江西	79.15	3.03	413.28	6.28	5.45	3.44	10.07	5.59
湖北	93.16	3.56	530.83	8.07	7.78	4.91	14.75	8.19
湖南	22.69	0.87	224.04	3.41	1.76	1.11	5.67	3.15
重庆	6.48	0.25	65.75	1.00	0.38	0.24	2.16	1.20
四川	16.02	0.61	182	2.77	1.12	0.71	3.67	2.04
贵州	3	0.11	3.53	0.05	0.31	0.20	0.2	0.11
云南	0.62	0.02	1.56	0.02	0.07	0.04	0.09	0.05
长江经济带	2 615.16	52.57	6 579.52	48.60	158.42	45.78	179.99	47.07
全国	4 974.63	—	13 538.12	—	346.06	—	382.41	—

第四节　产业发展存在的主要问题

长江经济带产业合作基础良好，但一体化程度不高。究其原因，一是行政划分及一体化体制机制缺乏，导致区域内条块分割，产业合作受到行政壁垒的限制。现行的沿岸中心城市经济协调会议制度虽然对长江流域经济开发起了很大作用，但在实际运作上，该组织的权威性难以适应和满足开发长江流域经济的实际要求。二是长江沿岸中心城市的经济发展阶段存在较大差异，各城市在绩效考核制度的压力下陷入竞争的局面。三是长江经济带统一大市场远未形成，尤其是长江中游地区，经济发展水平还不高，各级政府在很长一段时间内出于保护本地企业、税收、就业的需求，设置了一些门槛，造成了市场的割裂。四是基础设施薄弱。长江流域的交通基础设施已初步形成了水运、铁路、公路、航空相结合的综合运输体系，但尚未形成综合大交通体系，运输设施相对落后。例如，上海港作为长江航运与海运的中转枢纽已经超负荷运行，南京长江大桥等桥梁净高不足制约着大型船舶的通航，三峡大坝通航能力饱和导致大量货船滞留，长期以来铁路布局一直绕开长江沿线，使得港口接驳铁路发展铁水联运的条件较差。由于沿江东西向交通基础设施滞后，造成长江上中下游地区之间经济联系薄弱，经济发展一体化程度低。

一、产业同构化

产业同构是我国区域经济发展中的一种普遍现象，长江经济带产业同构的现象已经比较突出。这里运用产业结构系数测定产业的同构程度，产业结构相似系数表达式如下：

$$S_{AB} = (\sum_{i=1}^{n} X_{Ai} X_{Bi})/(\sum_{i=1}^{n} X_{Ai}^{2} X_{Bi}^{2})^{\frac{1}{2}} \quad (3\text{-}2)$$

式中，S_{AB}为A区域和B区域的结构相似系数；A和B为两个相比较的区域；X_{Ai}为A区域i产业占整个产业的比重；X_{Bi}为B区域i产业占整个产业的比重；S_{AB}的值在0和1之间变动。如果其值为0，表示两个相比较地区的产业结构完全不同；如果其值为1，说明两个地区间产业结构完全相同。也就是说，S_{AB}的值越大，说明两个相比较地区间产业同构度愈大；反之表明同构程度越低。

1. 同构化的表现形式

长江经济带各省市之间产业结构相似系数超过0.7，其中最高的是上海与重庆0.89（表3-12）。产业同构化现象不仅体现在长江上中下游的不同流域，也体现在跨流域层面。较高的产业同构化现象造成投资和生产的分散，以及资源浪费，区域产业链的联动不足，不能发挥整体的结构效益。

表3-12　长江经济带各省市产业结构相似系数

区域	产业结构相似系数	区域	产业结构相似系数
浙江-江苏	0.86	上海-重庆	0.89
上海-浙江	0.70	湖北-贵州	0.73
重庆-四川	0.74	上海-江苏	0.86
湖北-湖南	0.78	下游-中游	0.83
贵州-云南	0.83	下游-上游	0.93
安徽-江西	0.81		

各省市“十二五”规划中也体现出同构化现象。九省二市中将电子信息列为主导产业的有9个，将汽车、石油化工、装备制造列为主导产业的有6个。大部分省会城市的主导产业集中在汽车及零部件制造、建材、机械、电子信息等领域，而且在未来规划中，11省市都把新能源、新材料、节能环保产业作为主导产业和支柱产业，10省市提出将高端设备和生物医药发展成主导产业，8省市提出重点发展新一代信息技术和新能源汽车（表3-13）。

表3-13　各省市产业规划发展的主要工业部门

区域	各地规划发展的主要工业部门
重庆	电子信息产业、汽车制造、装备制造、轻纺劳动密集型产业、化工医药产业、材料工业（铝工业、钢铁、水泥等）
四川	电子信息、装备制造、油气化工、汽车制造、能源电力、航空航天、钒钛钢铁、饮料食品和现代中药

续表

区域	各地规划发展的主要工业部门
云南	烟草、矿产（磷化工、煤化工等）、电力、生物
贵州	电力、煤炭、冶金、有色金属、化工、装备制造、烟酒、民族医药和特色食品及旅游商品
湖南	装备制造、食药、钢铁、有色金属、原材料工业、石油化工、建筑材料
湖北	汽车制造、石油化工、冶金、装备制造、电子信息、食品
江西	有色金属、钢铁、汽车、船舶、石油化工、轻工、纺织、装备制造、建材
安徽	装备制造业、汽车制造、家电、食品
江苏	石油化工、钢铁及装备制造、生物化工和新能源光伏
浙江	纺织、机械、电子、汽车制造
上海	信息技术产业、汽车制造、高端装备制造业、生物产业

资料来源：根据各省市的“十二五”规划整理。

以汽车产业为例，汽车产品价值链四大环节为销售服务、整车组装、零件制造、研究开发，除了上海在研究开发环节上具有较强的优势外，上海、江苏、浙江在其他几个价值链增值环节上仍各自只是具有比较优势，还远未转化成各自在某个环节上的绝对优势；各个城市几乎都有自己的研究开发、零件制造、销售服务环节为本地的企业配套服务，还远未形成完善的长江上、下游环节配套服务联系。

2. 各省市采取的行动

2005年长江沿线省市就在交通运输部的牵头下签订了《长江经济带合作协议》。合作协议确定了以“龙头”上海与“龙尾”重庆合力担当起构筑长江经济带首尾呼应、联动发展的战略格局。但是，受行政区划、诸侯经济、地方保护等因素的影响，长江经济带各省市内部经济发展不平衡和产业趋同化现象表明，要真正走向“一体化”任重而道远。2013年9月国家发展和改革委员会、交通运输部启动《关于依托长江建设中国经济新支撑带指导意见》起草工作时，将协调机制作为再造长江经济带的一个重要方面提出。2014年4月，国务院总理李克强在重庆主持召开座谈会时也强调，“要建立健全区域间互动合作机制，完善长江流域大通关体制，更好发挥市场对要素优化配置的决定性作用”。为此，在加紧谋划自身融入长江经济带发展规划的同时，九省二市同时注重加强区域间的联动、协调与合作（表3-14）。

表3-14　长江经济带部分省（市）协调合作动态

省份	近期主要部署
上海	“四个中心”战略建设应起到支撑和辐射作用，自贸区制度创新试验应起到开路与衔接作用，沿边、沿海、沿江的发展建设应起到融合与共生作用，对长江经济区域内的11个省市的改革推进应整合与协同发展
江苏	与沿江省市在跨区域的电子商务市场和实体商务市场方面合作
浙江	通过民营企业的投资与区际商品贸易，推进其他省市的民营经济发展，倒逼各地经济体制的市场化改革，加快一体化进程
安徽	以江淮城市群和皖江城市带为重点，加强与南京都市圈、长三角城市群及长江中游城市群的合作

续表

省份	近期主要部署
江西	构建鄱阳湖城市群，拓宽开放通道，创建内外经贸平台
湖北	加强与上海国际航运中心、重庆长江上游航运中心、宜宾长江源头航运中心的合作，对接中巴、中印缅经济走廊和“渝新欧”国际大通道
重庆	加强与“长三角”“中三角”地区的合作，通过规划对接、产业承接、项目对接、交通等基础设施对接，促进人流、物流、资金流、信息流等要素和资源充分共享、高效流动、优化配置，推动沿江省市全方位、宽领域、多层次合作共建，实现优势互补、互利共赢
贵州	大力发展内陆开放型经济。加快贵安新区、贵阳综合保税区、中关村贵阳科技园等开放平台建设，高标准高水平办好生态文明贵阳国际论坛、中国（贵州）国际酒类博览会和中国——东盟教育交流周，抓好用好“渝新欧”铁路、丝绸之路经济带、21世纪海上丝绸之路经济带带来的发展机遇；拓展对港澳台开放合作的深度和广度，深化与“中国-东盟自由贸易区”、湄公河次区域和泛珠三角、成渝、长三角等区域合作。加强与8个对口帮扶城市的经济协作，在合作共建产业园区等方面早见实效

二、产业结构优化与调整方向

投入产出分析是区域建模的一个强有力工具，所依据的投入产出表详细反映了该年度地区客观的经济结构，现已被世界多个国家广泛应用。所谓优化其本质就是沿着既定发展目标寻求路径不断靠近的过程，这种目标是具体的，而不是空泛的。由此可见，产业结构优化是具有明确目标导向的。在不同的目标导向下所引起的产业结构优化也必然是有所差异的。因此，我们分别设定节能和就业两种不同目标导向，采用多区域投入产出模型，结合线性规划，构建了长江中游地区两种目标导向下产业结构整体最优的模型和优化度模型如下：

1. 研究方法

节能导向——能源约束下的最大经济效益

目标函数：$\text{Max}z = \sum_p A_v^p X^p$　(3-3)

约束条件：$\text{s. t.}\begin{cases} AX + F + U \leqslant X \\ \sum_p A_E^p X^p \leqslant \overline{E} \\ X^L \leqslant X \leqslant X^H \\ U^L \leqslant U \leqslant U^H \end{cases}$　(3-4)

产业结构的优化比重值：$\eta_i^p = x_i^p / \sum_i x_i^p (i = 1, \cdots, 27; p = 1, \cdots, 6)$　(3-5)

产业结构的调整比重值：$\Delta_i^p = \eta_i^p - \tau_i^p (i = 1, \cdots, 27; p = 1, \cdots, 6)$　(3-6)

在上述优化模型变量中：式（3-3）目标函数z为长江中游4省的地区生产总值的模拟值加和最大，表示中游地区的经济效益最大；式（3-3）中A_v^p分别为根据2010年区域间投入产出表计算的p省份27个产业部门的直接增加值系数的1×27行向量；X^p为p省份待求解的出口模拟值的1×27向量。在式（3-4）中分别满足多区域经济系统投入产出、能源消费的约束条件。其中A、U、X和F分别为长江中游4省投入产出表中108×108的直接消耗系数矩阵、108×1的出口列向量、108×1的总产出列向量和108×1的最终需求等其他项；F 在模型中设定为刚性不变的常数项；$\overline{E}$ 为长江中游 4 省实际消费的能源总量作为能源消费的上限约束值。以当年省份生产总值和出口值为基准，分别用各省的地区生产总值和出口的当年和上一年增长率来设定 X 和 U 的上下限约束；上标 L 表示下限；上标 H 表示上限，根据多区域投入产出关系可以确定 X 的上、下限约束。通过求解式（3-5）中 X^p 向量元素 x_i^p 所占比重来最终确定 p 省份产业结构的优化比重值 η_i^p。最后根据式（3-6）中 τ_i^p 为 p 省份产业结构的实际比重值，求解的 Δ_i^p 则为具体的调整比重值。

就业导向——经济总量约束下的最大就业人数

目标函数：$$\text{Max}\quad m = \sum_p A_L^p X^p \tag{3-7}$$

约束条件：$$\text{s. t.}\begin{cases} AX + F + U \leqslant X \\ \sum_p A_v^p X^p \leqslant \overline{V} \\ X^L \leqslant X \leqslant X^H \\ U^L \leqslant U \leqslant U^H \end{cases} \tag{3-8}$$

产业结构优化比重值：$$\eta_i^p = x_i^p / \sum_i x_i^p \ (i = 1,\ \cdots,\ 27;\ p = 1,\ \cdots,\ 6) \tag{3-9}$$

产业结构调整比重值：$$\Delta_i^p = \eta_i^p - \tau_i^p \ (i = 1,\ \cdots,\ 27;\ p = 1,\ \cdots,\ 6) \tag{3-10}$$

在上述优化模型变量中：式（3-7）目标函数 m 为各省的地区从业人员数的模拟值加和最大，表示长江中游地区的就业最大；式（3-7）中 A_L^p 分别为根据 2010 年区域间投入产出表中所计算的 p 省份 27 个产业部门的直接从业系数的 1×27 行向量，$\overline{V}$ 为长江中游 4 省实际从业人员总数作为中游地区的上限约束值；式（3-8）~ 式（3-10）中变量含义均同式（3-4）~ 式（3-6）。

2. 产业结构优化结果

节能导向下的优化结果。尽管长江中游 4 省在资源禀赋、交通区位、经济发展水平、工业化阶段等方面具有较强的一致性，但在节能导向下的产业结构优化方面仍存在一定的差异性（图 3-40）。

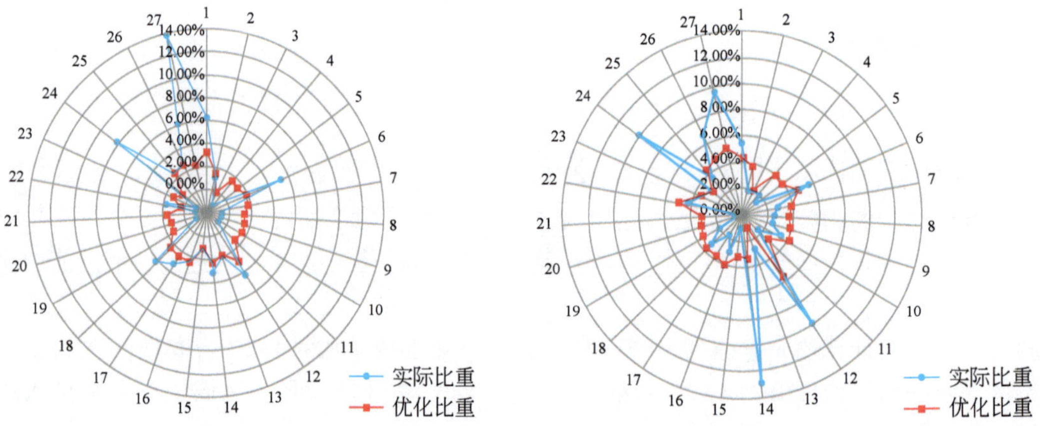

(a)安徽省　　(b)江西省

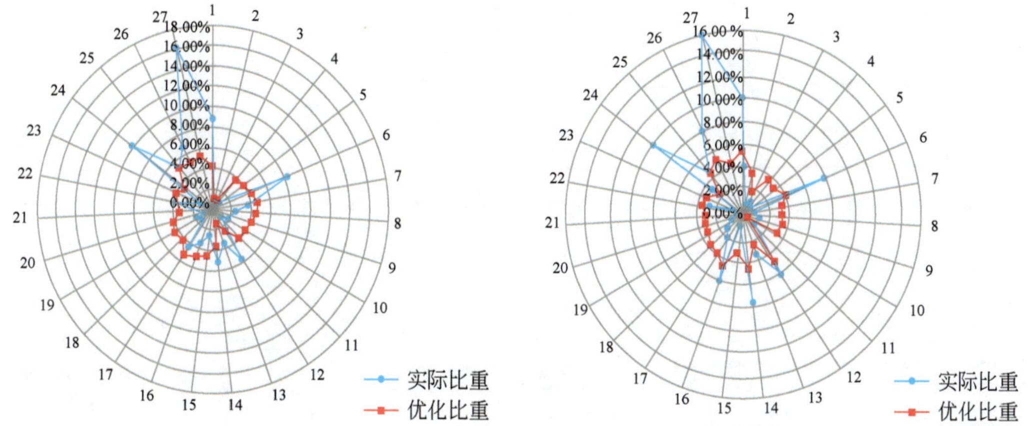

(c)湖北省　(d)湖南省

图 3-40　长江中游地区产业结构实际值和优化值的省际差异

根据 Δ_i^p 的计算结果，研究将产业结构优化分为提高（$\Delta_i^p \geqslant 1.0\%$）、降低（$\Delta_i^p \leqslant -1.0\%$）和基本不变（$-1.0\% < \Delta_i^p < 1.0\%$）三种类型（表 3-15）。根据等间距法，提高类进一步划分为适度提高（$1.0\% \leqslant \Delta_i^p < 3.0\%$）和较大提高（$3.0\% \leqslant \Delta_i^p < 6.0\%$），降低类进一步划分为适度降低（$-6.0\% \leqslant \Delta_i^p < -1.0\%$）和较大降低（$-12.0\% \leqslant \Delta_i^p < -6.0\%$）。

表 3-15　长江中游地区分省优化的产业部门编号

省份	提高		降低		基本不变
	较大提高	适度提高	较大降低	适度降低	
安徽	20	3，4，5，7，8，9，10，11，15，19，21，23	24，27	1，6，12，18，22	2，13，14，16，17，25，26
江西	23	2，3，4，5，8，9，11，15，17，19，20，21	14，24	1，12，13，26，27	6，7，10，16，18，22，25
湖北	4，9，20，23	5，7，8，10，11，15，16，18，19，21	24，27	1，6，12，13，14，22，26	2，3，17，25
湖南	23	2，3，4，5，7，8，9，10，15，17，18，19，20，21	24，27	1，6，12，14，16，26	11，13，22，25

就业导向下的优化结果。通过图 3-41 可以发现，就业导向下产业结构优化在不同省份之间也存在较大差异。

为了保证研究结果具有可比性，以及考虑到数据本身的相似性，就业导向下的产业结构优化标准参照了节能导向下的产业结构优化标准。数据本身的相似性体现在节能导向下的极大值（5.16%）和极小值（-11.74%）与就业导向下的极大值（3.42%）和极小值（-11.08%）基本接近（表 3-16）。

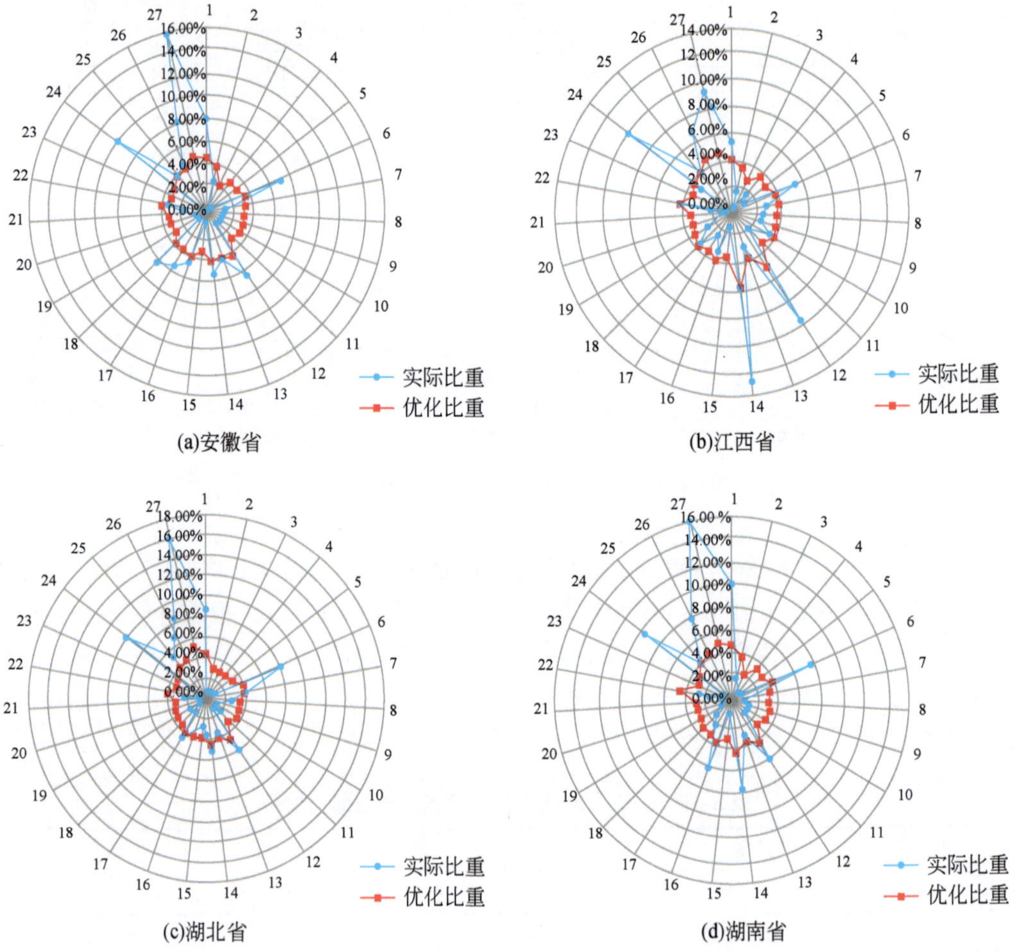

图 3-41　长江中游地区产业结构实际值和优化值的省际差异

表 3-16　中游地区分省优化的产业部门编号

省份	提高		降低		基本不变
	较大提高	适度提高	较大降低	适度降低	
安徽	23	2，3，4，5，7，8，9，10，11，15，19，20，21	24，27	1，6，12，14，17，18	13，16，22，25，26
江西		2，3，4，5，8，9，11，15，17，19，20，21，23	14，24，	1，6，12，26，27	7，10，13，16，18，22，25
湖北	2，3	4，5，8，9，10，11，15，18，19，20，21，23	24，27	1，6，12，25，26	7，13，14，16，17，22
湖南		2，3，4，5，7，8，9，10，11，15，18，19，20，21，22，23	24，27	1，6，12，14，16，26	13，17，25

3. 产业结构优化的总体方向

1）适度降低农林牧渔业的比重。传统的扩大农业规模来增加农业增加值和就业人口的做法并不可取，需要加大内部结构调整，逐步降低种植业比重，提高渔业比重，大力发展林业。积极探索适合各省发展的优质农业，实现江西果业基地等的特色化、规模化和专业化。大力推进农业产业化经营，提高农业产品附加值，千方百计带动当地劳动力就业（表3-17）。

表3-17　2000～2013年中游四省农业内部结构变（%）

	农业			林业			牧业			渔业		
	2000年	2005年	2013年	2000年	2005年	2013年	2000年	2005年	2013年	2000年	2005年	2013年
安徽	58.7	52.1	52.6	6.7	5.8	6.9	22.2	28.4	24.7	12.4	11.3	12.3
江西	46.5	44.7	41.6	7.8	7.7	9.8	29.9	31.9	30.9	13.5	14.2	14.4
湖北	54.7	52.5	51.9	3.6	2.1	2.4	30.1	30.7	27.0	11.6	13.1	14.5
湖南	50.6	46.1	54.1	4.1	4.9	5.7	38.8	40.6	29.1	6.6	6.7	6.1
全国	55.7	49.7	53.1	3.8	3.6	4.0	29.7	33.7	29.3	10.9	10.2	9.9

资料来源：根据各省统计年鉴计算而得。

2）第二产业内部分异较大。长江中游地区作为我国主要的能源和原材料基地，采矿业属于维护就业的主要行业可以适度提高比重。但从长远看，对能源和资源类产业的过度依赖容易造成产业结构单一和转型困难，因此，煤炭、石油和天然气、其他采矿业不宜大幅提高比重，可以维持现有规模不变或小幅提高比重。食品制造、纺织、服装等轻工业，以及通用和专用设备制造业、交通运输设备制造业、电气机械及器材制造业、计算机、通信和其他电子设备制造业、仪器仪表及文化、办公用机械制造业等应适度提高比重。重化工业，特别是金属制品业、非金属矿物制品业、金属冶炼及压延加工业、化学工业、电力和热力的生产和供应业等高能耗产业应适度降低比重。石油加工、炼焦及核燃料加工业、燃气及水的生产和供应业可适度提高比重。建筑业的发展由于带动的高能耗产业最多，应适度降低比重。

3）第三产业应突出重点。长江中游地区是全国综合交通运输枢纽，提高交通运输及仓储业的比重有助于提高能源效率和扩大就业人口。安徽、江西、湖南3省的交通运输及仓储业应适度提升比重。安徽、江西、湖北、湖南4省均应适度降低批发零售和餐饮业的比重。尽管计算结果显示其他服务业应适度降低比重，但由于长江中游地区历史文化悠久，名胜古迹众多，发展旅游业有助于带动当地就业并减轻能源消耗的压力（孙威等，2016）。

三、产业结构低度化

产业结构低度化主要是指产业结构从低水平状态向高水平状态升级转化的动态过程中处于较低的状态。从产业链的角度看，在诸多产业中，处于产业链高端的深加工产业比重小，处于产业链低端的产业所占比重大，在工业产业中表现为原材料及初级加工产业比重大。2013年长江经济带主营业务收入居前20位的工业中，原材料及初级产业的比重较大，以化学原料及化学制品制造业为例，2013 年主营业收入在长江经济带位居各工业首位（表 3-18）。而以原材料及初级加工为主的产业会带来资源的过度消耗和对能源的需求旺盛，并对生态环境产生消极的影响。这种对能源生态造成高负荷的产业结构与走新型工业化道路的方针政策是相悖的，所以产业结构的优化升级是非常必要，也是迫在眉睫的。

表 3-18　长江经济带前 20 位行业主营业收入额（2013 年）

序号	国民经济行业	主营业收入额（亿元）
1	化学原料和化学制品制造业	36 706.9
2	计算机、通信和其他电子设备制造业	35 485.1
3	电气机械和器材制造业	31 847.5
4	黑色金属冶炼和压延加工业	28 981.3
5	汽车制造业	27 009.7
6	有色金属冶炼和压延加工业	21 406.8
7	电力、热力生产和供应业	20 655.0
8	通用设备制造业	20 465.2
9	农副食品加工业	18 966.0
10	非金属矿物制品业	18 947.9
11	纺织业	17 684.4
12	专用设备制造业	13 910.3
13	金属制品业	13 464.5
14	橡胶和塑料制品业	10 191.2
15	纺织服装、服饰业	9 588.9
16	石油加工、炼焦和核燃料加工业	9 279.1
17	医药制造业	9 250.8
18	铁路、船舶、航空航天和其他运输设备制造业	8 805.6
19	酒、饮料和精制茶制造业	7 265.5
20	煤炭开采和洗选业	5 888.1

从产品层次看，高端的，具有品牌效应的产品比重小，比如信息产业中的计算机产品中核心部件［如中央处理器（central processing unit，CPU）、高端芯］、汽车产业中核心部件（发动机）的生产比重小，而附加值低的周边产品生产比重大。现有的产业结构低度化构成了产业结构升级中必须要解决的首要问题。产业的低度化使得企业没有足够的资金和动力进行产业创新，并导致整体产业结构优化升级缺乏动力。

长江经济带的制造业在国际分工体系中的位置较低，低附加值的加工制造环节较多，涉及产品概念、研发设计、品牌经营、销售及售后服务等高附加值环节不多，因此产品附加值不高。抑制高耗能产业发展、倒逼产业转型升级的常态化机制尚未完成。企业受跨国公司知识产权保护、技术封锁等影响，面临全球价值链低端锁定危险，普遍陷入微利陷阱。例如，长江经济带的通信设备、计算机及其他电子设备制造业是重要的主导产业，长江下游地区是以“国际代工”为主要特征的经济成长模式，虽然拥有巨大的市场规模，但是位于全球价值链低端，技术层次普遍偏低，企业一般只有低技术的加工能力，缺乏产品设计和研发优势，主要的优势集中在传统整机和中低端零部件产品的大规模加工、组装上，在高端计算机网络设备、集成电路、光电子器件等关键产品领域仍然薄弱，无法形成完整的产业链和产业协同效应，这就制约了产品和企业技术创新能力的提升。

四、产能过剩问题

产能过剩的判断标准是产能利用率。西方国家认为产能利用率在80%左右是比较合理的，产能利用率低于75%即为严重过剩。2012年底我国钢铁、水泥、电解铝、平板玻璃、船舶的产能利用率分别为72%、73.7%、71.9%、73.1%和75%，这些行业的产能过剩问题已经非常突出。

化解产能过剩首先应了解产能过剩的原因。过去经济快速发展，对钢铁、水泥、电解铝、平板玻璃等行业需求旺盛，致使大量资金流向这些行业，但随着阶段性需求的减弱，资源向这些行业的集聚惯性还存在，同时由于企业退出机制不完善，大量资源停留在这些行业形成产能过剩。产能过剩的另一个原因是机制体制的不完善，以GDP为主的政绩考核体系使地方政府只注重财政收入和GDP的增长，对区域产业结构的合理性和区域经济的长远发展缺乏考虑，导致部分行业投资过度。再者就是过去对宏观经济的把握仍停留在经济总量的增加，对核心技术和产业竞争力考虑较少。

1. 产能过剩的行业分析

长江经济带产能过剩的行业主要集中在钢铁、有色金属、石油化工产业。这里仅就石油化工产业和有色金属产业的产能过剩情况进行分析。

石油化工产业涉及行业广泛，包括石油加工、炼焦和核燃料加工业、化学原料和化学品制造业、医药制造业、化学纤维制造业。由于数据获取有限，选择石油加工、炼焦和核燃料加工业、医药制造业的数据代表石油化工工业的数据。有色金属产业选取有色金属冶炼和压延加工业的数据，研究收集了2008～2011年的数据。

用销售利润率来反映石油化工产业和有色金属产业的产能过剩情况。销售利润率反映行业的收益情况，可以看成盈利能力指标，产能过剩导致行业收益下降，也就是盈利能力降低。销售利润率 = 利润总和/主营业务收入。

从长江经济带石油化工行业和有色金属行业的收益情况看，2008～2010年两个行业的收益处于缓慢上升阶段，盈利能力有所下降，说明2008～2010年两个行业的产能过剩情况并不严重，2011年行业收益出现负增长，产能过剩情况日益严重（图3-42）。

从九省二市的石化产业发展情况看，石化产业产能过剩情况的变化基本一致，2010年之后产能过剩情况变得严重（图3-43）。

从九省二市的有色金属行业产能过剩情况看，贵州的产能过剩情况并不明显，云南和浙江的产能过剩情况较低（图3-44）。上海、湖北2011年的产能过剩情况日益严重。安徽的产能过剩情况在2010年凸显，2011年情况并没有进一步恶化。相比来说，江苏、江西、湖南、重庆、四川5省市在经历了2009年的产能严重过剩后，产能过剩情况逐年得到缓解。

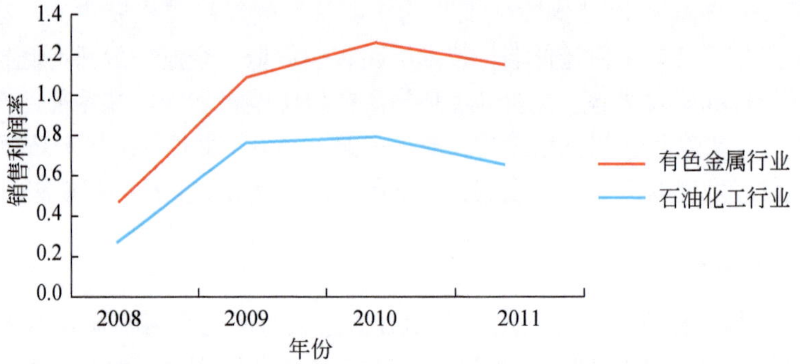

图 3-42　长江经济带石油化工行业和有色金属行业收益情况

数据来源：由《2012 中国工业经济统计年鉴》整理而得。

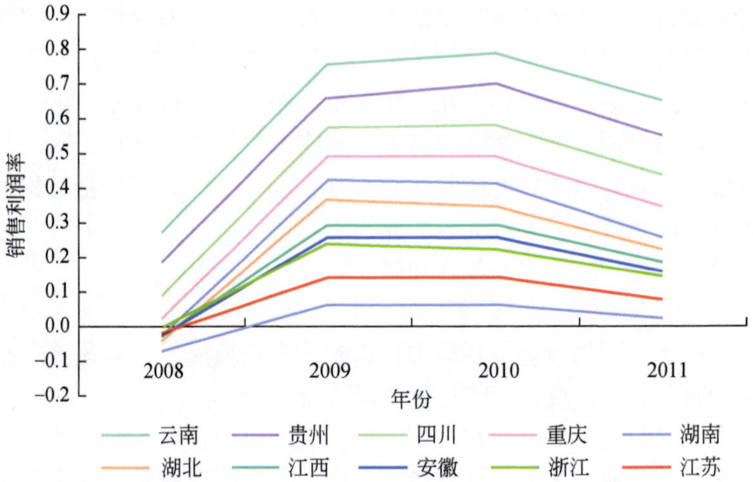

图 3-43　长江经济带九省二市石油化工行业收益情况

数据来源：由《中国工业经济统计年鉴》整理而得。

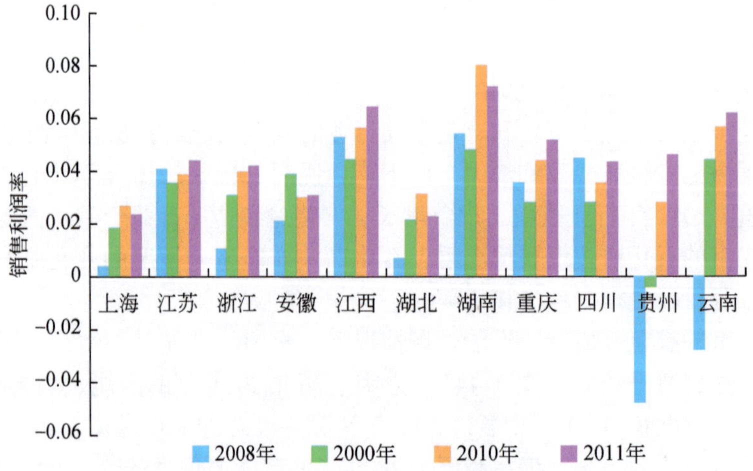

图 3-44　长江经济带九省二市有色金属行业收益情况

2. 稳步化解产能过剩的途径和措施

首先，严格控制增量。在当前产能严重过剩的情况下，控制产业的盲目扩张成为控制产能过剩的首要选择。严禁新增产能，在此前提下，根据《部分产能严重过剩行业产能置换实施办法》，对促进产业转型升级、优化产业布局的项目予以支持，实施等量或减量置换的原则。

其次，实施企业兼并重组，整合压减一批过剩产能；开拓国内市场，消化一部分产能；鼓励“走出去”，转移一部分产能。通过对现有产能的整合，淘汰落后产能，有效利用过剩产能。

最后，建立长效机制化解产能过剩。一方面，建立由市场主导的产业发展环境，以及企业进入退出机制，企业退出是化解产能过剩的主要途径之一。另一方面，化解产能过剩最根本的还是要提升行业的创新能力。

五、产业转移与承接能力问题

产业转移是优化生产力布局，形成合理产业分工的有效途径，也是推动产业结构调整、加快经济发展方式转变的必然选择。在国际国内产业分工深刻调整的时期，长江经济带的产业结构调整必然会带来产业的转移承接。

1. 研究方法

长江经济带各地市的资源禀赋、区位条件、外部环境存在明显差异，各地市在承接转移产业时也各具优势。为了更清楚地反映各地优势，将承接产业转移能力细分为三个次级能力，即产业吸引能力、产业支撑能力、产业发展能力。产业吸引能力反映吸引转移产业来本地发展的优势因素，产业支撑能力反映转移产业落户本地后支持产业发展的因素，产业发展能力反映转移产业在发展过程中有利于转型升级或是进一步提升的因素（孙威等，2015）。在此基础上选取15个三级指标来反映上述三种次级能力（表3-19）。

表3-19　产业转移承接能力评价指标体系

一级指标	二级指标	三级指标
承接产业转移能力	产业吸引能力	社会消费品零售总额（万元）
		单位工资实现产值（%）
		货运总量（万t）
		当年实际使用外资（万美元）
	产业支撑能力	就业人口占总人口比率（%）
		公路网密度（km/ km^2）
		互联网宽带接入用户数（万户）
		第二、第三产业占比（%）
		万元产值废水排放量反比（%）
		年末金融机构存款余额（万元）
		固定资产投资占比（%）
	产业发展能力	科学技术经费支出（万元）
		科学技术人员占就业人口比重（%）
		专利申请受理量（项）
		规模以上企业利润总额（万元）

产业吸引能力由 4 项指标构成。其中，社会消费品零售总额反映消费市场的大小；单位工资实现产值反映劳动力成本；货运总量反映交通运输水平；当年实际使用外资反映对外资的吸引能力，以及对外联系的强弱和国际交流水平。

产业支撑能力由 7 项指标构成，其中，就业人口占总人口的比率反映劳动力供给能力；公路网密度反映交通基础设施水平；互联网宽带接入用户数反映信息化水平；第二、第三产业占比和万元产值废水排放量反比反映地区产业结构优化度；年末金融机构存款余额和固定资产投资占比反映地方的资产支撑能力。

产业发展能力由 4 项指标构成。其中，科学技术经费支出、科学技术人员占就业人口比重反映对科研和创新的投入力度；专利申请受理量反映科技创新的产出能力；规模以上企业利润总额反映企业的发展状态。

2. 产业吸引能力（I_a）

产业吸引能力弱和较弱的区域土地面积为 172.94 万 km^2，占长江经济带总面积的 84%（表 3-20）。产业吸引能力强和较强的区域土地面积为 16.26 万 km^2，占长江经济带总面积的 8%。总体来看，长江经济带的产业吸引能力不强，长江经济带上游地区和中游地区尤其如此。

表 3-20　长江经济带产业吸引能力评价

层级	土地面积		GDP		人口		城市	
	数量（万 km^2）	比重（%）	数量（亿元）	比重（%）	数量（亿人）	比重（%）	数量（个）	比重（%）
强（$2.79<I_a<6.65$）	8.87	4	31 591.32	13	0.48	0.8	2	2
较强（$1.06<I_a<2.78$）	7.39	4	56 140.11	23	0.52	0.9	7	5
中（$0.12<I_a<1.05$）	16.03	8	53 862.55	22	1.00	17	17	13
较弱（$-0.31<I_a<0.11$）	49.93	24	54 672.97	23	1.82	31	38	30
弱（$-0.67<I_a<-0.32$）	123.01	60	44 922.60	19	2.08	35	63	50

产业吸引能力弱的区域主要分布在长江经济带上游地区，包括云南、贵州、四川的大部分地市，这些地区主要位于云贵高原、乌蒙山、大凉山等山区，生态保护对工业化的约束性较强。由于受到地形的影响和阻隔，交通运输条件相对落后，货物运输量受到交通运输的制约，货运总量成为影响长江经济带上游地区产业吸引能力的主要因素（图 3-45）。

产业吸引能力较弱的区域主要分布在长江经济带的中游地区，包括湖北省的大部、湖南省的南部、江西省的大部、安徽省的北部地区，这些地区是我国重要的粮食主产区，在国家主体功能区规划中属于限制开发的农业地区，农业生产对工业化的约束性较强。根据主成分分析结果，这些地区社会消费品零售总额和当年实际使用外资金额两项指标都比较低，在我国以要素驱动和投资驱动为主要增长方式的大背景下，这些地区的内需和对外开放水平对经济发展的拉动作用不明显，制约了当地产业的吸引能力。

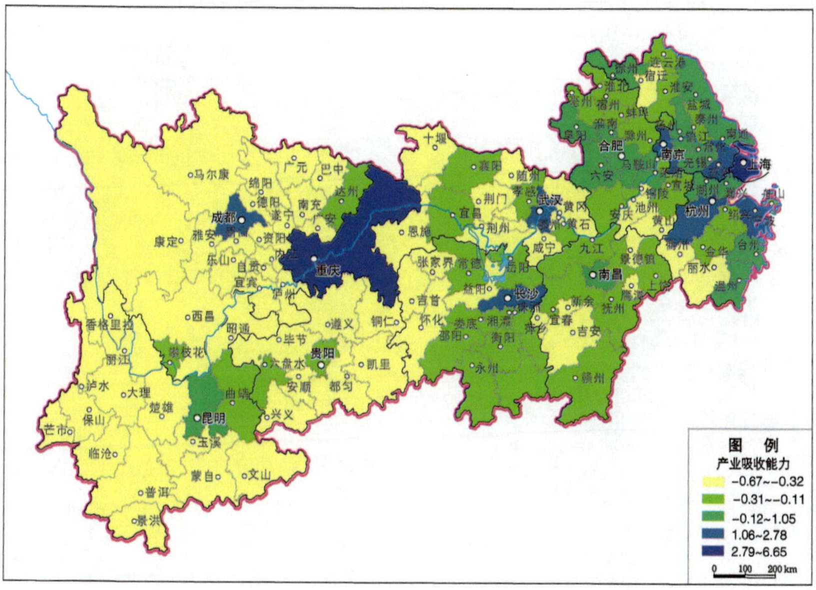

图 3-45　长江经济带部分地市产业吸引能力示意图

3. 产业支撑能力（I_s）

产业支撑能力弱和较弱的区域土地面积为 172.09 万 km^2，占长江经济带总面积的 83%（表 3-21）。产业吸引能力强和较强的区域土地面积为 15.08 万 km^2，占长江经济带总面积的 8%。总体来看，长江经济带的产业支撑能力不强，沿江地区和省会城市周边地区情况略好。

表 3-21　长江经济带产业支撑能力评价

层级	土地面积		GDP		人口		城市	
	数量（万 km^2）	比重（%）	数量（亿元）	比重（%）	数量（万人）	比重（%）	数量（个）	比重（%）
强（$2.40<I_s<5.02$）	0.63	1	20 181.72	9	0.14	0.02	1	1
较强（$1.07<I_s<2.39$）	14.45	7	61 149.80	25	0.79	0.13	7	5
中（$0.18<I_s<1.06$）	18.06	9	65 041.60	27	0.95	0.16	23	18
较弱（$-0.34<I_s<0.17$）	70.88	35	60 768.78	25	1.98	0.34	47	37
弱（$-1.08<I_s<-0.35$）	101.21	48	34 047.65	14	2.04	0.35	49	39

产业支撑能力弱的地区主要分布在长江经济带上游和中游远离长江干流和省会城市的地区，包括云南省和贵州省的大部分地区、四川省除成都平原以外的其他地区、湖南省西部地区，以及安徽省的北部地区（图 3-46）。

从主成分分析中可以发现，这些地区主要受两个因子的影响，一个是由互联网宽带接入用户数、年末金融机构存款余额构成的“信息与金融”新因子的影响。另一个是由非农产业比重、固定资产投资比构成的“结构和投资”传统因子的影响。以“信息和金

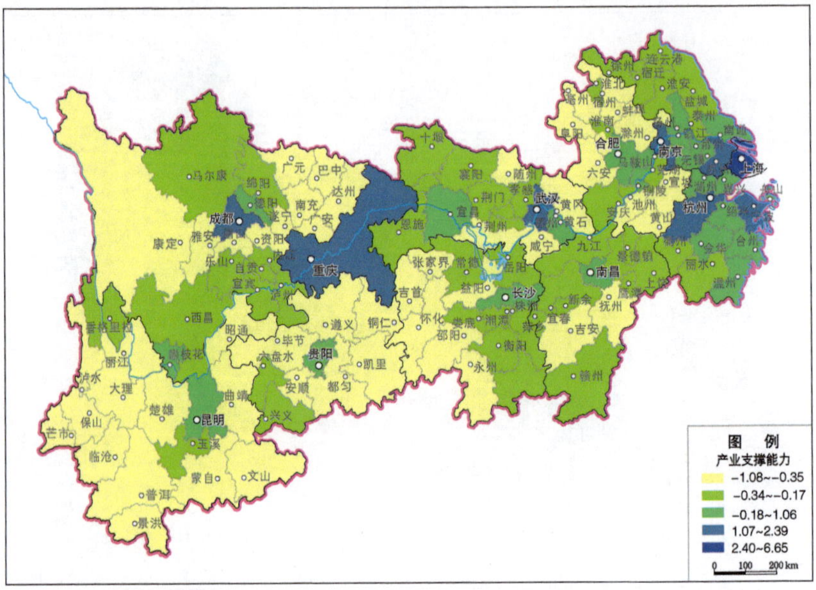

图 3-46 长江经济带部分地市产业支撑能力示意图

融”新因子为例，在互联网应用日益频繁的今天，互联网宽带接入用户数是衡量一个地区信息化水平的重要指标。在长江经济带，杭州市的互联网宽带接入用户数占比是毕节市的 14.1 倍（图 3-47）。

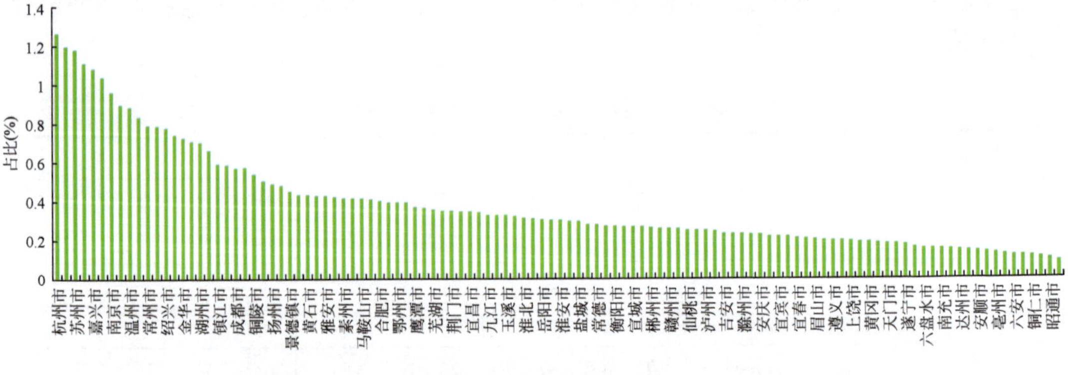

图 3-47 长江经济带主要地市互联网宽带接入用户数占比

此外，万元产值废水排放量反比也是影响产业支撑能力的重要因素。这说明，一直被视为经济增长外生变量的环境治理成本由于政府依法加强了环境综合治理标准，加大了环境违约行为的处罚力度而逐渐被企业内部化。

产业支撑能力强的地区主要分布在长江经济带沿江地区和省会城市的周边地区。由于沿江所具有的区位优势和省会城市在省域范围内所具有的特殊地位，无论是传统因子，还是新因子都会首先在这些地区聚集，成为各类要素汇集的“高地”，这也可以很好地理解为什么这些地区是产业支撑能力最强的地区。

4. 产业发展能力（I_d）

产业发展能力弱和较弱的区域土地面积为174.09万km^2，占长江经济带总面积的85%（表3-22）。产业发展能力强和较强的区域土地面积为15.49万km^2，占长江经济带总面积的8%。总体来看，长江经济带的产业发展能力不强。

表3-22 长江经济带产业发展能力

层级	土地面积		GDP		人口		城市	
	数量（万km^2）	比重（%）	数量（亿元）	比重（%）	数量（万人）	比重（%）	数量（个）	比重（%）
强（$2.47<I_d<7.42$）	1.48	1	32 193.37	13	0.21	4	2	2
较强（$1.03<I_d<2.46$）	14.01	7	53 261.15	22	0.77	13	7	5
中（$0.19<I_d<1.02$）	15.64	8	55 875.22	23	0.86	14	15	12
较弱（$-0.31<I_d<0.18$）	58.12	28	49 628.75	21	1.64	28	36	28
弱（$-0.57<I_d<-0.32$）	115.97	56	50 231.07	21	2.42	41	67	53

产业发展能力弱和较弱的地区分布最广泛，除了上海、苏南、浙北，其他地区基本都属于该种类型（图3-48）。

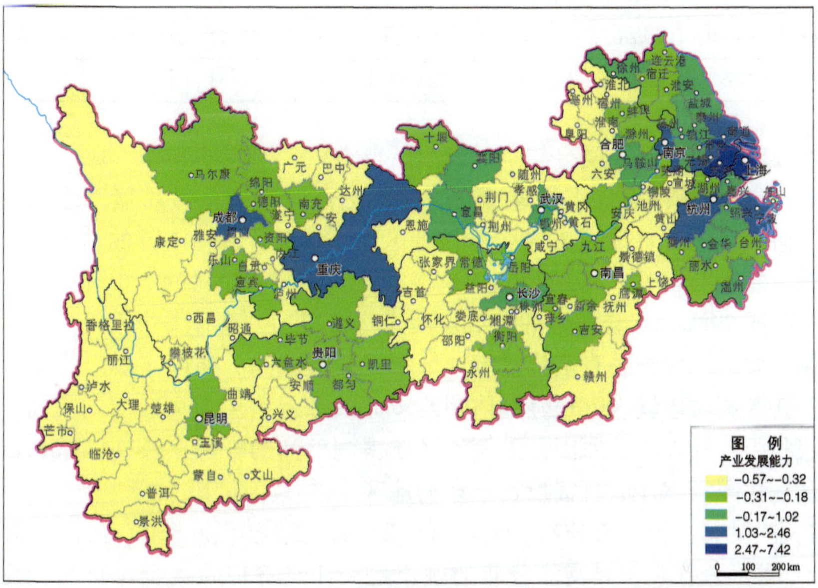

图3-48 长江经济带部分地市产业发展能力示意图

从主成分分析中可以发现，这些地区主要受科学技术经费支出和专利申请受理量构成的“创新能力”因子的影响。国内外众多研究表明，企业研发经费投入强度（企业研发经费与主营业务收入之比）是被广泛采用的评价企业创新能力的核心指标，也是反映企业转型发展的重要指标。我国企业研发投入强度与发达国家还有很大差距，增长乏力。2013年我国工业研发经费占工业企业主营业收入的比值仅为0.81%，长江经济带为

0.86%，只有上海与浙江的工业企业研发经费投入强度超过了1%。同期，美国、日本、德国等发达国家工业研发经费占工业企业主营业收入的比值普遍在2%以上，日本甚至达到了3.57%。

5. 承接产业转移能力（I_u）

承接产业转移能力弱和较弱的区域土地面积为123.47万km^2，占长江经济带总面积的60%。承接产业转移能力强和较强的区域土地面积31.64万km^2，占长江经济带总面积的15%（表3-23）。承接产业转移能力弱和较弱的区域人口与GDP比重分别为38%和17%，承接产业转移能力强和较强的区域人口和GDP比重分别为33%和61%。总体来看，承接产业转移能力强和较强的区域集聚了更多的人口和GDP，单位面积的人口和GDP分别是承接产业转移能力弱和较弱地区的3.47倍和14.35倍。

表3-23　长江经济带承接产业转移能力评价

层级	土地面积		GDP		人口		城市	
	数量（万km^2）	比重（%）	数量（亿元）	比重（%）	数量（万人）	比重（%）	数量（个）	比重（%）
强（$1.48<I_u<6.23$）	15.08	7	81 331.52	34	0.93	16	8	6
较强（$0.17<I_u<1.47$）	16.56	8	65 610.60	27	1.01	17	18	14
中（$-0.28<I_u<0.16$）	50.12	24	53 144.97	22	1.69	29	42	33
较弱（$-0.48<I_u<-0.29$）	90.05	44	32 873.29	14	1.73	29	40	31
弱（$-0.78<I_u<-0.49$）	33.42	16	8 229.18	03	0.53	9	19	15

承接产业转移能力在空间分布上呈现以下特点：

1）由长江经济带下游向上游递减。下游地区以承接产业转移能力强和较强的地市为主，占下游地区地市总数的72%；中游地区以承接产业转移中等的地市和州为主，占中游地区地市总数的53%；上游地区以承接产业转移弱和较弱的地市和州为主，占上游地区地市总数的77%。这与我国的区域发展战略有很大关系，中华人民共和国成立以来特别是改革开放后，我国一直实施沿海地区率先发展战略，在固定资产投资、国家重大项目布局、新区新城建设、财税金融体制改革方面都得到了中央政府的支持。同时，由于交通区位和历史等方面的原因，沿海地区还得到外商的青睐，长期以来长江经济带上游地区一直是我国吸纳外商直接投资最多的地区（图3-49）。

2）沿长江及其主要支流分布。上海（6.230）、重庆（2.585）、武汉（1.790）、南京（1.695）等沿长江及主要支流分布的城市是长江经济带承接产业转移能力最强的城市，分别位居综合排名的第1、第3、第5、第7位。此外，南昌、芜湖、黄石、马鞍山、铜陵、岳阳、安庆等位于长江主要支流的城市也是承接产业转移能力较强的城市。这主要与水运具有运量大、运距长和运费低等特点有关。

3）省会城市及其周边地市大多是承接产业转移较强的区域。近年来，省会城市及其周边地区往往形成具有全国意义的城市群地区，如云南的滇中城市群、贵州的黔中城市群、安徽的皖江城市带、湖南的长株潭城市群等，尽管这些城市群地区没有毗邻长江，但却借助省级财政的大力支持，通过城市间产业经济合作、基础设施一体化、生态

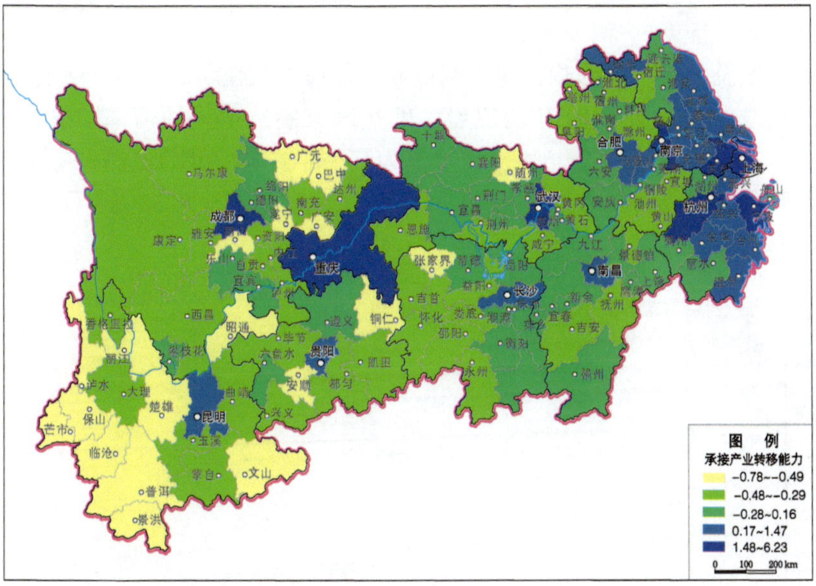

图 3-49　长江经济带部分地市承接产业转移能力示意图

环境联防联治等措施和手段逐步上升为国家战略，在我国区域经济发展格局中扮演了重要角色，也成了承接国内外产业转移的重要目的地。

六、产业竞争力和创新能力不强

近 10 年来，我国制造业持续快速发展，总体规模大幅提升，综合实力不断增强。2014 年我国制造业增加值为 22.8 万亿元，占 GDP 的 35.85%。长江经济带作为我国的制造工厂，制造业增加值几乎占据了全国制造业增加值的一半（图 3-50）。

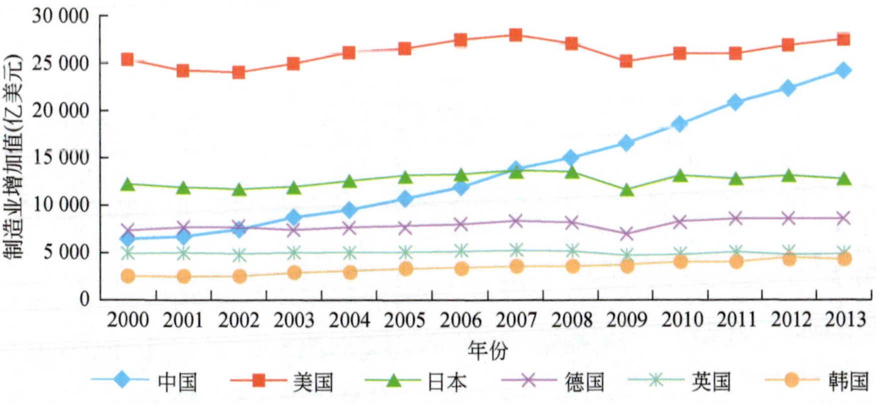

图 3-50　2001～2012 年四国制造业增加值变化曲线（2005 年美元不变价）

1. 竞争力不强的表征

长江经济带产业发展处于全球价值链高端和产业科技制高点的领域较少，整体竞争优势尚未完全发挥，呈现出大而不强的特征。这可以从制造业增加值率与制造业劳动生产率两方面得到印证。

受世界金融及经济危机影响，我国制造业增加值率 2008～2011 年下降速度较快，近两年来开始止跌回稳。从 2012 年情况看，发达国家制造业增加值率一般在 35% 以上，美国、德国、日本甚至超过了 45%，我国仅为其一半左右（图 3-51）。《推动江苏长江经济带产业转型升级研究报告》中提及 2012 年江苏省制造业增加值率仅为 22%，远远低于发达国家的水平。

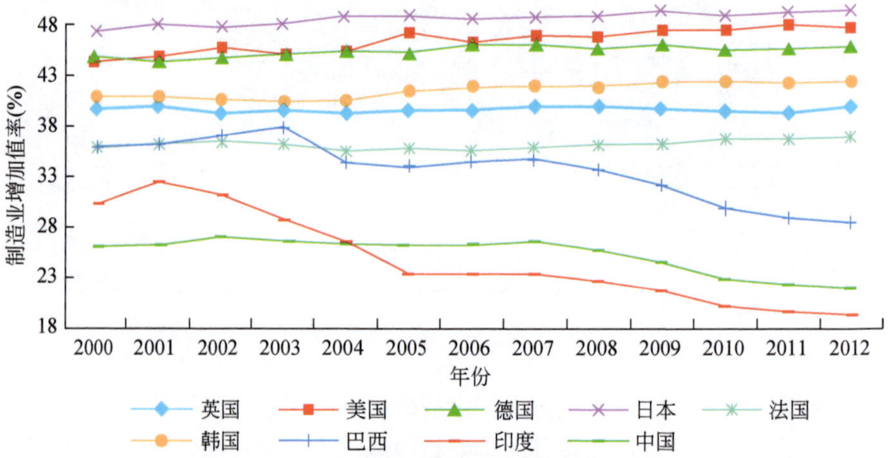

图 3-51　各国制造业增加值率变化趋势（2000～2012 年）

资料来源：世界银行数据库。

我国制造业劳动生产率与发达国家存在较大差距。即使是工业大省的江苏省，其 2011 年制造业增加值为 20 978.51 亿元，制造业从业人员为 349.35 万，制造业劳动生产率为 60.05 万元/人，也远低于发达国家的制造业劳动生产率（图 3-52）。

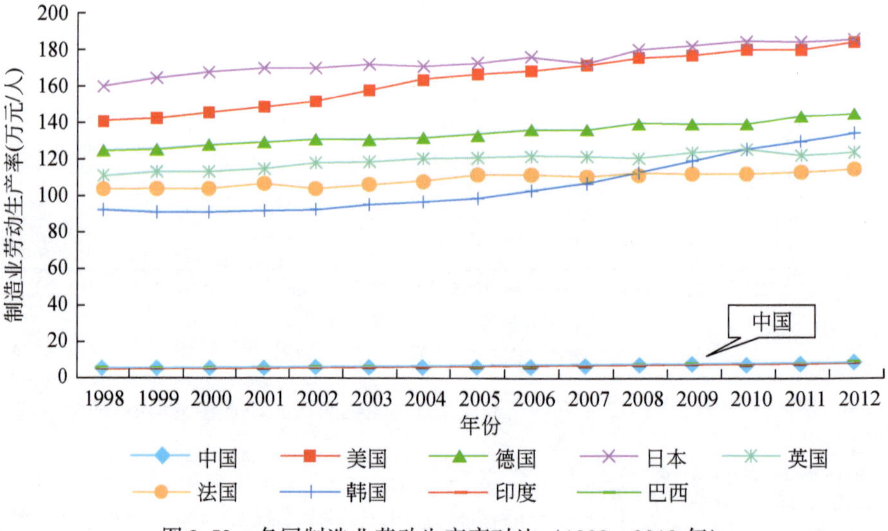

图 3-52　各国制造业劳动生产率对比（1998～2012 年）

国内外众多研究表明，企业研发经费投入强度（企业研发经费与主营业务收入之比）是被广泛采用的评价企业创新能力的核心指标，也是反映企业转型发展的重要指标。我国企业研发投入强度与发达国家还有很大差距，增长乏力。2010 年我国大中型工业企业研发经费投入强度仅为 0.93%，而美国、日本、德国等发达国家普遍在 2% 以上，日本甚至达到了 3.57%（图 3-53）。

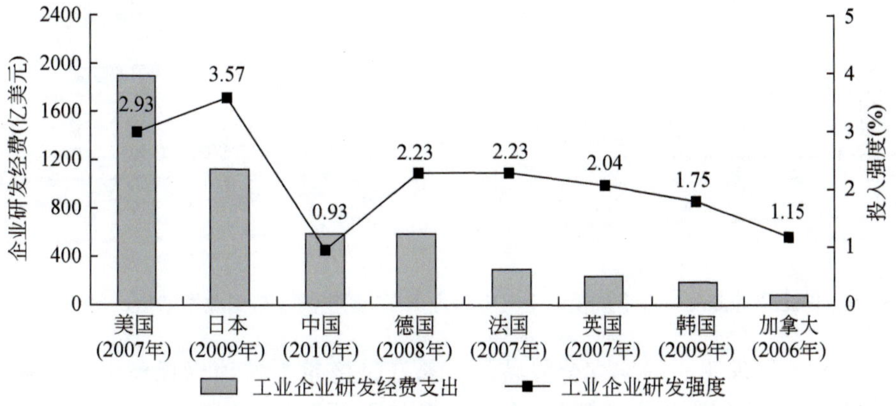

图 3-53　主要国家工业企业研发经费及投入强度

资料来源：玄兆辉和吕永波，2013。

2013 年我国工业研发经费占工业企业主营业务收入的比值仅为 0.81%，长江经济带为 0.86%，只有上海与浙江的工业企业研发经费投入强度超过了 1%（图 3-54）。

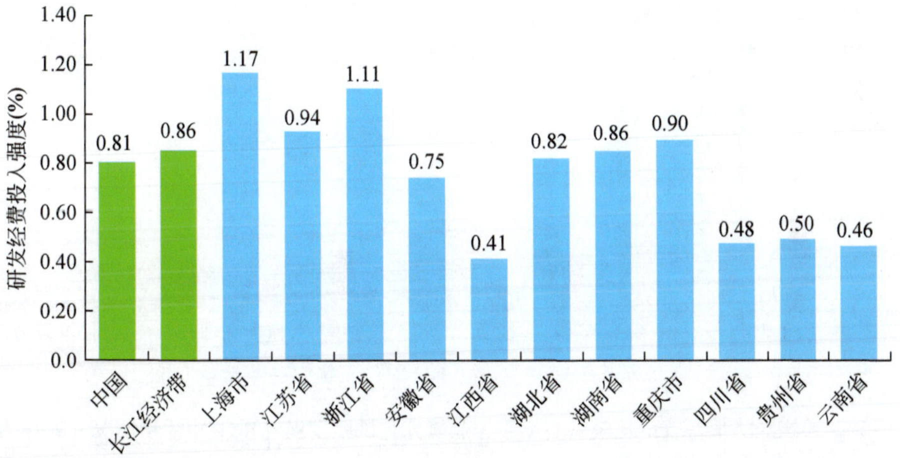

图 3-54　长江经济带及各省市工业企业研发经费投入强度（2013 年）

2. 创新能力有待进一步提高

创新是提高效率从而带动工业经济增长的重要手段，但长江经济带的创新驱动能力仍然较弱，规模以上工业企业的 R&D 经费投入为 3656.7 亿元，仅为工业增加值的 3.4%，低于全国平均水平（图 3-55）。

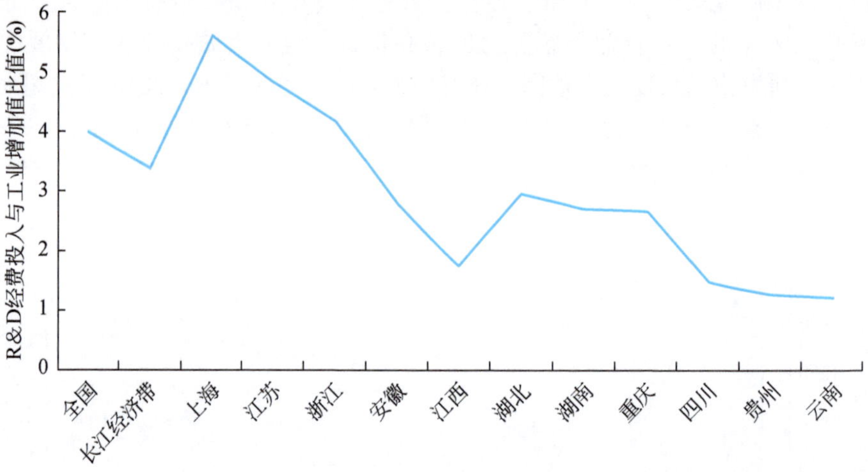

图 3-55　长江经济带及各省市规模以上工业企业 R&D 经费投入与工业增加值比值（2013 年）

创新驱动力呈现明显的梯度分异特征，长江经济带上游地区规模以上工业企业的 R&D 经费投入与工业增加值比值高于全国平均水平，长江经济带其他省市均低于全国平均水平。创新能力明显的空间分异致使长江经济带整体的创新驱动能力有所减弱，对经济增长的贡献率在一定程度上有所减弱。长江经济带上游地区特别是江苏与浙江的研发经费投入强度较大，二省的研发投入几乎占据长江经济带的 50%（图 3-56）。

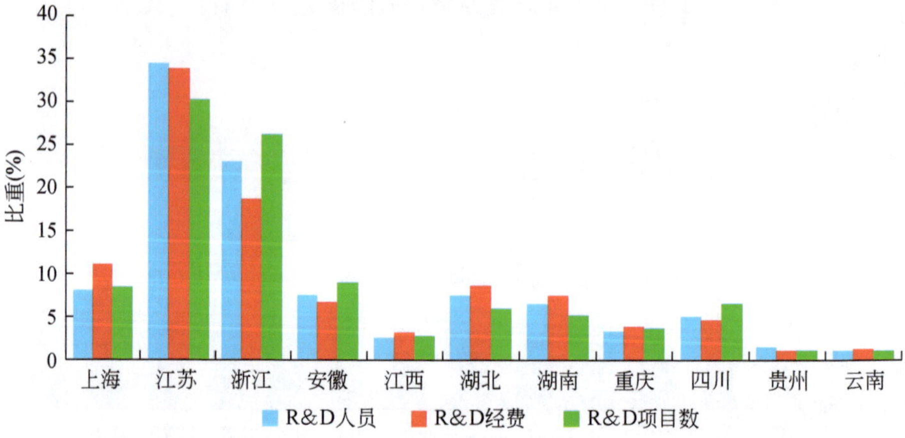

图 3-56　长江经济带各省市规模以上工业企业研究与试验发展（R&D）活动情况（2013 年）

长江经济带的创新驱动能力仍未形成强大合力。一方面，是处于全球产业链高端和产业科技制高点的领域还比较少。以电子信息产业为例，长江经济带占全国的比重约为 50%，但是外资企业比重高，加工贸易企业比重较高，缺乏本土有竞争力的企业。另一方面，科技成果转化率与产业化率低。长江经济带的科教资源非常丰富，但是有效转化为现实创新能力的还很少。长江经济带地区发明实用新型专利和外观设计专利数超过全国接近一半，但是长江经济带在市场成交合同量比重占不到全国的 30%，说明长江经济带在创新成果产业化方面还有很大潜力可挖。推动长江经济带发展，关键是推动长江经济带地区的产业由要素驱动向创新驱动转变，创造产业发展的新优势。

3. 创新能力建设的实证研究

目前，长江经济带有5个国家级自主创新示范区，上海张江国家自主创新示范区、武汉东湖国家自主创新示范区、苏南国家自主创新示范区、长株潭国家自主创新示范区和成都国家自主创新示范区，以及合芜蚌国家级自主创新综合试验区（图3-57）。

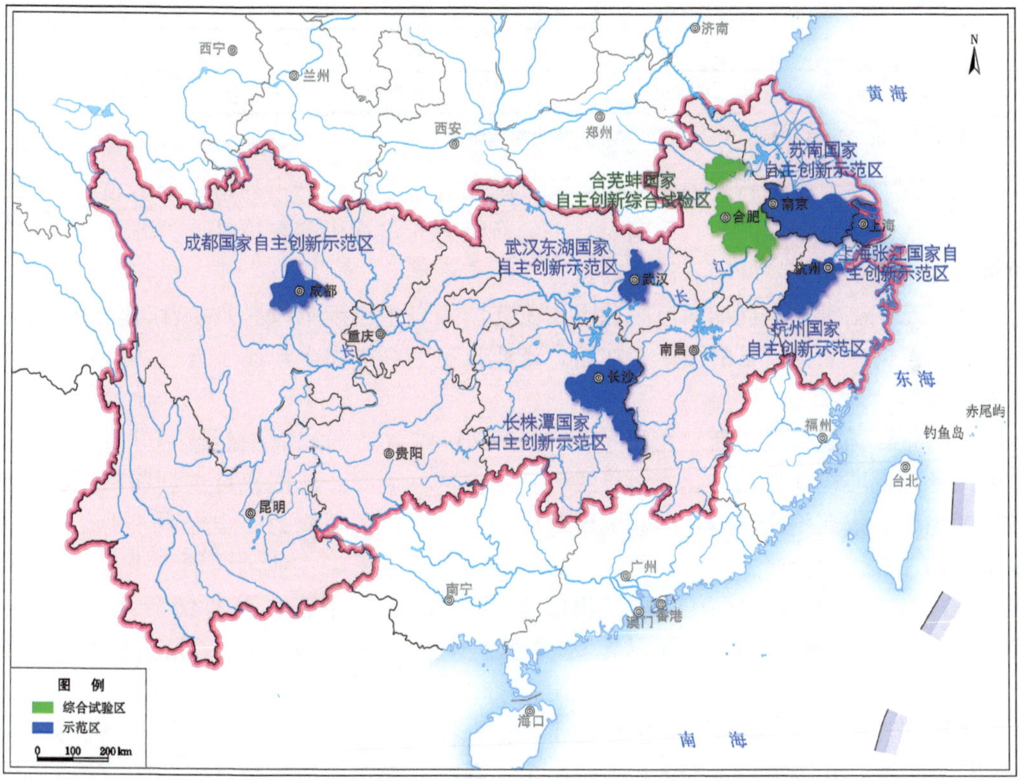

图3-57　长江经济带自主创新示范区和综合试验区的布局示意图

R&D经费投入力度是R&D经费投入占高技术产业产值比重，政府支持力度是科研经费中政府支出的占比。从表3-24可以看出，在R&D经费投入力度方面，贵州、湖北、浙江、云南4省力度最大；而在政府支持力度方面，上海、贵州、四川、湖北4省力度最大；在拥有科研人员比重上，江苏、上海、浙江、湖北4省比重最高。

表3-24　长江经济带各省市科研资源投入力度

省市	R&D经费投入力度	政府支持力度	每万人R&D人员占比
上海	0.013	0.237	9.498
江苏	0.011	0.032	11.276
浙江	0.029	0.044	8.951
安徽	0.015	0.089	1.665

续表

省市	R&D 经费投入力度	政府支持力度	每万人 R&D 人员占比
江西	0.009	0.098	1.825
湖北	0.031	0.111	3.820
湖南	0.012	0.072	1.255
重庆	0.006	0.087	1.636
四川	0.010	0.177	1.689
贵州	0.039	0.182	1.993
云南	0.023	0.099	0.517

资料来源：由《2013 中国区域经济统计年鉴》数据整理而得。

在培育产业自主创新能力的大背景下，湖北对自主创新能力的培育最为重视，长江经济带上游地区贵州、四川、云南对自主创新能力的重视程度在提升。沪苏浙三省市的重视力度不减，重庆、湖南、江西在这方面稍有不足。

武汉东湖国家自主创新示范区和上海张江国家自主创新示范区是长江经济带 5 个自主创新示范区中成立较早的两个，在培育产业自主创新能力上形成了自己的特色并积累了一定经验。

上海张江国家自主创新示范区前身是 1992 年成立的国家级高新技术开发区，2011 年经国务院批准成立第三个国家级自主创新示范区。上海张江国家自主创新示范区之前的发展经历了张江模式起步、产业集聚效应初显、自主创新能力逐步增强、推动创新集聚发展的二次创业全面发展四个阶段。2012 年随着周浦繁荣工业园区划入张江，使上海张江国家自主创新示范区的地域面积增至 79.9km^2，其中张江核心区面积为 40km^2。2013 年上海张江国家自主创新示范区实现工业总产值达 641.33 亿元，利润总额为 269.39 亿元。

上海张江国家自主创新示范区形成了以信息技术、生物医药、文化创意为主导的产业结构。上海张江国家自主创新示范区内各主导产业都形成了配套良好的产业链，为自主创新成果产业化提供了完备的产业基础。其中，集成电路产业形成了设计、制造、封装、测试、设备材料在内的完整产业链，产值约占全国的 1/3。在 11 个省市的自主创新能力的投入产出分析中，也得出了良好的产业链配套对科研成果产出和科研成果产业化起到了重要的支撑作用。

张江在自主创新能力培育方面注重培育创新资源，现在有国家、市、区级研发机构 403 家，包括上海超级计算中心、上海张江药谷公共服务平台、上海光源中心等重大科研平台。同时，张江自主创新示范区内还入驻了包括中国科学院、清华大学、北京大学、复旦大学、上海科技大学、北京中医药大学在内的近 20 家高校和科研院所，使得科学研究更接近市场需求，更能根据企业需求，在核心技术突破方面提供技术和人才的支持。

对创新机制体制进行改革，推出了张江“创新十条”政策，在股权激励、国资创投、财税扶持、人才聚集方面加大创新突破力度。深入推动生物医药合同化生产（CMO）试点、集成电路保税监管改革试点，推进园区空服中心建设，深化张江审批制度改革，推进张江土地“二次开发”和工业用地转型，探索建设张江信用体系，为产业更好地发展提供配套服务支持。政府对自主创新示范区建设和自主创新能力培育的重视，对张江自主创新示范区的发展起到了重要作用。在长江经济带九省二市的科研资源投入力度的分析中，上海市政府科研经费支出占比最大，这也从一个侧面反映出上海市政府对自主创新能力培育的重视。

武汉东湖国家自主创新示范区2009年经过国务院批准设立，是长江经济带中成立最早的自主创新示范区。武汉东湖国家自主创新示范区最初为1988年成立的东湖高新区，2001年批准成为国家光电子产业基地，即“武汉·中国光谷”，2009年成为自主创新示范区，2011年被国务院确定为全国四家“中央企业集中建设人才基地”之一。武汉东湖国家自主创新示范区建成面积达100km^2，产业园区面积为43.8km^2，聚集了42所高校，56个国家、省部级科研院所、58名两院（中国科学院和中国工程院）院士、20多万各类专业技术人员和80多万在校大学生，拥有丰富的智力资源。

武汉东湖国家自主创新示范区获批后，政府在财税、科技、金融创新、股权激励和创新创业方面出台了50多项配套政策，形成了示范区科技创新和产业发展的政策框架。围绕科技成果转化需求的“黄金十条”政策、完善创新激励机制、创新创业财税征收试点和区域协同创新政策。在区域协同创新政策下，联合洪山区和江夏区推进“大光谷”一体化发展，在湖北省建立了23个“园外园”，全省协同创新发展。

武汉东湖国家自主创新示范区有产业联盟、科技企业孵化器、技术创新平台等创新创业平台。产业联盟共39家，其中国家级联盟8个。武汉东湖国家自主创新示范区的战略联盟对创新有极大的推动作用，战略联盟由企业、产业、区域3方面构成，既有园区内企业之间的抱团发展，最大限度地利用创新资源，也有和区外其他自主创新示范区的合作，通过示范区之间的合作扩大信息获取通道。行业协会作为战略联盟的一种形式，更加具有灵活性。通过组织企业参加国际行业会议，与国外相关领域的企业、科研机构进行交流，有助于开阔区内企业的视野，学习国外先进技术和管理经验，充分获取外部的信息资源。

从上海张江和武汉东湖国家自主创新示范区的建设和发展，可以看到未来自主创新示范区的建设方向。

首先，建立完善的创新机制体系。政策体系创新，根据自主创新示范区发展的特点和需求，建立创新创业财税征收新政策；科技金融创新，对具有发展潜力的中小企业，以创业投资入股等手段，为中小企业的稳定发展提供资金支持，根据园区特点开展科技银行等业务，完善创业投资领域的国有资产评估机制；股权激励机制，鼓励试点科研院校科技成果股权分红工作，激发科研院校的潜力，提高科技成果的转化能力；完善科研成果专利申请审批体系，自主创新示范区应重视企业科研成果的保护，维护企业权利，尤其是综合实力较弱的中小企业，保证企业自主创新的热情。

其次，提升研发能力和创新能力。为了使科研更好地为企业发展服务，更好地使科研成果产业化，应建立高效的技术创新平台。一方面，加强企业和科研院校的对接力度，在自主创新示范区设立高校的研究机构，企业和研究院校联合培养科研人才。示范区也可以成立培训机构，为园区企业发展培养技术人才。另一方面，注重行业的内部联系，通过行业协会或产业联盟的建立，使行业内信息交流更加通畅，也助于增加与国外同行业的交流，突破示范区内部的信息锁定。

最后，提高科技成果产业化率。完善长江经济带上、下游产业和配套产业的支持，有助于科研成果产业化。不论是张江，还是东湖，都形成了一定规模的产业集群，在集群内，完整的产业链为科研成果的产业化提供了强有力的支持。

七、资源消耗水平和环境污染水平依然较高

长江经济带集中了中国大部分的高技术产业与高能耗产业，过度依赖资源已成为影响该地区可持续发展的重要因素。

从产业角度考察，长江经济带集中了我国大部分的钢铁、石油化工等传统产业以及汽车、电子等现代产业，经济总量占全国的近48%。从统计意义上讲，高能耗产业主要包括以下六个行业：电力热力生产及供应业、石油加工炼焦及核燃料加工业、化学原料及化学制品制造业、有色金属冶炼及压延加工业、黑色金属冶炼及压延加工业、非金属矿物制品业。2013年长江经济带六大高能耗产业的主营业收入额达135 977.0亿元，占全国的39.3%（表3-25）。其中，化学原料和化学制品制造业的主营业收入额占全国的比重高达48.1%。从资源角度看，长江经济带上中下游均为严重缺能的地区，一次能源自给率仅为52%。

表3-25　2013年长江经济带及全国的高能耗行业主营业收入额

高能耗行业	全国（亿元）	长江经济带（亿元）	占全国比重（%）
化学原料及化学制品制造业	76 329.8	36 706.9	48.1
黑色金属冶炼及压延加工业	76 316.9	28 981.3	38.0
有色金属冶炼及压延加工业	46 536.3	21 406.8	46.0
电力热力生产及供应业	54 825.0	20 655.0	37.7
非金属矿物制品业	51 284.3	18 947.9	36.9
石油加工炼焦及核燃料加工业	40 679.8	9 279.1	22.8
总计	345 972.1	135 977.0	39.3

1. 能源消耗水平及差异性

长江经济带工业经济增长在相当程度上依靠资源支撑，资源和原材料消耗规模大。2000年长江经济带能源消费量为55 088万t标准煤，2012年增长至161 463万t标准煤，年均增长率为9.4%。其中，2012年煤炭消费量为13.9亿t，占全国的31.9%；汽油消费量为4.9亿t，占全国的41.8%；天然气消费量为542.15亿m^3，占全国的36.1%；电力消费量为19 143.1亿kW·h，占全国的38.5%；工业用水总量为866亿m^3，占全国的60.8%。长江经济带的各种能源消费均维持在全国比重的30%以上，工业用水消耗量更是达到了全国的60%左右（图3-58）。

2012年长江经济带的能源消费量为161 463万t标煤，占全国能源消费量的36.4%，由此可以看出，长江经济带属于我国能源消费的密集区。2012年长江经济带每万元工业增加值能耗1.61t标准煤，且从2005年呈现逐年下降的趋势。能源消耗的效率在长江经济带内部差异明显，整体呈现梯度分化的特征（图3-59）。其中，长江经济带下游地区是能耗最低的区域，贵州的能耗最突出。

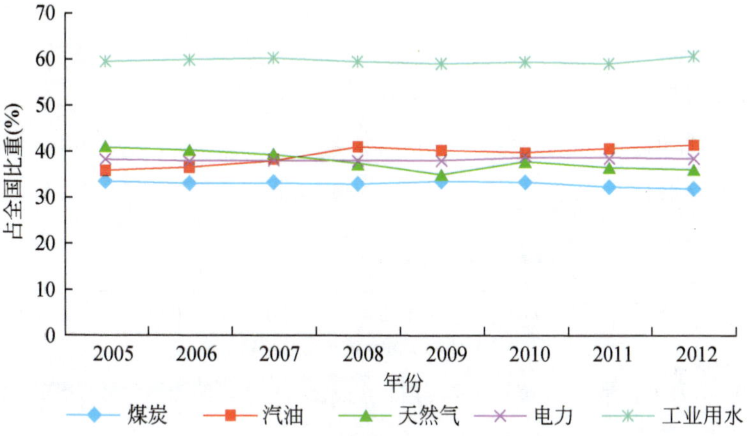

图 3-58　长江经济带各种能源消费量变化（2005～2012 年）

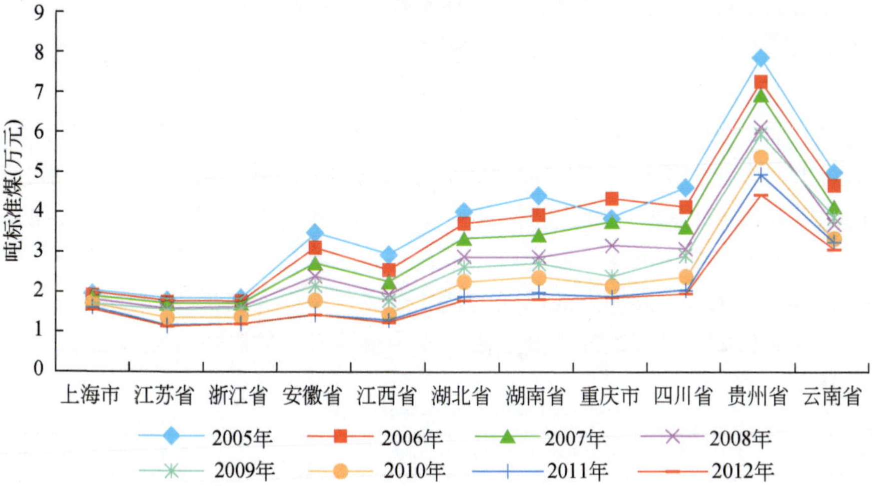

图 3-59　长江经济带各省市单位工业增加值能耗变化（2005～2012 年）

由于经济基础、产业结构、生产技术等因素的差距，长江经济带各省市经济增长与能源消费在空间上存在着明显的差异。为了探究长江经济带九省二市经济增长与能源消费的差异，以 2000～2012 年年人均实际国内生产总值增长率为横坐标，年人均能源消费增长率为纵坐标，用二维矩阵将长江经济带沿江省市划分为经济高增长能源消费高增长区、经济高增长能源消费低增长区、经济低增长能源消费高增长区、经济低增长能源消费低增长区（孙智君和于洪丽，2014）。

经济高增长、能源消费高增长区。人均实际国内生产总值增长率大于 12%，且人均能源消费增长率大于 8% 的区域。这个区域包括江苏、江西、湖南、湖北、重庆、四川（图 3-60）。

经济高增长，能源消费低增长区。人均实际国内生产总值增长率大于 12%，且人均能源消费增长率小于 8% 的区域。这个区域包括浙江、安徽和贵州。

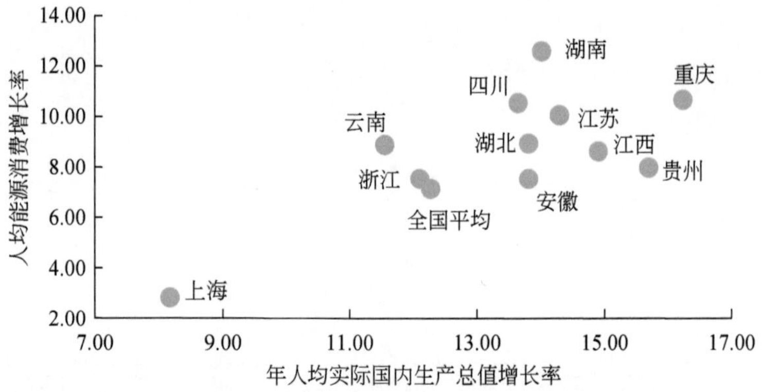

图 3-60　长江经济带 11 省市年人均国内生产总值与年人均能源消费增长率的二维矩阵

经济低增长、能源消费高增长区。人均实际国内生产总值增长率小于 12%，且人均能源消费增长率大于 8% 的区域。这个区域为云南。

经济低增长、能源消费低增长区。人均实际国内生产总值增长率小于 12%，且人均能源消费增长率小于 8% 的区域。这个区域为上海。

2. 环境污染情况

长江经济带土地面积占全国国土面积的 21.2%，却分布着全国 30% 的石油化工产业、40% 的水泥产业，集聚了全国 29.92% 的工业固体废物、43.30% 的废水、34.56% 的二氧化硫以及 32.21% 的氮氧化物排放。长江经济带集聚了多个钢铁、石油化工、汽车制造等工业基地，强大的生产能力决定了这一地区有更高的经济发展愿望。然而，多年来持续、高速、粗放的发展方式已经消耗了过多的资源，排放了过多的污染物，致使这一地区环境承载力已经接近或达到上限，成为持续发展的瓶颈（表 3-26）。

表 3-26　长江经济带三废排污量（2013 年）　（单位：万 t）

地区	一般工业固体废物产生量	废水排放总量	二氧化硫	氮氧化物
上海	2 054.49	222 963.00	21.58	38.04
江苏	10 855.87	594 359.00	94.17	133.80
浙江	4 299.58	419 120.00	59.34	75.30
安徽	11 936.74	266 234.00	50.13	86.37
江西	11 518.19	207 138.00	55.77	57.04
湖北	8 180.61	294 054.00	59.94	61.24
湖南	7 805.68	307 227.00	64.13	58.82
重庆	3 161.80	142 535.00	54.77	36.20
四川	14 006.62	307 648.00	81.67	62.43
贵州	8 194.05	93 085.00	98.64	55.73
云南	16 039.97	156 583.00	66.31	52.37
长江经济带	98 053.60	3 010 946.00	706.45	717.34
全国	327 701.94	6 954 433.00	2 043.92	2 227.36
占全国比重	29.92%	43.30%	34.56%	32.21%

长江流域生态环境日渐恶化，水资源污染严重。有关部门测试，全国水资源污染严重的城市包括上海、南京、杭州、南通、武汉、黄石、重庆、成都等，几乎都集中于长江流域。长江上游段已经出现严重的跨界水污染问题，京杭运河长江上游段、太湖、长江中下游段、钱塘江段等水资源都受到不同程度的污染（图3-61、图3-62）。

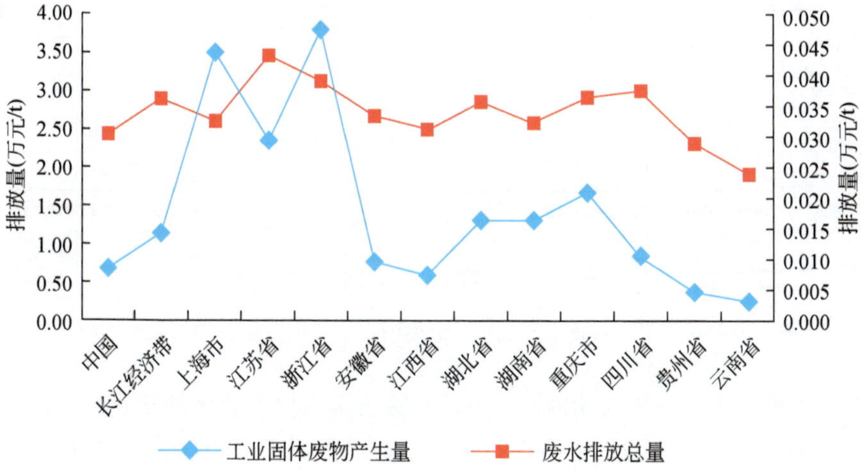

图3-61　长江经济带工业固体废物与废水单位产值排放量（2013年）

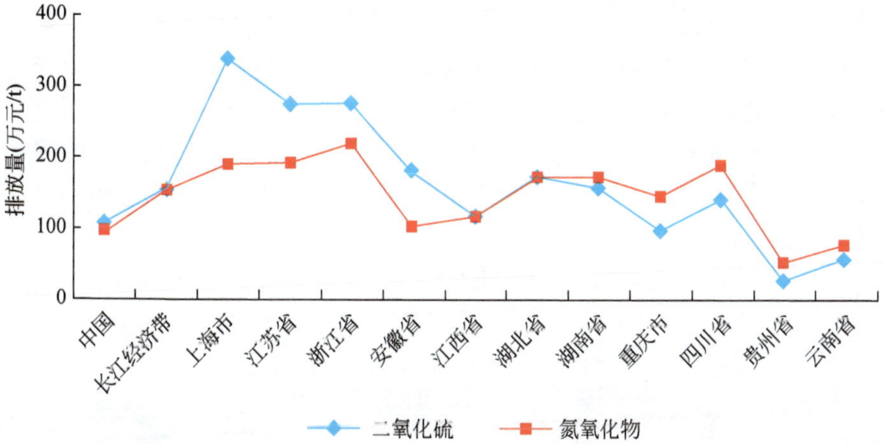

图3-62　长江经济带二氧化硫和氮氧化物单位产值排放量（2013年）

造成长江水质下降和环境污染的因素中，工业结构性污染最为突出。受沿江工业园区及传统产业布局的影响，长江经济带的主要排污企业集中在化学原料及化学制品制造业、造纸及纸制品业、黑色金属冶炼及压延加工业、有色金属冶炼及压延加工业。

八、经济发展方式的转变

与发达国家相比，长江经济带的消费对经济发展的贡献率较低，资本形成率远高于世界平均水平，而且资本形成率呈现逐步增长的趋势，说明长江经济带经济增长的主要动力是投资，消费拉动经济增长的贡献较低（图3-63）。

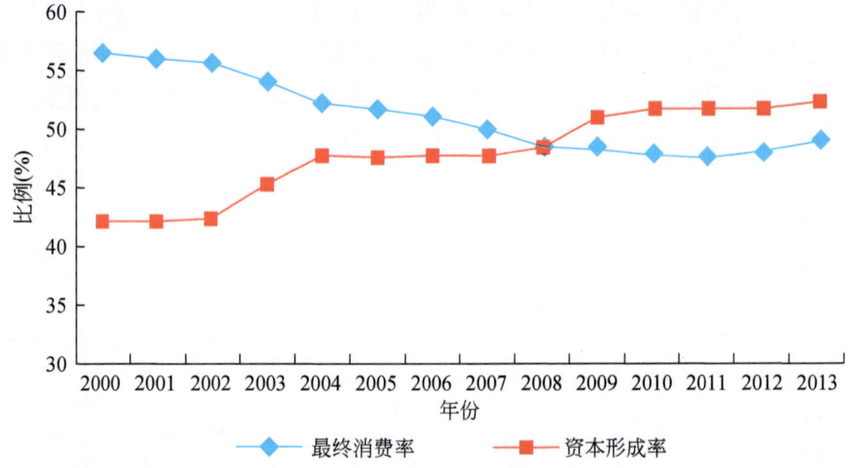

图 3-63　长江经济带资本形成率与最终消费率变化趋势（2000～2013 年）

所谓资本形成率是一定时期内资本形成总额占国内生产总值的比重，该项指标的世界平均水平为 20% 左右。最终消费率指的是最终消费占 GDP 的比重，发达国家一般为 70% 左右。

由图 3-64 可知，2008 年长江经济带的资本形成率超过最终消费率，形成了以投资驱动为主要特征的工业经济增长方式。2013 年长江经济带的资本形成对国民经济增长的平均贡献率为 52.3%，比最终消费高出了 3.4 个百分点。高投资率造成了投资效率的下滑，导致投资所能带来的 GDP 增长越来越有限。工业投资的高速增长带来了投资效益的下降，2013 年我国固定资产投资效果系数为 0.15，远低于 1991～2000 年的固定资产投资效果系数的平均值 0.46。工业固定资产投资的增速也远大于工业增加值的增速，长江经济带的工业固定资产投资额从 2002 年的 6057.4 亿元增加至 2013 年的 72 898.5 亿元，年均增长 25.4%，工业增加值从 2002 年的 18 627.8 亿元增长至 2013 年的 108 394.5 亿元，年均增长 17.4%（图 3-64）。

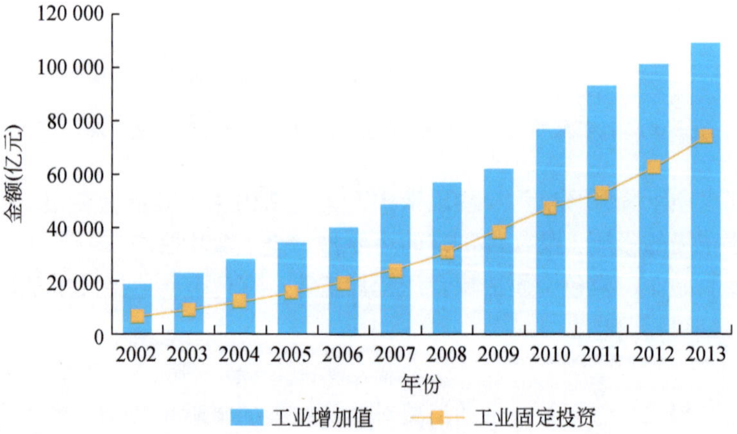

图 3-64　长江经济带工业增加值与工业固定资产变化（2002～2013 年）

第五节　产业发展的总体思路与对策

今后5年，我国仍将处在工业化与城镇化快速推进期和居民消费结构快速升级期，经济保持平稳增长的基本条件不会发生根本性改变，新型城镇化、“一带一路”和长江经济带建设将成为拉动我国经济发展的新引擎。特别是我国实施全方位对外开放新战略，将对外开放的重点从欧美日等发达地区转向其他发展中国家和新兴经济体内陆国家，这将带动区域经济格局发生重大变化，长江经济带将成为我国对外开放的重点区域，中国经济发展重心将重回东部地区。同时，未来5年，我国产业结构将发生历史性变化，服务业占比将超过制造业，从工业大国向服务业大国迈进，内需的巨大潜力将逐步释放。

一、总体思路

“十三五”时期，全球供需失衡的深层次矛盾难以根本解决，全球仍面临着由刺激政策带来的新一轮产能过剩问题，世界经济仍处在再平衡过程中。发达经济体继续走向复苏，但受政府债务困扰，复苏势头仍然疲软。新兴经济体受产能过剩困扰，经济增长的后劲不足。预计今后5年全球经济平均增速将略高于前5年，但低于危机前的水平，世界经济不确定性和风险因素明显增多，外需低迷将常态化。我国与发达国家产业将从以互补型为主逐步转向以竞争型为主，市场、资源、技术、人才等方面的竞争更趋激烈。同时，受发达国家“再工业化”的影响，发达国家将高端产业大规模转移到发展中国家的动力正在消失。在此背景下，外资大规模涌入中国的态势难以再现，越来越多的跨国公司将把在华投资项目向劳动力成本更低的东盟国家转移，原来注重引进外资、依托外资推动经济结构升级的发展模式难以持续，长江经济带拓展国际市场和结构升级将面临更大困难。从制造业看，受环境、土地、工资成本等因素影响，传统制造业加速向外转移，而战略性新兴产业仍处于培育中，新增长点尚不明晰，难以填补传统产业的空缺。从服务业看，受全国经济增速放缓和体制机制改革滞后的影响，其发展势头放缓，高端服务业竞争优势有所弱化，对经济增长的支撑力有所下降。

1）深入挖掘区域产业分工合作的内生驱动力，尽快形成“东西互补、海陆联动、双向开放、开边出海”的区域产业发展新格局。国内外区域经济与产业分工合作的一般规律表明，区域经济的特色在联合，优势在整体。联合是核心、精髓，而联合的前提和基础在于分工与互补。鉴于长江上中下游之间的资源要素禀赋不同，产业发展的高级化程度不同，市场的培育、建设、开放程度也各不相同，长江上中下游之间完全可以根据自身的产业发展特点，在互补联动中实现本地产业的调整升级和区域产业的整体优化发展。

一是抓住长江下游地区面临的制造业增长乏力、部分传统产能严重过剩、产业结构急需优化升级的转型压力和中上游地区产业发展“大干快上、后来居上”的要求急切的互补性，促进下游产业梯度转移、上中游产业有序承接、战略性新兴产业共同发展的区域产业合作新模式。

二是抓住长江下游地区资源能源短缺、加工工业瓶颈制约突出但资金、技术、人才实力雄厚，而中上游地区资源能源丰富但资金、技术、人才紧缺的互补性，促进下游优势产业经济要素西移、上中游资源能源东送的双向流动新态势。

三是抓住长江下游地区外向型经济强、嵌入全球生产网络程度深、海洋经济前景广阔的产业特色和上中游资源能源采掘加工、高效农业、国防工业、特色旅游业等优势产业突显的互补性，以长江经济带、丝绸之路经济带及海上丝绸之路这“两带一路”的国家发展战略的规划实施为契机，凭借以黄金水道为基础和天然纽带的迅猛发展且日臻完善的区域综合交通运输体系，形成本土企业与外资企业互补共生、内陆沿海双向开放、流域经济与海洋经济联动发展的区域产业发展新格局。

2）充分发挥长江经济带沿江三大都市圈的引领带动作用，努力提升沿江中心城市的产业能级，形成合理的区域产业梯度。城市是工业、服务业等现代产业体系的主要载体，众多地域相邻、规模不一、功能各异的城市组合在一起，就演变成了一个功能分工明确、个性有同有异、城际联系紧密的都市圈或城市群，并会产生“多心组团、分层辐射”的集聚效应和“1+1>2”的整体组合效应，从而成为当代最新最高的区域空间组织形式。长江沿岸的成渝都市圈、长江中游城市群和（泛）长三角都市圈，构成了长江上中下游之间的巨型城市带和产业集聚带，三大都市圈之间的分工合作、紧密联系和联动发展不仅是提升区域综合竞争力的根本措施，也是促进区域产业分工合作与整体优化升级的有效途径。

一是努力打破“工业立市、工业兴市、工业强市”的固有思维和“千城一面”的区域景观，各个城市都要根据自身的经济能级、产业特色及其在城市群中的地位，制定最适宜的城市产业发展方针，培育最具自身特色的支柱产业和优势产业，打造最适合自身发展的主体城市功能，并在产业培育有主有次、城市个性有同有异的分工合作中实现城市核心竞争力的提升。

二是做大做强上海、武汉、重庆三大城市群的中心城市，不断优化其高端要素集聚、高端价值链塑造、高端商务服务功能培育、高端产业结构提升和高端发展管理输出的城市高端运作模式，大力发展总部经济、平台经济、绿色低碳经济，不断提升中心城市的产业高度，这样既可充分发挥中心城市对都市圈整体的引领、示范、辐射、服务和带动作用，又可为周边城市的产业错位发展和传统产业的优化升级留出更大的发展空间，在都市圈内形成合理的产业垂直分工和水平分工体系。

三是不断强化长江上中下游三大都市圈之间的产业关联和经济联系，通过拓展流动空间，促进经济资源要素在更大区域空间的流动和配置，加强城际综合交通和通信、电力、防灾减灾骨干工程等重大基础设施联合建设等系列举措，不断促进和带动长江上中下游之间整体共同利益的培育和共同市场的形成。

3）积极培育龙头骨干企业，促进区域优势产业战略联盟的形成。龙头骨干企业是社会生产力高度发展条件下的一种先进的企业组织形式，也是区域产业分工与合作的中坚力量和基石。

一是积极学习和借鉴“跳出浙江、发展浙江”的全新发展理念和浙江发展模式，打破“一亩①三分地”的狭隘意识和“肥水不外流”的传统思维，积极鼓励当地企业特别

① 1亩≈666.67m^2。

是龙头骨干企业走出去，到沿江各地及国内外建厂布点，到沿江中心城市建立企业总部或研发、设计、运营、销售等企业中心，促进龙头骨干企业技术的垂直分工和生产的水平分工，并在更大的市场范围和更加激烈的市场竞争中塑造企业品牌，锤炼壮大。

二是积极学习和借鉴上海国际港务集团已实施十多年的“长江发展战略”，通过对沿江主要港口的参股、控股及兼并、并购股权、共同投资等多种市场化运作手段，不断加强和拓展与长江上中游的港口、航运、第三方物流等相关企业之间的战略联盟与产业合作，在跨地区产业合作中促进企业做大做强和企业价值链、供应链的延展。

三是积极学习和借鉴上海大众桑塔纳紧紧围绕配件零件–整车组装–销售售后服务的产品链和供应链形成的本地汽车产业集群和异地汽车产业联盟，巩固、稳定和不断壮大核心产品产前、产后的分工合作与共同发展。

4）不断提升企业自主创新能力，激励产业发展的内生动力。创新是产业持续发展、企业立于不败之地的根本出路，创新亦是产业分工合作机遇、方式、途径、手段不断涌流的重要源泉。

一是在技术创新层面，沿江各省市要积极加大研发投入和产学研合作，不断提高研发投入的回报率。长江上中游地区既要适时抓住长江经济带作为国家战略实施所带来的自身产业结构调整、新型产业发展的机遇，挖掘科技进步的内涵，又可主动瞄准长江下游地区在“创新驱动、转型发展”的关键时期涌现出的重大技术创新成果和创新溢出效应。

二是在制度创新层面，长江上中下游地区可积极学习和相互借鉴彼此的先进管理制度和管理经验，如中国（上海）自由贸易试验区的负面清单管理制度和高技术企业在“园区内注册、园区外发展”等可复制、可推广的制度安排。再如，上海漕河泾国家级高新技术产业开发区在与江浙及长江上中游地区尝试异地联合建园、开展“飞地经济”的互利共赢产业合作模式时，在园区共同管理模式、异地经济核算和两地利税分配等重要的管理环节及制度安排上形成了一系列的突破，目前已在上海郊区及其他省市建立8个“飞地园区”，实际效果显著。

三是在集成创新层面，沿江九省二市可由一方牵头，联合组建大型工业技术创新项目联合体，重点对电子信息、生命科学、新能源、新材料等高技术产业的重大共性技术和关键技术环节开展合作创新与联合攻关。积极组建跨地区的大中型综合性研究咨询机构和小型专业咨询公司网络，利用最新科技成果和完备的信息系统，联合成立研发合作平台和科技信息共享服务平台，共同构建区域科技创新体系（徐长乐，2014）。

二、对策建议

1. 促进基础设施共建共享

加大对长江上游地区公路、铁路、水运等基础设施的投资力度，切实解决三峡大坝和南京长江大桥的通航能力问题。

加强不同交通运输方式之间的衔接与协调，构建铁水联运、公水联运、铁公水多式联运相结合的现代化交通运输体系，提高长江黄金水道的运输能力。

加大信息基础设施投资力度，提高互联网、光纤通信、移动交换机等基础设施建设水平。

加强通信、能源、水利等基础设施的区域协调与合作，构建长江经济带经济发展信息网络和交流平台，促进信息共享。

2. 承接产业转移政策

做好承接产业转移规划。国家层面，要尽快制定并发布《长江经济带承接产业转移指导目录》，科学编制长江经济带承接产业转移规划和实施方案，明确长江经济带承接产业转移的目标、重点领域、空间布局、支持措施。区域层面，有关省市尤其是承接产业转移示范区，要尽快编制科学的承接产业转移规划。

建立差别化的产业准入制度。以科学承接、互利承接、绿色承接为导向，科学设置投资强度、产出效率、技术和环境标准等。对于消耗高、排放大的技术设备，要坚决禁止落地，做到产业承接、污染不承接。

支持建立一批承接产业转移示范区。选择江西昌九景、赣东南等条件较好的地区建立若干新的国家承接产业转移示范区，支持长江经济带特别是长江中上游省市积极开展省级承接产业转移示范区建设。

做好加工贸易的承接工作。利用湘赣皖临近长珠闽的区位优势，在湘南、赣东南、皖东交通方便和产业基础较好的地区，建立一批加工贸易承接基地，积极做好“大通关”工作，推进沿海加工贸易西进。

注重对大中型企业转入的引导，因为大中型企业较之小企业更容易对外转移。降低小企业的创建门槛，减少小企业的转移黏性，促进更多发达地区小企业的转入和本地小企业的扩张和创生。较高的运输成本是很多长江经济带东部企业特别是出口导向型小企业向中部地区转移的巨大阻力，要降低企业经营、运输成本。

3. 加大科技创新的支持力度

进一步搞好高新区建设。武汉东湖国家自主创新示范区规划建设，认真落实相关政策，鼓励长江经济带高新区加快转型升级，支持有条件的省级高新区升级为国家级高新区，继续对国家级高新区公共基础设施项目实行贷款贴息。

加大科技经费投入力度。围绕现代装备制造基地和高技术产业基地建设，采取科研投入、工程设备采购、税收减免、加速折旧等措施，支持重点企业技术改造、重大成套装备技术研制和重大产业技术开发，并对电子信息、汽车及零部件制造等领域的研发和产业化给予重点支持。

科技创新与研发平台建设。整合科技、教育、人才资源，推动校地、校企合作，支持建立多形式的科技联合体和产业创新联盟，积极推进国家工程中心、国家工程实验室、国家重点实验室和企业技术中心建设，构建一体化的科技创新与研发平台。

支持建立民营科技企业创新基金。建设民营科技园，鼓励发展风险投资事业，建立各类贷款担保机构，构建创新贷款担保、贴息机制。

4. 建立资源开发补偿机制

重点针对资源型城市，建立资源开发补偿专项基金，形成稳定的补偿资金来源渠道。可以考虑从目前征收的资源税、矿产资源补偿费中抽取一定的比例，加上中央和地方财政（省级和市级财政）的投入，建立资源开发补偿基金，用于保护和恢复因资源开采破坏的生态和地质环境，提高可持续发展能力。

在资源合法开采的前提下，由于资源开采影响了资源的重复利用，应当对资源的所有者给予补偿。

因资源的合法开采而给周围环境造成的环境污染和生态破坏，要对受环境污染和生态破坏牵涉的行为主体给予补偿。

因资源开采对城市景观造成的破坏应给予一定的补偿，以帮助资源型城市修复城市面貌。

5. 创新制度体系

完善促进产业合作和结构调整的法律法规体系；健全社会主义市场经济体系，加快商品和劳动力等生产要素自由流动和产权制度改革；深化行政审批制度改革；加快与国际惯例和规则的接轨，减少与国际上其他国家间的制度性摩擦，降低进入国际市场的交易成本。

构建九省二市联动协调机制。建立长江经济带经济发展联盟，建立高层次全方位的组织平台，推动九省二市在规划、项目、产业、资源等方面的联动。完善长江经济带利益协调机制，防止区域恶性竞争，促进产业集聚，以角色的定位和转变推动各省市合理分工、协调发展；构建长江经济带九省二市经济发展信息网络和交流平台，促进信息共享。

完善与发达地区地方政府的合作机制。实现资源、信息互补与共享，促进经济共同发展；积极开展经贸、科技、社会、文化合作交流活动；完善地带间和区域内交通体系，加强通信、能源等基础设施建设的区域协调与合作。

6. 扩大对内对外开放水平

建立长江经济带发展联盟或高层次的组织平台，推动九省二市在规划、项目、产业、资源等方面的联动。

逐步建立长江下游产业梯度转移、上中游产业有序承接、战略性新兴产业共同发展的区域产业合作新模式。

以长江经济带、“一带一路”国家发展战略的实施为契机，依托黄金水道的天然优势和历史基础，形成本土企业与外资企业互补共生、内陆沿海双向开放、流域经济与海洋经济联动发展的区域产业发展新格局。

参考文献

孙威，李文会，林晓娜，等. 2015. 长江经济带承接产业转移能力研究. 地理科学进展，34（11）：1470-1478.

孙威，李文会，张文忠，等. 2016. 节能和就业导向下中国中部地区产业结构优化研究. 地理学报，71（6）：984-997.

孙智君，于洪丽. 2014. 长江经济带能源效率、能源消费与经济增长的区域差异. 湖北经济学院学报，12（3）：61-67.

徐长乐. 2014. 建设长江经济带的产业分工与合作. 改革，244（6）：29-31.

玄兆辉，吕永波. 2013. 中国企业研发投入现状与问题研究. 中国科技论坛，1（6）：5-10.

第 四 章

Chapter 4

长江经济带基础设施一体化建设战略

第一节　基础设施发展现状与特征

一、基础设施发展的现状特征

1. 基础设施网络骨架已形成

长江经济带经过多年的建设与发展，尤其长江“黄金水道”决策提出以来，沿江省市加大了交通投资，交通建设迅速发展，交通网规模持续扩大，结构布局不断改善，运输能力大幅增强，技术等级和服务水平显著提升，基本形成了以长江黄金水道为依托，水路、铁路、公路、民航和管道等多种运输方式协同发展的综合交通网络（图4-1）。

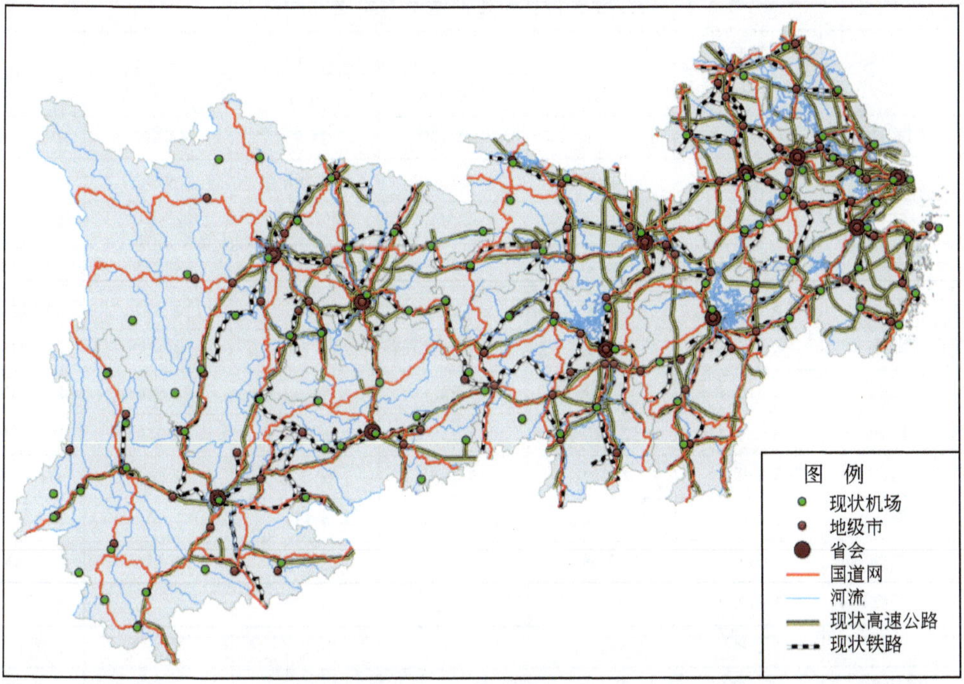

图4-1　长江经济带交通设施网络现状示意图

2013年，长江经济带有交通线路（不含管道）201.17万km，其中铁路2.96万km，公路189.25万km，内河航道8.9万km（表4-1）。

表4-1　长江经济带交通设施基本情况

指标	单位	1978年	2013年	增长（倍）
一、内河航道里程	万km	8.9	8.9	—
高等级航道里程	万km	0.23	0.67	1.9
二、铁路营业里程	万km	1.4	2.96	1.1
高速铁路里程	万km	0	0.4	—

续表

指标	单位	1978 年	2013 年	增长（倍）
复线率	%	11.9	49.8	3.2
电化率	%	2.7	69.7	24.8
三、公路通车里程	万 km	35	189.3	4.4
国家高速公路里程	万 km	0	3.2	—
四、输油（气）管道里程	万 km	0.06	4.4	72.3
五、城市轨道交通营业里程	km	0	1089	—
六、民用运输机场数	个	20	74	2.7

表 4-2　长江经济带各省市交通运输里程（2013 年）

地区		铁路（km）	公路（km）		内河航道（km）		总计（km）
			合计	高速公路	合计	等级航道	
全国		103 144.6	4 356 218.44	104 438	125 853	64 900	4 585 216
长江经济带	上海	465	12 633	815	2 268	937	15 366
	江苏	2 599.7	156 094	4 443	24 333	8 515	183 026.7
	浙江	2 044.5	115 426	3 787	9 743	4 953	127 213.5
	湖北	3 929.5	226 912	4 006	8 271	5 803	239 112.5
	湖南	4 026.6	235 392	5 084	11 496	4 127	250 914.6
	安徽	3 513.1	173 763.26	3 521	5 642	5 060	182 918.4
	江西	3 084.3	152 067.34	4 335	5 638	2 349	160 789.6
	四川	3 539.4	301 816	5 046	10 720	3 848	316 075.4
	重庆	1 680.1	122 846	2 312.476	4 331	1 801	128 857.1
	贵州	2 093.1	172 564	3 282.99	3 649	2 354	178 306.1
	云南	2 618.8	222 940	2 943	3 551	2 816	229 109.8
	合计	29 594.1	1 892 454	39 575.47	89 642	42 563	2 011 690
占全国比重		28.69%	43.44%	37.89%	71.23%	65.58%	43.87%

1）铁路。铁路网较为发达，基本形成以各省省会城市、直辖市为中心的铁路网络，向外延伸把东、中、西三大地带连接起来，而且还与京沪、京九、京广、皖赣、焦柳等南北铁路干线交汇，承东接西，接南济北，通江达海。2013 年长江经济带各省市铁路里程占全国 28.69%，路网密度达 1.44km/百 km^2，略高于全国平均水平（1.39km/百 km^2）。

2）公路。近年来公路建设进程加快，里程不断增多，2013 年公路里程占全国 43.44%，路网密度达 92.32km/百 km^2，是全国平均水平（45.38km/百 km^2）的两倍多。

3）水运。长江黄金水道水路交通优势显著，2013 年长江经济带内河航道里程占全国比重高达 71.23%，共有内河航道枢纽 2576 处，轮驳船 17.26 万艘，干线生产性泊位 4296 个，货运量达到 36.54 亿 t（干线货运量高达 19.2 亿 t），居全球内河第一。目前，长江水运较大的优势是运费较低，包括煤炭、汽车等很多大宗物质运输通过水运可节省大量的运输成本。

4）航空。长江经济带共有 74 个机场，2013 年底旅客吞吐量位居全国前 10 位的共有 6 个，分别是上海浦东国际机场、上海虹桥国际机场、成都双流国际机场、昆明长水国际机场、重庆江北国际机场和杭州萧山国际机场，位居全国前 20 位的还有长沙黄花国际机场、武汉天河国际机场和南京禄口国际机场。

5）能源。长江经济带是中国重要的能源生产与消费地区，区内能源流动、输入输出规模巨大。2012 年沿线 11 个省市能源产量为 79 764 万 t 标准煤，占到全国总量的 24.04%；能源消费量为 161 463.6 万 t 标准煤，占到全国总量的 44.64%。长江中上游区域水电资源丰富，是我国重要的水电生产基地，截至 2013 年底，四川、重庆、云南、贵州水电装机为 9735 万 kW，占全国总量的 34.71%；加上湖北、湖南，水电装机达到 14 752 万 kW，占到全国总量的 52.6%；同时，云南、贵州、四川、重庆还是我国西南地区重要的煤炭产区，2012 年煤炭产量为 4.15 亿 t，占到全国煤炭总产量的 9.98%。

2. 基本保障了长江经济带的客货运输

现有的综合交通网络有力保障了长江经济带的客货运输，尤其是大宗货物的运输。2013 年长江经济带完成客运量 130.44 亿人次，旅客周转量为 9822.76 亿人次·km，分别占全国的 32.46% 和 27.26%。货物运输方面，完成货运量 171.17 亿 t，货物周转量为 64 972.18 亿 t·km，分别占全国的 38.55% 和 35.51%（图 4-2）。

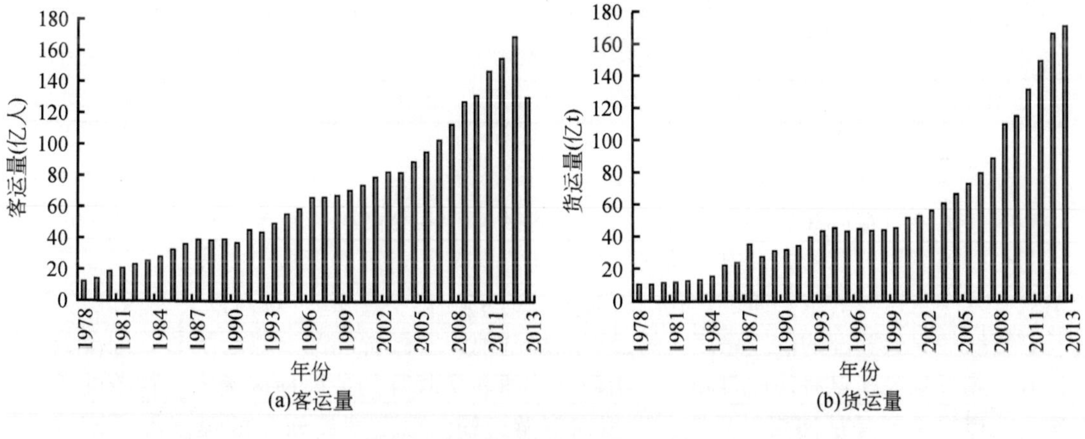

图 4-2　长江经济带的客货运量发展历程（1978～2013 年）

从运输结构来看，客运中公路运输占绝对优势，占运输总量的 74.62%，其次为铁路运输和水路运输，分别占运输总量的 6.54% 和 1.06%。货运中公路运输占绝对优势，占运输总量的 76.25%，其次是水路运输和铁路运输，分别占运输总量的 21.35% 和 3.70%。2013 年，长江经济带各地区完成水运货运量 36.54 亿 t，货物周转量 7926.71 亿 t·km，占全国比例高达 65.28%（表 4-3）。其中，宁波-舟山港、上海港、苏州港货物吞吐量分别为 8.10 亿 t、6.83 亿 t、4.54 亿 t。目前，长江经济带的货物运输以大宗货物为主，包括钢铁、煤炭、金属矿石、原油等。2013 年，长江经济带 11 省市共有 3 个机场客运量位居全国前五，其中，上海浦东机场完成旅客吞吐量5168.79万人次，货邮吞吐量318.17万t，其次是上海虹桥机场和成都双流机场，旅客吞吐量和货邮吞吐量分别为3797.11万人次、43.22万t和37.68万人次、54.50万t。

表4-3　2013年长江经济带各地区交通运输量情况

地区	铁路		公路		水运		航空	
	客运量（万人次）	货运量（万t）	客运量（万人次）	货运量（万t）	客运量（万人次）	货运量（万t）	客运量（万人次）	货运量（万t）
上海	7 972	702	3 476	43 877	243	39 726	8 966	361.38
江苏	13 435	7 157	135 555	103 709	2 454	70 909	2 684	46.51
浙江	11 052	4 831	121 185	107 186	3 111	76 662	4 617	56.6
湖北	10 410	5 646	80 670	100 945	442	24 409	1 948	15.11
湖南	9 231	5 169	149 015	156 269	1 480	23 097	1973	12.67
安徽	7 210	11 566	119 433	284 534	67	100 291	723.5	4.95
江西	6 945	5 217	57 915	121 279	207	8 676	930.2	5.66
四川	8 240	8 970	124 145	151 689	2 390	7 100	4 164	56.37
重庆	3 251	2 475	61 243	71 842	689	12 924	2 973	30.47
贵州	4 321	6 461	77 359	65 100	1 755	1 142	1 402	8.30
云南	3 189	5 146	43 392	98 675	1 045	508	3 559	32.63
长江经济带	85 256	63 340	973 388	1 305 105	13 883	365 444	33 940	630.65
比重	40.41%	15.97%	52.52%	42.42%	58.99%	65.28%	40.82%	46.51%
全国	211 000	396 697	1 853 463	3 076 648	23 535	559 785	83 153	1 356.08

3. *沿江能源输送廊道格局基本形成*

长江上下游地区在能源生产与消费方面的格局，以及长江“黄金水道”的战略区位优势也导致了沿长江的煤、电、油气的综合性能源输送走廊的形成。首先，长江是长江沿线省区煤炭运输的重要通道。我国煤炭资源的85%集中在秦岭-淮河以北及西北地区。长江沿线的煤炭资源的供应除区内的云贵煤炭基地、安徽省的两淮基地及邻近的鲁西基地外，剩下主要来自海外进口和从“山西、陕西和蒙西”的三西地区调入。传统的长江水运，煤炭主要是从四川、重庆、贵州向下游运输，以及“三西”的煤炭经过南通道（侯月铁路、陇海铁路、宁西铁路及焦柳铁路、京九铁路、京广铁路、蒙西铁路）运到长江“三口一枝”（南京的浦口、芜湖的裕溪口、武汉的汉口和枝城）后向下游水运。随着国外煤炭价格的降低，长江中游地区从沿海地带进口并通过长江转运的煤炭比重逐步增高。2013年，从沿海转运长江的煤炭运量达到2亿多吨，其中20%服务于鄂湘赣皖地区。另外，沿江输电走廊基本形成。长江上中下游地区分别隶属于南方电网、华中电网和华东电网，以及电力资源的禀赋与消费差异，因此网内与网际间的电力调配规模较大。目前，从长江上游到长江中游、从长江上游到长三角地区及从长江中游到下游长三角地区已经建成了向家坝—上海（±800kV直流）、锦屏—苏南（±800kV直流）、溪洛渡左岸—金华（±800kV直流）、雅安—重庆—武汉（1000kV交流）、淮南—南京—上海

（1000kV 交流特高压）等输电通道，输送总能力达到 4 060 万 kW（图 4-3）。

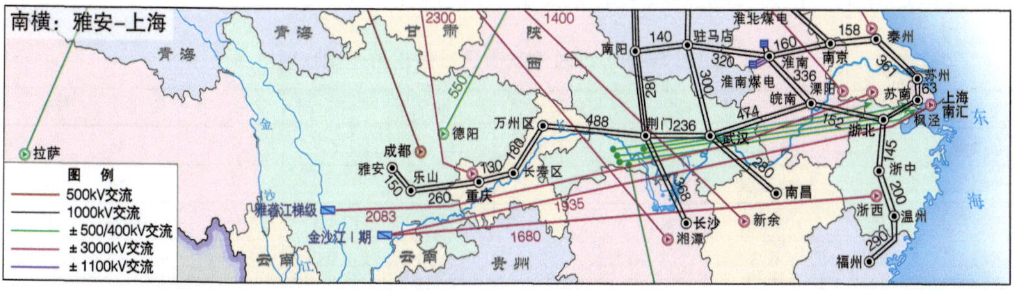

图 4-3　长江电力输送图

在油气输送方面，主要形成了将进口原油从港口输送到长三角地区、长江中游地区的原油管道及川气东送的管道，主要包括甬沪宁（宁波至上海、南京）和仪长（江苏仪征至湖南长岭）两条原油输送管道，以及忠武（忠县至武汉）、四川普光—上海的天然气输送管道。

4. 长江航运对长江经济带的形成开始发挥重要作用

过去一段时间，长江航运实现了通江达海，沟通了我国东部和西部、南部和北部，为发达地区和落后地区的社会经济联系发挥了通道作用，促进了沿江产业的形成和区域发展。

第一，长期以来，长江航运对长江流域的人口分布和产业布局及城市建设具有引导作用。历史上，上海、宁波、舟山、苏州、南京等均是重要的港口枢纽，同时也是与国内外进行货物经济交流的集散枢纽，由此成为长江经济带的重要政治文化和经济中心，而长江沿岸主要城市也成为长江经济带富裕的人口–产业集聚区。

第二，长江航运为长江沿岸地区的资源开发提供了强大运输支撑，包括钢铁、煤炭、石油等矿产资源的运输，同时，围绕这些资源，长江经济带各城市形成了钢铁、汽车、电子、石化等产业类型，也形成了一些沿江布局的工业园区和物流园区。

第三，目前，长江经济带的各城市已围绕航运业形成了一定的产业体系，包括航运运输业、航运教育与培训、船舶租用与维修、船舶制造业、现代物流等相关产业。这些围绕航运而形成的产业链，已成为支撑长江经济带各城市发展的重要力量。

第四，长江航运已开始承担长江经济带大宗货物的运输。近年来，长江经济带的内河货运量、货物周转量都有了较快的增长速度，2013 年占长江经济带总量的比重比 2000 年时上升了 9 个百分点。在长江经济带，内河货运量比重高达 67%，远远高于全国平均水平。未来长江经济带内河航运的作用将会更加突出，其将成为区域内煤炭、钢铁、石油等大宗散货和集装箱运输的重要方式，同其他运输方式协调发展，共同支撑长江经济带的发展。

5. 长江黄金水道在我国内河航运中的重要地位

从长江经济带开发的战略构想提出，到上升为国家战略，其历程走了近 30 年。长江水系在我国内河航道网络中具有重要地位，2013 年航道通航里程为 64 254km，占全国总量的 51.05%，其中，全国内河水系中 85.95% 的一级航道集中在长江水系（表 4-4）。近年来，长江航运发展势头强劲，2013 年长江干线完成货物吞吐量近 20 亿 t，稳居世界第一，长江水系完成的水运货运量和货运周转量占沿江全社会货运量的 20% 和货物周转量的60%。如今，长江航运已经成为沿江综合运输大通道的核心部分，以及沿江地区经济社会快速发展和沿江产业带聚集的重要引擎。

表 4-4　2013 年各水系内河航道通航里程占全国比重（%）

技术等级	长江水系	长江干流	珠江水系	黄河水系	黑龙江水系	京杭运河	淮河水系	闽江水系	其他水系
等级航道	45.20	4.26	12.50	3.61	11.74	1.93	13.12	1.36	10.55
一级航道	85.95	82.08	1.15	—	—	—	—	3.58	9.32
二级航道	36.93	36.93	8.51	—	27.18	12.45	13.37	0.40	0.52
三级航道	37.18	6.39	18.70	1.22	16.10	4.03	19.83	—	2.95
四级航道	29.71	—	15.06	—	21.21	2.69	10.11	2.69	18.53
五级航道	46.75	—	8.58	5.97	15.46	1.13	13.03	1.55	7.52
六级航道	46.44	—	12.26	8.16	4.04	0.89	16.26	0.07	11.88
七级航道	51.91	—	12.93	1.18	9.85	0.47	10.07	2.44	11.15
等外航道	56.25	—	12.93	1.80	0.74	0.27	14.18	1.76	12.07

6. 综合交通网络的支撑能力存在空间差异

长期以来，由于各阶段交通网络发展重点不同及区域投资的差异，长江经济带各省市形成了不同规模的交通网络，交通建设重点也不同。从 2013 年交通运输里程密度来看（图 4-4），上海市最高，高达 186.48km/百 km^2，其次是江苏省、重庆市，分别为 171.47km/百 km^2、156.63km/百 km^2，云南省最低，仅 59.79km/百 km^2，不到上海市的 1/3。

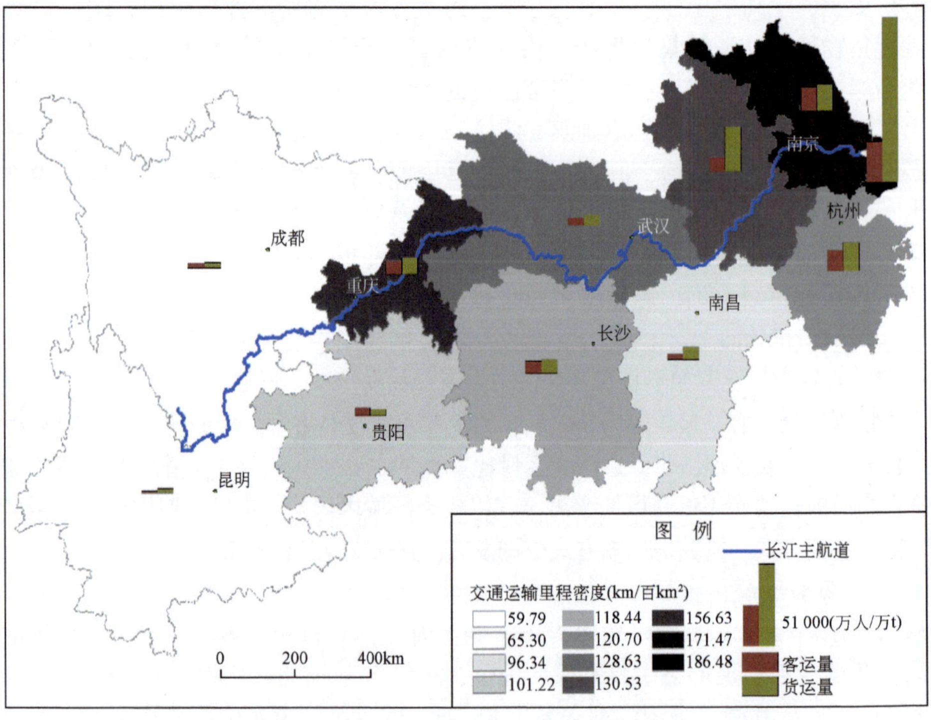

图 4-4　长江经济带各省市交通运输里程密度、客货运量（2013 年）

从2013年客货运量来看（表4-5），均为上海市最高，分别占长江经济带客货运总量的26.17%、48.75%。其中，客运量位居第二、第三位的是江苏省、浙江省，货运量位居第二、第三位的是安徽省、浙江省。从运输方式来看，客运量方面，除上海市外，其他省市的公路客运量比重均超过84%，其次是铁路、航空，但所占比重均较小，所有省市的水路客运量比重均不超过2.5%；上海市客运量结构不同于其他省市，其航空客运量所占比重最大，高达43.40%，其次是铁路客运量，占38.59%，公路客运量仅占16.83%。货运量方面，所有省市均以公路、水运为主，两者所占比重和超过90%，其中，上海、江苏、浙江三省的公路、水路货运量比例相当，其他8省市，尤其上游地区，公路货运量远高于水路货运量；所有省市的铁路、航空货运量均较小，后者仅占了不到0.5%的比重。总体来看，越往下游地区，道路网、河网越密集，客货流密度越大，水路运输优势也越明显。

表4-5 长江经济带各省市客货运量运输结构（2013年）（%）

省份	铁路客运量	公路客运量	水路客运量	航空客运量	铁路货运量	公路货运量	水路货运量	航空货运量
上海市	38.59	16.83	1.18	43.40	0.83	51.82	46.92	0.43
江苏省	8.72	87.95	1.59	1.74	3.94	57.04	39.00	0.03
浙江省	7.90	86.58	2.22	3.30	2.56	56.79	40.62	0.03
湖北省	11.14	86.31	0.47	2.08	4.31	77.05	18.63	0.01
湖南省	5.71	92.16	0.92	1.22	2.80	84.68	12.52	0.01
安徽省	5.66	93.72	0.05	0.57	2.92	71.78	25.30	0.00
江西省	10.52	87.75	0.31	1.41	3.86	89.72	6.42	0.00
四川省	5.93	89.35	1.72	3.00	5.35	90.39	4.23	0.03
重庆市	4.77	89.86	1.01	4.36	2.84	82.32	14.81	0.03
贵州省	5.09	91.19	2.07	1.65	8.89	89.53	1.57	0.01
云南省	6.23	84.77	2.04	6.95	4.93	94.55	0.49	0.03

能源方面，长江上下游地区也形成了不同的能源生产消费格局。长江上游地区煤炭、水电、油气资源都相对丰富，是我国重要的西南综合能源生产基地。但由于经济基础相对薄弱，能源消费规模相对较低，因而向区外输出大量的煤炭和水电资源。2012年，云南、贵州向区外共输出煤炭5 313万t，占到地区煤炭产量的18.65%；四川、云南、贵州共输出电力1 157亿kW·h，占到地区电力生产总量的20.93%。长江中游区域由于其地理位置的特殊性，是我国油、电、煤、气等能源资源的中转枢纽之地。山西、内蒙古等地区的煤炭通过焦枝铁路和蒙西铁路到长江沿岸后通过水路运输到下游区域；长江上游、中游的水电通过宜昌换流站输送到长三角、珠三角区域；从沿海港口进口的原油、液化天然气等产品通过管道输送到中游的石油化工企业。2012年，长江中游四省调入（含进口）煤炭2.76亿t，调出（含出口）煤炭6133万t；调入（含进口）油品5624.8万t，调出（含出口）油品670万t；调入电力812.88亿kW·h，调出电力1486.96亿kW·h。长江下游是重要的能源消费地区和能源输入地区。2012年长三角能源消费量达58 288万t标准煤，占到全国总量的16.11%；净调入煤炭4.18亿t、油品

9692万t、天然气221亿m^3，对外依赖度高达100%；电力调入1436亿kW·h，对外依赖度为15.7%。

二、基础设施发展存在的问题

尽管基础设施网络骨架已经形成，但与推动长江经济带发展要求相比，综合交通网建设仍然存在较大差距，尚不能完全支撑长江经济带的发展需求，主要表现以下方面。

1. 交通能力不足，网络结构不完善

目前长江货运量居世界内河货运量首位，并且每年仍在以两位数的速度增长，但长江仍面临交通能力不足、网络结构不完善、覆盖广度不够、通达深度不足、技术等级偏低、综合交通枢纽落后等问题，限制了航运的发展。①东西向铁路、公路运输能力不足，南北向通道能力紧张，向西开放的国际通道运输能力薄弱。②上海港等长江航运与海运的中转枢纽港口已经超负荷运营，三峡大坝通航能力饱和也导致大量货船滞留。③水运设施等硬件条件存在瓶颈。长江水道由于有多个桥梁，其高度也并不统一，如南京长江大桥等桥梁净高不足制约着大型船舶的通航，加上葛洲坝与三峡大坝在一定程度上妨碍了正常航运的发挥，使得运输时无法达到最大箱量运输，个别区域还需要压仓等烦琐操作，使高效运输功能受到限制。④内河集装箱船舶船型超长、超宽，吨位较大，营运成本相对较高。“营改增”后，造成了大部分企业税负的增加。⑤疏浚和治理长江航道一直是长江航道局工作的重中之重。交通运输部长江航务管理局《2013年长江航运发展报告》显示，2013年通过三峡大坝船闸的平均等待过闸时间，最高等待过闸时间超过240h，约合10天左右，这严重影响了长江航运的通航能力。

2. 长江水运未能得到充分开发利用，黄金水道未能“黄金”

长江经济带各交通运输方式中，水运具有绝对的成本优势。当前，该区域各种交通方式的平均运输成本分别是：公路0.6元/(t·km)，铁路0.4元/(t·km)，而水运只需要0.1元/(t·km)。从技术性能上看，船舶货舱容量大，可运载体积大的货物，一支大型内河拖驳船队的载重量相当于铁路列车载重量的4~5倍；投资方面，整治航道比铁路建设投资少，内河航道的建设还可与兴修水利和修建水电站相结合。但对比客货运量比重，发现长江经济带公路、铁路和水路承担货运量的比重分别为76.25%、3.70%和21.35%，由此可见该地区货运以公路为主。相对于长江优越的水运条件而言，水运比重仍显得很小，水运成本同其运量不成比例，水运能力并没有得到充分地开发和利用。

长江干线航道总体上呈“两头深、中间浅；两头通、中间堵”的状况。首先，长江航运的绝大部分运量集中在长江中下游河段，但其通航里程仅占干流通航总里程的49%。其次，上游金沙江由于险滩阻隔，水运不能直达；当前的问题是梯级水电站没有充分考虑航运设施问题。金沙江全流域共计划开发25级电站，虽然将云、贵纳入长江经济带，但大量的货物被拦断在上游，无法实现东西开放的联动。目前位于上游的西部地区对水运的依赖性最强，但由于上游航道不连续，水上运输受到严重制约。中游航道整体上还处于自然状态，万吨级船队无法在枯水期重载运行，无法实现武（武汉）渝（重庆）直达。

目前，长江水系高等级航道比重偏低，且未能形成干支流网络。尽管长江航道通航里程占了我国内河航道总里程超过一半的比重，但其64 254km的通航里程中，高等级航道里程仅占7.34%，中等级航道里程也只有46.51%，分别低于全国同指标水平8.11%、51.57%。同时，长江支流众多，上游支流现有通航里程12 410km，但除嘉陵江、岷江、乌江、赤水河等支流的下游河段可通航100～500t级船舶外，其他河段通航条件非常差，有的只有季节性通航，甚至只有区间通航；中下游支流的航道等级比上游有较大提高，但大部分三级支流目前仍未开发，港口管理缺乏协调，中小型港口较多，吨位等级较小，通航能力不高。长江航道潜力的发挥在一定程度上有赖于支流的开发利用，这既是长江水运未能得到充分开发利用、黄金水道未能"黄金"的重要原因，也是形成长江干流与支流一体化综合运输体系的重要支撑条件。

3. 未能形成围绕长江航运的集疏运系统

围绕长江航运构造高效的集疏运系统至关重要。目前，长江航运潜能尚未充分发挥，高等级航道比重不高，中上游航道梗阻问题突出，各种运输方式衔接不畅，铁-水、公-水、空-铁等尚未实现有效衔接，高效集疏运体系尚未形成，综合交通枢纽建设亟待加强。长江航运年货运量达20.6亿t，分别为美国密西西比河、欧洲莱茵河年货运量的4倍和6倍。其中，每年通过铁路转运的货物约5000万t，但长江港口与铁路衔接不充分，其运输量还不到长江港口货物集疏运比重的2%，远低于发达国家港口和铁路衔接运输的平均比重30%（美国甚至高达40%）。干线2800余公里航道众多港口中，可开展铁水运输的港口不到10个，港口企业不足20家，而与铁路直接衔接的码头泊位仅65个，港区铁路专用线长度不足110km。同时，长江大多港口也缺乏与公路干线的连接，直接影响了港口同腹地尤其深远腹地的连通性，增加了港口的物流成本，使大量腹地物流舍水行路，也就影响了长江航运通道和港口的发展潜力。

4. 以水为核心的管理部门与区域之间缺乏综合协调

第一，长江流域的港口建设一度处于混乱局面，沿江省市互相争夺货源的情况并不鲜见。数据显示，截至2012年初，2668km的长江干线万吨级码头泊位达389个，平均近7km一个。长江干线上除了上海、武汉、重庆三大航运中心之外，各省市还各自建设了许多多用途码头和集装箱码头，并且都还在进一步加快扩容建设，甚至多个省市都在斥巨资打造与"渝新欧"竞争的线路，造成长江干线上港口密度较大，腹地互有交叉，功能部分重复。在各大港口纷纷进行产能建设和扩张的同时，却一定程度上忽略了实际的市场需求，如上游地区的航运市场尚未成熟，货物来源非常短缺，面对大港口的竞争，为争取更多货运资源，各地港口间采用低价竞争、行政干预等多种手段争夺客户，造成港口间的同质化竞争加剧，出现了港口产能过剩，使行业整体存在一定程度的重复建设和资源浪费。

第二，尚未形成合理分工格局，相邻行政区域间港口规划孤立，区域内分工协作与差异化发展不足；港口功能布局、产业结构趋同，重复建设、资源浪费和内部恶性竞争现象严重。例如，南昌港和九江港、黄石港和武汉港、重庆港和周边港口都缺乏从运输资源的角度进行统筹开发整合，建议抓紧制定合理的港口布局规划，打破区域、所有制、行政隶属等界限，通过码头投资、建设来促进港口资源整合，多层次多渠道推进港口集群建立。

第三，长江航道建设过程中不仅涉及中央和地方，还涉及国土、环保、农林等多部门利益，岸线、征地、防洪、交通等协调难度较大，非常影响长江流域水运事业的整体良好发展。同时，长江航运中尤为重要的“江海联运”监管标准并不一致，浙江、上海海事部门对江海直达集装箱船舶监管不一致，宁波-舟山港的镇海、北仑、穿山、大榭、梅山等港口没有与洋山港区一样享有集装箱江海直达航线的便利。可见，涉水行业主管部门之间缺乏统一协调机制，水利、水电开发与航运发展之间往往不能统一协调，这将较大影响长江水运功能的发挥。

三、重大区域战略与社会经济需求分析

依托黄金水道，推动长江经济带发展，对现代化综合交通运输体系建设提出新的更高要求。

1. 为总体经济增长提供强大支撑

随着长江经济带社会和经济发展，其运输量将会有较大幅度的提升，主要表现在以下几个方面。第一，经济发展。经济发展是影响运输需求最主要的因素，目前，长江经济带的人口和生产总值均超过全国的40%，运输量增长态势与GDP增长态势基本一致，长期以来也呈现持续增长的态势。预计2020年前后，长江经济带经济总量将达到全国的50%，客运量达到310亿人次，货运量达到270亿t，高速增长的客货运输需求要求交通设施提供强大支撑。第二，长江经济带建设将推进东部沿海地区产业的转型升级及原有产业的转移，沿海地区、下游地区制造业等可能更多地向内陆、中上游地区拓展，再加上长江经济带是对外贸易和进口货物的必经通道，这些新的运输需求都需要依托交通基础设施来实现。第三，形成以城市圈为主体形态的城镇化格局，要求加快构建综合运输大通道，打造高效快捷的交通走廊，加快完善城际交通网络，提高运输能力和服务水平。

2. 对接“一带一路”战略，为东、中、西协调发展奠定基础

国务院2014年9月印发的《关于依托黄金水道推动长江经济带发展意见》中，明确提出要加强与丝绸之路经济带、海上丝绸之路的衔接互动，使长江经济带成为横贯东、中、西，连接南北方的开放合作走廊。作为“一带一路”战略实施的基础和助推器，长江经济带历来是海、陆丝绸之路的商品源头，是海上、陆上丝绸之路的连接通道，海陆互动，一江带全局。对接“一带一路”战略，在东部，要提高交通网络畅通水平，发挥欧亚大陆桥铁路运输和长江经济带水路运输的多节点联动优势，在长江入海口实现通江达海，走出连云港困局；在中部，要扩大交通网络覆盖范围，通过安徽合肥陆路铁路直连西安，水路通过巢湖港区直接入江，贯穿南北动脉；在西部，发挥重庆西部中心枢纽作用，增强对丝绸之路经济带的战略支撑，发挥成都战略支点作用，把四川培育成连接丝绸之路经济带的重要枢纽，通过“渝新欧”铁路促进欧亚大陆桥与长江经济带的联动发展。同时，构建多层次对外交通运输通道，趁瑞丽等边贸城市外资项目猛增热潮，加强与东南亚、南亚、中亚等国家的经济合作，优化向西国际物流资源，提高连云港陆桥通道桥头堡水平，打造中国-巴基斯坦经济走廊、中印缅经济走廊。

3. 打造国土空间一级开发轴线，为陆海双向开放创造条件

按照“点轴理论”和“T字形开发模式”，长江水道的沿江地区，是我国国土开发和区域经济布局的重要地区，沿长江通道是我国国土空间一级开发轴线。这要求长江经

济带建设必须充分发挥沿海沿江沿边的区位优势，深化向东开放，加快向西开放。一方面，完善沿江铁路、沿江客运专线、沿江高速公路建设，统筹推进沿海沿江港口建设，充分发挥上海、武汉和重庆三大航运中心的引领作用，大力发展“江海联运”“干支直达”等高效便捷的运输组织方式，打造横贯东、中、西，连接南北方的国际物流大通道，沟通“两洋”，连接欧美，实现与周边国家基础设施互联互通，实现海向开放。另一方面，长江经济带作为一条一级开发轴线，不仅横跨东、中、西三个一级区域，而且包括许多省、市次级区域，把西部大开发、中部地区崛起和东部地区较快发展三大战略有机串联和衔接起来，这对一级轴线、三大区域与众多次级区域之间的交通衔接提出了新的要求。沿海、沿江先行开发，再向内陆地区梯度推进，这是区域经济发展的重要规律。因此，要求依托长江这条横贯东西的黄金水道，带动中上游腹地发展，完善城镇密集区综合交通网络，打造综合交通枢纽，统筹推进水运、铁路、公路、航空、油气管网集疏运体系建设，为陆向开放创造交通先行条件。

4. 未来能源消费格局变化

从目前全国能源生产布局的发展趋势看，能源生产将更加向基地集中。煤炭的生产将集中在十四个大型煤炭基地，尤其是山西、陕西、蒙西的煤炭基地及新疆煤炭基地。长江经济带内的云贵基地和附近的河南煤炭基地、两淮煤炭基地及鲁西煤炭基地，受资源禀赋和环境的影响，增产空间相对有限。水电则主要集中在西南地区的水电基地。十二五期间，国家提出要“继续推进金沙江中下游、澜沧江中下游、雅砻江、大渡河、黄河上游水电基地建设，重点开发大渡河、雅砻江、金沙江中下游等流域。根据国家电力需求，稳步启动金沙江上游、澜沧江上游、黄河上游、怒江中下游、雅鲁藏布江中游水电基地开发。到2020年，长江上游、南盘江红水河、乌江、金沙江中下游、澜沧江中下游、雅砻江、大渡河水电基地基本建成”。因此，云南、四川的水电规模还将进一步扩大；长江上游能源输出的地位将进一步加强，而长江中游和下游地区对区外能源的依赖程度将进一步增高，因此其对沿长江的能源一体化输送走廊建设的需求将进一步加强。但同时也应注意到随着世界金融危机后发达国家调整经济政策，促进制造业回归，中国经济进入新常态，能源重化工业在长期投资刺激后增长乏力，装备电子制造业受到国内成本上升和越南、印度等国竞争的双重压力。2012年以后，中国工业增速持续放缓，从而带动能源消费增速放缓。2012年全国煤炭消费量的增速已下降到2.83%，2013年进一步下降为2.37%。电力消费量增速也由2011年的12.68%下降到2014年的3.8%。但同时经济高速发展期开工建设的能源设施正在逐年释放产能，煤炭供大于求的矛盾日益突出，导致许多煤炭生产企业经济效益不佳。2014年我国的煤炭产量增量出现负值，云南煤炭产量甚至只有2012年的50%，安徽、贵州煤炭产量基本与2012年持平。因此，从2014年起，国家发展和改革委员会就陆续发布了控制新建煤矿项目、稳定煤炭产能的有关通知。根据相关文件，“今后一段时期，东部地区原则上不再新建煤矿项目；中部及东北地区适度建设资源枯竭煤矿生产接续项目；西部地区重点围绕大型煤电基地和现代煤化工项目用煤需要，在充分利用现有煤矿生产能力的前提下，严格依照规划新建煤矿项目”。因此，如果十三五期间我国经济继续保持新常态状态，长江经济带内的煤炭产量将基本保持现状；而煤炭的消费量则因为全国能源消费结构的减少，以及清洁能源的使用，其在地区能源消费中的比例将逐步降低。

电力方面，假设未来时期内，全国电力消费弹性系数继续保持在 0.5，2015 ~ 2020 年 GDP 增速保持 6.5%，2020 ~ 2030 年 GDP 增速保持 5% 增速，那么到 2020 年，我国电力消费规模预计将达到 6.7 万亿 kW · h，2030 年预计达到 8.6 万亿 kW · h。根据现有规划和数据，2013 年底全国仍有火电在建和拟建项目近 1 亿 kW，如果 2020 年这些项目全部投产，届时全国火电电力装机预计将达到 10 亿 kW；再加上水电、风电、光伏、核电等清洁能源，预计到 2020 年，全国电力装机将达到 17 亿 kW，预计发电量将达到 7.1 万亿 kW · h，超出当时的电力需求量。2013 年底中国水电在建项目 4550 万 kW，假设 2013 年之后不再新上水电项目，2020 年中国水电装机将达到 3.3 亿 kW，届时中国的电力供应量依然在 7 万亿 kW · h 以上，依然能够满足全国电力需求。因此，假设自现在起不再新上电厂项目，据 2012 ~ 2013 年各省市的电力消费量增速，对长江经济带各省市的电力消费量进行预测。预计到 2020 年，长江经济带整体的电力需求将达到 3.2 万亿 kW · h，其中下游的上海、浙江、江苏、安徽电力需求量预计达到 1.97 万亿 kW · h，考虑到 2020 年安徽省“皖电东输”基地将建设完成，届时地区电力产量将达到 1.12 万亿 kW · h，预计需要区外调入电力流量达到 8500 亿 kW · h。

而在油气方面，根据国家石化产业规划，十三五期间国家将重点建设七大沿海石化基地，其中江苏连云港、上海漕泾、浙江宁波位列其中。预计到 2020 年，长江下游地区的原油加工能力将达到 1.4 亿 t，所需原油基本完全靠进口满足；长江中游各省也确定了地区原油扩容工程，预计到 2020 年原油加工能力将达到 4800 万 t，所需原油也绝大部分靠进口满足；长江上游地区原油加工能力随着中缅原油管道的建设布局和建设昆明及重庆长寿两个千万级石化基地，从而原油加工能力将达到 3200 万 t，其中 2000 万 t 的原油需要从缅甸进口；预计到 2020 年，长江经济带需要从国外进口原油总计达 2 亿 t。其中除少量从中缅原油管道运输外，其余都是靠海运到沿海港口后，走沿江原油管道进行运输。

5. *为生态文明建设做好示范*

长江经济带是我国重要的人口密集区和产业承载区，以长江水系为主要骨架的青藏高原生态屏障和黄土高原-川滇生态屏障是我国“两屏三带”为主体的生态安全战略格局中尤为重要的“两屏”。随着经济社会快速发展，土地、能源、岸线等资源日益紧缺，生态环境压力持续增大。加强资源节约和环境保护，要求加快转变交通发展方式。长江航运是实现长江水资源综合利用的重要环节，大力发展长江航运是推进节能减排的重要手段。同时，节约集约利用交通运输资源，优化综合交通网络结构，发挥水运和铁路的节能环保优势，实现交通绿色低碳发展。

第二节　长江立体化综合交通走廊建设的重大因素及问题

一、长江黄金水道的重大瓶颈

1. *下游：航运拥堵、12.5m 深水航道上延*

长江南京以下 12.5m 深水航道一期工程竣工后，可满足第四代集装箱和 5 万 t 级海轮全天候双向直航到南通港，10 万 t 及海轮可乘潮进出，15 万～20 万 t 级散货船能减载乘潮通航。长江口 12.5m 深水航道通航后，从 2010 年 3 月 14 日至 9 月 13 日，通过船舶 22 357 万艘，日均通量为 122.2 艘，其中吃水超过 10m 的 27.5 艘，运行第一年（2011～2012 年）的直接经济效益达到 152 亿元。据长江航运经济研究所测算，长江口 12.5m 水深航道运行第一年对江苏省的经济贡献达 211 亿元。

长江南京以下深水航道是长江“黄金水道”含金量最高的一段深水航道，依托长江水运的比较优势，国际及国内沿海地区部分产业逐步沿长江向中西部地区转移，沿江地区开始成为集聚先进生产要素、承接国际国内产业转移的平台，长江水运必将成为沿江地区外贸进出口的主要运输方式。12.5m 深水航道通航后，既能减少因中转造成的货损、货差，节省中转费用，也能提高船舶载质量，减少船舶候潮时间、节约船舶可变成本，同时可降低油耗量，平均运输每万吨货物，船舶燃油消耗量可降低 25%，全年 CO_2 排放量减少 55.08 万 t，可见长江深水航道开发的作用也日益凸显。

另外，12.5m 深水航道建设工程量大、投资大（表 4-6），建成后航道维护和疏浚成本极高，同时也带来了航运拥堵、船舶搁浅、水质污染等问题，这是长江下游航运发展的重要瓶颈。

表 4-6　长江深水航道工程概览

工程名称	工程期	实现水深（m）	建堤长（km）	筑堤详情	疏浚航道（km）	完成投资（亿元）
长江口深水航道治理一期	1998.1～2000.3	8.5	74.98	南北导堤 57.9km，潜堤 3.2km，线堤 1.6km，堵堤 0.7km，丁坝 10 座	51.77	31.7
长江口深水航道治理二期	2002.4～2005.3	10.0	66.37	南北导堤 39.4km，丁坝 9 座	74.47	59.6
长江口深水航道治理三期	2006.9～2010.3	12.5	—	槽底宽 350～400m	92.20	58.7
长江南京以下深水航道治理一期（太仓—南通段）	2012.8～2015.8	12.5	40.00	导堤 34.9km，丁坝 1 座，南京—太仓段总长为 280km，槽底宽 350～400m	6.50	51.7

1）航运拥堵。尽管长江口 12.5m 深水航道三期工程完工后，5 万 t 级船舶或 5000TEU 集装箱船可以全潮进达太仓港，10 万 t 级船舶或 8000TEU 集装箱船可乘潮进港。但近年来，长江水运量、长江下游沿岸码头数增长迅猛，仅南京以下就有万吨级泊位 298 个，长江深水航道承担着沿岸企业 85% 的矿石、煤炭运输和 90% 的外贸货物运输，尤其长江口北槽通航密度极大。浓雾、大风、霾等恶劣天气过后，船舶密集进出，导致航行缓慢，船间安全距离缩小，航道拥堵经常发生。

2）船舶搁浅。92.2km 长江口深水航道三期工程完工后，长江主航道内水流速度加快，其相邻水域因水流走向改变和流速放慢，泥沙沉积加大，浅滩变迁。例如，外高桥航道变浅为 8.8m，码头前沿水深亦变浅，不能满足深水航道的水深要求，导致众多 5000TEU 集装箱船在外高桥航道搁浅。

3）维护成本高。维护12.5m深水航道的成本不亚于新开挖，毕竟开挖是一次性的，而维护是长期的。据中交上海航道局有限公司统计，每年6月始，长江上游洪水来袭，持续长达150天，对长江口深水航道产生较大影响。5月回淤量仅为482万m^3，7月回淤量可增加到1125万m^3，为5月的2.33倍，这对维护疏浚通航提出了更高要求。现在仅仅为了维护长江口深水航道，每年疏浚泥沙量就高达8000万t。若在台风季节，海上大量浮泥乘潮冲入深水航道，造成航道水深变浅，更是加大了航道疏浚难度。同时，长江南京以下12.5m深水航道存在"三沙一洲"瓶颈水域（图4-5）。"三沙"中福姜沙水航道宽度严重不足，通州沙和白茆沙水道附近浅滩变迁，存在不稳定性。"一洲"为和畅洲，其上游两处进出口弯度高达90°，航道窄，水流急，船舶密度大，碰撞和搁浅事故时有发生。上述水域是长江下游深水航道的卡口，即使深水航道开通后，也会给日后维护带来较大困难。

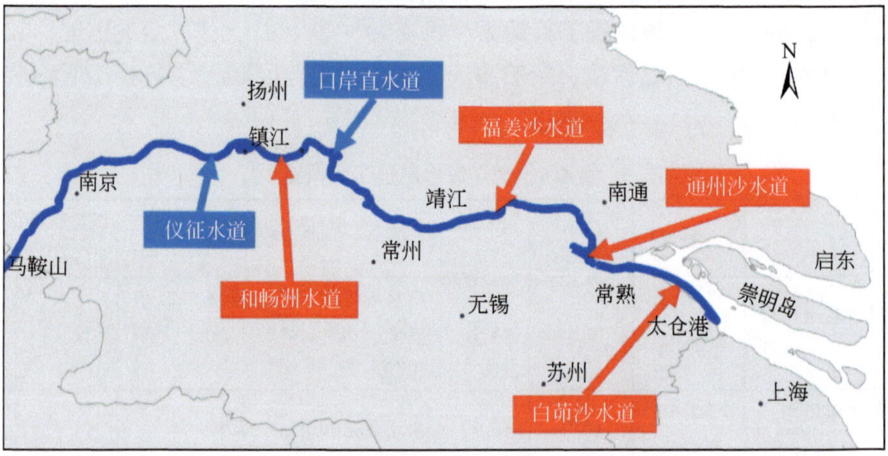

图4-5　长江下游瓶颈水道分布图

4）污染风险加大。长江深水航道建成后，万吨级化工品船及5000TEU装有不同危险品的集装箱船越来越多，10万t级油船和30万t级废钢船都能乘潮或全潮进出长江下游，因此，大量的压载水排放会污染下游水道。化工品船碰撞渗漏事件、油船和各种船舶泄漏油污事件时有发生，甚至因码头装卸工人操作不慎造成剧毒危险品集装箱整箱跌落江口中，使长江下游尤其是南京以下水域污染风险大大增加。

2. 中游：荆江"卡脖子"

近年来，随着长江下游深水航道的建设和上游三峡库区的形成，长江上游、下游的航道条件都得到了较大改善。目前，中游航道与上、下游航道水深相比明显偏低。尤其是位于长江中游的荆江航道，上起湖北宜昌枝城，下至湖南城陵矶，全长347.2km，由于河床特殊性质，航道变化剧烈，滩多水浅、变迁频繁、水深不足，有卢家河、枝江、汉口、太平口、瓦口子、马家咀、周天、藕池口、碾子湾、窑监、大马洲、铁铺、尺八口、观音洲等多处碍航浅滩河段，成为长江航运的"瓶颈"，历来是长江航运的"卡脖子"处。从长江主航道各河段水深来看（图4-6），下游芜湖以下水深均在10.5m以上，芜湖—安庆河段为6m，上游重庆—宜昌枝城河段为深水航道，而中间的安庆—武汉河段、城陵矶—武汉河段、枝城—城陵矶河段（荆江航道）水深仅为4.5m、3.7m、3.2m，枯水期经常出现断航现象。这导致了下游的万吨级海轮无法通航至长江中游河道，至武汉时变为5000t级海船，至城陵矶时是3000t级船舶，至枝城时可通过量更小。目前，整个长江中游河道仍以千吨级的内河船舶运输为主，平均吨位不到2000t。其中，荆江航段的陆溪口水道是长江中游枯水期多年的重点浅险水道，其上游有长岭炼油厂、岳阳石油化工总厂、荆门石油化工总厂等大型企业，因此，其还是长江重要的水上油运通道。按长江干线航运发展规划要求，在枯水期油轮船队单驳载重量提高到3500t，所需航道水深为3.7m，而这一水道在长江枯水期的维护水深只能达到3.2m，远远不能适应长江航运发展的需要，严重制约了长江黄金水道综合运输能力的发挥。

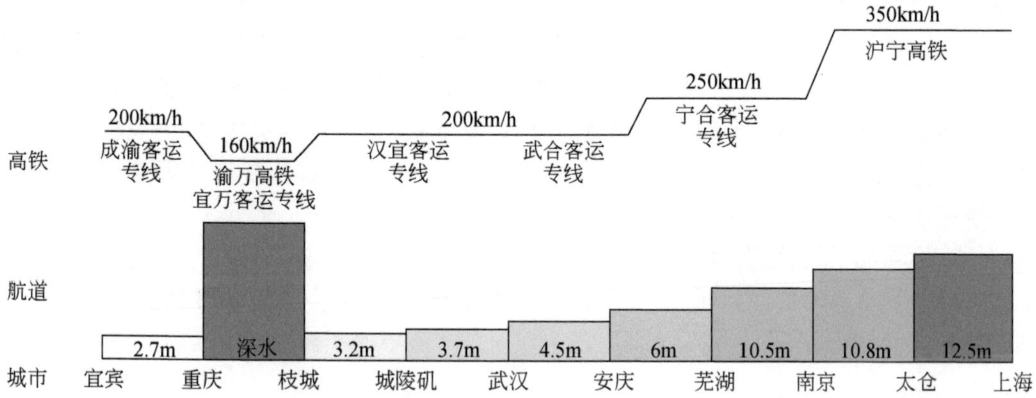

图4-6　长江主航道各区段水深、沪汉蓉高铁各区段运行速度示意图

据测算，荆江河段通航水深每提高0.1m，2000t级货轮就能多装120t左右，实施荆江河段航道整治工程总的社会效益将达1701.31亿元。但治理荆江航道是一个世界性难题，工程实施必须充分兼顾荆江防洪，既要提高水深，又不能壅高水位，加之荆江河段流沙量大，浅滩急流多，沙洲水位深浅不一、河道游荡不定，同时受三峡工程蓄水运行影响，荆江原有动态平衡被打破，荆江河段航道演变的复杂性和治理难度将进一步加剧。

3. 上游：三峡大坝“肠梗塞”、三峡翻坝

三峡工程的建成，对整个川江水系的水上运输产生了巨变。据长江三峡通航管理局统计，近年来，三峡库区的船舶运输迅猛发展，通过的货运量快速增长的同时，三峡船闸通过能力却难有大幅度的提高，导致大量过闸船舶待闸时间日益延长。在三峡南、北两线船闸平均通航率分别保持在94.32%、93.46%的高水平情况下，2013年下行过闸船舶待闸率达到80.02%，船舶平均在锚时间高达43.69h。如果遇到特殊天气，过三峡大坝的船只还会堆积，一般就会在坝前等候3～5天。如果遇上船闸检修，甚至会等上7～10天才能翻过大坝。2013年，普通船舶过三峡大坝的平均等待时间近40h，危险品船舶则超过50h。为改变这种现状，国家投巨资建设翻坝转运公路，其建成通车使进出川渝的滚装船舶全部在秭归港进行中转，大大缓解了三峡船闸的通行压力，节省了运输时间

(例如，通过葛洲坝和三峡船闸，从宜昌到秭归港要走10多个小时，而通过三峡翻坝高速公路仅需一个多小时)，但是极大提高了运输成本。总的来说，长江上游航运的关键环节是大坝问题，大坝数量过多、船舶标准不一、船闸货物通过能力不足、翻坝成本高等问题都将成为长江上游航运潜力发挥的瓶颈。

二、沿江陆路交通通道建设

目前，沪汉蓉高速铁路各区段技术水平不一致，严重影响了该铁路的运行速度。该铁路各区间段速度差跨度大（160～350km/h），不利于铁路运能的提升，也给日后的升级扩容加大了难度。沪汉蓉高铁置换出来的部分线路，未能与原有的“沪汉蓉”铁路有效衔接，而且仍是客货混运，拉低了运输效率。同时，郑渝高铁不停靠万州，使得万州得南下绕行恩施或重庆，不方便出行。长江南侧的沿江铁路及沪昆高铁也有待完善。公路方面，服务于三峡翻坝的江北高速公路尚未建成，已建成的江南高速公路缺乏同周边地区的联络线。总的来说，长江航运的铁水、公水、空铁联运等尚未实现有效衔接，高效集疏运系统尚未形成。长江航运年货运量达20.6亿t，分别为美国密西西比河、欧洲莱茵河年货运量的4倍和6倍。其中，每年通过铁路转运的货物约5000万t，但长江港口与铁路衔接不充分，还不到长江港口货物集疏运比例的2%，远低于发达国家港口和铁路衔接运输的平均比例30%（美国甚至高达40%）。干线2800余公里航道众多港口中，可开展铁水运输的港口不到10个，港口企业不足20家，而与铁路直接衔接的码头泊位仅65个，港区铁路专用线长度不足110km，严重影响了长江航运通道和港口的发展潜力。

三、三峡翻坝运输体系优化

（一）翻坝的现象特征

三峡大坝“肠梗塞”问题日益突出，考虑到目前90%以上的过闸货物是矿建材料、矿石、煤炭等低附加值的大宗货物，“改水走路”会大幅增加企业成本、降低市场竞争力，源头分流可行性不大。因此，为了缓解三峡船闸通航压力，2004年5月，三峡坝区开始实施载货汽车滚装船翻坝转运，即长江遇到洪水期封航或船闸阻塞等情况时，过闸货船和乘客改由其他运输方式转运的“水-陆-水”运输方式。

（二）运量趋势与翻坝趋势

自2003年三峡工程蓄水运行以来，三峡船闸通过货运量年均增速高达12.2%，2011年突破1亿t，提前19年达到了设计通过能力。20世纪80年代论证了三峡船闸单向5000万t的设计通过能力，在此基础上采取挖潜综合措施后，目前三峡船闸单向通过能力可达6740万t，双向可达1.35亿t，加上即将建成投入运行的升船机约500万t的年通过能力，三峡枢纽最大通过能力约1.4亿t。三峡船闸通过能力的提升空间越来越小，但航运需求仍不断增加。随着新型城镇化、长江经济带等一系列重大国家战略的实施，长江上游地区大力引导和推进产业布局向沿江地区集聚，对水运的依赖程度不断提高。据长江三峡通航管理局统计，三峡船闸运行以来年通航天数保持在343～358天，超过设计标准的335天；日均运行闸次由初期的23闸次提高到目前的31闸次；过闸船舶平均t位由初期的1040t提高到目前的3759t；一次过闸船舶吨位达到15 938t，超过设计标准的12 000t。未来20年，三峡过坝运输需求仍将保持较快增长态势，预计2020年将达到2亿t以上。

面对不断延长的过闸时间，当初作为船闸碍航、断航期应急措施的“水–陆–水”翻坝转运，日益成为缓解三峡船闸运输紧张局面的常态化分流方式。据统计，近几年，三峡翻坝货运量以年均30%以上的速度增长，翻坝转运在三峡过坝货运总量中的比例达到23%。截至2013年，累计滚装翻坝载货汽车318万辆，其中2008年达到42.2万辆的峰值，但2009年以来滚装翻坝量呈现明显下降趋势。尽管南岸翻坝高速公路2010年底投入使用、2012年底又大幅度降低收费标准，但滚装翻坝量并没有大幅增长，这可能跟公路运输缺乏成本优势、滚装翻坝对货物种类有一定限制有关。同时，翻坝成本极高，三峡以上大坝修建密度高，每次翻坝成本约25元/t，远远高于10元/t的运费。集装箱是最适合翻坝转运的，但一个箱子的翻坝转运成本高达1200元左右，而过闸的成本基本上均由国家承担。若能有效解决成本分担问题，翻坝货运量或有更大增长。

（三）运输体系优化

1. 船闸本身潜能提升

通过采取各项扩能措施后，预计2020年三峡船闸可提高至极限通过能力1.6亿t左右。①推进过闸船舶标准化、大型化，尽可能提高船闸的平面充盈率和一次过闸船舶平均吨位，研究推广“三峡船型”，进一步提高船舶额定吨位，最大可增加三峡船闸通过能力约2700万t。②限制客船过闸，最大可增加三峡船闸通过能力约860万t。针对部分需要体验过坝乐趣的游客，可采用升船机通过三峡大坝方式替代。③逐步提高过闸船舶吨位限制门槛，以3000t、4000t、5000t级新造船型代替小吨位船舶，最大可增加三峡船闸通过能力约800万t。④优化船闸运行调度，合理选择进闸方式、换向运行方式，加大非正常停航规律探索，最大可增加三峡船闸通过能力约1100万t。⑤提高船舶装载率，季节性放宽过闸船舶吃水标准，最大可增加三峡船闸通过能力约1140万t。⑥合理利用升船机，为载重2500t以下的货船和中小客运提供快速过坝通道，将此类船舶占用的三峡船闸闸次置换给大型货船，最大可提高三峡综合通道能力约400万t。

2. 翻坝运输优化

构建长江三峡翻坝综合立体交通运输体系，发挥陆路通道替代作用，加快坝上、坝下转运港口和翻坝高速公路、铁路建设，形成长江南北两岸双线翻坝转运通道。①翻坝公路：目前，南岸已有翻坝高速公路，北岸虽有三峡专用公路，但受凭证出入通行的限制，无法有效发挥翻坝功能，而且重载车辆过多，路面和桥梁常需维修加固，加上沿线地质容易滑坡，长期面临交通中断的潜在风险。因此，必须加快三峡翻坝江北高速公路建设，建成后将顺接沪蓉高速、毗邻沪渝高速，向西顺接长江上游航运中心重庆，向东沟通长江中游航运中心武汉及世界第一大港口上海港，此外还可作为三峡旅游景点和国家高速公路网间的一条快速连接通道。②翻坝铁路：宜昌三峡翻坝铁路，起于秭归三峡翻坝物流园，经夷陵区、点军区，止于宜都市红花套港，与宜万铁路宜昌南站相连接，线路全长为76.32km，铁路等级为国铁Ⅱ级。翻坝铁路的修建，可以实现各种交通方式的有效衔接，畅通长江黄金运输通道。③三峡翻坝物流产业园：地处三峡翻坝高速公路与长江交汇处，建成后将成为三峡地区“呼应汉渝”的重要翻坝物流基地、航运中转枢纽、港口服务中心和临港工业先导区。

（四）第二船闸研究论证

随着长江航运的迅猛发展，船舶过闸需求也迅猛增加，而三峡大坝的翻坝通道无法满足运输需求。随着长江经济带规划的编制，长江三峡“二闸”也成为长江上游地区建设的焦点问题。许多学者和地方政府都提出要建设三峡大坝第二船闸，并认为是打破长江航运瓶颈的首要工程。2003年三峡工程蓄水以来，上游航道得到了极大改善，三峡船闸通过货运量年均增长达12.2%。2013年长江干线完成货物通过量19.2亿t，近一半要穿行三峡大坝。根据《长江航运发展报告》，2013年三峡船闸累计运行10 770闸次，通过船舶45 669艘次，三峡船闸通过货运量9707万t。2011～2013年连续上行过闸货运量超过5000万t的单向通过设计能力。目前，解决三峡大坝碍航，有源头分流、坝区分流和翻坝运输三种分流方式，目前集装箱主要是过闸，需要翻坝的是散货及装载重型汽车的滚装船，2013年翻坝转运的货物折合量为1015万t，上行和下行运量所占比重分别为62%和38%。在这种背景下，需要深入研究二闸的可行性和必要性。一方面，预计到2030年，三峡船闸货物通行量将达到3亿t，翻坝通道根本无法满足社会需求，且公路、铁路运输成本是水运的数10倍，转运价格更昂贵，只有修建第二通道才能彻底解决该运输瓶颈问题。另一方面，很难再找到像现有船闸这样的天然宝位，而且还需充分考虑技术难度、移民搬迁和生态环境的可行性，尤其是重点考虑沿线铁路、高速公路和高铁建设后所释放出来的陆路替代运输能力。三峡船闸建设历时13年，如果加上规划、勘测、科研和设计，时间则更长，若要修建三峡第二船闸，估计新通道的论证建设过程需要15～20年。

四、城镇密集区需要城际交通系统引领资源空间优化配置

（一）长江流域的若干城镇密集区简介

长江流域面积占全国的19%，人口和GDP均超过全国的40%，是继中国沿海经济带之后最有活力的经济带。如今，这条经济带上的长江三角洲城市群、长江中游城市群、成渝城市群、黔中城市群和滇中城市群等已成为我国主要的城镇密集区和重要的经济支撑（表4-7）。建设长江经济带，要把这些城镇密集区通过城际交通、城市干线交通等连接起来。作为产业和人口的集聚区，城镇密集区有着高密度的客货运输需求和通勤需求，基础设施呈现独特的空间系统。

表 4-7　长江流域的若干城镇密集区

城镇密集区		范围
长江三角洲城市群		包括上海、江苏、浙江、安徽四省市
长江中游城市群	中三角城市群	以武汉、长沙、南昌为中心城，以涵盖武汉城市圈、环长株潭城市群、环鄱阳湖城市群为主体形成的特大型城市群
	武汉都市圈	以武汉为圆心，覆盖黄石、鄂州、黄冈、孝感、咸宁、仙桃、天门、潜江周边8个大中型城市所组成的城市群
	长株潭城市群	位于湖南省中东部，包括长沙、株洲、湘潭三市
	环鄱阳湖城市群	以鄱阳湖为核心，由环绕鄱阳湖的城市组成
成渝城市群		以成渝两市为双核，主要范围包括四川省内的成都、绵阳、德阳、乐山、眉山、遂宁、内江、南充、资阳、自贡、广安、达州以及重庆主城九区、万州、涪陵、合川、永川、江津、大足、垫江、璧山、铜梁等
黔中城市群		包括贵阳市全部和遵义市、毕节市、安顺市、黔东南苗族侗族自治州、黔南布依族苗族自治州部分地区
滇中城市群		包括昆明、曲靖、玉溪、楚雄四州市行政辖区范围

（二）城镇之间的交通联系与城际交通现状与问题

目前，长江经济带上的五大城市群城际铁路建设落后，城际交通网络功能不完善，尚未形成高效便捷的城际联系通道，未能完全适应城镇化格局和城市群空间格局，在促使城市组团式发展方面力度不够。同时，不同交通方式的衔接也有待完善，职住分工通勤圈与产业分工经济交流圈有待打造。

1. 长三角城市群

目前，长三角综合交通运输体系已基本形成，呈现以上海为核心，港口为枢纽，以沪宁、沪杭、宁通、杭甬四大运输通道为主的城镇发展轴，但仍难以满足经济快速发展带来的巨大客货运需求。京沪、宁通等繁忙高速公路有待扩建扩容，京杭运河、杭甬运河等水运通道等级有待提升，沿江公路、铁路有待完善。环沪地区与上海之间的经济协作交流圈尚未完全形成，交通基础设施未能实现共享。为适应长三角城市群客货运输需求增长的需要，缓解区域交通运输紧张状况，有必要通过构筑高效率、低能耗的区域交通运输体系，以促进长江三角洲一体化发展，推进其城镇化进程。

2. 中三角城市群

“武汉都市圈”“长株潭城市群”“环鄱阳湖城市群”三大城市群间交通联系不够，基础设施发展水平差异较大。缺乏“中三角”中心综合交通枢纽，尽管南昌、武汉、长沙之间实现了“3h 经济圈”，但三城市之间的经济圈中心部分存在快速交通的真空。同时，区域内河航运水平尚未充分发挥，与外界大宗物资流通能力不足。

3. 武汉都市圈

武汉市与周边 8 城市间的道路长期以来主要依托沪渝、京港澳两条国道主干线及其他国省道，这些道路同时承担着省际大通道的功能，部分路段已达到饱和，无论从等级还是通行能力均已不能完全满足日益增长的交通需求。旅客运输中，短途旅客主要依赖公路运输，其所占比重过大，且需要2～3h，经济性不强，而铁路运输基本上没有分担。都市圈内高速公路里程明显偏小，骨架公路网尚未完全形成，各城市间公路衔接不够完善，咸宁到仙桃、咸宁到黄石、天门到孝感之间缺乏高等级公路直接联系，大多需要绕行武汉。

4. 长株潭城市群

长株潭城市群城际交通发展以核心都市圈为主，对其他城市发展辐射力度不够，沟通周围主要都市圈的城际交通的通行能力不足。同时，城际交通缺乏有效衔接，交通结构不尽合理，核心城市公交优先发展不足，城际交通结构单一，缺乏独立的公共型城际客运系统，90%的城际客运交通主要由公路承担。长沙黄花国际机场的国际枢纽功能有待加强，城市群内主要城市到黄花国际机场的快速通道尚未完善，湘江水运作为客货运补充形式的优势尚未发掘。

5. 环鄱阳湖城市群

环鄱阳湖城市群基本确定了以京九、浙赣、昌九城际、皖赣等干线铁路，福银、沪昆、济广、杭瑞等高等级公路，长江、赣江等内河高等级航道为骨架，以南昌、九江、鹰潭、景德镇、抚州、新余、萍乡等城市为重要综合交通枢纽节点的运输网络。但目前对外联系的综合运输通道较少，尤其是与毗邻城市群的运输能力不足。同时，通道之间缺乏高效的干线连接，网络功能未能得到充分发挥。城市群内重要城市的城际快速通道尚未完成，仅有一条昌九城际通道。区域内交通网络布局和技术水平有待进一步完善和优化，城镇间、城乡间交通线路通达深度和技术等级相对偏低，湖区航道尚未全面开放，港口基础设施建设严重滞后并且港口功能单一。区域内各种交通方式衔接不够，交通运输枢纽建设滞后，运输效率不高，尚不能较好地满足当地居民生产、生活和区域经济发展的需要。

6. 成渝城市群

成渝城市群居沿江大通道和临瑞、包钦防、兰渝广通道的交汇处，主要联系通道为成遂渝高速公路、成渝铁路和达成—遂渝铁路，南北干线通道如成昆、川黔和成渝等铁路运输压力大，长江航道运能不足，陆路通道仍需完善。与沿海地区相比，成渝城市群内交通便利程度仍然很低。由于成渝两市相隔300多公里，两市的影响力范围远未强大到空间上相互重叠或连续分布。两个城市要形成较强的空间相互作用，取决于两城市之间的快达性，这要求成渝两地之间加强城际运输通道建设，实现两大城市之间的快速直达，同时也应关注路网的覆盖面。

7. 黔中城市群

黔中地区位于多条通道的交汇处，包括包钦防、兰渝广、沪昆通道等。该地区交通较为落后，铁路网密度低于全国平均水平，且几乎均为客货混运的电气化铁路、单线铁路，公路覆盖度不高、等级低，与邻省连接的高速公路较少，连接中、东部地区的运输通道和通道运输能力明显不足。水运基础设施功能较弱，西南水运出海中线通道和乌江航运配套设施不齐全，北进长江、南下珠江的内河通航能力薄弱。贵阳龙洞堡国际机场承载能力饱和，支线机场吞吐能力有限。城市群内多数资源富集地区的交通设施未能有效支撑资源的开发利用，导致大多城市相对孤立，城市间各种发展要素得不到有效流通和互补。

8. 滇中城市群

滇中地区位居临瑞、沪昆、南昆南广等多条通道的交汇处。该地区基础设施落后，交通网络和物流等基础设施建设不完善，城市群内部快速交通、外部通道和物流体系有待完善，区域出省出境公路通道出现“断头路”和“瓶颈路”，严重制约着城市群的发展。

五、大宗货物运输组织的空间格局与优化

1. 集装箱

长江港口以南京、武汉、重庆三大港口为代表，集装箱运输起步较早。20 世纪 80 年代中期以来，长江干线主要港口的集装箱运输一般每年以 20% ~30% 的速度递增，吞吐量由 1986 年的 3. 88 万 TEU 增长到 2013 年的 861. 3 万 TEU，年均增速 22. 15% 。其中，超过 70% 的吞吐量集中在江苏省，南京港是长江最大的集装箱集散地。2013 年完成集装箱吞吐量 267 万 TEU，位居长江内河港口集装箱吞吐量第一。目前，有 20 多家船公司经营 100 多条长江干线（包括江海直达航线和近洋航线）集装箱运输航线。长江内支线集装箱运输主要航线有渝申线（挂靠重庆、万州、涪陵、宜昌、荆州、城陵矶、南京、上海港)、宜申线（挂靠宜昌、荆州、城陵矶、南京、上海港)、汉申线（挂靠武汉、黄石、九江、安庆、芜湖、南京、上海港)、皖申线（安庆、芜湖、马鞍山、南京、上海港)、湘申线（挂靠长沙、城陵矶、上海港)、宁申线（挂靠南京、扬州、镇江、张家港、南通、常熟、上海港)。

2. 煤炭

长江流域的煤炭运输系统以铁水联运、京杭运河北煤南运及“海进江”煤炭运输为主。传统的长江水运，煤炭主要是从四川、重庆、贵州向下游走。晋陕蒙的煤通过南下的太焦柳、京广、京九通道运到长江“三口一枝”（南京的浦口、芜湖的裕溪口、武汉的汉口和枝城)，但铁路运力日益紧张，只能满足一部分煤炭运送量。在铁路运力不足、公路运输昂贵的形势下，湖北、湖南、安徽、江苏等省都被迫采取“海进江”的措施运入煤炭，即来自华北、东北的煤炭从秦皇岛港经海运到江苏江阴或南通等港口换船，再逆长江而上，转运至沿江各港口，再由长江转运至华中各大火电厂（图 4-7)。

“海进江”煤炭向长江中游延伸的趋势直接影响了长江水运的方向和构成。2005 年，“海进江”煤炭主要服务江苏地区，服务鄂湘赣皖地区的只占 4% ，2013 年时，“海进江”煤炭有 20% 是服务鄂湘赣皖地区的。由表 4-8 也可看出，在市场机制作用下，现阶段几乎湖北、湖南、江西、安徽等沿江地区的火电企业都是“海进江”煤炭，这使得长江下游太仓港等部分港口成为大型煤炭储备中转基地，导致了长江口船舶密集、中转集散业务繁忙、航运拥堵，同时也造成了长江上大量无效的煤炭运输需求。从成本来看，电煤从晋陕蒙地区“海进江”运到华中地区，比原来的铁路运输要走多约 2000km，时耗约 25 天，由于多次辗转，调运成本平均每吨高出 120 ~ 150 元。但在蒙华铁路建成之前，“海进江”煤炭仍是缓解湖南、湖北、江西等地煤荒和电荒的可行途径。

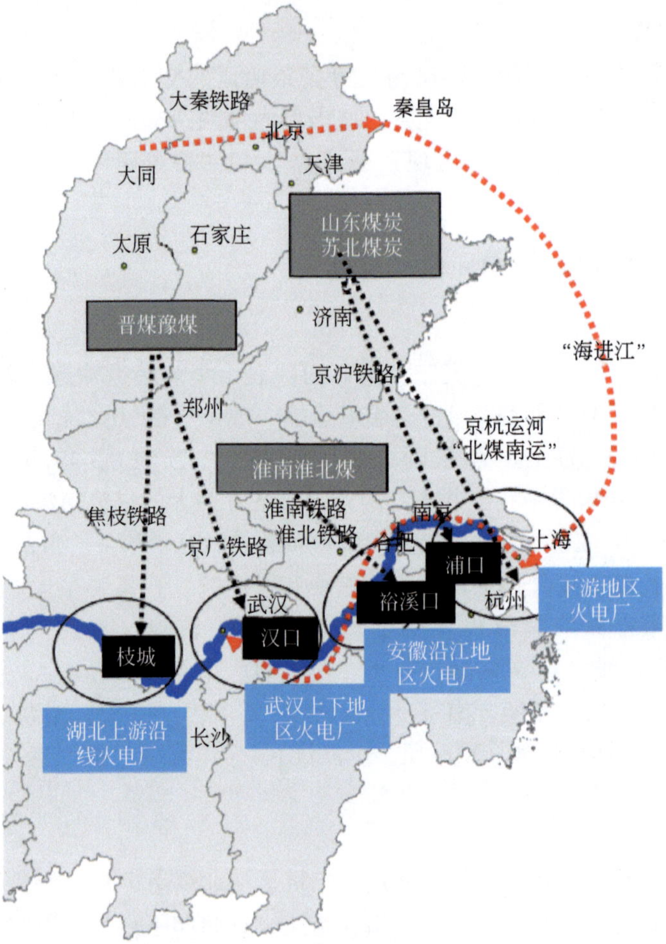

图 4-7　长江经济带煤炭运输路线图

表 4-8　煤炭供需情况

年份	省份	消费量	产出量	调出量	调入量	铁路调运量	公路调运量	水路调运量	"海进江"
2005	湖北	8 653	778	—	7 875	5 041	2 384	450	—
	湖南	8 739	6 904	1 228	3 063	1 876	1 107	80	—
	江西	4 243	2 565	98	1 776	1 560	136	80	—
	安徽	8 340	8 635	2 600	2 305	1 136	529	640	200
	江苏	16 500	2 800	—	13 700	3 800	0	9 900	5 250
2011	湖北	14 600	1 516	—	13 084	6 000	6 284	800	350
	湖南	12 100	8 137	1 060	5 023	3 200	1 273	550	400
	江西	7 000	3 100	400	4 300	3 100	550	650	450
	安徽	15 000	14 000	3 800	4 800	1 600	1 050	2 150	1 800
	江苏	27 000	2 100	—	24 900	4 400	0	20 500	15 800

资料来源：2006 和 2012 年《能源统计年鉴》。

3. 铁矿石

长江沿线分布了宝钢（上海）、南钢、永钢、沙钢（江苏）、马钢（安徽）、湘钢（湖南）、武钢、大冶特钢（湖北）、重钢、攀钢（四川）等大型钢铁企业，钢铁产量约占全国的1/3，其中绝大部分钢铁企业依水而建，所需的铁矿石运输主要依靠长江航运。长江流域进口铁矿石主要有远洋、沿海、长江干线驳船和江海直达四种运输方式。目前，长江流域形成了以上海洋山港、宁波港、马迹山港为一级接卸中心，太仓港、南京港、南通港、镇江港为二级接卸中心，以武汉港、马鞍山港等为铁路消费接卸目的地的铁矿石运输格局。这种空间格局致使长江口成为大型铁矿石中转集散地，大量船舶密集扎堆长江口，导致长江下游航运拥堵问题愈发严峻。

六、跨区域能源基础设施水平制约地区能源需求保障

随着长江经济带经济的发展，能源资源富集区域的能源开发规模进一步加大，消费区对区外能源供应的依赖程度进一步提高。从2000～2013年，长江下游地区对外部能源输入的依赖度加大，上游地区能源输出比重加大，中游地区由能源输出省份变成输入省份，且煤炭比例增高；地区之间的能源相互依赖程度大幅度提高。但现有的能源管理体制与地区能源供应保障格局并不相符。目前长江经济带地区能源生产供应格局是纵向管理。例如，现有的电网格局是从上游到下游分为三个电网，其中四川、重庆、湖北、湖南、江西属于华中电网，云南、贵州属于南方电网，安徽、江苏、上海、浙江属于华东电网。但是，在电力的调度上，并没有以实现网内平衡为原则，而是以优先保障长三角、珠三角用电为主。尤其是华中电网，“十一五”以来，华中区域一直面临两个困局：一是四川水电大量弃水，消纳困难；另一个是湖北、湖南、江西及重庆等省市电力供应一直呈现“整体供电能力偏紧、局部供电形势紧张”的态势，电力保障困难。华中地区一次能源分布特点是“北煤、南水、西水气”。水能资源十分丰富，但煤炭、石油和风能、太阳能等能源资源均十分匮乏，能源资源对外依存度高。

在煤炭供应上，华中区域煤炭资源占全国总量8.6%，主要分布在河南、四川、重庆三省市，湖南、湖北、江西三省煤炭资源极为匮乏，而且随着中原地区电力和煤化工的发展，河南省从“十二五”开始也已转为煤炭净调入省份。在从区外调入煤炭上，湖南、湖北、江西三省地处内陆，既无西部和北部地区的能源资源优势，又无东部和南部地区的海上运输通道优势，在全国各大区域中煤炭供应最为困难。受铁路运力饱和，公路、水路运输能力有限的制约，运力存在较大缺口。而在煤价上，湖南、湖北、江西三省处于我国北煤南运的最南端，运距远，电煤成本高，导致火电上网电价和终端销售电价较高。

而在水电资源方面，华中水电资源丰富，全区水电技术可开发量1.9亿kW，占全国总量35%。华中区域内部70%的水能资源集中在四川省，20%集中在湖北西部和湖南西部。水电待开发容量集中在四川，技术可开发容量达1.2亿kW，目前已开发容量占比44%；其余各省水电资源均已进入深度开发阶段，后续开发难度较大，潜力有限。而且，在国家“西电东送”总体战略下，华中区域的大型、优质水电资源均被优先送到华东和南方。目前华中区域已形成8回直流外送水电，外送规模达3476万kW。根据国家

的分电方案，三峡电站（2240 万 kW）电力约有 60% 送往华东及广东地区，剩余部分在华中消纳。四川大渡河、雅砻江、金沙江三大流域集中了四川省 78.8% 的水能。由于距离成都负荷中心较近，大渡河流域以满足四川自用为主。雅砻江流域的锦屏、官地电源组群（1080 万 kW），金沙江下游一期溪洛渡（1386 万 kW）、向家坝电站（640 万 kW）均已送电华东和南方。目前，对于四川“三江”流域的大型电站，华中东四省均没有消纳份额，一定程度上加剧了华中区域能源供应的紧张局面。

但同时，四川水电大量弃水，季节性电能消纳困难。“十一五”至“十四五”期间是四川水电大发展时期，四川的大、中、小型梯级水电站呈现持续、流域、规模化的开发态势。四川的水电分为两类：一类是大型的水电站，已开发的大型水电项目均有专门的配套外送线路，目前已全部送往华东和南方。另一类是中小型水电，这类水电属于季节性电能，存在弃水问题。2014 年四川水电调峰弃水损失电量超过 100 亿 kW · h。除去季节性原因，省间联络线容量不足，限制川电在区域内的消纳是导致川电弃水的主要原因。目前四川电网已形成“四直四交”的外送格局，四回直流均送区域外，送电能力达 2460 万 kW；四回交流送区域内，送电能力仅 400 万 kW。受四川与重庆两地电源和负荷分布不均衡影响，川渝断面南北通道潮流不均衡问题严重，洪板线热稳制约川渝断面送电能力，使川渝联络线实际输电能力下降。尽管 2014 年实施了洪板双回线增容改造工作，但是目前川渝联络线实际输电能力仍受多种因素制约。川渝通道是重庆及华中东四省吸纳四川水电的唯一通道。川渝断面输送能力受限，又使得渝鄂断面闲置，输送能力无法充分发挥。受输电通道的瓶颈制约，重庆及华中东四省吸纳四川水电极其有限。2014 年，四川全年外送水电电量达 1116 亿 kW · h，创历史新高。但是重庆及华中东四省全年吸纳的川电只有 157 亿 kW · h，仅占 14% 。

七、长江流域港口码头的资源整合

1. 港口码头泊位的投资管理

长江流域的港口建设一度处于混乱局面，沿江省市争夺货源的情况并不鲜见。截至 2012 年初，2668km 的长江干线万吨级码头泊位达 389 个，平均近 7km 一个。12.5m 水深航道延伸到南京后，5 万 t 级船舶可全潮进江靠泊南京，沿岸镇江、扬州、江阴、张家港、苏州（常熟、太仓）、外周、南通等港还在建设 5 万 ~ 10 万 t 级深水泊位。但长江口北槽深水航道一次潮水只能进 17 艘 5 万 t 级以上的船舶，这会成为影响长江深水航道开发的瓶颈，也会影响上海与江苏航运经济协调发展，更深层次会影响上海、武汉和重庆这 3 个航运中心协调发展。近几年，安徽省大力发展沿江经济，组建马鞍山-芜湖组合港，也加入内河航道竞争发展队伍。未来，有必要抓紧制定港口布局规划，打破区域、所有制、行政隶属等界限，通过码头投资、建设来牵引货物组织的空间流向，如通过上海国际港务（集团）股份有限公司、宁波港务（集团）有限公司在长江的投资形成货物组织的市场竞争，从而促进港口资源整合，多层次多渠道推进港口集群建立。

2. 紧邻港口资源的整合

港口资源整合主要是通过各种途径以获得竞争对手的产能和与港口运输相关的经营性资源，在港口体系内对岸线资源、港口职能、码头泊位、航线网络等要素进行优化配置。目前，长江干线上除了上海、武汉、重庆三大航运中心之外，各省市还各自建设了许多多用途码头和集装箱码头，并且都还在进一步加快扩容建设，甚至多个省市都在斥巨资打造与渝新欧竞争的线路，造成长江干线上港口密度较大，腹地互有交叉，功能部分重复。例如，鄂东港及其周边港口布局很近，却未能统一利用岸线资源；南昌港和九江港、黄石港和武汉港、重庆港和周边港口等都缺乏从运输资源的角度进行统筹开发整合；上游地区航运市场尚未成熟，货物来源非常短缺，面对大港口的竞争，为争取更多货运资源，各地港口间采用低价竞争、行政干预等多种手段争夺客户，造成港口间的同质化竞争加剧，出现了港口产能过剩，使行业整体存在一定程度的重复建设和资源浪费。未来，应在行政机制、投资机制方面加大港口整合程度，使港口间实现分工合作并形成合力，避免无序竞争，这有利于港口集疏运系统的规划和建设。

第三节　基础设施网络一体化的发展目标与方向

一、基础设施网络一体化的发展思路

长江经济带是我国国土开发的一级轴线。基础设施的建设必须坚持“立体化、综合化”的理念，以高等级航道、高速快速铁路和高速公路为骨干，突出打造长江黄金水道，强化长江支流航道建设，完善交通网络规模，加强重大铁路干线和城镇密集区城际轨道建设，强化各种运输方式的衔接，实现基础设施互联互通，加快建成网络化、标准化、智能化的综合立体交通走廊，支撑长江流域的综合开发与海陆双向开放，构筑东、中、西部社会经济横向交流的主要通道，支撑产业的有序转移、提高资源要素配置效率；完善沿江能源输送走廊建设，优化地区能源生产与消费结构，降低单位产值能耗，保障地区能源供需平衡，为建设中国经济新支撑带提供有力保障。

二、基础设施网络的建设原则

水陆统筹，江海连通——基于长江经济带水陆兼备的自然地理基础，统筹水陆交通体系衔接，发挥内河航运的主导地位，强化陆路交通建设；统一标准，加快内河和海洋联运，形成江海连通。

结构优化，衔接通畅——在完善交通网络的同时，注重不同方式之间的职能分工与优势互补，推动运输结构优化；重视不同尺度和不同方式交通网络之间的无缝衔接，提高运输走廊的效率。

干支协调，集疏腹地——推动长江干线与支线航运之间的协调发展与有效组织，完善干线通道与支线的喂给网络建设，强化港口的集疏运系统建设，扩大黄金水道的腹地范围。

上中下游联动，水陆空互通——水陆空互通，推动铁路、公路、水运、航空和管道等不同交通方式的通畅衔接，完善铁水、公水联运组织；上中下游联动，沿海与内河地区实现江海联运一体化。

合理有序，规范开发——根据交通运输需求规模的增长与地区生态环境承载能力，

科学规划长江经济带交通运输网络的规模与时序；协调处理基础设施开发与生态环境保护的关系，促进区域可持续发展。

统筹规划，内外协调——紧密结合“一带一路”建设、国土一级开发轴线建设等，加强同周边省市、南亚和东南亚等国的合作，提高长江经济带对内、对外交通水平、油气等能源的全方面保障能力。

三、基础设施一体化发展目标

覆盖流域的大容量黄金水道——以国际航运中心为龙头，依托高等级航道和主要港口，优化运输组织，形成横贯中国东、中、西部，通达干支流，通江达海的黄金水道网络。

高效互通的快速运输通道——以高速铁路、客运专线及高速公路和重要枢纽机场为依托，连通重要城镇密集区和中心城市，横贯东西通达全国，沟通南北的快速交通运输网络。

通达腹地的集疏运网络——以枢纽港、国际航运中心及主要港口为核心，以高速公路、铁路干支线和国省道，建成高效通达腹地的集疏运网络。

便捷的城际交通网络——围绕重要城镇密集区和都市区，以生活职住和产业交流为服务目标，依托以快速铁路、高速公路、城际轨道、城际铁路及地铁为骨干，形成中心城市之间以及中心城市与周边城市之间1～2h交通圈。

安全保障的能源供应网络——基本建成区域相连的油气管网。形成以沿江干线管道为主轴，连接成渝城市群、长江中游城市群、长江三角洲城市群的油气管网。

第四节　长江综合基础设施大通道建设任务

一、长江黄金水道建设任务

长江黄金水道建设，必须统筹干流与支流，统筹上中下游，“深下游、畅中游、延上游、通支流”，依托干流，围绕支流和上游，统筹港口与航道、船闸等建设，形成“一横一网十线”、干线畅通、干支衔接的水道运输网络。其中，“一横”指长江干线，“一网”指长江三角洲高等级航道网，“十线”包括岷江、嘉陵江、乌江、湘江、沅水、汉江、江汉运河、赣江、信江、合裕线（图4-8）。

1. 加快畅通长江干流主航道建设

充分发挥长江水运运能大、成本低、能耗少等优势，加快推进长江干线航道系统治理，整治浚深下游航道，有效缓解中上游瓶颈，打造畅通、高效、平安、绿色的黄金水道。

第一，加快实施干线航道疏浚整治工程和航道系统化治理，消除通行瓶颈，充分利用航道自然水深条件和信息化技术，进一步提升干线航道通航能力、发挥长江黄金水道功能。

第二，积极打造干线航道，形成畅通运输大通道。全面推进长江干线航道系统化治

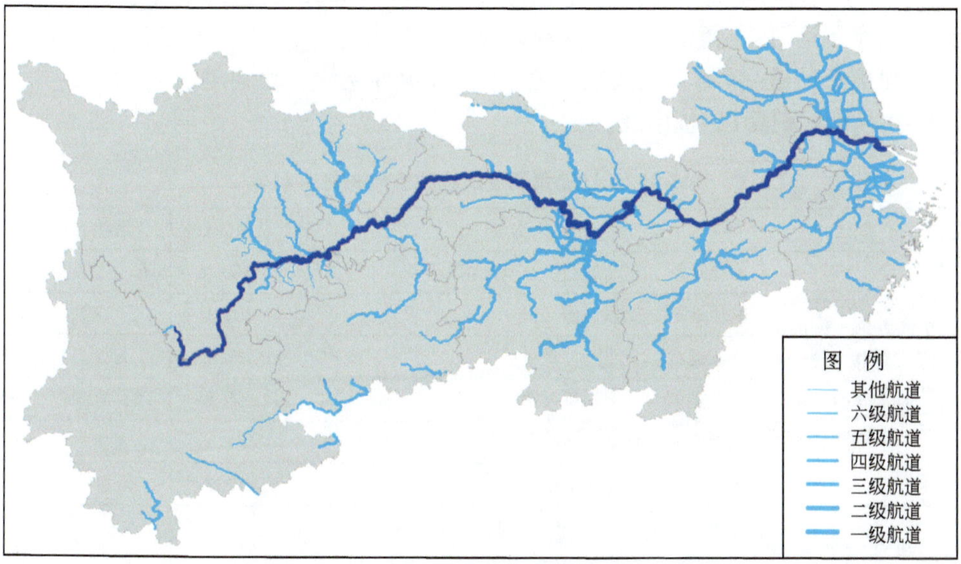

图4-8　长江经济带主要内河航道布局方案

理，加快实施重大航道整治工程。

1）长江下游：长江口段至太仓段航道水深12.5m，实现5万t级集装箱船全天候双向通航，兼顾10万t级散货船舶满载乘潮通航；太仓至南京段航道逐步改善通航条件，实现航道水深12.5m航道延伸到南京，适应大型海船运输需要，可通航由2000t或5000t级驳船组成的2万~4万t级船队和3万~5万t级海船；南京至安庆段航道内河Ⅰ级、水深为6.0m；安庆至湖口段段航道为内河Ⅰ级、水深为4.5m。

2）长江中游：江西湖口至武汉段的航道水深为4.5m，可通航2000t级或5000t级驳船组合成的2万~4万t级船队，利用自然水深通航5000t级海船。武汉段至城陵矶的航道水深为3.7m；城陵矶至宜昌段为Ⅰ级航道，水深为3.5m，重点实施荆江河段航道整治工程。

3）长江上游：采取整治和疏浚相结合的措施，重庆至宜昌段干流重点实施航道整治工程，建设Ⅰ级航道，通行3000t级船舶；长江上游水富港至重庆港为Ⅲ级航道，通行1000t级船舶，后分两端提升，泸州至水富段为Ⅰ级航道。水富至攀枝花段为Ⅲ级航道，通行1000t级船舶。

第三，下游重点实施12.5m深水航道延伸至南京工程；中游重点实施荆江河段航道整治工程，抓紧开展宜昌至安庆段航道工程模型试验研究；上游重点实施重庆至宜宾段航道整治工程，研究论证宜宾至水富段航道整治工程。

2. 积极开发支流航道网络化建设

根据各级河流的自然条件和社会经济发展需求，统筹推进支线航道建设，推动航道整治和梯级渠化，提升支流航道等级，完善航运配套设施，形成支流航道、库区航道和运河相互补充、与长江干线联通成网的航道网络，扩大黄金水道的腹地范围。

第一，积极建设长江三角洲高等级河网。充分发挥长江三角洲水系密集的资源优势，建设高等级内河航道网络，重点建设“两纵六横”内河航道网络（表4-9）。其中，“两纵”指京杭运河-杭甬运河及中间联络线、连申线；“六横”包括长江干线（南京以下）、淮河出海航道-盐河、通扬线、芜申线-苏申外港线、长湖申线-黄浦江-大浦线、赵家沟-大芦线、钱塘江-杭申线。

表4-9　长江三角洲高等级航道网布局方案表

模式	航道	起讫点	里程（km）	现状	规划
两纵	京杭运河-杭甬运河（含锡澄运河、丹金溧漕河、锡溧漕河、乍嘉苏线）	京杭运河：苏北运河—江南运河	800.2	五～二级	三～二级
		杭甬运河：三堡—甬江口	238.0	六、四级	四级
		锡澄运河：黄田港—皋桥	37.0	五级	三级
		丹金溧漕河：七里桥—溧阳	66.5	六、五级	三级
		锡溧漕河：宜城—洛社	55.0	五级	三级
		乍嘉苏线：乍浦—平望	72.2	五级	四级
	连申线（含杨林塘）	连申线：盐河—灌河—通榆河—射阳河—通榆河—通扬运河—如泰运河—申张线—苏申内港线	604.7	七～三级	三级
		杨林塘：巴城—杨林口	40.8	七级	三级
六横	长江干线	长江干线：南京—长江口	437.0	一级	一级
	淮河出海航道-盐河	淮河出海航道：洪泽湖南线—灌溉总渠—淮河入海水道—通榆河—灌河	278.5	五～三级	三级
		盐河：杨庄—武障河闸	95.0	七、六级	四级
	通扬线	通扬线：高东线—建口线—通扬运河—通吕运河	299.0	七～五级	三级
	芜申线-苏申外港线（含苏申内港线）	芜申线：芜太运河—太湖航线—太浦河	297.0	七～五级	三级
		苏申外港线：宝带桥—分水龙王庙	64.7	六、五级	三级
		苏申内港线：瓜泾口—宝钢支线铁路桥	111.0	五级	三级
	长湖申线-黄浦江-大浦线、赵家沟-大芦线（含湖嘉申线）	长湖申线：小浦—西洳河口	143.2	五、四级	四～三级
		黄浦江：分水龙王庙—吴淞口	91.7	三、一级	一级
		大浦线、赵家沟：赵家沟—大治河；随塘河—黄浦江	51.5	七级	三级
		大芦线：内河集装箱港区—黄浦江	46.1	七、五级	三级
		湖嘉申线：闸西—红旗塘	104.0	六～四级	三级
	钱塘江-杭申线（含杭平申线）	钱塘江：衢州—赭山	296.0	五、四级	四级
		杭申线：塘栖—分水龙王庙	123.0	五、四级	三级
		杭平申线：新市—竖潦泾	138.0	六、五级	四级

第二，加快长江二级支流航道建设。重视支流航道建设与渠化建设，统筹船闸等级建设，整治重点滩险航道，重点围绕二级支流航道，重视三级支流航道，积极打造岷江、嘉陵江、乌江、湘江、沅水、汉江、江汉运河、赣江、信江、合裕线、渠江、沱江、涪江、赤水河、金沙江、大渡河、饶河、修河等支流航道建设，积极将航运功能向

支流拓展，推动支流航道的高等级化（表4-10）。其中，加快乌江航运北进长江，加快云贵煤炭资源外运；整合洞庭湖、太湖和鄱阳湖及洪泽湖等湖泊地区的航道水系。

表4-10　长江流域内河高等级航道布局方案表

航道名称	起讫点	里程（km）	现状	规划
岷江	乐山—宜宾	162	六~四级	三级
嘉陵江	广元—合川	603	六~四级	四级
	合川—重庆	95	四级	三级
乌江	乌江渡—涪陵	594	七~五级	四级
湘江	松柏—城陵矶	497	六~三级	三级及以上
沅水	三板溪—常德	667	六级	四级
	常德—鲇鱼口	192	四级	三级
汉江	安康—丹江口	352	六、七级	四级
	丹江口—汉口	617	六~四级	三级
江汉运河	龙洲垸—高石碑	69	不通航	三级
赣江	赣州—湖口	606	六~三级	三级及以上
信江	贵溪—罐子口	244	七~五级	三级
合裕线	合肥新港—裕溪口	143	六~三级	三级

第三，建设京杭运河与淮河水系。加快其他河流水系的航道建设，重点是京杭运河与淮河水系及珠江与钱塘江水系（表4-11）。其中，京杭运河济宁至扬州段为Ⅱ级航道，谏壁至杭州为Ⅲ级航道。江苏和安徽加快建设淮河和沙颍河航道建设，实现淮河干流整治，加快淮河出海通道建设，实现淮河连海通江；贵州和云南积极推动北盘江—红水河、柳江—黔江的航道建设，航运南下珠江，形成西南水运出海中线通道，推动云贵资源优势转化为经济优势。研究赣粤运河，推进湘桂运河建设。浙江推动新安江、瓯江等单独入海内河航道建设。适度开发澜沧江-湄公河、红河等国际河流航道建设，实现内河航运出境。

表4-11　长江经济带其他水系高等级航道布局方案

航道名称	起讫点	里程（km）	现状	规划
京杭运河	梁山—杭州	1052	六~二级	三级~二级
淮河	淮滨—正阳关	177	五级	四级
	正阳关—淮安	383	五~三级	三级
沙颍河	漯河—沫河口	378	六、五级	五~四级
北盘江—红水河	百层—来宾	678	七、六级	四级
	来宾—石龙三江口	63	六~四级	三级
柳江—黔江	柳州—桂平	284	六、五级	三级

3. 促进各类港口合理布局

第一，促进港口合理布局。坚持内河港口和沿海港口并行推进，加快国际航运中心和区域性航运物流中心建设，优化提升门户枢纽港，强化干线港建设，重点提升内河主要港口建设，有序推进内河重要港口和一般港口建设，优化港口功能，加强分工合作，联动沿江和沿海产业园区与工业园区，以集装箱、矿石、煤炭、汽车、滚装和液体散货为主，加强基础设施建设，积极推进专业化、规模化和现代化建设，重点建设专业化货种码头泊位，形成以枢纽港为龙头、大型干线港为支撑，重要港口为支撑、地方港口为补充、与长江流域开发开放的港口布局体系（图 4-9）。

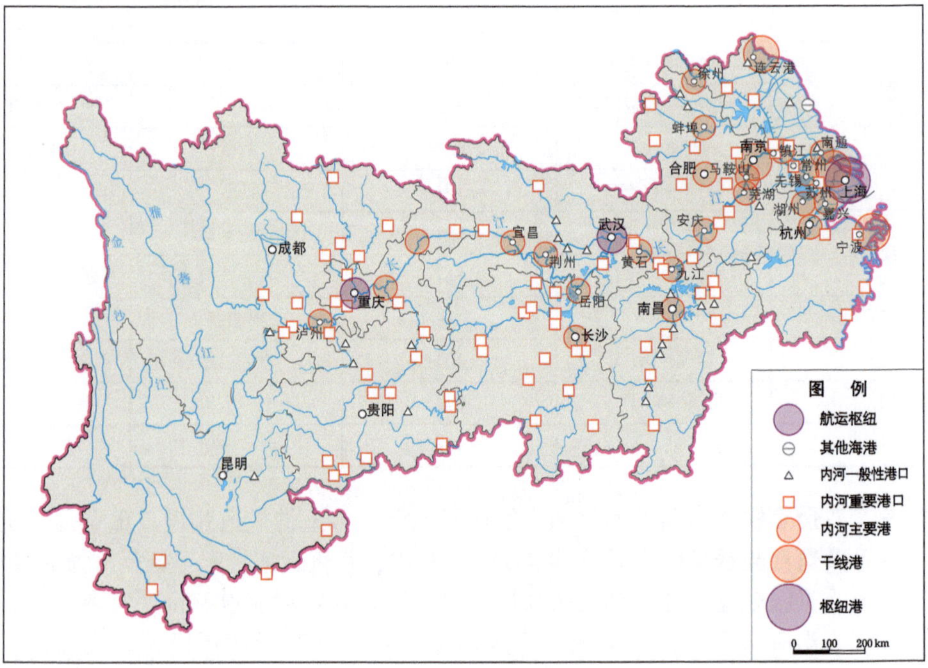

图 4-9　长江经济带港口布局体系

第二，积极推动下游龙头枢纽港与大型干线港建设。

南京港——加快建设南京长江国际航运物流中心，建成龙潭港区集装箱、西坝港区液体化工、仪征港区液体化工码头等泊位，提高江海转运、铁水联运的物流资源配置能力。

宁波-舟山港——以打造上海国际航运中心的重要部分为目标，建设集装箱、石化、煤炭、铁矿石等专业化码头，与上海港共同参与长江沿岸港口开发与业务共享，试点启运港退税政策，加快大宗商品国际储运加工贸易基地、能源原材料中转基地和战略物资储备基地建设，打造以能源、原材料等大宗物资中转和集装箱为主的综合性港口。

连云港——重点围绕集装箱、铁矿石和煤炭等货种，建成 30 万 t 级深水航道，加快 10 万 t 级集装箱码头和 30 万 t 级原油码头建设，成为具有中西部及西欧和亚太地区物流资源中转配置能力的港口。

苏州港——立足近洋，依托长江腹地经济优势，重点围绕集装箱、石油化工、煤炭和铁矿石物流等货种，推动铁路连接线建设，建设集装箱干线港和战略物资江海联运中转枢纽。

第三，加快长江中游和上游枢纽港建设。根据河流流域的自然物流规律，要加快长江中游枢纽港和上游枢纽港的建设。上游重点打造重庆枢纽港，加快寸滩、果园、东港、黄石兼、新田、龙头山、朱沱、仁沱等码头建设，建设上游最大的集装箱集散中心、大宗散货集散中心、商品汽车集散中心和大宗生产资料交易中心。中游重点打造武汉枢纽港，合理发展汉阳、汉口、阳逻、沌口、青山、左岭等港区，聚焦发展阳逻集装箱港口，将武汉港打造为长江中游地区的集装箱中转中心、大宗物资集散中心。

第四，加快长江流域主要港口的骨干支撑作用。根据各河段和支流腹地的发展情况与潜力，加快各主要港口的建设，打造成为长江干支流与水陆物资转运的枢纽，包括江西的九江和南昌，江苏的无锡、镇江、连云、南通、徐州，安徽的芜湖、马鞍山、安庆、合肥、蚌埠，重庆的万州和涪陵，湖北的黄石、宜昌和荆州，湖南的长沙和岳阳，四川省的泸州，浙江的杭州、嘉兴、湖州等港口。

第五，加快中小型重要港口的建设。根据各支流的发展需求，集约建设重要港口，提高现代化水平。包括安徽的铜陵、池州、巢湖、淮南、阜阳、亳州、六安、滁州；江苏的常州、淮安、宿迁、扬州河港、泰州、盐城、淮安、宿迁和镇江河港；重庆的永川、江津、合川、奉节、武隆；湖北的巴东、嘉鱼、鄂州、黄州、武穴、襄阳、仙桃、天门、潜江、钟祥；湖南的衡阳、湘潭、株洲、益阳、南县、沅江、常德、桃源、津市、泸溪、辰溪、邵阳、资兴、娄底、永州；贵州的赤水、开阳、遵义、瓮安、思南、沿河、锦屏、天柱、贞丰、册亨港、望谟、罗甸、从江；江西的赣州、吉安、樟树、新余、鹰潭、鄱阳港、景德镇、乐平、瑞昌、彭泽；四川的宜宾、乐山、广元、南充、达州、广安、遂宁、自贡、绵阳；云南的水富、景洪、思茅、富宁、河口；浙江的绍兴等港口。

第六，推动港口资源整合。根据各地区的港口发展情况，适度整合部分港口资源，推进整体开发，发挥群体优势。①推进长株潭港口群一体化发展与管理，重点建设长沙港霞凝港区、株洲港铜塘湾港区、湘潭港易俗河港区，服务两型社会建设。②推进宁波-舟山港一体化进程，统筹配置开发利用深水岸线资源和码头泊位功能，发展集装箱运输和大宗散货中转运输，提高港口竞争力。③长江上游地区推动岷江下游的泸州、宜宾与乐山港口资源整合，形成泸宜乐港口群；合理推动嘉陵江上的广元与南充港口资源整合，形成广南港口群。④长江中游地区推动鄂东港口资源整合，打造鄂东组合港，加快鄂东港口资源整合，打造荆州组合港。⑤加快九江与南昌港口资源整合，合理配置港口功能，南昌港重点发挥集装箱、件杂货运输优势，九江港重点发挥矿石、能源等运输优势。

4. 优化构建战略物资运输系统

根据各港口的运输职能与腹地重化企业布局，以特色货种为方向，应合理构建煤炭、集装箱、石油、铁矿石、液体化工产品等战略物资的专业化运输系统，合理布局专业化码头泊位。

煤炭运输系统——以芜湖、荆州、泸州、连云港、襄阳、南京、徐州等港口为煤炭下水港，以宁波-舟山、苏州、盐城和镇江等为煤炭接卸和中转储运枢纽，形成铁路干线、煤炭下水港和沿海沿江电厂及钢厂自备接卸码头共同组成，“海进江”调煤、铁路调煤、运河调煤和长江中上游调煤和沿海调煤的运输系统。

集装箱运输系统——以上海外高桥和洋山港为江海联运和近远洋联运枢纽，以连云港、苏州、宁波为干线港，以南京、武汉、重庆、镇江、南通、温州为支线港，芜湖、长沙、九江、岳阳、嘉兴、台州等其他港口为喂给港，形成枢纽港、支线港和喂给港分工明确的运输系统。

原油运输系统——以宁波-舟山、连云港、上海洋山为一程中转枢纽，以南京港为二程接卸中转枢纽，辅之温州和台州等接卸码头，通过甬沪宁管道和水路服务于长江流域炼油厂的原油运输体系。

铁矿石运输系统——以宁波-舟山港六横和衢山30万t级、连云港25万t级、上海马迹山30万t级码头为一程接卸枢纽，以及苏州太仓和南通港15万~20万t级减载进江矿石码头，辅之南京和镇江等二程矿石船接卸码头，连通沿江钢厂自备接卸码头共同组成的运输体系。

液体化工品运输系统——以由苏州港张家港和太仓港、无锡江阴港为中转枢纽，南京港依托金陵、扬子石化基地的液体化工品码头，辅之连云港徐圩港区、赣榆港区、盐城港滨海港区、大丰港区、南通洋口港区，以及沿江沿海其他服务地方经济发展需要的液体化工品码头共同组成的运输系统。

5. 扩大三峡枢纽通过能力，合理建设重大控制性枢纽

第一，深挖航运潜能。挖掘既有船闸潜力，启动三峡及葛洲坝既有船闸扩能项目和三峡至葛洲坝两坝间航道整治工程；加快建成三峡升船机，提高三峡过坝能力。

第二，继续三峡翻坝转运体系建设。完善公路、水路无缝衔接的翻坝转运系统，推进铁路水路有效连接的联运系统建设，抓紧建设三峡枢纽货运分流油气管道，积极实施货源地分流。

第三，研究论证新通道。加强三峡枢纽水运新通道和葛洲坝枢纽水运配套工程前期研究工作。

第四，统筹建设各支流的船闸建设，对部分能力有限的船闸进行扩能改造。包括湘江长沙综合枢纽、湘江土谷塘航电枢纽、株洲航电枢纽、大源渡航电枢纽、邵伯船闸、施桥三线船闸、通扬线运东二线船闸、高良涧三线船闸和芒稻河二线船闸、秦淮河船闸、赣江永泰航电枢纽、信江八字嘴航运枢纽、赣江新干航电枢纽、井冈山航电枢纽、乌江构皮滩水利枢纽、龙滩水利枢纽、嘉陵江利泽枢纽、草街枢纽、小南海水利枢纽、白马航电枢纽、银盘水利枢纽、彭水水利枢纽、岷江犍为航电枢纽、岷江航电龙溪口枢纽、岷江东风岩航电枢纽、汉江雅口航运枢纽。

二、陆路运输通道建设任务

依托长江黄金水道，统筹发展铁路、高速铁路、高速公路、公路等运输方式，加快综合通道建设，增强对长江经济带发展的战略支撑力（图4-10）。

1. 完善沿江铁路大通道建设

第一，完善沪汉蓉高速铁路建设。沪汉蓉高速铁路各区段技术水平的不一致严重影响了该铁路的运行速度。应积极推动重点建设上海经南京、合肥、武汉、重庆至成都的

沿江高速铁路，具体为京沪高铁沪宁段-宁合客运专线-武合客运专线-汉宜客运专线-宜万客运南线-渝万高铁-成渝客运专线。其中，宜万客运专线从宜昌建设新线北上连接郑渝高铁，然后再南下至万州。

第二，畅通长江北侧货运专线建设。充分利用沪汉蓉高铁置换出来的部分路线，连接原有的铁路线从而形成铁路货运专线。具体为成渝线-宁蓉线宜渝段-鸦宜线-长荆线-武九线-合九线-宁合铁路-沪宁线，其中在武九线与合九线之间需要新建联络线。

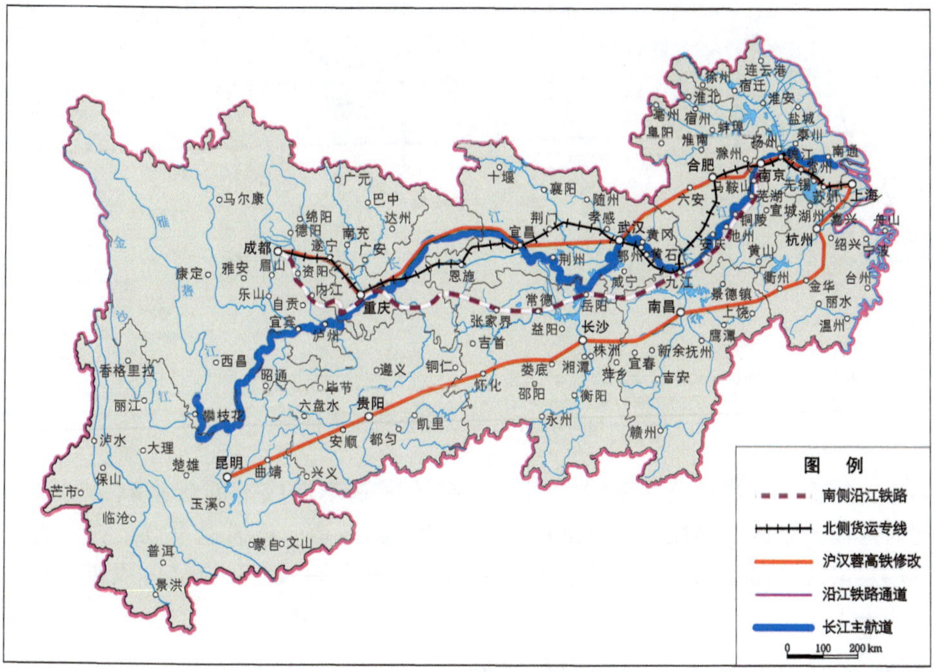

图 4-10 长江沿线高铁与铁路通道

第三，积极推动长江南侧沿江铁路建设。通过新建铁路线和既有铁路线整合，形成成渝铁线-渝怀线重庆至黔江段-黔张常铁路-长岳九铁路-铜九线-芜铜线-宁芜线-沪宁线，其中黔张常铁路和常岳九铁路为新建路线，分别为黔江—张家界—常德和常德—岳阳—九江。

第四，推动长江南侧的沪昆高铁。加强上海经杭州、南昌、长沙、贵阳至昆明的沪昆高速铁路。

2. 畅通沿江高速公路通道

为了满足日益增长的运输需求，并缓解三峡大坝的运能紧张和翻坝运输，应加快长江沿线地区的高速公路建设，形成陆路大通道。

第一，加快推动江北高速公路通道建设。目前江北沿江地区基本形成了相互贯通的高速公路，通过路线整合，辅之修筑部分联络线，并改造沿线干线公路，形成高速公路通道。该通道重点依托沪渝高速公路，具体走向为成都—重庆—宜昌—荆州—武汉—黄石—安庆—巢湖—南京—扬州 南通（图4-11）。

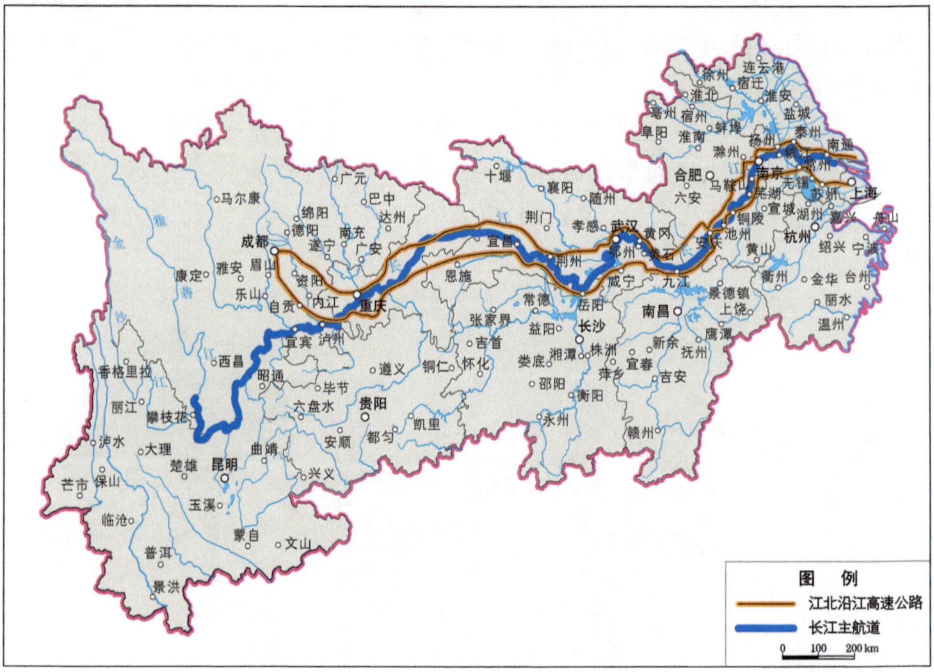

图 4-11　长江沿线高速公路通道格局

第二，完善江南高速公路建设。目前江南地区基本形成了部分路线，通过路线整合，同时建设少量的联络线，可以形成江南高速公路通道。该通道重点依托沪蓉高速公路，具体走向为成都—自贡—泸州—重庆—恩施—岳阳—咸宁—九江—贵港—铜陵—芜湖—常州—上海。

三、加强长江综合交通走廊集疏运网络建设

1. 完善连接长江黄金水道的重要纵向通道建设

加强长江综合交通运输走廊建设的同时，关注纵向交汇运输通道的建设，推动重大铁路干线和高速公路干线的扩能改造，推动国省道改造，提高技术等级，形成沟通中国南北方的衔接通道。

第一，长江下游地区。以上海、徐州、南京、合肥、杭州等为重要衔接枢纽，积极完善沿海大通道、京沪大通道、京九大通道的建设，连通北侧的京津冀都市圈、山东半岛和南侧的海峡西岸经济区。

第二，长江中游地区。以武汉、长沙、南昌为重要衔接枢纽，加快建设京广和京九大通道建设，连通北侧的京津冀都市圈、冀中南地区、太原城市群、中原经济区和南侧的珠江三角洲地区。

第三，长江上游地区。以成都、重庆和昆明及贵阳为重要衔接枢纽，加快包钦防大通道、临瑞大通道、兰渝广、焦枝-枝柳等纵向通道建设；连通西北地区的呼包鄂榆地区、宁夏沿黄经济区、关中-天水经济区、兰州-西宁地区，西南地区的滇中城市群、黔中城市群及华南地区的北部湾经济区和珠江三角洲。

2. 强化港口集疏运网络，完善区域陆路交通网

以航运中心和主要港口为重点，加快铁路、高等级公路等连接线建设，强化集疏运服务功能，有效解决“最后一公里”问题，实现各种运输方式在港区的“无缝”衔接。同时，加快落后地区铁路干线的支线建设，完善区域性陆路交通网（图4-12、图4-13）。

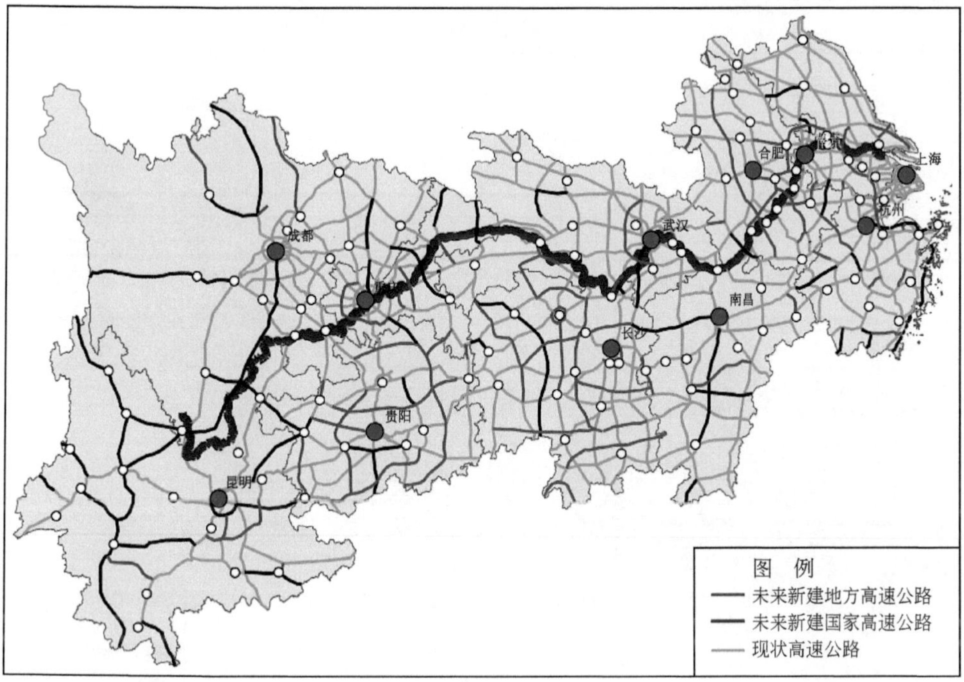

图4-12　长江经济带高速公路网络

第一，积极建设港口的铁路集疏线，发展铁水联运。扩大铁路专线运输能力，基本实现铁路直达沿江、沿海和内河主要港口；加强海铁联运场站枢纽建设，加快改善水铁联运设施条件。推进港口与沿江开发区、物流园区的通道建设，力争实现干线港与主要港口及重要港口连接高速公路，一级公路通沿江沿海港口主要作业区。一般港口、民航机场、铁路枢纽、重要边境口岸、省级以上工业园区基本通二级及以上公路。

第二，加快铁路干线建设，推动既有铁路繁忙路段扩能改造。新建成兰、兰渝、安张衡、十堰—宜昌、岳九、渝利、上海—九江—张家界—遵义—丽江、九景衢、连扬镇、徐淮、杭黄、蒙华、阜阳—六安—景德镇、乐山—宜宾—泸州、乐山—自贡、湖州—乍浦等铁路线。完成成昆、渝黔、川黔、渝怀、宁西、南凭、皖赣、南昆、黔桂、湘桂、娄邵、云桂、金温等铁路的复线建设或电气化改造。

第三，推动落后地区的铁路支线建设，新建部分开发性铁路线。推动川青、川藏铁路的论证研究，加快建设亳州—淮阴、隆百、巴中—达州、鹰潭—梅州、怀化—邵阳—衡阳—吉安、咸宁—宜春—井冈山、井冈山—赣州、岳阳—吉安、毕节—六盘水、凯里—永州—郴州—赣州等铁路；加强部分大能力的能源运输干线，促进大宗货物的重载化运输，重点建设蒙华铁路。

第四，加快重大客运专线或快速铁路建设。根据主要城镇密集区的格局与客货联系，合理建设客运专线、高速铁路或城际铁路，推动客货运输分离，建设旅客快速运输系统。包括沪汉蓉、陇海、沪昆、合肥—九江—南昌—深圳、郑万—渝万、合肥—杭州、西渝、西安—武汉、渝昆、成昆、武九、合肥—福州、贵广—渝黔、成贵、黔桂、长沙—厦门等高铁路线。

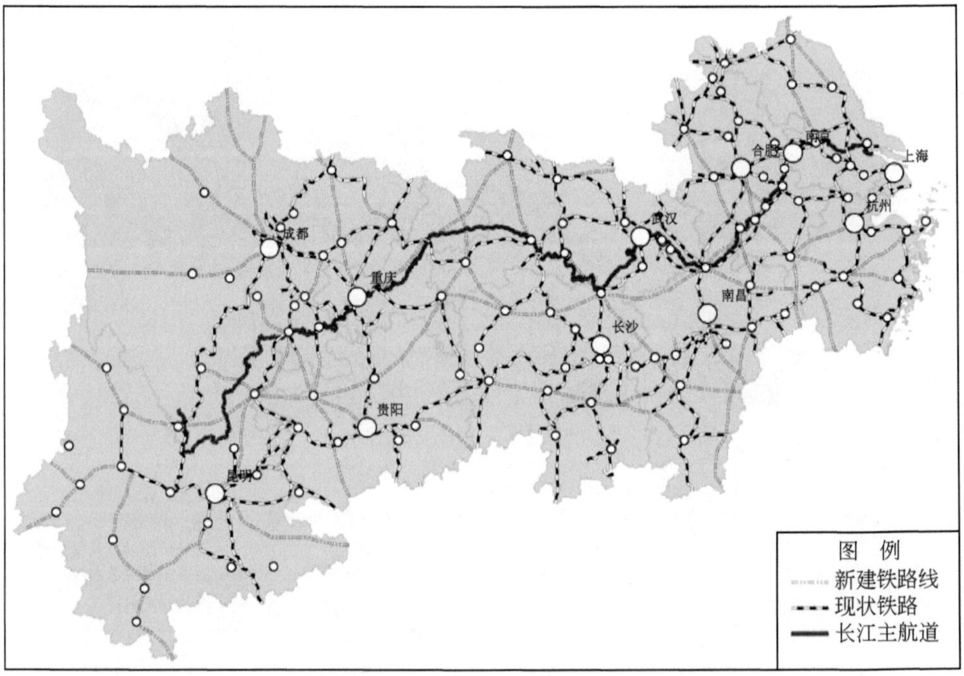

图4-13　长江经济带铁路网络

第五，完善高速公路网络建设和国省道改造。加快国家高速公路网完善，重点推动段头线，根据路网完善情况和区域发展需求，适度加快部分地方高速公路的建设，加密省域高速公路网。加快普通国道和省道建设，消除瓶颈路段制约，提高技术等级和安全水平，普通国道二级及以上公路比重达到90% 以上。

四、能源输送走廊建设任务

长江能源输送走廊主要有沿江油气管网、沿江输电通道、沿江煤炭运输通道组成的"天、地、江"三位一体的能源输送走廊。其中油气输送主要从地下经管道将进口原油从长三角的沿海港口输送到内陆地区，以及将西北地区进口天然气和煤制气输送到长江中游地区；电力输送主要通过特高压输电线路将上游地区的电输送到中游和下游长三角地区；煤炭则主要是通过沿江的沪昆线和长江水运将云贵基地与北方三西地区的煤炭输送到长江中游地区，以及部分进口煤炭从沿海港口水运到长江中游地区。

（一）统筹规划、合理布局沿江油气管网

加快建设主干管道，配套建设输配体系和储备设施，提高原油、成品油管输比重，

增加天然气供应能力。完善长江三角洲、长江中游和川渝云贵地区的原油、成品油输送管道及区域天然气管网，加快油气管道互联互通，形成以沿江干线管道为主轴，连接成渝城市群、长江中游城市群、长江三角洲城市群的油气供应保障体系。

1. 天然气管道

长三角地区建设中俄东线南段（永清至上海，含过江通道）、青岛至南京、如东经海门至崇明岛等天然气管道及支线，浙江舟山液化天然气（liquefied natural gas，LNG）加注站和江苏金坛、刘庄、淮安、安徽沿江储气库。优化布局长江三角洲地区 LNG 接收站、配套管网及分销转运站，研究规划建设中国石油如东、中国石化连云港和中国海油滨海等 LNG 接收站项目，建设沿海天然气接收储备基地，到 2020 年形成千万吨 LNG 接收能力。

长江中游地区要依托川气东送、西气东输（二、三线）、新粤浙线等国家天然气长输管道，加大西部天然气引入力度，建成“三横一纵”国家输气管网，完善省级天然气管网支线工程、联络线和沿线城市供气设施及潜江等地下储气库等储气设施建设。

长江上游地区利用中缅天然气管道、中卫至贵阳天然气管道及忠武线，建成川渝高压输气环网，实现北方中亚天然气西气东输管线和南方中缅天然气管线的连接。

2. 原油和成品油管道

加快推进中缅油管道昆明至重庆段工程及千万吨炼油项目规划建设，依托兰成原油管道、建设仪征至长岭原油管道复线，长岭至重庆、日照至仪征复线等原油管道，到 2020 年，力争沿江主要炼厂进厂原油管输比重达到 100%。建设三峡枢纽油气管道，实现货源地分流。

完善沿江成品油输送网络建设。依托兰郑长成品油管道，建成中石化贵阳至重庆成品油管线，荆门经宜昌至巴东成品油管道、泉州—赣州、梅州—赣州、兰郑长江西支线等跨省成品油管道。并开展沿江成品油管道延伸至重庆论证重庆成品油储备基地建设。

加强成品油储运设施建设。确保在 2015 年成品油输入能力达到 900 万 t 左右。建设重庆成品油储备基地，将其建设成为西南地区的原油或成品油战略储备基地，总库容达到 90 万 m^3，提高成品油市场保障能力。

（二）产输结合、适时建设沿江输电网络

加快建设四川雅安—武汉—南京特高压输电线路，根据地区电力建设和消费规模，适时建设云南—广东、四川—武汉输电通道，提高西南水电在全国电力消费中的比重。同时完善各省内 500kV 输电线路建设，建设智能电网。

1. 稳步推进长江上游水电基地建设

继续推进金沙江中下游、澜沧江中下游、雅砻江、大渡河水电基地建设，重点开发大渡河、雅砻江、金沙江中下游等流域，有序启动金沙江上游、澜沧江上游、黄河上游、怒江中下游水电基地开发。到 2020 年，长江上游、南盘江红水河、乌江、金沙江中下游、澜沧江中下游、雅砻江、大渡河水电基地基本建成。上游川渝云贵四省根据国家能源消费总体需求规模，从提高清洁能源比重的角度，有序推进西南水电基地建设。综合考虑资源状况、开发条件、前期工作等因素，继续全面推进金沙江中下游、澜沧江中

下游、雅砻江和大渡河水电基地建设，建设金沙江乌东德（870万kW）、白鹤滩（1200万kW）、观音岩（300万kW）、鲁地拉（216万kW）；雅砻江两河口（270万kW）、杨房沟（150万kW）、卡拉（108万kW）；大渡河猴子岩（170万kW）、长河坝（260万kW）、黄金坪（85万kW）、枕头坝（95万kW）；澜沧江里底（42万kW）、黄登（190万kW）、大华桥（92万kW）、苗尾（140万kW）；怒江松塔（360万kW）；红水河龙滩二期（140万kW）水电站建设。完成乌江、南盘江红水河扩机等水电项目。有序启动金沙江上游、澜沧江上游和怒江水电基地建设。开工建设叶巴滩、苏哇龙、拉哇；古水（260万kW）、乌弄龙、如美、古学；马吉（420万kW）、亚碧罗（180万kW）、六库（18万kW）、赛格（100万kW）等水电站。同时优化调整小水电改造，推动小水电健康发展。

2. 合理建设贵州和沿江火电项目，稳步建设两淮煤电基地

根据地区煤炭资源获取，合理建设贵州煤电基地和沿江煤电基地，稳步建设两淮“皖电东送”煤电基地。依托地区丰富煤炭资源，建设贵州煤电化综合生产基地。到2020年，电力装机达到6700万kW，其中火电装机预计达到3500万~4000万kW。加快建设蒙西至华中煤运通道，推进沿线合理有序发展高效清洁燃煤电站。重点包括南昌新昌电厂（2×100万kW）；九江煤电一体化电厂（2×100万kW）、永修电厂（2×100万kW）、上饶电厂（2×100万kW）、湖北江陵电厂（2×100万kW）等火电项目。完善建设皖电东送煤电基地，主要包括淮北平山电厂一期（2×66万kW）、阜阳电厂二期（2×66万kW）、亳州蒙城华能电厂（2×100万kW）、蚌埠国电二期（2×66万kW）电厂项目以及芜湖电厂（2×66万kW）、安庆电厂（2×100万kW）、皖能铜陵电厂六期（2×100万kW）、大唐滁州电厂（2×66万kW）等项目。

3. 有序推进跨区特高压输电网络

优化电网布局，推进智能电网建设，健全跨省跨区电力输送通道。加快淮南—南京—上海、雅安—重庆—武汉1000kV交流线路，宁东—浙江、晋北—南京±800kV特高压直流输电工程。适时开工锡林郭勒盟—泰州、滇西—广东±800kV特高压直流输电工程，促进西北和西南地区电力资源的外送，促进长三角地区能源保障和大气环境质量的改善。配合华中地区主网架建设和地区电力增长需求，规划建设四川—华中、甘肃—华中、哈密—华中的特高压电力通道，以满足长江中游地区经济发展的电力需求和改善能源消费结构。完善各省内500kV电网网架和变电站点建设。改善城乡用电条件，继续实施城市电网和农村电网升级改造工程。

4. 鼓励清洁能源开发

加强大别山、幕阜山、武陵山等山区风能资源开发。根据各地区能源消费增加趋势，适时推进咸宁、桃花江、小墨山、涪陵等核电站的规划、选址工作。

（三）优化建设长江运输通道

加快蒙西—华中、兰渝铁路煤炭输送通道建设和沪昆通道建设，并配合建设万州、涪陵、江陵、岳阳、九江等煤炭专运码头和镇江、靖江、万州、广元、荆州、岳阳、九江、芜湖煤炭物流园区。

五、国际互联互通与江海连通网络

（一）国际互联互通，对接陆上丝绸之路，促进沿边开放

为了促进对外开放，对接“丝绸之路”经济带建设，加强国际交流，遵循“口岸领衔，衔接全国，连通枢纽，主次相辅”的原则，打造以铁路为骨架、公路为支撑，航空、管道、水运为辅助的“三主四辅”综合对外运输体系，扩大长江经济带的开放与开发能力。

第一，积极构建中孟印缅国际运输通道。以国内临（河）瑞（丽）通道、沪昆通道为主进行延伸，以云南瑞丽为门户，构建中国至腊戍（缅甸）、仰光（缅甸）的大通道。同时，以临瑞和沪昆通道为主进行延伸，以云南临沧孟定为门户，打造至腊戍、仰光的国际通道；以临瑞和沪昆通道为主进行延伸，以云南侯桥为门户，打造至密支那（缅甸）、雷多（印度）的国际通道（表4-12）。

表4-12 长江经济带沿边地区国际通道规划

通道名称	等级	衔接主通道
昆明—河口—河内—曼谷—新加坡	主要	临昆、沪昆、昆福
昆明—磨憨—万象—曼谷	主要	临昆、沪昆、昆福
昆明—瑞丽—腊戍—仰光	主要	临昆、沪昆、昆福
昆明—个旧—金水河—马鹿塘—河内	次要	—
昆明—文山—天保—清水河—河内	次要	—
昆明—耿马—孟定—腊戍—仰光	次要	—
昆明—侯桥—密支那—雷多	次要	临昆、沪昆、昆福

第二，全力打造中国—中南半岛国际运输通道。中国—中南半岛国际运输通道是支撑中国-东盟自由贸易区的重要保障。以河口、磨憨、金水河、天保等口岸为核心，面向越南、老挝等国家，积极建设中国—中南半岛国际通道。以临瑞和沪昆通道为衔接通道，以河口为门户，构建中国至越南河内的运输通道；以临瑞、南昆南广和沪昆通道为衔接通道，以磨憨为门户，构建中国至万象、曼谷的国际通道；以临瑞和沪昆通道为衔接通道，分别以云南金水河和天保为门户，构建中国至越南的国际通道（表4-12）。

第三，加快完善亚欧大陆桥国际大通道。以连云港为龙头，依托陇海铁路，完善亚洲大陆桥的建设，重点以集装箱运输为对象，加强海铁联运场站枢纽建设，组织通达中亚和欧洲的国际班列。

第四，合理组织中欧国际班列。以具备铁水联运功能的长江港口为起点，完善物流园区、保税区和海关监管区等配套设施，合理组织中欧国际班列，发展“渝新欧”“蓉欧快铁”“汉新欧”和“湘欧快线”，实现长江经济带与中亚、欧洲的直接连通。重点发挥长江上游“渝新欧”的品牌效应，以重庆为国际联运枢纽，形成集散中亚、欧洲和中国货物的大型物流集散基地，推动长江上游的对外联系与对外开放。

（二）完善江海联运网络，繁荣海上丝绸之路

第一，积极发展江海联运喂给网络。以上海港为枢纽，重点以洋山深水港为枢纽，以长江流域的中小型港口为喂给港口，积极完善长江航线，将集装箱集中到上海港经重新配置组织后，再发送国际市场。

第二，深度实施“长江战略”。继续发挥上海港的枢纽作用，以上海国际港务（集团）股份有限公司为核心，发挥管理、资本和技术优势，以重要港口和喂给港口为主，深度实施“长江战略”，通过码头设施投资、联合共建与合营码头企业，推动长江流域的港口码头与物流资源整合，形成一体化的港口码头经营与物流组织网络。

第三，适度推动干线港口和长江国际航运中心的近洋航线组织，以南京、苏州、武汉及重庆港口为主，根据货运需求，合理分配至日韩，以及中国台湾和港澳地区的近洋航线。

第四，以上海港为枢纽，辅助宁波、南京、连云港等沿海干线港口，注重国际航线航班组织和铁水联运组织，积极发展通达全球的国际航运网络，对接海上丝绸之路经济带建设。

（三）加强航空运输体系与空中走廊建设

1. 强化空中运输走廊组织

第一，以国际枢纽机场为中心，面向全球，重点围绕北美、欧洲和东南亚国家，扩大连通城市，兼顾国内外客货运输，增加航线航班密度，加快上海、武汉、杭州、重庆、长沙、昆明等国际机场的航空运输组织，形成长江流域通达全球的门户枢纽。

第二，以促进国际交流合作为目标，积极推动合肥、南昌、贵阳、南京、苏南、宁波等干线枢纽的发展，扩大国内航班航线，优化航线网络，适时增辟国际航线与航班；推动瑞丽等边境空中门户机场的培育与发展。

第三，以连通国内特大城市和重要城镇密集区为目标，加快中心城市机场的空中快线组织，形成高效、高密度的空中走廊。

2. 完善建设大型枢纽机场

突出枢纽机场扩建改造，重点建设重庆江北国际机场、成都双流国际机场、昆明长水国际机场、武汉天河国际机场、长沙黄花国际机场，打造长江经济带畅通国内外的空中门户（图4-14）。

1）加快推动昆明长水国际机场二期工程，建设第二航站楼和两条新跑道，吞吐能力达8000万人次。

2）合理建设成都简阳国际机场，规模达5300万人次，加快新机场快速交通线建设。

3）完成重庆江北国际机场四期扩建，建设3800m第三跑道及配套设施（航站区），论证第四跑道的可行性。

4）加快建成武汉天河国际机场三期工程，完善城际铁路、地铁、市政配套系统等相关配套设施，力争2030年客运量达8000万人次。

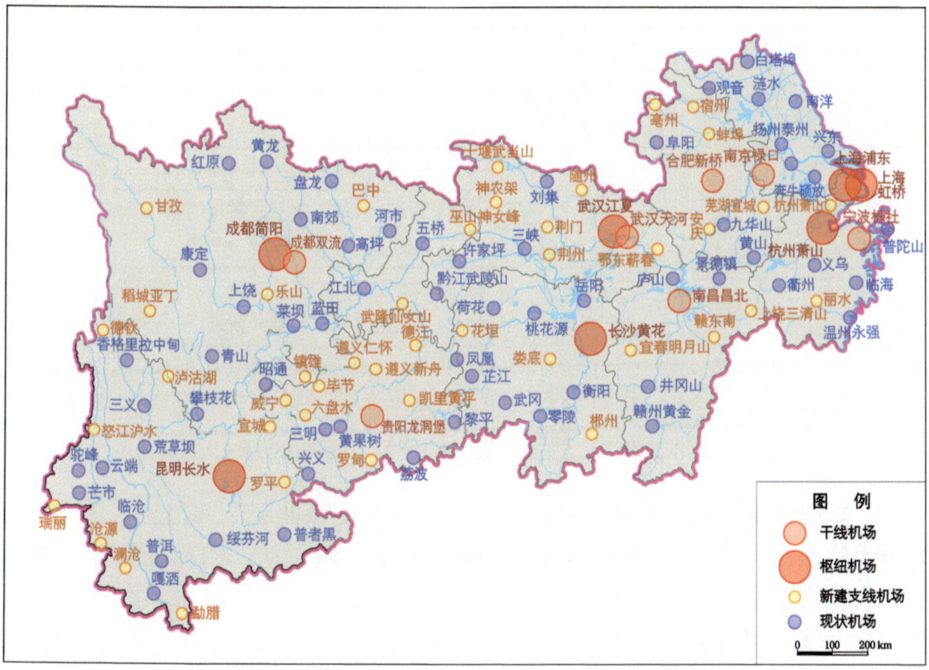

图 4-14　长江经济带地区的未来机场体系示意图

5）强化长沙黄花国际机场建设，尽快完成第二跑道及配套设施建设，远期建设第三和第四跑道（E 类）及配套设施，2040 年吞吐能力达 7100 万人次；适时开展长株潭核心区第二机场研究。

3. 适度建设干支线机场，促进地方经济发展与资源开发

结合旅游资源的分布情况，尤其是世界遗产、地质公园及 A 级景区的富集水平，新建、调整、改造一批中小型机场（表 4-13），优化航线网络，提高与全国主要城市间航班密度，支撑经济发展，促进特色产业发展。

表 4-13　长江经济带机场体系布局方案

省市	枢纽机场	干线机场	支线机场
上海	浦东、虹桥		
江苏		南京禄口	硕放、连云港、徐州观音、南通兴东、常州、盐城南洋、淮安涟水、扬州泰州
浙江	杭州萧山	宁波	义乌、舟山普陀山、温州、台州、衢州、丽水、嘉兴
安徽		合肥新桥	池州九华山、芜湖宣城、安庆天柱山、蚌埠、亳州、黄山屯溪、阜阳西关、宿州
江西		南昌昌北	宜春明月山、上饶三清山、吉安井冈山、赣州黄金、九江马回岭、赣东南、景德镇
湖南	长沙黄花		张家界荷花、常德桃花源、怀化芷江、永州零陵、衡阳、岳阳、邵阳武冈、郴州、湘西、娄底

续表

省市	枢纽机场	干线机场	支线机场
湖北	武汉天河	武汉江夏	神农架、武当山、宜昌三峡、恩施、襄阳、荆州、随州、十堰、荆门、鄂东
重庆	重庆江北		巫山神女峰、万州五桥、黔江武陵山、武隆仙女山
四川	成都双流		攀枝花、康定、九寨黄龙、西昌、南充、阿坝红原、稻城亚丁、乐山、宜宾、泸州、达州、成都简阳、甘孜、巴中、广元
贵州		贵阳龙洞堡	凯里黄平、毕节、黎平、兴义、安顺黄果树、铜仁-凤凰、荔波、六盘水、仁怀茅台、罗甸、威宁、黔北德江、遵义新舟
云南	昆明长水		丽江、西双版纳、腾冲、芒市、香格里拉、大理、普洱、保山、临沧、文山、昭通、泸沽湖、沧源、澜沧、红河、怒江、德钦、镇雄、罗平、勐腊、宣威

第一，新建部分机场。包括浙江的嘉兴和丽水，安徽的芜湖宣城、安庆天柱山、蚌埠、亳州、宿州，江西的宜春明月山、上饶三清山、赣东南，湖南的郴州、湘西、娄底，湖北的神农架、武当山、荆州、随州、武汉江夏、荆门、鄂东，重庆的武隆仙女山、巫山神女峰，四川的稻城亚丁、乐山、成都简阳、甘孜、巴中，贵州的遵义新舟、毕节、六盘水、凯里黄平、黔北德江、仁怀茅台、罗甸、威宁，云南的泸沽湖、沧源、澜沧、怒江、德钦、镇雄、罗平、勐腊、宣威等机场。

第二，积极推动改扩建机场。根据机场的发展情况，实施推动部分机场的改扩建，包括江苏的连云港、徐州观音、南通兴东、常州、盐城南洋、淮安涟水、扬州泰州，浙江的义乌、普陀山、宁波、温州等机场，安徽的黄山，江西的井冈山、赣州黄金、九江马回岭，湖南的常德桃花源、怀化芷江、永州零陵，湖北的宜昌三峡、恩施、襄阳，重庆市的万州五桥，四川的九寨黄龙、西昌、南充、达州，贵州的贵阳龙洞堡国际机场和云南的腾冲机场。

第三，适时推动部分机场迁建。由于机场布局条件和发展条件的限制，需要适时推动部分机场的迁建，包括江苏的连云港和南通，四川的攀枝花、六盘水、乐山、康定、阿坝红原、宜宾、泸州，贵州的仁怀茅台、黄平、毕节和云南的红河、大理、昭通、普洱等机场。

第五节 重要地区与综合性枢纽建设任务

一、城镇密集区城际交通网络建设任务

城镇密集区有高密度的运输需求和通勤需求，基础设施呈现独特的空间系统。围绕城市群地区，以培育具有竞争力的区域为目标，围绕城际交通（快速铁路、客运专线、高速公路）和城市干线交通［地铁、轻轨、BRT（快速公交系统）］，协调发展多种交通方式，实施统筹布局与建设，推动重大基础设施（综合交通枢纽、大型物流基地、港口与机场等）共享，合理引导都市区的交通方式，构筑区域快速公共客运交通网络，建设

区域性基础设施网络与局域化的运输组织管理，打造“1h 职住通勤交通圈”和“2h 经济协作交通圈”，实现城市群内中心城市之间、中心城市与周边城市之间的快速通达，支撑产业和人口的集散。

（一）完善长江三角洲城市群城际交通网络

坚持高效、快速、绿色的发展理念，打造以上海为中心，南京、杭州、合肥为副中心，城际铁路为主通道的“多三角、放射状”城际交通网络（图 4-15）。建设以上海为中心，南京、杭州、合肥、宁波、南通为节点的“多三角”城际交通网，优化提升沪宁合和沪杭交通通道建设，建设沪宁、常苏嘉城际轨道交通，建设沪苏湖城际铁路、杭州—黄山铁路及沪杭磁悬浮交通，集束布局各类基础设施；培育壮大沿江、沿海、杭湖宁、杭绍甬舟等综合运输通道；扩建繁忙的高速公路，包括宁通、京沪高速公路，建设连盐、沪通、甬台温、金甬、金台、湖州—乍浦、淮扬镇等铁路；改造提升京杭运河江南段、苏申内外港线、湖嘉申航道、杭申航道、杭甬运河等水运通道；加强崇明、泰州—常州过江通道。以此，促进长江三角洲一体化发展，打造具有国际竞争力的世界级城市群。

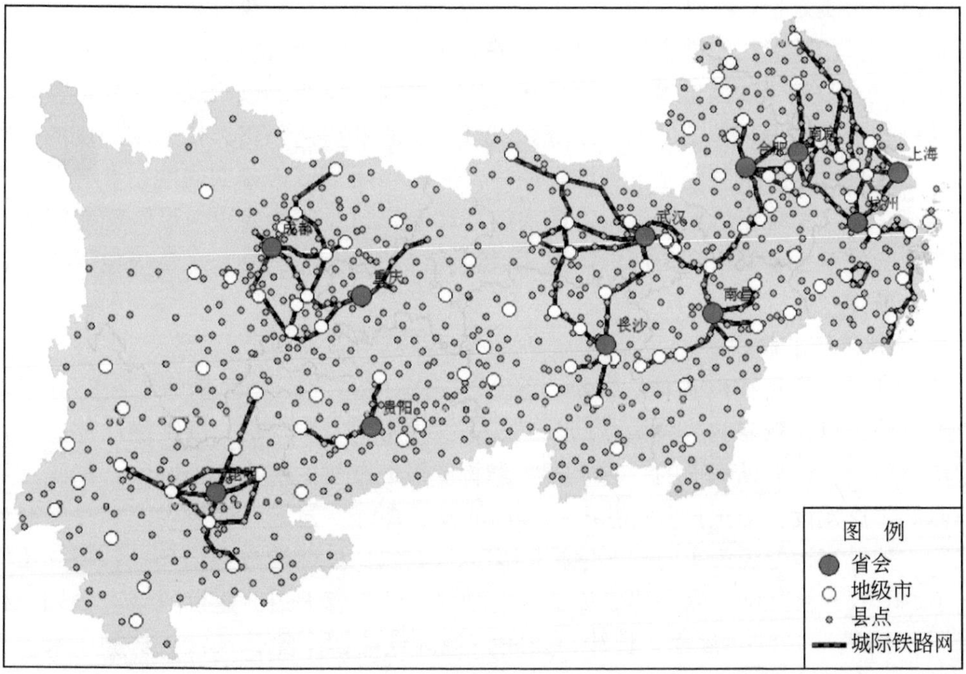

图 4-15 长江经济带的城际铁路网络示意图

1）建设以上海为中心，连通南通、苏州、嘉兴、宁波等城市的放射状城际交通网，积极打造上海国际枢纽港，建设国际航运中心。

2）建设以南京为中心，连通苏州、无锡、常州、镇江、南通、泰州、扬州等城市的放射状城际交通网。

3）建设以杭州为中心，连通绍兴、宁波、舟山、台州、湖州、嘉兴等城市的放射状城际交通网。

4）建设以合肥为中心，连通芜湖、马鞍山、宣城、铜陵、池州、安庆、淮南、蚌埠、滁州等城市的放射状城际交通网，围绕合肥建设城际轨道交通，实现中心城市与周边城市之间1～2h通达。

（二）构筑长江中游城市群城际交通网络

以培育和壮大长江中游城市群为目标，围绕武汉都市圈、长株潭城市群和环鄱阳湖城市群，积极推进重大基础设施建设与互联互通。扩大三大城镇密集区之间的高速交通网络，以武汉、长沙和南昌为中心，积极发展高速铁路和快速铁路及高速公路，形成"三角形、放射状"的城际交通网络；加快推进其他干线铁路和既有线路的改扩建，推进重要港口的集疏运道路与专用铁路建设；对高速公路繁忙路段实施扩容改造工程；加强长江干线过江能力，推进铁路、公路、城市交通合并过江，实现武汉、长沙、南昌之间2h通达。

1. 武汉都市圈

武汉都市圈是指以武汉为圆心、以黄石为副中心城市，覆盖鄂州、黄冈、孝感、咸宁、仙桃、天门、潜江的城市群，地处长江经济带、京广铁路与京港澳高速公路"十字"交汇处。目前干线运输繁忙，运输压力大。未来，应建成以武汉市大外环和环城市圈高速路构成的"两环"，以及由13条以武汉为中心的高速公路和快速路构成的公路骨架网；加快建设武汉至其他城市的城际铁路，形成"1h"城市群交通网，并与武汉外环高速连成一体；完善出口通道建设，加快内环和中环到外环的通道建设；加速完成天河机场扩建，完善主要城市到天河机场快速通道；以长江、汉江及其支流为主航道，打造武汉长江航运中心。

2. 长株潭城市群

长株潭城市群是指以长沙、株洲、湘潭三市为中心，1.5h通勤为半径的城市聚集区。继续建设以长株潭城区为核心，以三市间的快速交通为纽带，以铁路和高速公路为轴向周边放射，以三纵两横的"冉字形"结构支撑城市群的综合交通网络；加强湘江新区的基础设施建设，强化长沙黄花国际机场的枢纽功能，建设娄底机场。对外交通形成以武广、沪昆客运专线为主的"十字形"高速铁路网，外环形成围绕环长株潭8市的城际干道网和高速公路网，内环建成长株潭主轴线——芙蓉大道，建设一纵（岳阳—长沙—衡阳）两横（长沙—常德、长沙—娄底）城际铁路网，完善长沙—株洲、长沙—湘潭、株洲—湘潭等高速公路网。

3. 环鄱阳湖城市群

应充分发挥沿路（昌九高速、京九铁路等）和沿江（长江）的交通优势，建设以南昌为中心，连接九江、景德镇、鹰潭、抚州、新余、宜春、萍乡等城市的放射状城际交通网，形成环鄱阳湖城市群城际交通网络；充分发挥九江港口城市优势，加快赣江、鄱阳湖水运主通道的升级改造，建设与长江多式联运相配套的集装箱码头及货场；加快昌北机场的扩建工程，重点改造九江庐山机场和景德镇罗家机场，建设上饶和抚州等支线机场。

（三）完善成渝城市群城际交通网络

成渝城市群位于沿江大通道和临瑞、包钦防和兰渝广通道的交汇处，是重要的城镇密集区和重点开发区。南北干线通道如成昆、川黔和成渝等铁路运输压力大，长江航道运能不足，陆路通道仍需完善。应完善成渝经济区与长江中下游、珠江三角洲的快速客运系统；完成城际快速客运网（城际交通和客运专线），建设宝成—成昆铁路复线；构建“一主轴、放射状”成渝城市群城际交通网络，围绕成都和重庆形成30min和1h交通圈，完善成渝交通走廊；对川黔铁路实施扩能改造，建设渝黔铁路；完善重庆港与涪陵等中小型港口的建设，构筑长江上游港口群。推动成都简阳国际机场建设，扩建重庆两江机场。

（四）积极完善黔中地区城际交通网络

黔中地区位于多条通道的交汇处，包括包钦防、兰渝广、沪昆通道等。未来，继续加强交通建设，建设以贵阳为中心，连通安顺、遵义、毕节、都匀、凯里的城际交通网，实现贵阳与周边城市之间1h通达，重点建设遵义—贵阳—安顺主通道；加快干线铁路建设，建成贵客运专线和渝黔、黔桂铁路；推进国家高速公路网建设和国省道改造；加快500kV电力外送通道建设；推动红水河和乌江的航道建设，加快龙潭和构皮滩水利枢纽通航；启动贵阳龙洞堡机场扩建，建设黔北、威宁、罗甸和仁怀茅台等机场；加快安顺与贵阳的快速通道建设。

（五）积极完善滇中地区城际交通网络

滇中地区位于临瑞、沪昆、南昆南广等多条通道的交汇处。未来需要完善国际大通道，强化面向东南亚、南亚陆路枢纽功能，重点建设曲靖—昆明—楚雄和玉溪—昆明—武定通道；以昆明为中心建设内环和外环高速公路，加快高等级公路建设，构建连通曲靖、玉溪和楚雄、蒙自、大理、昭通的放射状城际交通网及城际铁路环线，形成1h交通圈；加强城际轨道建设，构建90min交通圈。

二、国际航运中心建设任务

根据长江流域自然特征和社会经济系统以及客货流的流向与空间集散规律，按照港口、物流、产业相结合的原则，积极推动上海、武汉和重庆三大航运中心的建设，引领长江流域的开发与发展；巩固壮大上海国际航运中心，积极发展武汉长江中游航运中心，建设重庆长江上游航运中心。强化各种交通运输方式的衔接，特别是加强铁路客运专线、城际铁路、干线铁路建设及其与港口、空港、城市轨道交通等的衔接，加强大型交通枢纽建设，合理规划货运枢纽与物流园区。

1. 巩固壮大上海国际综合航运中心

加快推进国际航运枢纽港、现代化集疏运体系和航运服务业体系建设，增强航运和航空国际运输能力，提高上海在全国铁路和公路及内河水运网络中的地位，打造具有世界影响力的国际航运中心。

第一，进一步提升上海主枢纽港的功能。加快建设洋山港集装箱泊位和通往主要集装箱港区的内河通道及配套港区，以及洋山港区LNG、油品码头，优化外高桥港区建设。有序推进黄浦江沿岸港区的功能调整和专用码头的资源整合，加快建设国际邮轮母港，规范发展邮轮产业；推进航道整治和配套港区建设，形成高等级内河航道网。加强与沿江省市合作，实施“长江战略”，共同推动长江口航道建设，打造黄金水道港口“利益共同体”，鼓励长江、沿海水水中转运输。

第二，提高航运贸易便利化。继续完善全国船舶交易信息平台，完善现代航运服务体系，推动服务辐射范围由长江流域向全国延伸。拓展洋山港保税港区的功能，加强与沿江地区电子通关衔接；完善上海口岸贸易便利化，实现上海海关分类通关区全覆盖，进行通关无纸化改革。打造长江经济带电子商务大平台，加强沿江城市电子通关建设，并与上海进行无缝对接。

第三，推动航运要素集聚，提高全球资源配置能力。拓展航运服务产业链，大力发展船舶交易、船舶管理、航运经纪、航运咨询、船舶技术、航运保险、航运金融、国际航运仲裁等高端功能，发展北外滩、陆家嘴、临港等航运服务集聚区，建立航运综合信息共享平台，增强国际航运规则话语权。以上海自贸区建设为重点，提升国际贸易中心，突出扩大转口贸易服务，全面提升上海大宗产品交易和定价功能、国际展览与跨国采购功能、总部经济功能、国内商贸流通功能、服务贸易功能、离岸贸易功能等。

第四，建设强大的多式联运系统。建设由高速铁路、城市轨道交通、高速公路、海港、机场和内河航道等组成的交通网络体系，通过多式联运实现有机连接。完善上海与全国乃至亚洲的铁路大通道融合，融入欧亚铁路网；加快铁路枢纽与货场优化布局与建设，推动铁路线直接进入外高桥港区，发挥芦潮港铁路中心站作用，适时建设东海公铁二桥，发展海铁联运；适当增加高速公路通道；建成以浦东国际机场为主、虹桥国际机场为辅的上海国际航空枢纽港。

2. *积极发展武汉长江中游航运中心*

以服务于长江中游地区和中部地区为目标，加快武汉长江中游航运中心建设，壮大长江腰身。

第一，强化港口国际物流功能。发挥阳逻港作为启运港退税的政策优势，加强与上海国际航运中心的合作，推动保税物流中心、口岸、出口加工区的联动，将阳逻港、东西湖保税物流中心、东湖综合保税区整合实施“区港联动”；完善大通关，建立区域报关网络，推进武汉港启运港退税，全面对接沪鄂电子口岸，大力开展集装箱直达运输。

第二，整治长江、汉江高等级航道，提升通行能力。重点畅通长江中游，渠化整治汉江，加快汉江航道梯级渠化和整治，打通江汉运河，大幅提升汉江干线航道的通航尺度和通过能力；加快武汉至安庆6m、宜昌至武汉4.5m水深航道整治，实现万吨级货轮全年直达武汉。加强支流航道开发，提高通航能力。

第三，加强与周边港口的喂给联系。以武汉港口为核心，加快与鄂东组合港港口及部分湖南港口（岳阳、长沙）的运输职能分工，构建集装箱喂给运输网络。

第四，构建综合运输体系。统筹各种运输方式，大力发展多式联运，实现“无缝对接”。强化武汉为枢纽的客运专线建设，包括石武、武汉—西安、武九、郑万等线，构建武汉—咸宁、武汉—黄石、武汉—黄冈、武汉—孝感、武汉—仙桃—黔江、武汉—天门、天河机场—黄陂等城际铁路网；加快武汉天河国际机场建设，拓展武汉至国际大城市的航线网络，构建武汉至国内特大城市的空中快线；加快过江通道建设，提高南北贯通能力；加快推进武汉地铁建设。

3. 加快构建重庆长江上游航运中心

依托西部最大的铁路枢纽、内陆重要的复合型枢纽机场、内陆最大的内河港建设，将重庆打造为长江上游的航运中心。

第一，继续完善高等级航道建设。以长江、嘉陵江和乌江“一干两支”高等级航道为骨架，完善叶脉状航道网络建设，将重庆—泸州—宜宾—水富航道的标准从Ⅲ级提高到Ⅱ级，根据运输需求可提升至Ⅰ级，加快嘉陵江与乌江支流航道的扩能与延伸，将重庆港的腹地范围拓展至四川和贵州。

第二，完善“三枢纽八重点”港口体系。继续整合沿江港口，加快形成重庆、万州、涪陵三个枢纽港区和永川、江津、合川、奉节、武隆等8个重点港区，建设内陆最大的内河港。加快与周边地区港口的喂给航线网络构建，形成以宜宾港、泸州等为喂给港的航运系统。

第三，推动三峡枢纽水运新通道研究。推广“三峡船型”和“江海直达船型”，提升长江黄金水道功能。

第四，构建无缝衔接的综合交通网络。建设“一枢纽十四干线”铁路网，完成渝怀复线和兰渝快速铁路项目，建设渝黔新线和黔张常及南涪、三万铁路，推动西渝和渝昆高铁前期工作；完善“三环十二射多连线”高速公路网；建设江北国际枢纽机场，打造复合型航空枢纽；建成“国际信息港”和长江上游地区通信枢纽；加快完成各条轨道交通线，建设兴隆场编组站、重庆北站、重庆西站和重庆站。

第五，完善国际物流功能。发挥铁-水-空三大口岸和保税区的优势，促进航运企业、物流贸易企业集聚，联动开发区和海关监管点和监管所，开展启运港退税，全面推行“一次申报、一次查验、一次放行”的关检合作；巩固“渝新欧”国际班列的常态化稳定组织。

三、综合交通枢纽建设任务

按照“零距离换乘、无缝化衔接”的要求，加快建设全国性和重要区域性综合交通枢纽。全国性综合交通枢纽包括上海、南京、连云港、徐州、杭州、宁波、合肥、长沙、武汉、重庆、成都、贵阳、昆明，重要区域性综合交通枢纽包括南通、芜湖、九江、岳阳、宜昌、泸州等。综合交通枢纽要加强客运枢纽一体化衔接，合理布局不同层次、不同功能的客运枢纽，实现城市轨道交通、地面公共交通、市郊铁路等设施与干线铁路、城际铁路、干线公路、机场等紧密衔接；完善货运枢纽集疏运功能，统筹货运枢纽与开发区、物流园区等的布局。按照“无缝化衔接”的要求，建设能力匹配的公路、铁路连接线和换装设施，提高货物换装的便捷性；提升城市公共交通网络能力。上海、南京、武汉、重庆、成都、杭州、合肥、南昌、长沙、贵阳、昆明、宁波、苏州、无锡等城市有序发展城市轨道交通。

南京——以服务长江流域大宗散货的江海联运和周边地区的国际物流功能为主，依托铁路和客运专线、轨道交通和高速公路，建成江-陆-空综合运输枢纽和长江中下游综合性现代物流中心。积极建设南京禄口国际机场二期工程，吞吐能力达3000万人次；加快干线航道建设，实现长江12.5m深水航道直通南京，继续强化龙潭港区、西坝港区建设，建设南京区域性航运物流中心；建设宁杭、宁安、宁启、宁连、宁淮等城际铁路，建设南站综合客运枢纽，建设南京城市轨道交通，适时建设南京都市圈轨道交通。

杭州——发挥空港、铁路和公路枢纽的集散优势，提升杭州在长三角的枢纽地位。以杭州萧山国际机场、杭州铁路枢纽、公路客货运中心、港口为主体，与绕城高速、轻轨（地铁）和快速公交相衔接，组建客运中心和浙北货运中心；建设杭州铁路东站综合客运中心；推动杭州萧山国际机场枢纽改造提升，发挥国际货运、快件运输的优势，打造货运航空枢纽；将海铁联运试点延伸到杭州铁路站；建设宁杭、杭长、杭甬客运专线；建设杭黄、商合杭、沪乍杭、杭台温、杭温铁路。

合肥——随着交通运输网络的日渐完善，合肥的综合交通枢纽地位日益突出。应继续完善合肥新桥国际机场与合肥集装箱、煤炭和杂货码头；继续推动合肥—福州、商丘—合肥—杭州高速铁路建设，加快合肥—安庆城际铁路建设。

徐州——作为我国铁路重要枢纽，应继续完善徐州铁路、公路及水运枢纽功能，建设铁路、公路、水运联运的综合性运输枢纽和区域物流中心。尽快完成郑徐和徐连客运专线建设，建设徐宿—淮盐铁路，适时建设徐州轨道交通，建设徐州东高铁站；继续实施徐州观音机场二期改扩建工程；建设京杭运河主航道，重点推进徐州港建设，改善水铁联运设施条件，推动煤炭等大宗货物联运，建设金山桥、万寨港物流园区及香山、九里和淮海等物流中心。

长沙——发挥区位优势，打造重要的综合交通枢纽。构筑大通道，疏通微循环，加强各种交通方式有机衔接；建设长沙高铁枢纽，推动沪昆和长沙—福州客运专线建设；建设长沙地铁交通系统，启动长沙—岳阳、长沙—益阳、株洲—衡阳、湘潭—娄底城际铁路建设，形成以长沙为核心的城际铁路网，加快推进环长株潭城市群轨道交通。加快湘江高等级航道建设，建设长沙航电综合枢纽，重点建设长沙港霞凝港区；推进长沙黄花机场改扩建，建设具有重要区域意义的航空枢纽。

南昌——坚持统筹布局、适度超前。推进南昌主通道和出城通道建设，建设南昌轨道交通系统；建设南昌始发的高速公路；建设杭长客运专线、昌吉赣客运专线，加快南昌港龙头岗、姚湾港区铁路专用线和疏港公路建设；依托南昌昌北国际机场，建设航空产业园；建设赣江高等级航道整治工程，完善南昌港口，重点发挥集装箱、件杂货运输优势；建设龙头岗港口物流园、南昌港口综合交通物流园。

成都——依托铁路、机场、港口、公路及客货运站场，提升成都综合交通枢纽作用。继续完善综合交通运输体系，加快客运专线、快速铁路、高速公路建设；建设成都铁路调度中心，推动成都至西安、绵阳、乐山、贵阳、重庆、雅安高速铁路建设，建设成都至兰州、马尔康、西宁等干线铁路，建设绵遂内自宜（绵阳—遂宁—内江—自贡—宜宾）城际铁路；完成成都国际双流机场二跑道及新航站楼建设，加快推动成都第二机场前期工作，完善区域空管中心建设；加快成都地铁和轨道交通系统建设；建设多种运输方式融为一体的综合客运换乘枢纽和多式联运的货运枢纽。

贵阳——以西南地区重要的交通枢纽为目标，以城际铁路、高速公路、城市轨道为骨架，强化贵阳综合交通枢纽建设。建设以贵阳为中心的城际铁路和高速公路网，推动沪昆、贵广、成贵、渝黔、黔桂高铁建设。以贵阳龙洞堡国际机场、贵阳铁路客运枢纽和编组站、公路客货运中心为主体，优化枢纽布局及各类站场，做好各种交通方式的衔接；建设贵阳都市区轨道系统，强化贵阳—安顺交通廊道建设，通过高铁站、公路枢纽等设施引导贵安新区发展；适时扩建龙洞堡国际机场，加密直达日韩、东南亚及国内大型枢纽机场的航线航班。

昆明——围绕我国面向西南开放的重要桥头堡建设，以航空为先导、轨道交通和高速公路为骨干，各种运输方式相互衔接、优势互补，提升昆明在西南地区的枢纽组织能力。以昆明国际航空枢纽、铁路枢纽、公路枢纽为主体，与绕城高速公路、城市轻轨及快速公交相衔接，提升昆明核心枢纽综合组织能力；加强建设嵩明-澄江-安宁-富民-嵩明的昆明高速公路环线，建设曲靖-泸西-玉溪-双柏-楚雄-元谋-寻甸-曲靖的滇中城市群高速环线；加强铁路枢纽工程建设，建设以昆明为中心至各区域中心城市的城际客运铁路。

四、农村及偏远贫困地区

1. 积极改善乡村地区的基础设施条件

第一，继续实施以通沥青（水泥）路为重点的通畅工程，形成以县城为中心、辐射乡镇、覆盖行政村的乡村公路网络，实现上中下游地区具备条件的乡镇、建制村通沥青（水泥）路率达到100%（表4-14）。

第二，实施县乡道改造和连通工程，提高乡村公路质量。实施乡村公路、客运场站等公交配套设施工程，注重打通行政区域交界地段和边远村落的镇村公路连接，提高农村公路的通达深度、覆盖广度。

第三，加强农村公路上危桥、窄桥、渡口的改造，重点改造中型以上危桥，特别是客运路线上的危窄桥。

第四，大力发展农村客运，实现乡镇、建制村通客车率达到100%。

2. 推动集中连片特困区的基础设施建设

长江流域分布有秦巴山区、武陵山区、乌蒙山区、滇桂黔石漠化区、滇西边境山区、大别山区、罗霄山区等集中连片特困区。基础设施和社会事业严重滞后，行路难、饮水难、住房难、就医难、上学难、增收难、社会保障水平低等问题突出，已脱贫解困人口抵御风险的能力严重不足。由于交通发展滞后，交通基础设施建设欠账多，对内对外交通不便是所有集中连片特困地区的共性瓶颈和突出矛盾。

表4-14　集中连片特困地区公路交通主要发展指标（%）

指标	2020年
具备条件的县城通二级及以上公路比重	100
国道二级及以上公路比重	80

续表

指标	2020 年
国道沥青（水泥）混凝土路面铺装率	85
具备条件的乡镇通沥青（水泥）路比重	100
具备条件的建制村通沥青（水泥）路比重	100
乡镇拥有等级客运站比重	100
建制村建有汽车停靠点（招呼站、候车亭牌）比重	100
具备条件的乡镇客运班车通达率	100
具备条件的建制村客运班车通达率	100

以开发式扶贫为导向，积极实施“交通扶贫攻坚战”，强化交通基础设施建设，大力提升运输服务能力和水平，着力提高交通运输抗灾和应急保障能力。以高速公路和国道为重点，加强对外通道建设，国家高速公路已基本建成，应尽快打通省际与县际断头路及瓶颈路段；具备条件的县城通二级及以上公路，具备条件的乡镇和建制村通沥青（水泥）路、通班车，完善重要库湖区水运设施，建设安全防护设施和桥梁，基本建立农村物流服务体系，推进县城老旧客运站改造，城乡客货运输服务效率明显改善，“外通内联、通村畅乡、班车到村、安全便捷”的交通运输网络已基本形成，为贫困地区整体脱贫致富提供了强有力保障。

第六节 基础设施一体化发展措施与建议

一、加快推进“数字长江”建设

交通运输信息化是重要的发展趋势，长江航运系统必须加强信息化管理水平，加快建设“数字长江”。

第一，建设“数字航道”，将各水道的航道等级、技术指标、船闸放行等情况统一归并到数字系统上。“数字航道”重点包括长江干线电子航道图、长江航道对外服务门户网站和航道动态监测平台、航道维护管理平台及航道应急指挥平台。

第二，推动水运政务及运输服务信息化，构建统一的长江航运信息系统和信息平台，详细展现各船舶的航速、航向、装载情况等信息。

第三，加快建立与全国联网的公路运输信息系统、航空货运公共信息系统和连通长江流域上下游骨干港口的货运信息系统。

二、继续实施“标准长江”建设

标准不统一始终是长江航运及相关系统的重大问题与发展瓶颈。加快长江黄金水道建设，构建长江经济带，必须应加快“标准长江”建设，重点在船舶、码头和航道及服务等方面推进标准化建设。

第一，加快推进船型标准化。大力推进长江干线船型标准化；积极推广应用节能环保、经济高效船舶和新能源船舶，加快淘汰低效率高污染老旧船型；抓紧推广三峡船型，充分释放三峡船闸通航潜力。

第二，建设标准航道。积极推进长江上游及支流的航道渠化建设，重点是推动三级支流与四级支流航道的标准化建设。

第三，规范各地区桥梁建设。根据江海联运的运输需求，必须严格规定跨江桥梁净空高度。

第四，统一联运技术标准。实施长江港口铁水联运与公水联运的技术标准规范，完善运输装备技术标准体系，推广标准合同范本，统一多式联运单证。

三、加强“绿色安全长江”建设

第一，完善长江应急搜救体系。加快建设具备快速反应能力的长江应急搜救体系，推动水上应急指挥平台、水上搜救中心、搜救基地、搜救队伍建设，统筹推进水上应急（防污）资源库、应急设备的建设，优化专业搜救和社会搜救相结合的搜救模式，形成预防预警预控能力强、决策反应处置动作快的水上应急搜救体系。

第二，提升安全监管体系。提升交通行业安全监管水平，加快建设长江干线全方位覆盖、全天候运行的水上安全监管体系，把好船舶检验质量、水运市场安全准入、船舶签证安检等重要关口，切实加强对船舶安全信息全过程和海事行政执法行为全方位的双重监控。

第三，严格规范管治危险品运输。坚持安全第一，严格按照有关规定使用专业化船舶运输危险品，严格管理危险化学品的仓储、装卸、运输和污染物处置等各个环节，推动危险化学品运输船舶结构调整，鼓励并加快淘汰长江单壳危险化学品运输船舶；加快危险化学品船舶专用锚地、船舶洗舱水接收处理基地等配套设施建设。

四、推进城市群交通运输体制改革

城市群地区的交通管理体制改革始终落后于交通运输网络的完善步伐，必须建立适应城市群发展的综合交通运输管理体制，探索对各种交通运输方式实施高效统一管理、资源联动共享的管理机制。

第一，推进综合交通运输信息化、智能化建设，实现综合交通运输信息资源互通共享。

第二，推进交通综合枢纽建设和客、货运枢纽建设，推进客票一体联程、货物多式联运等方式，促进多种交通方式有机衔接。探索物流管理体制改革，打破城市群物流业务条块分割和地区封锁的局面，降低物流企业成本。

第三，健全高速公路联网收费和电子不停车收费系统（electronic toll collection，ETC），加快建立统一的ETC结算清分制度和体系。

第四，开展铁路、公路、港口投融资和收费价格改革，建立区域铁路、公路共同投资建设及经营管理模式，吸引社会资本参与建设。

五、将西南地区水电消费纳入全国电网规划考虑

将四川水电消纳纳入我国中东部地区“十三五”及远景能源规划，加强四川水电外

送通道建设，以实现全国能源资源的优化配置；加快西部水电在东部地区消纳的政策措施研究和实施，推行水电及可再生能源消费强制性配套政策、水电跨省区碳交易政策、水电电价补贴政策，研究跨省区水火电置换、水电火电发电权转让交易等手段，帮助大渡河、金沙江、雅砻江等西部几大水系解决“增加销量”和“减少弃水”等问题，促进西部水电在全国的消纳，为我国节能减排、减少化石能源消费和碳排放做出应有的贡献。

六、创新航运交通投资机制

第一，争取国家在加强航道、支持保障系统等基础设施建设、船型标准化和淘汰老旧运输船舶等方面增加更多的投资，沿江各地区要积极安排财政性资金用于内河水运建设，并根据建设需要逐步扩大资金规模。

第二，鼓励和支持港航企业发行股票和企业债券，建设港口码头及物流园区。积极引导外资和民间资本投资内河水运基础设施建设和养护维护。

第三，完善融资平台。加强港口投资公司投融资平台建设。加快港口投资公司资产聚集，进一步提升港口投资公司融资信用等级，为水运工程融资创造条件。

七、加快物流市场资源整合

第一，鼓励航运企业与大型货主、港口、国内外大型企业、物流链、供应链和上下游企业开展广泛合作，实现业务流程重组和产权重组，更好地提供公共服务和提高企业效益。

第二，组建集建设投资、港航经营、航运物流为一体的港航集团，推进码头联合经营。

第三，鼓励支持港口、航运企业以资本为纽带，开展跨区域合作。

第四，将自由贸易试验区探索形成的经验成果向长江流域转移和推广。加快推进自由贸易试验区建设，重点在四大方面创新：投资管理制度创新、贸易监管制度创新、金融制度创新、综合监管制度创新。

第五，加强与铁路之间的“港铁联盟”，与航运之间的“港航联盟”，与内陆城市“无水港区”之间的“港区联盟”，形成系统化的广域物流供应链的战略联盟。

参考文献

傅钰，钟业喜，冯兴华. 2016. 长江经济带陆路交通可达性格局演变研究. 长江流域资源与环境，25（10）：1484-1491.
刘卫东，刘彦随，金凤君，等. 2008. 2007年中国区域发展报告. 北京：商务印书馆.
刘卫东，刘毅，秦玉才，等. 2010. 2009年中国区域发展报告. 北京：商务印书馆.
吕承超，宫攀. 2016. 长江经济带交通基础设施空间均衡度研究. 人文地理，31（6）：137-145.
王成金，程佳佳，马丽. 2015. 长江立体化综合交通运输走廊的空间组织模式. 地理科学进展，35（11）：1441-1448.
王伟，何明. 2015. 构建长江经济带综合交通运输体系. 综合运输，37（5）：20-23.
杨正莲，张艳婵. 2014. 长江经济带交通走廊交互发展，中国公路，（5）：57.

第 五 章

Chapter 5

长江经济带生态环境保护和生态文明建设战略

第一节　长江经济带生态环境特征

长江经济带横跨我国东、中、西三大地带，包含青藏高原、横断山区、云贵高原、四川盆地、长江中下游平原等特殊地貌类型，具有独特的生态环境特征。

一、自然地理格局西高东低，地貌类型多样

长江经济带自然地理呈现西高东低格局（图5-1）。西部上游地区以藏东南高原、云贵高原、秦巴山区、武陵山区和四川盆地为主，除四川盆地海拔相对较低外，其余地区海拔均在1000m以上，地势起伏，山高坡陡。中部地区以洞庭湖平原、鄱阳湖平原、江汉平原为主，海拔一般在50m以下，同时也分布着大别山、幕府山、雪峰山等山区，对平原形成天然的屏障。下游以江淮平原为主体，海拔一般在20m以下，南部地区分布着江淮丘陵、皖南山地、浙西山地等海拔较高地区。总的看来，平原和盆地占17.7%，丘陵和山地82.3%。

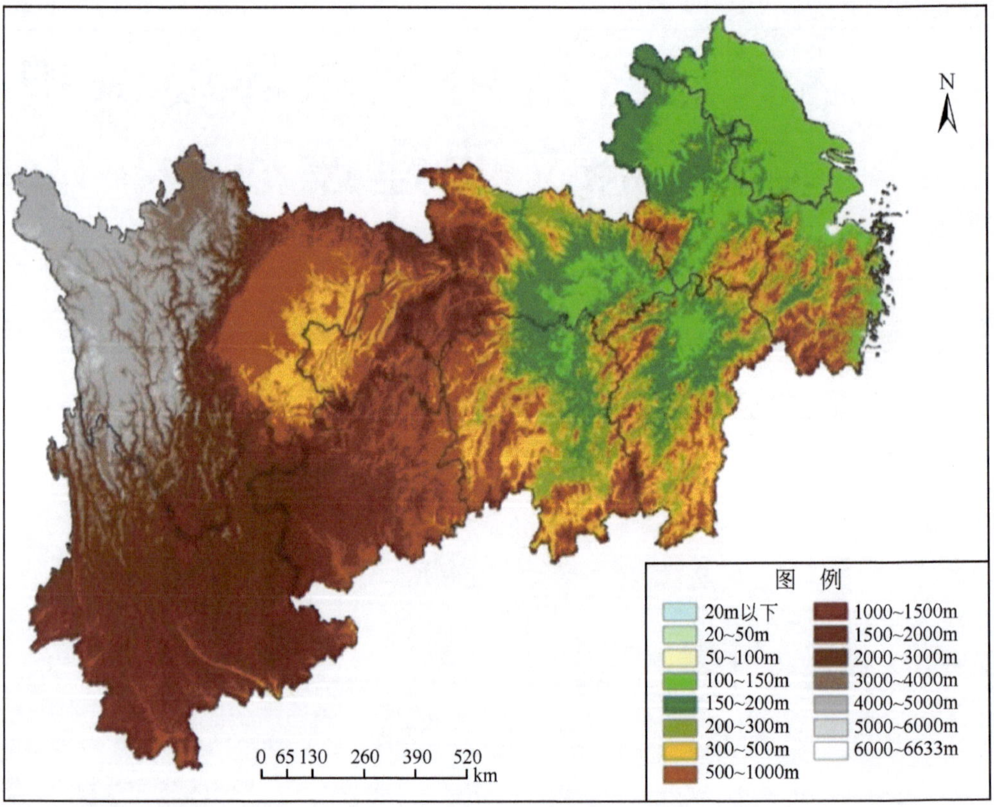

图5-1　长江经济带地形图

二、涵盖多个气候类型区，地带性特征突出

受经纬度差异、海拔差距和到海洋距离不同等因素影响，长江经济带自然生境具有极其明显的地带性。四川盆地–云贵高原以东区域以亚热带湿润季风气候区和暖温带半湿润季风气候区为主，气候温和湿润，日照充足，四季分明，雨热同季，多年平均降水量1000mm以上。四川盆地以西、云南地区属低纬度高原山地气候区，全年气温较高，干湿季节鲜明，日照时间较长，年日照时间多为2000～2600h。中部、西部山地气候垂直变化显著，自谷底到山脊依次出现亚热带、暖温带、中温带、寒温带、亚寒带、寒带和永冻带。植被类型多样，四川盆地–云贵高原以东区域，由北向南有暖温带落叶阔叶林、北亚热带落叶常绿阔叶混交林、中亚热带常绿阔叶林、南亚热带常绿阔叶林等植被类型。四川盆地–云贵高原以西区域，由河谷至山脊依次分布有阔叶林、针叶林、竹林、灌丛、灌草丛等多种植被类型。原生植被主要分布在中西部的高原、山地及东南部丘陵地区，此外，长江中下游平原以及沿海湿地地区，湿生植物种类繁多。

三、生态系统类型丰富，生物多样性价值突出

受地貌复杂、气候类型多样等因素影响，长江经济带内水生、陆生生物资源丰富，区内分布着多个具有国际和全国意义的生物多样性资源分布中心。研究表明，长江流域生物多样性有以下特点：其一，具有国际意义的生物多样性地区多，包括陕西秦岭太白山地区、川西高山峡谷地区、滇西高山峡谷地区、湘黔川鄂边境山地地区、川西北若尔盖湿地区域、两湖平原湿地区域等；其二，各种生物类群（植物或动物、高等或低等、原始或进化的分类群）中的关键类群均有；三个层次（即生态系统、物种、遗传）上生物多样性程度极高；主要栽培和家养动植物、淡水鱼类种质资源丰富，神农架地区还是世界上主要农作物八大起源中心之一，中国四大家鱼的种质也以该区域最为丰富和独特(陈家宽等，1997)。

四、水系发达，河湖密布，水资源丰富

长江经济带河流众多，形成了以长江干流为主体，以汉江、嘉陵江、雅砻江、沅江、乌江等主要支流为补充，以鄱阳湖、洞庭湖、太湖等重要湖泊为节点的网络化水系格局（图5-2）。长江流域面积为180多万km^2，约占全国面积的1/5，年入海水量约10 000亿m^3，占全国河流总入海水量的1/3以上。从长江经济带九省二市情况看，2013年，整个经济带水资源总量约为11 035亿m^3，占全国水资源总量的39.47%。其中，地表水资源量约为10 814亿m^3，占全国的40.29%；地下水资源量为2982亿m^3，占全国的36.90%。

长江经济带为区域经济社会发展提供了充足的水资源供应，长江经济带不仅保障了占全国40%以上的人口和产业发展的需求，同时也将大量的水资源调配到经济带之外的其他地区，支撑了其他地区的经济社会发展。以长江水为水源的南水北调工程是全世界最大的调水工程，供水规模最大，年调水量约为448亿m^3，东线、中线、西线

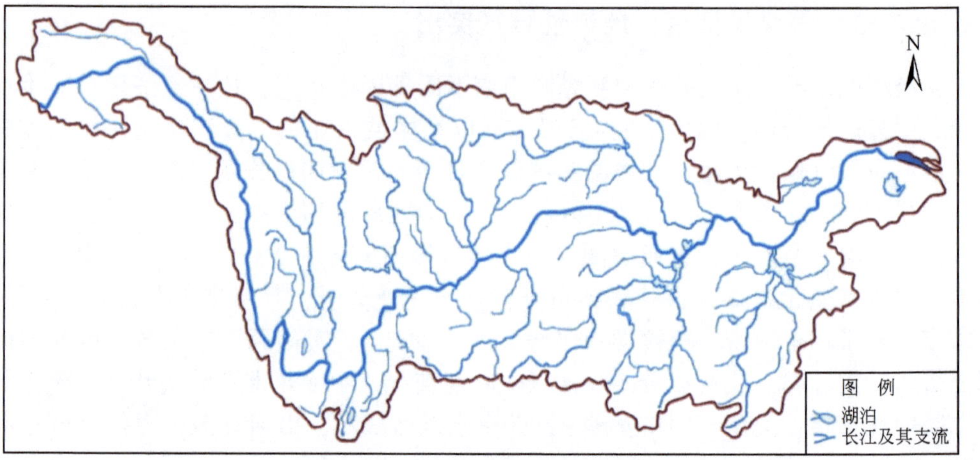

图 5-2 长江水域水系示意图

分别为 148 亿 m^3、130 亿 m^3和 170 亿 m^3，三线供水区域面积达到 145 万 km^2，占全国陆地面积的 15%；受益人口最多，供水规划区人口超过 4 亿人，其中仅东线、中线一期工程直接供水的县级以上城市就有 253 个，直接受益人口达 1.1 亿人，间接受益 2 亿人。可以说，长江满足了全国逾半数的人口的用水需求，是世界上水资源供应价值最突出的河流。

第二节 生态建设的问题与对策建议

一、生态建设存在的问题

（一）生态系统服务功能总体下降，中下游地区下降最为明显

随着长江经济带社会经济快速发展与城市化扩展，长江经济带生态服务功能总体呈下降趋势，但上中下游空间显著差异。上游地区因生态工程建设生态服务功能总体呈上升趋势，而中下游地区因城市化与工业化发展生态服务功能呈明显下降趋势。

1. 长江经济带上游地区生态服务功能总体呈上升与恢复趋势

随着国家对长江上游生态环境保护的重视，近十多年连续实施了四大重点生态工程建设项目，包括退耕还林工程、天然林保护工程、长江上游水土保持重点防治工程和长江防护林工程，使长江经济带上游地区生态恶化趋势基本得到遏制，生态服务功能总体呈上升与恢复趋势。2001 年以来长江上游植被盖度呈上升态势，空间格局上随海拔升高植被盖度逐渐升高，但存在两个显著拐点：海拔 300 ~ 500m 低海拔区域为上游人类活动主要集中区域，植被盖度最低，近十年植被盖度继续呈下降趋势；3500m 以上高海拔区植被盖度下降明显，主要为高寒荒漠区域，受年际气候影响十分敏感。

另外，以长江经济带防护林为例，基于价值评估法计算 2001 年、2005 年和 2009 年

长江流域防护林生态服务功能总价值分别为 27 936.1 亿元/a、38 302.3 亿元/a 和 39 179.1亿元/a（表5-1），2001～2009 年生态服务功能总体上增加了 40.2%（王建忠，2012）。长江上游重点地区——三峡库区，1992～2007 年林区植被覆盖度增长了 12%，平均每年增长 0.8%，其中 1992～2002 年和 2002～2007 年分别增长了 7.6% 和 5.5%，提高了库区森林蓄积量，改善了库区局地气候调节与水土保持能力。

表 5-1 长江流域防护林 2001～2009 年生态服务功能变化

服务功能	评估指标	2001 年（亿元/a）	2005 年（亿元/a）	2009 年（亿元/a）
涵养水源	调水	10 234.4	12 952.6	11 757.9
	净水	2 848.4	3 972.2	3 809.4
保育土壤	固土	686.5	939.0	838.8
	保肥	8 307.1	13 607.9	14 171.6
固碳释氧	固碳	1 124.6	1 194.3	1 483.8
	释氧	2 509.1	2 664.4	3 310.3
积累营养物质	林木营养积累	499.8	643.6	953.7
净化空气	吸收 SO_2	94.3	126.0	154.5
	滞尘	1 631.9	2 201.6	2 699.1
合计		27 936.1	38 301.6	39 179.1

资料来源：王建忠，2012。

2. 中游湖泊围垦和淤积萎缩，洪涝灾害威胁加重，生态服务功能总体呈下降趋势

近几十年来，受人多地少和对湖泊功能认识不足等因素影响，长江中游湖泊被大量不合理围垦，湖泊面积急剧减少。大通水文站以上长江中游地区的湖泊面积由17 198km^2减少到现在不足6600 km^2，2/3 以上的湖泊因围垦而消失。其中，洞庭湖因围垦，湖泊面积由中华人民共和国成立初期的4350 km^2 急剧减少到2625 km^2，鄱阳湖面积从 1949 年5200 km^2减少到 2933 km^2。大规模的围垦不仅使湖泊面积锐减，同时也使湖泊蓄水容积大幅减少。20 世纪 50 年代初以来，长江中下游地区因围垦减少湖泊容积超过 500×10^8 km^3，相当于淮河多年平均径流量的 1.1 倍、五大淡水湖总量的 1.3 倍。直接导致湖泊洪水调蓄功能下降，在相当程度上引发了江湖水位的不断升高，最高洪水位被不断突破。鄱阳湖围垦导致多年平均最高洪水位由 50 年代的 18.51m、70 年代的 18.93m，跃升到 90 年代的 20.1m，达到或超过警戒水位 19m 的出现频率，50 年代为 35%，80 年代为 40.6%，90 年代上升到 55%。洞庭湖每围垦 1000 km^2，将使城陵矶水位抬高 0.38m，1998 年洞庭湖湖口城陵矶最高洪水位分别比 1954 年、1996 年高出 1.39m 和 0.63m，达历史最高纪录（杨桂山等，2015）。

三峡工程蓄水运行及流域内气候干旱导致上游来水的减少，进而导致洞庭湖和鄱阳湖的水位扰动幅度增大，湿地出露天数增加，尤其是秋季出露时间提前，导致湖泊湿地

植被发生演替，对原来的湿地生态系统造成了较大的干扰。另外，2000～2010年长江经济带中游地区湖南省中南部及沿长江两岸城市周边区域植被覆盖度呈显著降低趋势，导致相应区域水源涵养、水土保持等生态服务功能降低。

3. 下游地区城市化快速扩展，生态服务价值呈明显下降趋势

长江经济带下游地区2000～2010年生态服务价值从2000年的814.0亿元减少到2010年的729.6亿元，减少了10.4%（图5-3）。土地利用变化导致下游地区生态服务减少71.9亿元，占生态服务减少总量的88.3%（表5-2），其中林地、水域和湿地转为耕地分别导致生态服务价值减少23.7亿元、26.1亿元和3.5亿元。下游地区湖泊水质下降显著，下游地区16个湖泊中只有5个湖的水质保持稳定，太湖、滆湖、洮湖、固城湖、阳澄湖、昆承湖和三氿湖7个湖泊的水质都已降为五类水。下游地区2000～2010年耕地面积减少了15 156.7 km^2，占2000年耕地总量的28.3%，导致粮食供给服务2000～2010年下降了5.1 Mt（19.2%）。下游地区林地植被盖度呈下降趋势，单位面积净初级生产力（net primary productivity，NPP）从2000年的814.7 g C/m^2下降到2010年的762.1 g C/m^2，下降了6.5%，导致下游地区林地生态服务价值减少了10.1亿元（Xu et al.，2014）。

表5-2　长江经济带下游地区2000～2010年土地利用转移矩阵　（单位：km^2）

		2010年土地利用						
		林地	草地	耕地	城镇	水域	湿地	其他
2000年土地利用	林地	26 192.8	51.4	3 581.1	1 373.7	76.7	0.7	22.1
	草地	675.1	105.9	245.3	111.6	81.1	21.3	2.0
	耕地	4 161.5	42.2	32 805.5	14 925.9	1 615.0	4.4	9.8
	城镇	0.0	0.0	0.0	9 641.0	0.0	0.0	0.0
	水域	278.1	13.3	1 598.0	978.2	12 165.2	316.0	4.3
	湿地	24.8	2.8	163.3	145.6	149.9	1 002.0	4.8
	其他	7.4	0.0	14.5	14.4	3.3	0.1	1.5

资料来源：Xu et al.，2014。

（二）部分重要生态功能区生态功能明显退化

根据《全国主体功能区规划》，长江经济带范围内分布有国家级重要生态功能区20个，占全国重要生态功能区的40%（表5-3）。利用人类活动压力指数、景观破碎度、植被覆盖度、生物丰度指数、低功能组分指数5个指标综合评价其生态安全指数表明，大部分重要生态功能区的生态安全指数都呈下降趋势，只有三峡库区水源涵养重要区、洞庭湖区湿地洪水调蓄重要区、安徽沿长江湿地洪水调蓄重要区和浙闽赣交界山地生物多样性保护重要区4个重要生态功能区的生态安全指数有较明显上升，秦巴山地水源涵养重要区和江西东江源水源涵养重要区基本维持稳定。说明长江经济带范围的重要生态功能区的生态服务功能主要呈下降趋势。

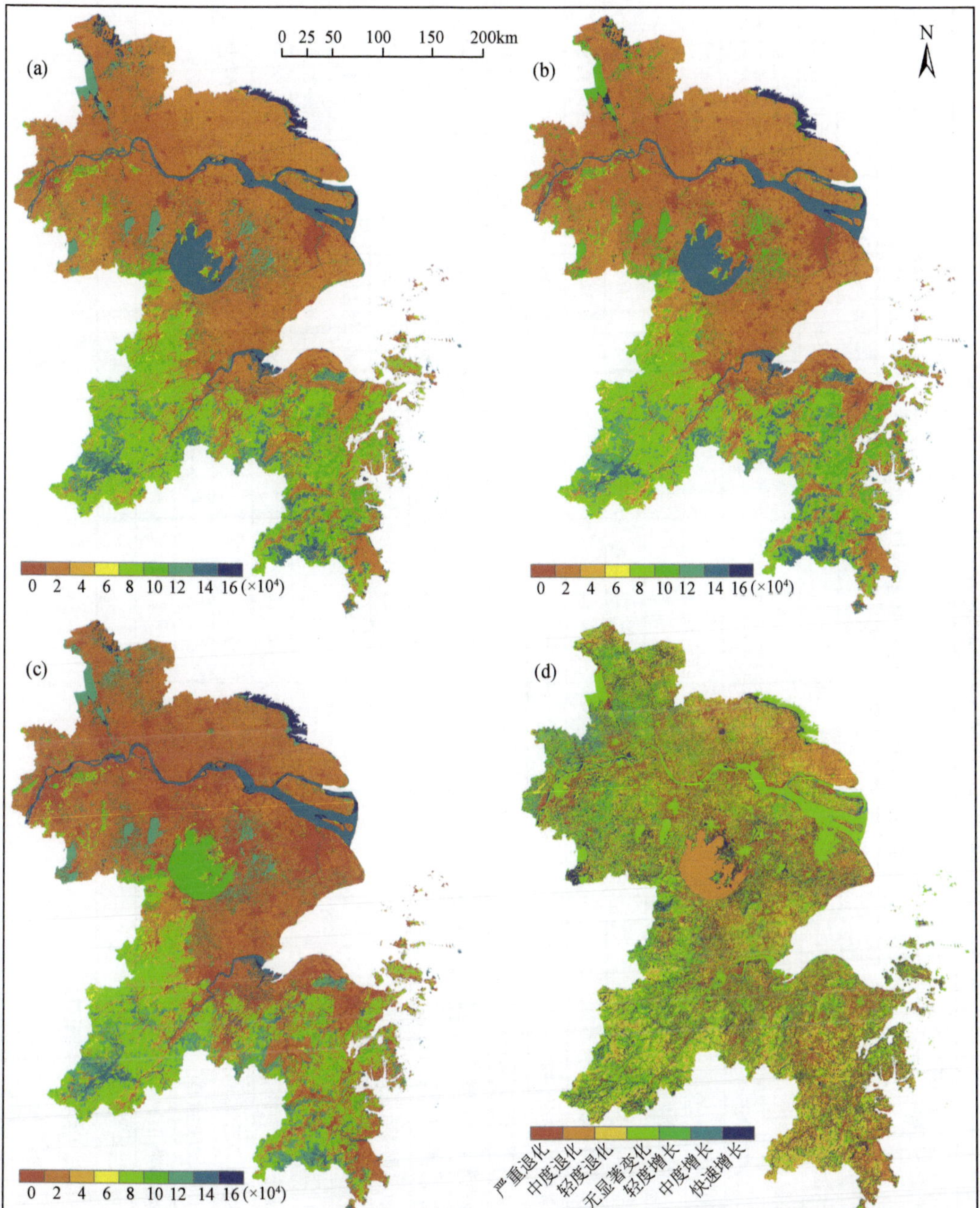

图 5-3　长三角 2000～2010 年生态服务变化

注：(a)，(b)，(c) 分别为长三角 2000、2005 和 2010 年生态服务价值空间分布；(d) 为长三角 2000～2010 年生态服务变化趋势。

资料来源：Xu et al.，2014。

表 5-3　长江经济带重要生态功能区生态服务功能及生态安全指数变化

序号	重要生态功能区名称	主要生态服务功能					生态安全指数			
		水源涵养	土壤保持	防风固沙	生物多样性保护	洪水调蓄	2000 年	2005 年	2010 年	2000～2010 年变化(%)
1	若尔盖水源涵养重要区	++		+			0.326	0.325	0.319	-2.15
2	桐柏山淮河源水源涵养重要区	++	+				0.281	0.277	0.271	-3.56
3	大别山水源涵养重要区	++	+				0.299	0.296	0.293	-2.01
4	三峡库区水源涵养重要区	++	+		++	++	0.313	0.317	0.339	8.31
5	秦巴山地水源涵养重要区	++	+		++		0.397	0.397	0.397	0.0
6	西南喀斯特地区土壤保持重要区		++				0.325	0.325	0.328	0.92
7	川滇干热河谷土壤保持重要区		++				0.095	0.078	0.088	-7.37
8	岷山-邛崃山生物多样性保护重要区	+	+		++		0.361	0.362	0.359	-0.55
9	武陵山山地生物多样性保护重要区	++	++		++		0.569	0.406	0.568	-0.18
10	桂西南石灰岩地区生物多样性保护重要区	+	+		++		0.520	0.467	0.480	-7.69
11	长江荆江段湿地洪水调蓄重要区				++	++	0.293	0.282	0.286	-2.39
12	洞庭湖区湿地洪水调蓄重要区				++	++	0.190	0.311	0.305	60.53
13	鄱阳湖区湿地洪水调蓄重要区				++	++	0.209	0.208	0.204	-2.39
14	丹江口库区水源涵养重要区	++	+				0.265	0.261	0.244	-7.92
15	江西东江源水源涵养重要区	++	+				0.389	0.388	0.399	2.57
16	南岭山地水源涵养重要区	++	+		+		0.390	0.386	0.383	-1.79
17	淮河中下游湿地洪水调蓄重要区					++	0.270	0.279	0.143	-47.04
18	安徽沿长江湿地洪水调蓄重要区				++	++	0.152	0.148	0.161	5.92
19	苏北滩涂湿地生物多样性保护重要区				++		0.228	0.175	0.196	-14.04
20	浙闽赣交界山地生物多样性保护重要区	+	+		++		0.386	0.385	0.424	9.84

注:+表示该项功能重要;++表示该项功能极重要。

基于 MODIS（中分辨率成像光谱仪）遥感数据监测表明，长江经济带 2001～2006 年水源涵养重要生态功能区生态功能略有提升；水土保持重要生态功能区的生态功能稳中有升，川滇干热河谷土壤保持重要区人类活动干扰因素较弱，生态措施较为完善，水土保持能力极强；大别山水源涵养重要区水土保持能力处于较强水平，水土保持能力增长幅度较大；三峡库区水源涵养重要区由于实施了一系列生态工程，如退耕还林、长江防护林工程、水土保持工程和天然林保护工程等，库区水土保持生态功能明显较三峡工程建设前有所改善。三峡库区水源涵养重要区 2000～2008 年水土流失面积、总量和强度都呈减弱趋势，2006～2008 年年均水土流失总量和面积分别比 2000～2002 年减少 4.10×10^6t 和 1129.6km^2；轻度、中度、强度、极强度和剧烈水土流失面积都呈下降趋势，分别减少了 325.1km^2、594.2km^2、111.6km^2、67.1km^2 和 31.7km^2。三峡库区水土流失总体呈好转趋势，但该区域的地质和地形条件决定了其为水土流失严重区域，因此该区域水土流失情况依然严峻，水土流失防治成败将影响三峡库区水源涵养重要区生态建设及三峡工程的安全运行（Xu et al.，2011b）。

桂黔滇喀斯特石漠化防治生态功能区生态功能退化明显，石漠化面积加大，生态恶化趋势没有得到遏制。例如，贵州省石漠化面积从 2000 年的 35 920 km^2（占全省总面积 20.39%）增长到 2005 年的 37 597km^2（占全省总面积 21.34%），列入桂黔滇喀斯特石漠化防治生态功能区的贵州省 9 个县市是贵州省石漠化最严重的地区，也是中国石漠化严重的地区，已严重影响与制约当地经济发展与居民生存。

川滇森林、武陵山区和秦巴山区是我国生物多样性维护重要生态功能区，植被类型丰富，植被覆盖度较大，生物多样性丰富。近十多年来，由于不合理的开发利用，导致这三个重要生态功能区生物多样性维护功能有所降低，其中武陵山生物多样性维护功能降低尤为显著。其中，川滇森林由于大力发展生态旅游业、中草药、有机农业等，导致部分森林资源被不合理的开发利用；秦巴山地水源涵养重要区主要受水电开发、矿产资源不合理开发影响较为严重，导致生物多样性维护功能下降；武陵山山地生物多样性保护重要区从 2004 年开始农业发展强度增大，耕地面积增加较为显著，对自然生态系统的人为干扰与压力增大，导致区域生物多样性维护功能下降明显。

（三）生态红线划定较为混乱，没有统一规划和管控

"生态红线"概念于 2011 年 10 月《国务院关于加强环境保护重点工作的意见》首次提出，明确指出在重要生态功能区、陆地和海洋生态环境敏感区、脆弱区等区域划定生态红线。生态红线的提出是我国生态环境保护进程中的重大突破，是实施综合生态系统管理，加强我国生态环境保护和管理的重要举措，将对维护国家和区域生态安全，保障我国可持续发展能力产生十分明显的作用。划定生态红线是加快生态文明制度建设的重点内容，建立生态红线制度是严守生态红线的基础和根本保障。

目前，环境保护部、水利部、国家林业局、国家海洋局等国家部门及地方政府开展了大量的研究与实践。2013 年，环境保护部提出了构建以生态功能红线、环境质量红线和资源利用红线为核心的国家生态保护红线体系，并于 2014 年印发了《国家生态保护红线—生态功能基线划定技术指南（试行）》，成为我国首个生态保护红线划定的纲领性

技术指导文件，对“生态红线”的内涵与外延进行了权威界定，包括：生态功能红线（生态功能保障基线）、环境质量红线（环境质量安全底线）、资源利用红线（自然资源利用上线）。2012 年，水利部提出了 3 条控制红线和 4 项制度以实施最严格水资源管理制度，即确立水资源开发利用控制红线、建立用水总量控制制度，确立用水效率控制红线、建立用水效率控制制度，确立水功能区限制纳污红线、建立水功能区限制纳污制度和建立水资源管理责任和考核制度，同时明确制定了全国水资源一级区和各省水资源“三条红线”的具体目标、考核方式及操作规范。2013 年，国家林业局启动了生态红线保护行动，分别划定森林、湿地、荒漠植被和物种 4 条生态红线，要求全国林地面积不低于46.8 亿亩，森林面积不低于37.4 亿亩，森林蓄积量不低于200 亿 m^3，湿地面积不少于 8 亿亩，治理宜林宜草沙化土地、恢复荒漠植被不少于 53 万 km^2，各级各类自然保护区严禁开发，现有濒危野生动植物得到全面保护。2014 年，国家林业局出台了《推进生态文明建设规划纲要》。

长江经济带覆盖的九省二市在《国家生态保护红线—生态功能基线划定技术指南（试行)》指导下，积极开展生态保护红线及区域的划定，但到目前为止仅有江苏、安徽和贵州三省完成了生态红线的划定。其中，江苏省生态红线区域保护规划由江苏省人民政府牵头组织实施，贵州省和安徽省生态红线划定由其省林业厅牵头实施。江苏省按照“保护优先、合理布局、控管结合、分级保护、相对稳定”的原则，全省共划定 15 类（自然保护区、风景名胜区、森林公园、地质遗迹保护区、湿地公园、饮用水水源保护区、海洋特别保护区、洪水调蓄区、重要水源涵养区、重要渔业水域、重要湿地、清水通道维护区、生态公益林、太湖重要保护区、特殊物种保护区）生态红线区域，总面积为24 103.49km^2。其中，陆域生态红线区域总面积为22 839.58km^2，占全省土地面积的22.23%；海域生态红线区域面积为1263.91km^2。对生态红线区域实行分级管理，划分为一级管控区和二级管控区。一级管控区是生态红线的核心，实行最严格的管控措施，严禁一切形式的开发建设活动；二级管控区以生态保护为重点，实行差别化的管控措施，严禁有损主导生态功能的开发建设活动。在对生态红线区域进行分级管理的基础上，按15 种不同类型实施分类管理。若同一生态红线区域兼具2 种以上类别，按最严格的要求落实监管措施。

贵州省共划定了9 条生态红线，计划到2020 年，林地保有量不少于1.32 亿亩、森林面积保有量不少于1.32 亿亩、森林蓄积保有量不少于4.71 亿 m^3、公益林面积保有量不少于8891.39 万亩、湿地面积保有量不少于 315 万亩、石漠化综合治理面积指标不少于1890 万亩、物种数量不少于现有保护野生动植物的种类和数量、古大珍稀树木保有量不少于现有种类和数量、自然保护区面积占土地面积比例不低于5.2%。红线区域面积共9206 万亩，分为一、二两级管控区，采取不同措施分级管控。一级管控区内严禁一切形式的开发建设活动；二级管控区内严禁影响管控区主导生态功能的开发建设活动。在一、二级管控区内禁止采集、出售和收购国家一级保护野生植物。对古大珍稀树木实行登记和挂牌保护，采用“身份证”式管理。禁止捕猎、杀害、贩卖和收购国家重点野生动物或其他产品。一级管控区的范围是：全省一级国家公益林地（包括流程1000km 以上江河干流及其一级支流源头汇水区的林地、国家级和省级自然保护区核心区和缓冲区的林地、世界自然遗产地的林地、重要湿地和大型水库周围的林地、饮用水水源一级保护区的林地、森林分布上限与高山植被之间的林地）和所有湿地，共有林地、湿地1198万亩。二级管控区的范围是：红线区域内一级管控区外的公益林地，包括国家级和省级自然保护区的试验区、省级以下的自然保护区、国家和省级森林公园内的公益林地和一级管控区外的其他公益林地，共计面积为8008万亩。

安徽省划定四条林业生态红线：①林地红线：全省林地面积确保不低于6645万亩；②森林红线：全省森林面积不低于6225万亩，森林蓄积量不低于2亿m^3；③湿地红线：全省湿地面积不少于1560万亩，确保维护全省淡水安全；④物种红线：确保各级各类自然保护区严禁开发，确保濒危野生动植物种类不再增加，已濒危野生动植物全部得到保护，确保维护国家物种安全。

长江经济带生态红线划定工作已取得了显著进展，但仍存在以下几个方面的问题：

（1）长江经济带不同省市生态红线划定负责部门不统一，导致不同制度、不同部门和区域之间的协调存在矛盾与冲突。

首先，生态红线制度与现有保护制度的协调冲突。例如，“生态红线制度”如何与现有的自然保护区、风景名胜区、重点生态区等生态保护制度相协调。其次，不同部门间的协调冲突。例如，国土、林业、海洋、环境保护部门都已进入生态保护红线的划定工作，但缺乏统一的协调机制，职责边界不清，各自为政的局面将导致多头监管等问题；从江苏省生态红线划定的经验看，有地方政府负责制定的生态红线有利于更好地协调不同部门之间的冲突。最后，区域间的冲突协调。目前，长江经济带还未建立有效的区域内生态补偿机制，势必将影响生态红线制度效果和区域间的协调发展。

（2）长江经济带生态红线划定缺乏区域统筹，难以形成一体化的生态红线

长江经济带覆盖的九省二市在《国家生态保护红线—生态功能基线划定技术指南（试行）》指导下，都积极开展生态保护红线及区域的划定，确定了各省市主要生态功能的定位及主要保护对象与目标。有些省份既划定了主要的生态红线，同时也明确划定了详细的生态红线保护区域，并提出了分区管控措施，如江苏省和贵州省；而有些省份只简单地对其主要生态功能进行了定位，较笼统地划定了生态红线，粗略地给出了生态红线保护区域的面积，没有落实到具体的生态红线保护范围和分级管控措施，导致相应的生态红线保护与管理制度并不能有效地真正“落地”。

（3）缺乏统一的生态保护红线管护标准和制度

当前，我国生态环境管理仍然按照环境要素进行划分，生态环境保护涉及环境保护、国土、水利、农业、林业、海洋等多个部门，形成了多部门监管割据的局面，难以发挥环境管理的整体性、系统性和协调性。而且，各级环境保护部门都属于各级人民政府的组成部分，上级环境保护部门对下级环境保护部门没有制约作用，很多地方政府往往为了短期的经济发展，就忽视对生态环境的保护。地方各级环境保护行政主管部门受制于各级地方政府的体制，往往导致地方各级环境行政主管部门无法真正地实施环境监管职能，难以对环境实施有效监管。这种分部门、分区域的管理模式使得生态红线缺乏统一的管护标准和制度，如产业环境准入标准、考核与责任追究制度、生态补偿制度等，这就增加了生态红线制度实施的难度。

(4) 生物多样性明显下降，水生生物多样性下降更为明显

受水环境质量恶化、人类活动加剧等因素影响，长江流域生物多样性下降明显。例如，国宝白鳍豚难觅踪迹，长江鲥鱼不见多年，中华鲟、白鲟数量急剧减少，岩原鲤、长身泥鳅等10多种鱼类已经列入易危物种，长江河蟹只能依赖人工繁殖，长江流域天然捕捞产量从1954年的42.7万t降至目前的不足10万t，绝大部分捕捞物种都不能形成鱼汛。值得注意的是人类活动对长江生态环境的影响绝大部分是不可逆转的，随着长江经济带经济开发活动的加剧，水生态和生物多样性保护的任务迫切而艰巨。

二、生态建设的对策与建议

（一）构建流域一体的生态安全格局

随着全球气候变化和人类活动的影响，长江经济带生态环境状况不容乐观。为保证长江经济带的建设与可持续发展，根据其自然区位及生态环境特征，建议重点构建四大生态屏障区，分别为长江上游地区生态屏障、三峡库区生态屏障、长江中游地区生态屏障和长江下游河口地区生态屏障。根据各生态屏障的生态资源本底状况、分布格局、敏感性及其战略，加强各生态屏障的建设。并将生态屏障建设与生态红线划定相衔接，充分发挥四大生态屏障的协同效应和整体效应，加强不同生态屏障之间的生态协调共建，统筹兼顾构建流域一体的生态安全格局，为长江经济带建设与发展提供可靠的、尽可能大的生态发展空间。

1. 长江上游地区生态屏障

长江上游地区既是长江经济带中经济发展相对落后的区域，也是生态环境相对脆弱的地区，还是重要的水源涵养、水土保持和生物多样性保护区域。该区域突出的主要生态问题为森林生态系统退化和水土流失严峻，且近年来长江上游生态环境整体恶化趋势没有从根本扭转，生态系统呈现出由结构性破坏到功能性紊乱的演变。同时，该区域生态系统对气候变化敏感性增强，且敏感地带日渐增多。空间上主要涵盖若尔盖水源涵养重要区、秦巴山地水源涵养重要区、西南喀斯特地区土壤保持重要区、川滇干热河谷土壤保持重要区、岷山–邛崃山生物多样性保护重要区、武陵山山地生物多样性保护重要区和桂西南石灰岩地区生物多样性保护重要区七个重要生态功能区。

2. 三峡库区生态屏障

三峡库区的生态安全不仅直接影响三峡库区生态安全和三峡工程的运行，同时也影响长江经济带建设和西部大开发等重要战略目标。三峡库区生态屏障核心区范围包括巫山县、奉节县、云阳县、万州区、忠县、石柱土家族自治县、丰都县、涪陵区八个县城的位于三峡水库土地淹没线第一分水岭以内的区域。该生态屏障处于三峡库区中心地带，地势呈东北高、西南低，地形较为复杂，生态环境脆弱，库区部分区域不合理的土地耕作方式加剧了生态安全风险。近十多年来，由于实施了一系列重大生态工程建设，整体上库区生态环境较三峡工程建设前呈改善趋势，但考虑其生态环境脆弱性及其重要战略意义双重因素，应继续加强三峡库区生态屏障建设。建议继续加强重点生态专项工程建设，包括“退耕还林”“长江防护林工程”“绿化长江工程”“库周防护林”等生态

工程，继续加大推行三峡库区退耕还林建设力度；建立三峡库区生态补偿机制，提出和完善三峡库区的生态补偿办法，对开展“退耕生态公益林”“退耕建经济林”“荒山荒地造林”等，按照生态环境保护指标完成情况，给予相应的生态补偿。

3. 长江中游地区生态屏障

长江中游作为长江流域极其重要的调蓄滞洪区、水域生态平衡的重要功能区、国家重要的农副渔业生产基地、国际重要湿地和珍稀候鸟越冬栖息地，具有地理区位重要、生态敏感性程度高、生态服务功能丰富等特征，在保障国家及地区生态安全、生物安全和粮食安全、调节长江洪水径流、保护物种基因和生物多样性等方面，发挥着极其重要的作用。中游地区突出的生态环境问题主要为湖泊围垦和淤积萎缩导致湖泊调蓄功能显著削弱，洪涝灾害威胁加大；同时随着三峡工程运行及近几年极端气候叠加的影响，鄱阳湖和洞庭湖两湖水位扰动幅度增大，流域内水资源矛盾加剧；洲滩湿地生态系统出现逆向演替。空间范围上覆盖长江荆江段湿地洪水调蓄重要区、桐柏山淮河源水源涵养重要区、大别山水源涵养重要区、洞庭湖区湿地洪水调蓄重要区、鄱阳湖区湿地洪水调蓄重要区、丹江口库区水源涵养重要区、江西东江源水源涵养重要区和南岭山地水源涵养重要区 8 个重要生态功能区。因此，长江中游需构建以“两湖（鄱阳湖、洞庭湖）一带（长江荆江段）”为核心，丹江口库区水源涵养区、东江源水源涵养区、南岭山地水源涵养区、桐柏山淮河源水源涵养重要区和大别山水源涵养重要区为多翼的生态安全格局，加强推进鄱阳湖生态经济圈、洞庭湖生态经济圈和 3 个重要水源涵养区之间的生态协调共建，建立生态屏障的区域合作机制（杨桂山等，2015）。

4. 长江下游河口地区生态屏障

长江下游河口地区是我国经济最发达、大中城市最密集的地区之一，地理和战略优势突出。洪涝和环境污染是长江下游河口地区主要的生态灾害。目前，长江河口地区，河湖污染十分严重。其中太湖是我国最大的存在严重蓝藻水华的湖泊，目前全湖总体水质评价为劣Ⅴ类，为中度富营养化。20 世纪 80 年代以来，太湖的富营养化指数每隔 10 年上升一个等级，水质下降一个等级。长江下游河口地区面临着生态环境不断恶化、生态功能逐渐衰退、生物多样性下降等生态问题。空间范围上主要覆盖淮河中下游湿地洪水调蓄重要区、安徽沿长江湿地洪水调蓄重要区、苏北滩涂湿地生物多样性保护重要区和浙闽赣交界山地生物多样性保护重要区 4 个重要生态功能区，以及以太湖、巢湖等为核心的密集的河湖水网。因此，长江下游河口地区生态屏障建设首先要以太湖、巢湖等重要湖泊的水质治理与恢复为重点；其次要加强对淮河中下游湿地洪水调蓄区和安徽沿长江湿地洪水调蓄区的生态功能的恢复与提高；再次要加强苏北滩涂湿地和浙闽赣交界山地的生物多样性保护。

综上所述，长江经济带生态环境恶化形势严峻，为保障长江经济带可持续发展的生态空间，建立流域一体的生态安全格局势在必行。长江经济带生态环境问题存在着明显的区域差异，需根据不同自然区位、生态资源本底、突出的生态环境问题、敏感性及其战略，构建四大生态屏障。同时，需从流域总体和区域两个不同层面上把握和理解长江经济带的生态环境特征、存在的主要问题及其原因，将生态屏障建设与生态红线划定相衔接，充分发挥四大生态屏障的协同效应和整体效应，加强不同生态屏障之间的生态协调共建，构建流域一体的生态安全格局。

（二）强化生态红线区域识别与保护

1. 建立统一的监管部门和差异化的管控制度

长江经济带的生态红线区域划定与保护，需打破生态系统管理部门分割式、分块式管理的方式，建议建立覆盖整个经济带的跨行政区域的环境监督管理机构；同时，建议由专门履行环境保护职权的环境保护部门统一行使生态红线区域环境监管治理的职能，建立省级以下环境保护部门的垂直管理机构，强化环境保护部门监管职权的独立性。

同时，针对不同的生态红线区域和性质，制定差异化的生态环境保护标准和管控措施，明确不同生态红线区域的环境准入活动类型和强度，以实现差别化管理和控制。建立健全关于重要生态功能区、陆地和河流水域生态环境敏感区、脆弱区等区域环境影响评价的限制审批制度。对二级管控区内符合生态红线区域功能定位的开发建设活动，要制定并严格执行环境保护与生态修复治理方案，严禁影响管控区的主导生态功能。

2. 建立生态红线监测、评估与绩效考核制度

整合长江经济带范围内现有的相关生态环境监测系统平台与野外定位观测站，建立长江经济带生态红线监测与管理平台，定期调查、监测与发布重要生态功能区、陆地和水域生态环境敏感区、脆弱区等生态红线区域的状态；建设生态红线区域生态状况变化的动态评估机制，为生态红线区域的生态安全维护、评估、管理及区域范围的调整提供决策依据。生态红线划定的目的是维护区域生态系统完整性和连通性，确定需要保护的生态重要功能区和生态敏感/脆弱区的空间范围。通过生态调查进行生态环境问题诊断和生态服务功能需求分析，得出人类活动对区域内的生态系统完整性、连通性和关键生态过程的影响因素，作为生态红线区域划分和管理的依据。

建立差别化的经济社会发展政绩考核评价体系。对于生态红线区域范围内的经济社会发展政绩考核体系，侧重衡量生态环境的改善、生态损害的修复和治理及生态系统服务功能的提高等方面的绩效，提高考核评价体系中体现生态建设状况如生态效益、环境损害等指标的权重。明确生态红线区划内中央和地方各级政府、相关企业与个人的环境保护义务和责任体系，建立责任终身追究机制，对盲目决策造成生态红线区域生态功能破坏的责任人，终身追究其相应责任；对造成生态红线区域生态系统功能破坏的行为人严格追究其行政、民事、刑事等相关责任，使生态红线成为区域经济发展的“高压线”。

3. 完善生态补偿制度和激励机制

建立健全覆盖重要生态功能区、禁止开发区和主要生态系统的纵向生态补偿机制；建立流域上下游地区之间、受益地区与保护地区之间、开发地区与保护地区之间的横向生态补偿机制，实现不同地区之间的公平；建立受益地区与保护地区之间横向转移支付的生态补偿制度，以体现生态红线划定的公平原则。此外，对生态红线内的区域给予政策倾斜，大力扶持绿色产业发展，充分激发地方保护环境的积极性，增强生态红线保护

的有效性和可持续性。

4. 建立公众参与制度

建立长江经济带生态红线的公众参与制度。公众作为生态环境保护的权利和责任主体，在生态红线划定和保护的各个环节设置公众参与的机制和体制，特别是在生态红线的立法和生态红线区域开发利用活动的环评环节设置公众参与机制；加强生态红线制度与知识的宣传教育，让公众了解生态红线的作用与功能、提高公众参与生态红线的划定、保护及监督的积极性。

5. 建立生态红线生态模型，加强生态红线划定的科技支撑

生态红线制度是已成为我国生态保护领域的最重要制度之一，但在理论上对其概念和内涵的认识还不成熟，红线区域的划定方法也比较简单，往往采用多图层叠加法或直接套用现有保护区的边界，导致生态红线划定缺乏科学依据与技术手段，有些省市的生态红线划定甚至出现生态敏感区与重要生态功能区冲突或重合的情况。目前，对生态红线的概念定义还没明确统一，既有涉及空间范围边界线，也有涉及管理控制线。因此为推进长江经济带的生态红线制度和生态文明建设，需针对生态红线划定的一系列关键性技术和重大课题进行攻关，进行多层次和多学科交叉的综合研究，进一步明确生态红线的内涵与定义边界，完善生态红线划定的理论与方法，建立生态红线生态模型，为划定长江经济带一体化的生态红线提供科技支撑。

（三）生物多样性与渔业资源保护

1. 严格保护重要生态功能区，强化生态保护与修复

依据各个重要生态功能区保护控制的严格程度，实施不同程度的生态功能区的控制和保护。其中对极重要的生态功能区，即禁止开发区，应停止一切导致生态功能继续退化的开发活动和其他人为破坏活动，严格执行国家和地方的法规和有关规范标准，特别是重点保护饮用水水源地和水源涵养区内的森林植被，对已存在的工矿企业应坚决予以搬迁；严格控制人口增长，区内人口已超出承载能力的应采取必要的移民措施。对已经破坏的重要生态系统，要结合生态环境建设措施，认真组织重建与恢复，尽快遏制生态环境恶化趋势。对较重要的生态功能区，主要是禁止开发区周边的缓冲区和生态屏障区，要控制土地开发活动，对区域内自然资源的开发利用要以不损害生态系统的服务功能为原则，禁止导致植被和生物多样性退化的各种生产活动，积极开展休闲景观建设，限制乃至禁止污染型产业的发展。表5-4为长江经济带国家级重点生态功能区名称及范围。

表5-4　长江经济带国家级重点生态功能区名称及范围

序号	名称	范围
1	若尔盖草原湿地生态功能区	四川省：阿坝县、若尔盖县、红原县
2	南岭山地森林及生物多样性生态功能区	江西省：大余县、上犹县、崇义县、龙南县、全南县、定南县、安远县、寻乌县、井冈山市 湖南省：宜章县、临武县、宁远县、蓝山县、新田县、双牌县、桂东县、汝城县、嘉禾县、炎陵县

续表

序号	名称	范围
3	大别山水土保持生态功能区	安徽省：太湖县、岳西县、金寨县、霍山县、潜山县、石台县 湖北省：大悟县、麻城市、红安县、罗田县、英山县、孝昌县、浠水县
4	黔滇喀斯特石漠化防治生态功能区	贵州省：赫章县、威宁彝族回族苗族自治县、平塘县、罗甸县、望谟县、册亨县、关岭布依族苗族自治县、镇宁布依族苗族自治县、紫云苗族布依族自治县 云南省：西畴县、马关县、文山县、广南县、富宁县
5	三峡库区水土保持生态功能区	湖北省：巴东县、兴山县、秭归县、夷陵区、长阳土家族自治县、五峰土家族自治县 重庆市：巫山县、奉节县、云阳县
6	川滇森林及生物多样性生态功能区	四川省：天全县、宝兴县、小金县、康定县、泸定县、丹巴县、雅江县、道孚县、稻城县、得荣县、盐源县、木里藏族自治县、汶川县、北川县、茂县、理县、平武县、九龙县、炉霍县、甘孜县、新龙县、德格县、白玉县、石渠县、色达县、理塘县、巴塘县、乡城县、马尔康县、壤塘县、金川县、黑水县、松潘县、九寨沟县 云南省：香格里拉县（不包括建塘镇）、玉龙纳西族自治县、福贡县、贡山独龙族怒族自治县、兰坪白族普米族自治县、维西傈僳族自治县、勐海县、勐腊县、德钦县、泸水县（不包括六库镇）、剑川县、金平苗族瑶族傣族自治县、屏边苗族自治县
7	秦巴生物多样性生态功能区	湖北省：竹溪县、竹山县、房县、丹江口市、神农架林区、郧西县、郧县、保康县、南漳县 重庆市：巫溪县、城口县 四川省：旺苍县、青川县、通江县、南江县、万源市
8	武陵山区生物多样性与水土保持生态功能区	湖北省：利川市、建始县、宣恩县、咸丰县、来凤县、鹤峰县 湖南省：慈利县、桑植县、泸溪县、凤凰县、花垣县、龙山县、永顺县、古丈县、保靖县、石门县、永定区、武陵源区、辰溪县、麻阳苗族自治县 重庆市：酉阳土家族苗族自治县、彭水苗族土家族自治县、秀山土家族苗族自治县、武隆县、石柱土家族自治县

资料来源：参考《全国主体功能区规划》。

2. 进一步加强对自然保护区的建设和管理

对于生物物种的保护，最好的方法是保护生物的栖息环境，对生物进行就地保护，建立自然保护区。目前，长江流域已经建立了“长江上游珍稀特有鱼类国家级自然保护区”“长江宜昌中华鲟省级自然保护区”及“长江口中华鲟自然保护区”等多个国家级、省级自然保护区（表5-5）。这些保护区的设立为长江鱼类资源的保护起到了不同程度的作用。但是，由于长江上游是我国特有鱼类的集中分布区，也是水电工程的重点开发区，因此该区域鱼类多样性受到严重威胁。建议从流域尺度开展鱼类物种保护区规划，同时，对目前尚未或基本未修建水利工程且鱼类物种较丰富的干流河段和一级、二级支流，开辟一定面积比例的区域建立自然保护区，以保护长江鱼类种质资源。

表5-5　长江经济带国家级自然保护区分布（共128个）

省市	数量	名称
上海	2	九段沙湿地、崇明东滩鸟类
江苏	3	盐城湿地珍禽、大丰麋鹿、泗洪洪泽湖湿地

续表

省市	数量	名称
浙江	10	临安清凉峰、天目山、象山韭山列岛、南麂列岛、乌岩岭、长兴地质遗迹、大盘山、古田山、九龙山、凤阳山—百山祖
安徽	7	铜陵淡水豚、鹞落坪、古牛绛、金寨天马、升金湖、安徽扬子鳄、清凉峰
江西	12	鄱阳湖南矶湿地、鄱阳湖候鸟、桃红岭梅花鹿、九连山、井冈山、官山、九岭山、马头山、武夷山、齐云山、阳际峰、铜钹山
湖北	16	赛武当、青龙山恐龙蛋化石群、五峰后河、石首麋鹿、长江天鹅洲白鳍豚、长江新螺段白鳍豚、龙感湖、九宫山、星斗山、七姊妹山、神农架、木林子、咸丰忠建河大鲵、洪湖、南河、大别山
湖南	18	炎陵桃源洞、南岳衡山、黄桑、湖南舜皇山、东洞庭湖、乌云界、壶瓶山、张家界大鲵、八大公山、六步溪、莽山、八面山、阳明山、永州都庞岭、借母溪、鹰嘴界、高望界、小溪
重庆	5	缙云山、金佛山、大巴山、雪宝山、阴条岭
四川	28	长江上游珍稀及特有鱼类、龙溪-虹口、白水河、攀枝花苏铁、画稿溪、王朗、雪宝顶、米仓山、唐家河、马边大风顶、长宁竹海、老君山、花萼山、蜂桶寨、卧龙、九寨沟、小金四姑娘山、若尔盖湿地、贡嘎山、察青松多白唇鹿、长沙贡玛、海子山、亚丁、美姑大风顶、诺水河珍稀水生动物、黑竹沟、格西沟、千佛山
贵州	8	宽阔水、习水中亚热带常绿阔叶林、赤水桫椤、梵净山、麻阳河、威宁草海、雷公山、茂兰
云南	19	轿子山、会泽黑颈鹤、哀牢山、大山包黑颈鹤、药山、无量山、永德大雪山、南滚河、大围山、金平分水岭、黄连山、文山、西双版纳、纳板河流域、苍山洱海、高黎贡山、白马雪山、云龙天池、元江

3. 实现水利工程的生态调度

水利工程的建设，改变了河流的自然流态，阻隔了鱼类的洄游通道。为了减缓水利工程的影响，应该采取生态型调度方式，使调度产生的长江环境流在水量、水质、水温及时空分布等方面满足于鱼类生产、繁殖等生命活动的要求。例如，在“四大家鱼”的繁殖季节，适时地调度，产生人造洪峰，以利产卵；调整三峡工程秋季蓄水时间，避开中华鲟的繁殖季节；在金沙江中下游梯级开发的水库群中，采取分层取水的方法，取用上层水，减小底层低温水的不利影响。

4. 开展长江禁捕和鱼类人工增殖放流

长江天然捕捞量占全国渔业产量比重极低，禁捕对渔业影响不大，而对长江流域野生鱼类资源保护有极大好处，建议持续开展长江禁渔行动，在长江流域每年实施为期三个月的禁渔期制度。同时，积极开展鱼类人工增殖放流，加强长江鱼类人工增殖放流站建设。重点在洞庭湖、鄱阳湖等重要湖泊开展以“四大家鱼”为主的水生生物生态净水放流，并底播增殖螺蛳、河蚌和水草等底栖生物，建设人工鱼巢，发挥淡水鱼、虾、蟹和水草在平衡水域生态结构、遏制水体富营养化方面的重要作用，促进藻型湖向草型湖的转化，遏制蓝藻等生态灾害暴发，保障湖泊生态安全。在长江中下游、河口区及汉江、湘江、赣江等重要支流，开展“四大家鱼”、中华绒螯蟹、翘嘴红、鲤、鲫、团头鲂、鳜等重要经济水生动物苗种的增殖放流。

5. 加强滨海地区生态保护

强化海岸带环境综合管理，合理开发沿岸土地，控制海岸附近采石挖沙造成的海岸侵蚀及生境破坏，制定海岸带整治和保护方案，对已建的污染环境、破坏景观的工程项目进行清理和整改。保护鸟类栖息地等重要自然生境，整治受损岸线，开展海岸生态修复、盐泽植被恢复。严格执行《全国海洋主体功能区规划》加快海洋类型保护区建设，重点保护海洋生物物种、自然历史遗迹、近海生态岛屿和地质遗迹，强化岛屿及其邻近海域的资源环境保护。表 5-6 为长江经济带海洋生物资源保护区域。

表 5-6　长江经济带海洋生物资源保护区域

序号	类型	名称
1	传统渔场	海州湾渔场、连东渔场、吕泗渔场、大沙渔场、沙外渔场、长江口渔场、江外渔场、舟山渔场、舟外渔场、鱼外渔场、鱼山渔场、温台渔场、温外渔场
2	国家级水产种质资源保护区	海州湾中国对虾国家级水产种质资源保护区、蒋家沙竹根沙泥螺文蛤国家级水产种质资源保护区、如东大竹蛏西施舌国家级水产种质资源保护区、乐清湾泥蚶国家级水产种质资源保护区、象山港蓝点马鲛国家级水产种质资源保护区、东海带鱼国家级水产种质资源保护区、吕泗渔场小黄鱼银鲳国家级水产种质资源保护区
3	国家级海洋特别保护区	渔山列岛、乐清市西门岛、嵊泗马鞍列岛、普陀中街山列岛

资料来源：参考《全国海洋主体功能区规划》。

（四）实施一批生态防护工程建设

长江经济带的生态环境关系到长江经济带可持续发展战略的顺利实施。在长江流域影响深远、意义重大的生态工程主要有退耕还林工程、天然林资源保护工程、长江防护林体系建设工程和长江上游水土保持重点防治工程。四大工程共计投资 479. 25 亿元，其中直接用以生态环境建设的资金为 163. 47 亿元。重大生态工程的实施，提高了森林植被水源涵养能力，增加了林草生物量和碳储存，提高了土壤保肥能力，促进了生物多样性的提高。据最新调查，长江流域森林覆盖率已达到 33%，比 1989 年提高了 13. 1 个百分点；年均治理水土流失面积达 12 000 多 km^2，土壤侵蚀量由治理前的 9. 3 亿 t 下降到 5. 4 亿 t，减少 42. 0%。

1. 综合区域特色，采取差异性的工程政策和管理措施

长江经济带生态工程建设要突出重点水源涵养区、重点水土保持区、地质灾害多发区、生物多样性保护区等区域的治理重点和治理难点。重点生态工程的建设要根据生态功能的需求和植被资源的特点，实施按照建设地块经营目标主导的分类经营。将主导经营目标为生态效益和社会效益、生态区位重要或生态脆弱区域、立地条件差、植被恢复困难地区的植被划为公益性植被，采取保护为主，适当利用的方式，充分发挥水源涵养、水土保持、生物多样性保护、碳储存、文化传承等主要生态服务功能。将主导经营目标为经济效益、立地条件好、采伐利用和较为集约经营不会对生态功能造成较大破坏

的植被地块划为商品性植被或兼用性植被，满足市场和社会对木竹材和其他植被产品的需求。同时，坚持多部门配合、多生态建设工程项目协同推进，发挥集中连片和规模治理的整体效益，加快长江经济带生态建设与保护步伐。

2. 建立长效扶持政策，巩固工程建设成果

重点生态工程的目标是以生态效益为主，植被营造和恢复的周期长，生态功能的发挥也是一个持续而渐进的过程。因此，有必要建立生态工程长效政策扶持机制，对于生态效益为主的植被建设地区，实施短则10年、长则几十年的政策性补助或生态效益补偿，提高其与其他植被建设地区人员收入水平和用地的比较效益，巩固已有的工程建设成果，为全社会的生态需求服务。

为确保重大生态工程长期取得良好的生态、经济和社会效益，需制定保障重大生态工程良性运行的后续政策。针对不同的工程类型，给予不同的政策扶持。例如，退耕还林工程，对于退耕还林地，由于生态地位重要而不能进行林木采伐利用的，要给予较高的生态效益补偿，补助标准应高于一般林地且低于占用农地的补偿，以提高经营退耕还林地与农林的相对比较收益。

3. 改革重大生态工程管理机制，实现工程可持续经营

针对各大生态工程所存在的协调性不够的问题，应落实以人为本、全面协调可持续发展的科学发展观，以建立统一的、协调的、功能完备的生态防护体系，以建成长江流域生态安全重要屏障为目标，改变现有的多头管理的建设现状，整合力量，统一规划，合理布局，标本兼治。统一工程建设标准，改革生态建设和环境保护的管理体制和运行机制，发挥政府、市场的两种资源配置方式的作用，运用行政、经济、法律多种手段，以生物措施为主，生物措施和工程措施相结合，促进生态环境建设走集约化经营的道路，转变增长方式，实现可持续发展。同时，大力强化工程管理质量，加强资金管理，规范财务管理制度，确保工程资金安全运行，提高资金使用效率，建立区域联防管护等管护制度（杨桂山等，2012）。

第三节 环境保护问题与治理对策

一、环境保护存在的问题

1. 环境总负荷加剧，长江中上游地区污染物排放量增长更快

长江流域水资源总量占全国的比重接近40%，长江经济带排污总量占比较大，且呈现逐年上升到趋势，从2005年的234亿t增长至2013年的301亿t，占全国的比重稳定在42%以上（图5-4）。同时，随着经济发展格局变化和产业向中西部地区转移，长江中上游地区的污染物排放量增加更为明显。从废水排放量看（图5-5），2005～2013年，安徽、江西、贵州、云南增长均超过20%，而上海、江苏等地区则保持平稳增长。

从大气污染物排放情况看，2013年，长江经济带废气排放中，二氧化硫、氮氧化物、烟粉尘的排放量分别为706万t、717万t和357万t，占全国的比重分别为35%、

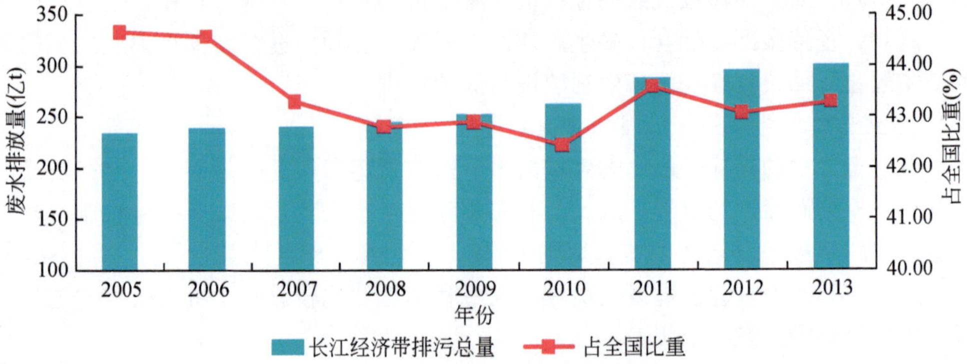

图 5-4　2005～2013 年长江经济带废水排放量及占全国比重变化

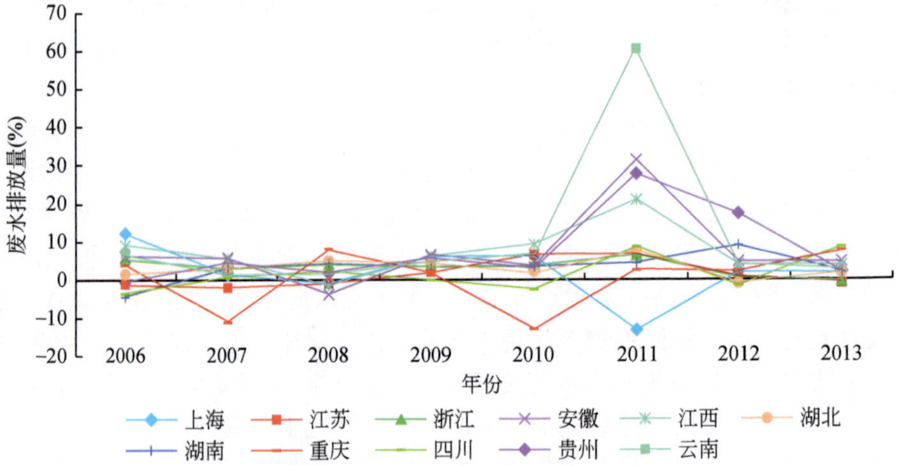

图 5-5　2006～2013 年长江经济带废水排放量增速

32% 和 28%。与 2011 年相比，虽然排放总量略有下降，但是占全国的比重仍然稳定在较高水平。从地区变化情况看（图 5-6），二氧化硫排放量较高的省市中，除江苏位于长江下游外，贵州、四川、云南等都位于长江上游地区，而且这些地区的排放总量下降缓慢，下降率远远低于长江下游的江苏、浙江等省市。

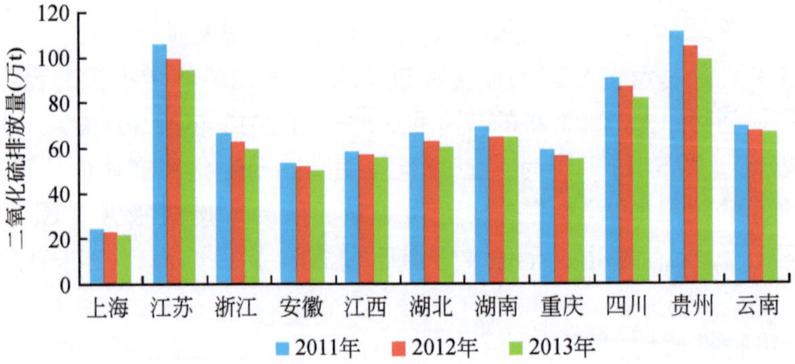

图 5-6　2011～2013 年长江经济带二氧化硫排放量变化

2. 重化工业沿江布局特征明显

长江经济带沿江地区重化工业布局密集，自 20 世纪 90 年代中期开始，长江下游的上海、江苏等地就掀起了一股兴建化工园区的热潮，并随着时间推移蔓延至整个长江沿岸。泸州市利用自身丰富的煤、硫和天然气资源，在 60 多公里长的长江沿线上规划建设了纳溪、合江、高坝等四个化工园区，主要发展煤化工、精细化工、医药化工等，力争将泸州市建设成“西部化工城”；重庆市利用天然气资源，在位于三峡库区的长寿、万州、涪陵发展天然气化工和盐气；武汉市化工发展区计划依托葛化集团，以化工新材料为主，以新领域精细化工为辅，利用良好的水域建港条件和北湖新城的发展，建设化工型港口城镇；九江市依托石油炼制、化肥、合成树脂、精细化工等 7 个化工行业，建成了沿江化工工业园和永修星火工业园两大化工生产基地。据统计，全国 21 326 家化工企业中，位于长江沿岸的有近万家；总投资近 10 152 亿元的 7555 个化工石化建设项目中，其中 45% 为重大风险源，大部分在长江流域。目前，长江沿江分布着五大钢铁基地（上海、武汉、攀枝花、马鞍山、重庆），七大炼油厂（上海、南京、安庆、九江、岳阳、荆门、武汉），以及上海、南京、仪征等地的石油化工基地。同时，长江经济带内仍然有许多省市不充分考虑资源承载力和环境容量，盲目竞争石油化工项目，给长江流域生态环境保护带来严重隐患。重化工企业布局散乱、集约化程度低、环境设施不完善等问题较为严重，使长江流域的生态环境日益受到威胁。图 5-7 为 2013 年长江经济带主要重化工产品产量及占全国比重。

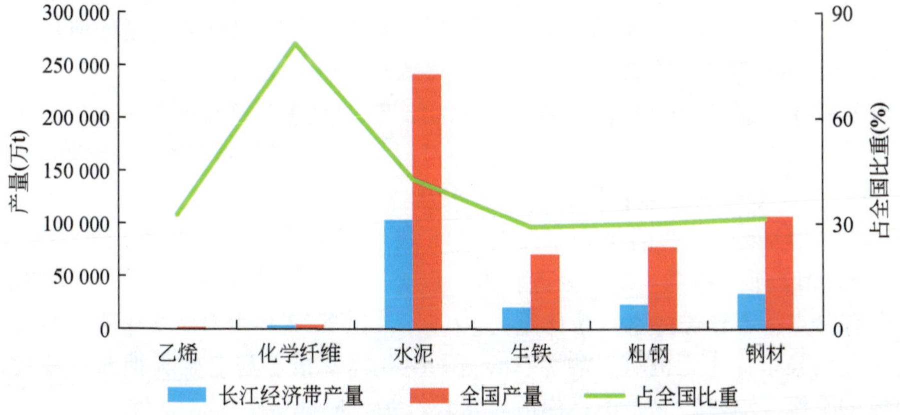

图 5-7　2013 年长江经济带主要重化工产品产量及占全国比重

资料来源：中国统计年鉴 2014。

3. 长江流域水质总体良好，但部分河段和湖泊、水库、跨界断面水质不容乐观

2013 年，长江流域Ⅰ～Ⅲ类、Ⅳ～Ⅴ类和劣Ⅴ类水质断面比重分别为 89.4%、7.5% 和 3.1%。与上年相比，水质无明显变化。长江干流水质为优，Ⅰ～Ⅲ类水质断面比重为 100.0%。长江主要支流水质良好，Ⅰ～Ⅲ类、Ⅳ～Ⅴ类和劣Ⅴ类水质断面比重分别为 85.6%、10.2% 和 4.2%。但是，部分城市河段水质较差，其中螳螂川云南昆明段、府河四川成都段和釜溪河四川自贡段为重度污染。

从湖泊水质看，2013 年长江流域 58 个主要湖泊中，全年期水质符合Ⅰ～Ⅲ类标准的湖泊有18个，占评价湖泊综述的31.0%。58个湖泊共评价水面面积为10 792.0km²，水质符合Ⅰ～Ⅲ类标准的水面面积为2917.1km²，占评价面积的27.0%；Ⅳ类5861.0km²，占评价面积的54.3%；Ⅴ类1279.0km²，占评价面积11.9%；劣Ⅴ类734.9km²，占评价面积的6.8%。主要超标项目为总磷、五日生化需氧量和氨氮等。国家重点治理的太湖、巢湖、滇池中，太湖18.8%的水域为Ⅲ类，78.3%的水域为Ⅳ类，2.9%的水域为Ⅴ类，处于中度富营养状态，主要超标项目为总磷。巢湖东半湖水质为Ⅳ～Ⅴ类，处于轻度富营养状态；西半湖水质为Ⅴ类、劣Ⅴ类，处于中度富营养状态；主要超标项目为总磷。滇池水质为Ⅳ～劣Ⅴ类，处于中度富营养状态，主要超标项目为总磷、高锰酸钾指数和五日生化需氧量。

从水库水质情况看，2015年长江流域225座水库中，全年水质为Ⅰ～Ⅲ类的水库共有160座，占评价水库总数的71.1%；Ⅳ类34个，占评价水库总数的15.1%；Ⅴ类12个，占评价水库总数的5.3%；劣Ⅴ类19个，占评价水库总数的8.5%。超标项目主要为总磷和五日生化需氧量。重点监测水库中，三峡水库库区的7个断面中，朱沱、铜罐驿、寸滩、沱口、官渡口和太平溪6个断面水质均符合或优于Ⅲ类水标准，清溪场点面因总磷超标，水质为Ⅳ类。丹江口水库库区水质总体良好，凉水河、浪河口下、坝上和陶岔断面水质为Ⅱ类。

跨界断面的水质较差，2013年，长江流域监测评价省界断面182个，全年期评价162个省界断面水质为Ⅰ～Ⅲ类，10个断面水质为Ⅳ类，5个断面水质为Ⅴ类，5个断面水质劣于Ⅴ类。主要超标项目为总磷、氨氮、高锰酸钾指数和五日生化需氧量等。与2010年相比，虽然河流水质略有好转，但湖泊、水库富营养化程度明显增加。

4. 近岸海域水环境质量较差，东海近岸海域水环境污染尤为严重

长江经济带涉及海域包括黄海和东海。2013年，黄海近岸海域水质良好，Ⅰ、Ⅱ类海水点位比重为85.2%，比上年下降1.8个百分点；Ⅲ、Ⅳ类海水点位比重为14.8%，比2012年上升1.8个百分点；无劣Ⅳ类海水点位，与2012年相同；黄海近岸海域的主要污染指标为无机氮和石油类。东海近岸海域水质极差，Ⅰ、Ⅱ类海水点位比重为30.5%，比2012年下降7.4个百分点；Ⅲ、Ⅳ类海水点位比重为20.0%，比2012年上升4.2个百分点；劣Ⅳ类海水点位比重为49.5%，比2012年上升3.2个百分点；东海近岸海域主要污染指标为无机氮、活性磷酸盐和生化需氧量。与全国其他海域相比，东海近岸海域的上海、浙江段是全国近岸海域水环境最差的地区。

5. 大气环境整体堪忧，城市群及中下游地区大气污染尤为严重

长江三角洲地区、成都平原地区是我国霾日数最高的地区之一。其中，长江三角洲大部分城市、成都市及周边地区的霾日数在50天以上，其中江苏及浙北的部分城市霾日数超过了100天（图5-8）。从酸雨分布情况看，2013年，全国酸雨区面积约占国土面积的10.6%，酸雨分布区域集中在长江沿线及中下游以南，主要包括江西、福建、湖南、重庆的大部分地区，长江中下游、成渝地区是我国酸雨分布最集中、降水酸度最低的地区。其中，浙西、湘赣交界、川滇交接部分区域的降雨pH低于4.5，属于重酸雨区（图5-9）（环境保护部，2014）。

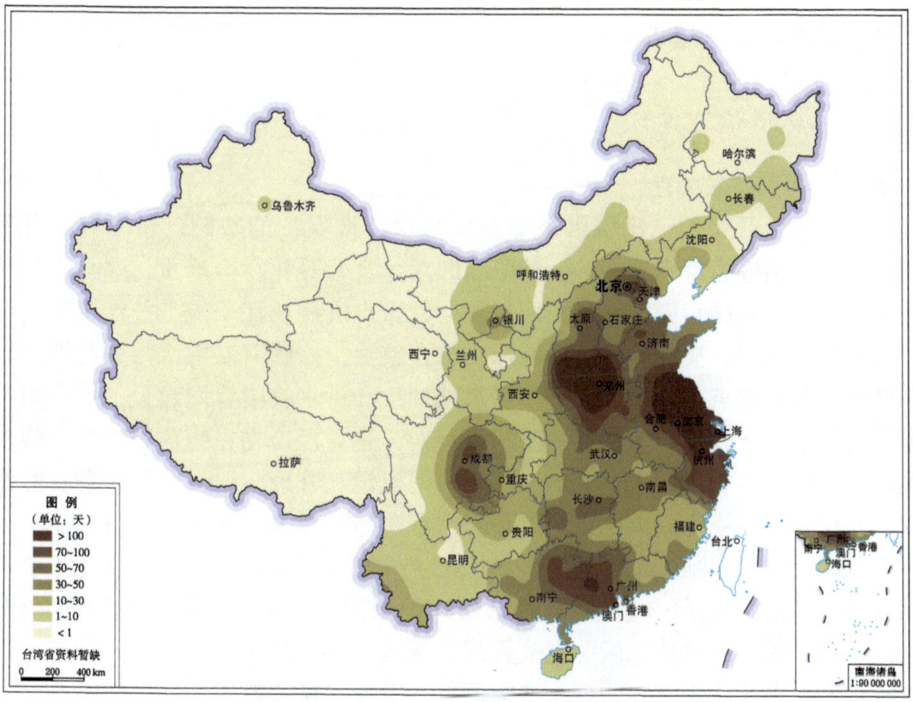

图 5-8　2013 年全国霾日数分布示意图

资料来源：引自《2013 年中国环境状况公报》。

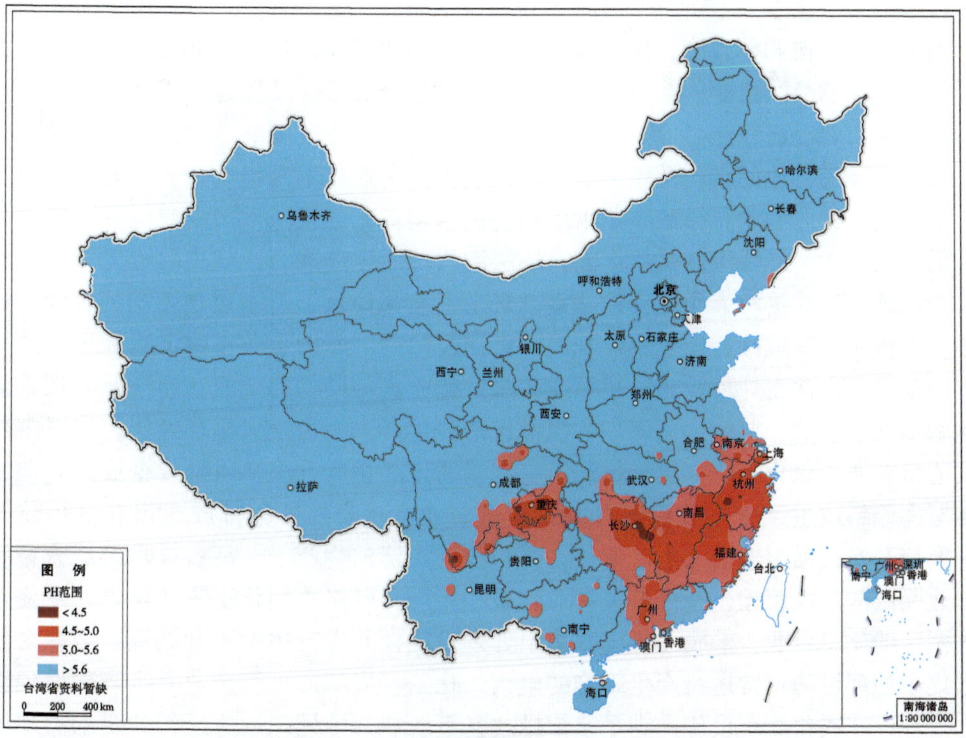

图 5-9　2013 年全国降水 pH 年均值等值线分布示意图

资料来源：引自《2013 年中国环境状况公报》。

二、环境治理对策与建议

（一）水环境治理建议

1. 加强废污水排放管理，深入开展污染源控制

污染源控制是开展长江流域水资源开发与水环境保护的基础。长江流域有些江段氮、磷、大肠杆菌等污染指标超标，部分湖库水体富营养化污染严重，多与沿江城市污水排放有关。继续实施污染物总量控制与减排，重点围绕长江干流、长江主要支流和鄱阳湖、洞庭湖、太湖、巢湖等开展环境污染综合整治，控制河流有机污染与湖泊富营养化。各地区尤其是重点城市应加大城市污水处理厂和污水收集管网建设，提高城市污水处理率。对重点经济技术开发区及主要污染行业，建立污染物在线监控系统，规范排污口布局及加强排污口整治。进一步加强监测站网建设和管理，深入开展污染物监测和监督检查，严格监控污染物排放总量，提高废污水达标排放率。深入推行清洁生产，实现工业污染源的全过程控制，综合采用法律、经济、管理和技术等多种手段减少废污水排放，尤其是加强重点库区、城市江段及饮用水源保护区的水污染防治和环境保护力度。依法推进入河排污口和水功能区的规范管理，深入开展入河排污口核查，严格入河排污口设置审批。加强长江流域农业产业结构调整，引导农村调整农产品种植结构，加快生态农业建设，指导农民科学使用化肥，控制单位面积的化肥和农药的使用量，减少面源污染。

2. 提高工业污染防控水平，减轻环境污染负荷

加大工业结构调整力度，按照国家产业政策和地方经济社会发展实际需要，加大化学原料及化学制品制造业、造纸及纸制品业、黑色金属冶炼及压延加工业、有色金属冶炼及压延加工业、纺织业、农副食品加工业、饮料加工业、皮革（毛皮、羽毛/绒）、有色金属矿采选等行业的结构调整力度，推进老工业企业技术升级改造，提高产业技术水平，引导大型企业和重点排放企业采用先进技术装备，建设一批国内或世界一流的高效益、低污染企业。加快淘汰落后产能，依法淘汰落后生产能力，坚决取缔关停“十五土小”“新五小”等重污染企业，对于潜在环境危害风险大、升级改造困难的企业，也要逐步予以淘汰。积极推进工业企业开展污染深度治理，鼓励企业在稳定达标排放的基础上集中建设污水深度处理设施；超标或超总量排放水污染物的企业，经限期治理后仍不能达到治理要求的，要依法关闭。积极推进清洁生产，大力发展循环经济，流域内所有制浆造纸企业、焦化企业，直排长江干、支流的化工企业、重金属排放企业及其他使用有毒有害原料或生产中排放有毒有害物质的企业、污染物超标排放或超总量排放的企业，要依法实行强制性清洁生产审核，并积极落实清洁生产中、高费技术改造方案。加强工业园区的环境管理，按照有关产业政策和布局，严格控制化工园区建设，严格审核进入园区的化工企业；鼓励建设废水集中处理设施，并进行集中深度处理；可能对园区废水集中处理设施正常运行产生影响的电镀、化工、皮革加工等企业，应当建设独立的废水处理设施或预处理设施，满足达标排放且不影响集中处理设施运行的要求后才能进入废水集中处理设施。严格环境准入，不得新上或采用国家明令禁止的工艺和设备，新

建项目必须符合国家产业政策，严格执行环境影响评价和“三同时”制度。合理规划产业布局，长江沿岸要实施最严格的环境准入标准，坚决控制石油加工、化学原料及化学制品制造、医药制造、化学纤维制造、有色冶金、纺织、危险化学品仓储等相关建设项目。

3. 强化非点源污染治理

加强规模化畜禽养殖场的污染治理，提高畜禽粪便综合利用率；科学划分畜禽禁养区、控制养殖区和适度养殖区，优化畜禽养殖业布局，加快养殖企业污染综合治理，确保实现达标排放。确定合理的水产养殖规模，限制投饵式网箱养殖和施肥养殖等不合理的养殖模式。推广农业清洁生产技术，加强沼气、秸秆还田和测土配方施肥技术的推广应用，减少农药、化肥的不合理施用量，严禁高毒和高残留农药的使用。推动有机食品基地建设，发展节水农业和生态农业，推广农业资源节约和综合利用。开展农村环境综合整治工作，推进生活垃圾的定点存放，统一收集，定时清理，集中处理，因地制宜地推进乡镇生活污水处理。

4. 强化治污设施保障，推进污水治理设施扩容增效和稳定运营

合理确定污水处理厂规模、排放标准及处理工艺，城镇污水处理厂要按照集中和分散相结合的原则优化布局，应达到一级 B 排放标准［《城镇污水处理厂污染物排放标准》（GB 18918—2002）］，新建的向封闭或半封闭水体、已富营养化或存在富营养化威胁水域排水的城镇污水处理厂，应建设相应的除磷脱氮设施，已建成的污水处理厂应进行除磷脱氮改造。加强污水处理厂配套工程建设，要按照“厂网并举、管网优先”的原则，进一步加强城镇污水处理厂配套管网建设，因地制宜推进雨污分流和现有合流管网系统的改造。高度重视城镇污水处理厂的污泥处理处置工程，要统筹考虑污泥处理处置设施建设，上海、南京、马鞍山、武汉、南昌、长沙、重庆、成都、昆明等城市可建设污泥集中综合处理处置工程，其他城镇污水处理厂的污泥也应按规定进行处理处置。加强城镇污水处理工程建设与运营监管，建设要注重政府引导和市场运作相结合，大力推动 PPP（公私合营）项目，重点加快县城所在中心镇污水处理设施建设。

5. 加强滨海地区环境建设，切实改善近岸海域环境

强化海岸带环境综合管理，合理开发沿岸土地，控制海岸附近采石挖沙造成的海岸侵蚀及生境破坏，制定海岸带整治和保护方案，对已建的污染环境、破坏景观的工程项目进行清理和整改。开展海域环境容量研究，弄清灌河入海口、通州湾、长江口、杭州湾、象山港等海域环境容量底数，这是实施近岸海域总量控制制度、制定控制标准的重要依据。加强排海企业、污水处理厂及港口船舶等污染源的管理，严格控制入海污染物种类和总量。为减轻近岸海域的总氮、总磷污染负荷，应从严控制滨海城市污水处理厂尾水的排放，经一级处理的污水，应选择海水交换能力强，扩散速度快的场所进行深海远海排放，或充分利用海域的自净能力，采用分期排放方式。海水养殖污染是加剧海水富营养化的主要驱动因子，因此应依据海洋功能区划合理划定可养殖区域、限养区域和禁养区域，在可养殖区，应推行生态养殖，合理控制养殖密度和面积，严格控制投饵及施肥量。逐步禁止直接向长江沿岸海域水体施肥。

6. 加大流域管理和区域协调管理力度，完善流域综合管理机制

建立和健全高效的水资源监理机构是保护流域水资源的重要保障。要实现水资源的可持续利用，就必须完善流域水资源高效管理机制。加强水资源和水环境流域管理与区域管理相结合的力度，使流域综合管理机构真正有责有权，统一管理流域。实现城市与农村、水量与水质、地表水与地下水、供水与需水等在内的水资源统一管理，结束“多龙管水”的模式，统筹协调各地区、各部门和不同用户对流域水资源开发利用及环境治理的要求，理顺各方利益关系。在此条件下完善流域综合管理规划与保护工作，如制定全流域的水资源、水环境和水生态保护规划，以促进流域社会经济、水资源与水环境保护的协调发展。改变流域“水利不上岸、环保不下水”和上下游割裂的水环境管理模式，协调部门水环境管理职责与合作关系，水利部门根据河湖健康的水质要求，明确不同河段允许纳污量；环境保护部门根据水体纳污量提出分区污染物总量削减方案；产业部门根据污染物总量削减方案，优化产业布局和结构，控源减排。同时，加大跨界断面水质监测频次和采样数，准确获取实时水质变化信息，并实施信息共享和区域污染补偿制度，发挥公众监督和市场调节作用，协调上下游各区段水污染控制管理。

（二）大气环境治理建议

1. 持续有效的开展节能减排

进一步提升节能减排的倒逼作用，实行电力、钢铁、建材、造纸、纺织印染、化工等行业二氧化硫、氮氧化物、烟尘等主要污染物排放总量控制。开展电煤总量控制，制定并实施燃煤电厂、自备电厂限期改造和关停计划，大幅度削减现有燃煤火电厂、自备电厂二氧化硫、氮氧化物排放量。推动燃煤火电厂采用低氮燃烧技术，研究开发和推广清洁燃烧技术和烟气脱硝技术。严格控制高耗能高排放行业过快增长，着重抓好工业、建筑、交通运输、公共机构等重点领域，以及钢铁、水泥、电力等重点行业和年耗能3000t标准煤以上的重点用能单位节能工作。

2. 控制颗粒物污染

严格执行新的《空气质量标准》，按国家规定尽快对国控点全面实行$PM_{2.5}$监控。加强源头和强度分析，重点整治“三高两低”企业、控制工地扬尘、推广清洁燃油、烟囱脱硫、治理机动车尾气污染。加大力度实行区域联防共控，减轻PM_{10}、$PM_{2.5}$、臭氧、一氧化碳等对区域污染的负荷。调整能源消费结构，控制高含硫量的燃煤、燃油输入，积极稳妥地发展风力发电，开发太阳能、地热能，鼓励垃圾、秸秆发电，推广沼气利用。

3. 加强大气污染的监控与防治

建立统一规划、统一监测、统一监管、统一评估、统一协调的区域大气污染联防联控工作机制。环境保护部门会同地方政府和相关部门确定并公布重点企业名单，开展区域大气环境联合执法检查，集中整治违法排污企业。减少酸雨、灰霾污染等区域性大气污染出现的频次；解决工业大气污染的布局问题，从流域、城市群等角度出发，在城市城区及其近郊禁止新建、扩建钢铁、有色金属、石油化工、水泥、化工等重污染企业，对城区内已建重污染企业要结合产业结构调整实施搬迁改造。

第四节　水资源特征与利用对策

一、水资源特征

1. 水资源年际变化明显

长江流域水资源年际变化明显，由1997~2013年长江流域水资源总量变化过程可见（图5-10、图5-11），长江流域1998年、1999年、2002年、2010年和2012年分别偏多31.8%、13.1%、9.3%、13.1%和8.5%；1997年、2001年、2004年、2004年、2007年、2008年、2009年、2011年和2013年分别偏少7.0%、10.8%、12.3%、19.1%、11.5%、5.0%、12.3%、21.3%和11.7%。2000年、2003年和2005年变幅在3%以内。

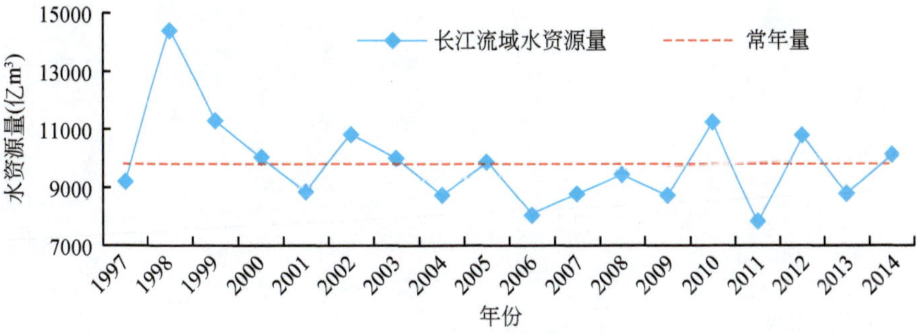

图5-10　长江流域水资源量变化

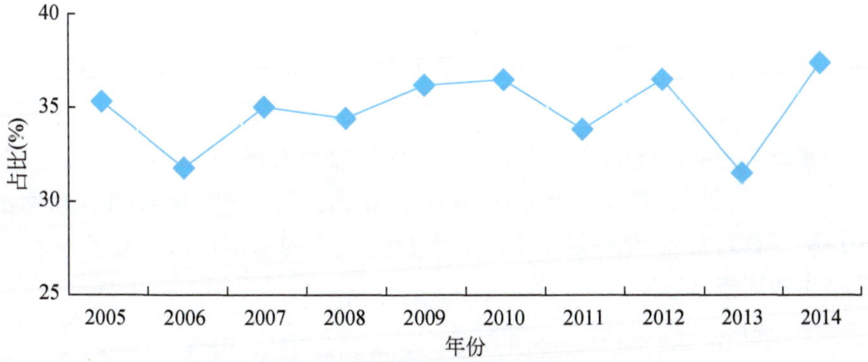

图5-11　长江流域水资源总量占全国比重变化

受气候的影响，降水量年际变化较明显。长江年降水量变差系数一般为0.15~0.25，部分地区有在0.15以下及0.30以上的，长江北岸大多为0.2~0.3，南岸为0.15~0.20，年降水量变差系数小于0.15的地区主要出现在洞庭湖水系沅江中上游、资水中游、湘江中游，变差系数大于0.30的地区主要出现在嘉陵江上游局部地区（郭海晋等，2008）。

2. 水资源地位突出，支撑大范围经济社会发展

长江经济带为区域经济社会发展提供了充足的水资源供应，长江经济带不仅保障了占全国40%以上的人口和产业发展的需求，同时也将大量的水资源调配到长江经济带之外的其他地区，支撑了其他地区的经济社会发展。以长江水为水源的南水北调工程是全世界最大的调水工程（图5-12），年调水量约为448亿m^3，东线、中线、西线分别为148亿m^3、130亿m^3和170亿m^3，三线供水区域控制面积达到145万km^2，占全国陆地面积的近15%；受益人口最多，供水规划区人口超过4亿人，其中仅东线、中线一期工程直接供水的县级以上城市就有253个，直接受益人口到1.1亿人，间接受益2亿人。

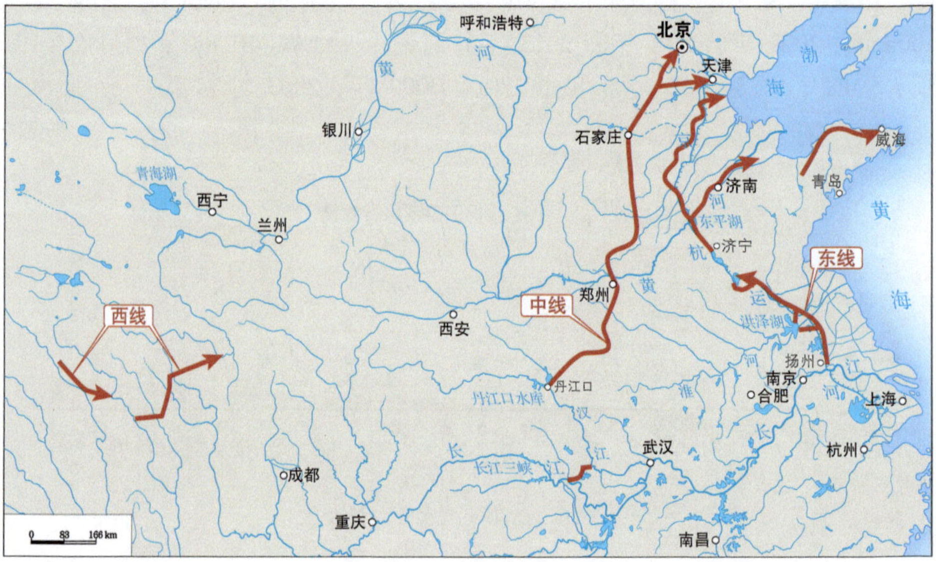

图5-12　南水北调工程示意图

中线一期工程经陶岔多年平均调出水量为95.0亿m^3，其中河南省37.7亿m^3，河北省34.7亿m^3，北京市12.4亿m^3，天津市10.2亿m^3（图5-13）。以上水量为分配给各省市的毛水量，扣除沿途的蒸发渗漏损失，实际收水总量为85.3亿m^3，其中河南省35.8亿m^3，河北省30.4亿m^3，北京市10.5亿m^3，天津市8.6亿m^3（北京南水北调办公室，2014）。可以说，长江满足了全国逾半数的人口的用水需求，是世界上水资源供应价值最突出的河流。

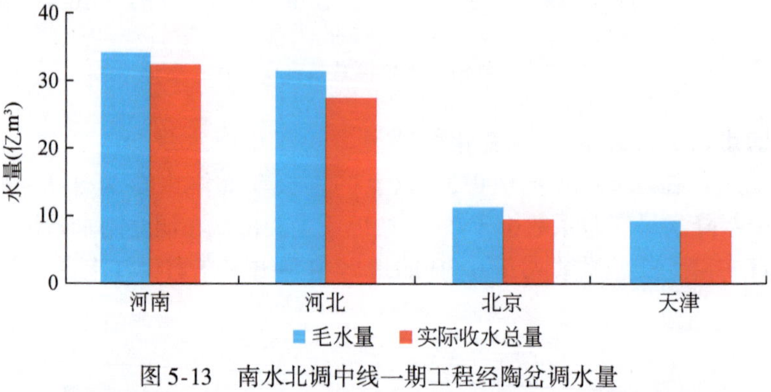

图5-13　南水北调中线一期工程经陶岔调水量

3. 水资源空间分布不均匀，分区水资源差异大

从水资源总量看（图 5-14），长江中上游的四川、云南、江西、湖南水资源总量最高，长江下游地区的上海、江苏、安徽等地水资源总量较少。人均水资源量呈现类似的分布格局，主要表现为水资源总量高，或者是人口规模较小的省市人均水资源量较大，而上海、江苏等水资源总量小、人口规模大的省市人均水资源量较小。总的看来，荆州以下的长江干流沿岸地区和洞庭湖、鄱阳湖、太湖、洪泽湖及周边地区水资源供给的保障条件最好。荆州以上的长江干流和汉江、赣江、湘江、乌江、岷江、大渡河等长江主要支流的干流沿岸地区的水资源也较为丰富。此外，滇东南地区地处横断山脉诸河下游，诸河径流较为丰富，水资源供给保障较好。川西高原地区、湘南-赣南地区及浙西南山区水资源利用条件较差，可利用水资源相对缺乏。

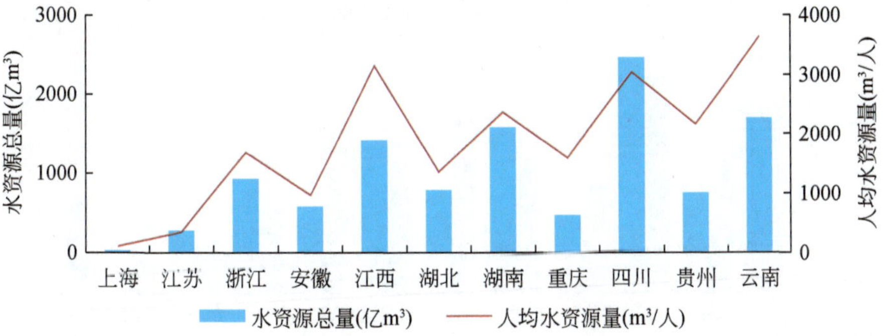

图 5-14　长江经济带九省二市水资源总量及人均水资源量（2013 年）

4. 用水需求骤增且供水不稳定性增加，供需矛盾加剧

近年来，长江流域用水量增长明显（图 5-15），2003～2013 年，长江经济带九省二市用水总量由 2176.2 亿 m³，增长到 2651.4 亿 m³，增幅 21.8%；长江经济带九省二市用水总量占全国比重由 40.9%，增长到 42.9%。2013 年长江经济带九省二市农业用水量为 1417.7 亿 m³，占全国比重为 53.5%；工业用水量为 855.6 亿 m³，占全国比重为 32.3%；生活用水量为 352 亿 m³，占全国比重为 13.3%；生态用水量为 26.1 亿 m³，占全国比重为 1.0%。长江经济带内，江苏用水总量最高，尤其是工业用水量。而人均用水量方面，长江中下游各省市仅浙江低于全国水平，其他省市皆高于全国水平，而长江上游各省市皆低于全国水平。而由前面可知，长江中下游各省市中除江西以外，其他省市普遍人均水资源量大幅低于长江上游地区，可见长江中下游地区用人均水资源需求量大，而供应量不足，供需矛盾突出（图 5-16）。

长江经济带地区虽然水资源丰富，但是总体开发利用程度不高。据 1990～2007 年同期平均水资源数量以及供用水数据，长江流域水资源开发利用率仅为 17.8%，低于全国平均水平。流域水资源开发的区域差异极为明显，开发利用程度最高的是太湖水系，开发利用率达到 82.0%；其次为汉江和洞庭湖水系，分别为 24.8% 和 15.7%；岷沱江、嘉陵江、乌江和鄱阳湖水系为 8%～15%；金沙江水系仅为 4.4%。长江流域水资源开发利用率小于 30% 时，河流健康状况为“健康”（雷静等，2010）。可见，总体上来看，长江流域水资源仍有较大的可开发利用空间，但部分区域，尤其是下游地区已经大大超

过了水资源开发开发利用的健康状态，已经达到“不健康”的水平。

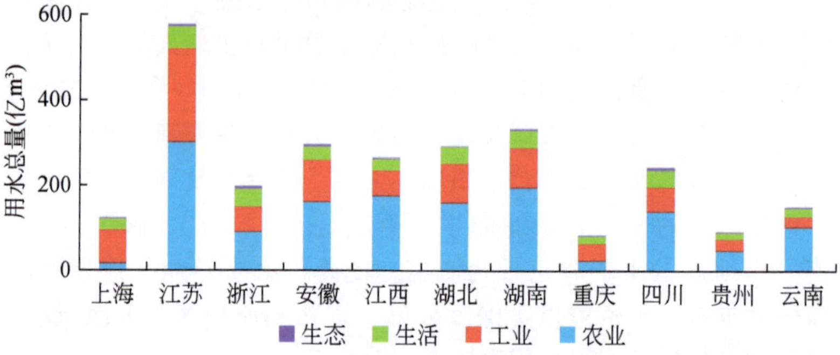

图 5-15 长江经济带九省二市用水总量及各类型用水量（2013 年）

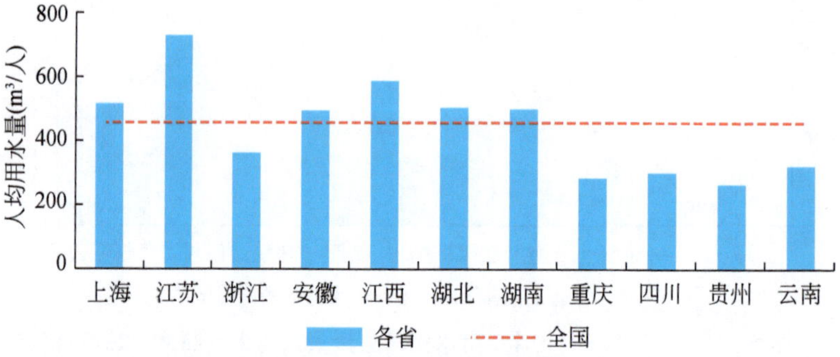

图 5-16 长江经济带九省二市人均用水量（2013 年）

长江经济带供水水源单一，地表水为主要供水水源，2013 年，长江经济带九省二市总供水量为 2651.4m^3，其中地表水为 2534.4m^3，占总供水量的 95.6%。其中，安徽省地下水供水量占比最高，为 12.8%。随着经济带开发建设进一步推进，对水资源的需求将进一步增大。由于经济带水资源利用方式总体还较为粗放、节水管理与节水技术还比较落后、用水效率不高等因素，加重了局部地区水资源供需矛盾。同时，随着全球气候变化，极端干旱事件发生的频率和范围可能增加，水资源安全保障存在着更多的不确定因素。此外，跨区域调水任务繁重，在南水北调、引江济太等大型水利工程实施后，长江经济带水资源供需问题将面临更大压力（杨桂山等，2011）。另外，水质型缺水问题加剧供需矛盾。随着经济带特别是中下游地区快速城镇化、工业化发展，许多支流与湖泊污染严重，水质恶化，使得许多城镇饮水水源受到水污染威胁。例如，2007 年无锡“水危机”事件，表明水质恶化对城市供水的威胁。总之，需求的增大、供给的不足共同加剧了长江经济带水资源的供需矛盾。

5. 水旱交替出现，区域性、季节性缺水现象频发

受全球气候变化导致极端气象事件频发和人类活动导致水资源调配出现问题等因素影响，长江流域水旱事件呈现交替发生的状况。近年来，虽然长江洪水得到相对有效的控制，但是区域性、季节性缺水现象呈现频率增加、程度加重的趋势。以 2011 年为例，当年 1～5 月，长江中下游地区遭遇罕见干旱，降水异常偏少，湖北、湖南、江西等 7 省

市降水为近60年以来同期最少。各地相继出现严重的旱情，长江中下游干流水位一度出现历史同期最低或接近历史同期最低。出现湖北千余座水库低于“死水位”、洪湖超七成养殖户绝收，江西鄱阳湖变身草原，浙江数十万人饮水困难，上海发生反季节咸潮等现象。以鄱阳湖为例，湖区以水灾为主，旱涝灾害频繁，其中洪涝灾害是鄱阳湖区长期以来的关注问题，1990～2000年，鄱阳湖水量较多，如1992年、1995年、1998年、1999年四年出现严重的洪水灾害。但是，自从2000年之后，鄱阳湖区频繁发生了一系列极端干旱事件，如2003年、2006～2007年、2009年的干旱事件等（刘元波等，2014）。而且2011年以后，枯水期提前、持续时间延长已成为鄱阳湖的常态，连续多年出现逼近枯水位的严重局面，极大地影响了当地居民的生产生活及生态安全，并造成了巨大的社会经济损失。

2013年长江流域降雨量偏少，长江干流水情基本平稳，但流域内部分地区暴雨频发，部分支流发生严重的洪水，长江中下游和西南地区有关省市发生了严重的夏伏干旱。2013年5～8月，“两湖”水系及诸多干流发生超警洪水。2013年6月之后，长江中下游和西南地区出现了历史罕见的持续高温少雨天气，持续时间长、范围广。浙江、贵州、湖南等省7月降水量均为1951年以来同期最少。可知，长江经济带水旱交替出现，区域性、季节性缺水现象频发是其水资源时空分布的重要特征。

二、水资源利用对策

1. 协调水资源开发与保护，优化水资源配置

最严格的水资源管理制度规定“三条红线”，第一条红线是水资源开发利用红线，严格实行用水总量控制；第二条红线是用水效率红线，坚决遏制用水浪费；第三条红线是水功能区限制纳污红线，严格控制入河排污总量。长江经济带（长江流域）水资源管理应严格执行“三条红线”，处理好水资源保护与开发的关系。既要持续提升长江对长江经济带经济社会发展的支持与保障能力，同时也要正视开发过程中对长江水资源的影响。

长江经济带（流域）水资源的开发必须根据人口、经济、资源、环境协调发展的原则，在区域上进行合理配置。应精心组织编制水资源保护规划，研究和处理好河流功能区划与水功能区划的关系，并进行长江流域生态环境敏感区保护研究和规划。对于局部地区的缺水问题，需要进行科学的需水预测和节水潜力分析，慎重使用大规模的引调水工程。积极改造和完善现有水利设施，逐步实现长江流域范围内水利工程联合调度运行，各地区应该积极制定应急水量分配方案和需求管理方案。合理安排流域生态环境用水，以维持生态系统平衡。加强长江流域重点区域水文、水资源和生态环境监测和科学研究，定期修改和完善流域水资源规划和水量分配方案（杨桂山等，2007）。

2. 推进水资源流域管理与区域管理协调，完善综合管理机制

加强流域管理与区域管理的协调。逐步健全和完善流域管理与区域管理相结合的管理体制，以利于充分发挥流域机构和地方水行政主管部门的作用，共同努力保护好长江的水资源。并处理好水资源管理与其他相关资源管理和综合管理部门的关系。水资源保护是一项综合性工作，需要努力探索建立多部门多层次的流域实现全流域涉水信息资源

共享，从而提高经济带水资源保护管理决策的支持与保障能力（洪一平，2005）。

当今全球范围的水危机中，由管理导致的成分要大于由水资源稀缺导致的成分，且我国未来“水资源管理度提高对水的利用率作用巨大”（陈西庆和陈进，2005）。应完善综合管理机制，设计出有利于长江水资源综合管理的行政体制。建议积极推进水资源综合管理的体制改革和制度创新，打破地区分割、部门分割，改变目前“多龙治水、各自为政”的局面，以流域水资源综合管理为核心，对现行水管体制进行制度创新。

3. 加强饮用水水源地保护，切实保障饮用水安全

加强水源自动监控能力建设，提高监测和管理水平，启动水源毒性预警监测，定期开展饮用水水源污染排查和整治，保障城乡饮用水水源水质安全。强化饮用水水源地环境监管，依法拆除或关闭饮用水水源一级保护区内已建成的与供水设施和保护水源无关的建设项目；依法拆除或关闭饮用水水源二级保护区内排放污染物的建设项目。制定城市饮用水水源污染应急预案，建立饮用水水源污染来源预警、水质安全应急处理和水厂应急处理“三位一体”的饮用水水源应急保障体系。

4. 提高水资源利用效率，建设节水型社会

长江经济带水资源可持续利用应按照“全面节水、有效保护”的原则，使节水工作贯穿于国民经济发展和生产生活的全过程；加大节水宣传力度，提高全民节水意识与参与意识；积极发展节水型产业，转变用水模式，提高用水效率，全民加强农业、工业与居民生活节水；采取综合措施、借鉴国际经验，加大对生活、生产污水的处理力度，注重再生水的利用，提高水的循环利用率和用水效率；完善节水法规建设，制定节水规划，强化用水定额管理和计划用水管理，加强对各水功能区和行政区水资源利用的总量控制，严格取水许可，健全用水效率控制红线。在长江经济带上中游地区，推广科学的农业灌溉方式，提高用水效率，以达到农业节水增产；下游地区应重点加强总量控制与污水排放总量的控制，提高水资源的重复利用率。完善经济带节水监管体系，全面推进节水型社会建设。

5. 提高水资源系统应对气候变化的适应性

气候变化对水资源影响和中国社会经济的发展需求导致的国家水安全问题和水危机十分紧迫。占中国人口95%和国土面积50%的东部季风区，其中接近90%区域的水资源处在较脆弱和脆弱状态。预计在未来，极端气候事件会变得更频繁，南涝北旱的格局会进一步加重，而水资源短缺也将在全国范围内持续，加剧水资源的脆弱性。以水质管理、水灾害管理、水资源生产率提高为特点的全社会节水、水管理体制与制度改革是应对气候变化、实施“国家-流域-地方-用水户”的适应性管理基本途径，也是破解长江经济带（长江流域）乃至中国水问题的核心与关键（夏军，2015）。

建议开发利用非传统水源，主要包括洪水（雨水）资源化、海水利用与污水资源化等手段。加强长江经济带水利工程设施建设。继续加强水库、河道堤防和分蓄滞洪区建设，提高抵御自然灾害的能力；科学规划，开辟水源，增强长江经济带整体供水能力；加强现有水利工程的维护、改造与升级，确保应对一系列潜在气候波动的适应能力，提高区域水资源对气候变化影响的适应性。

第五节　生态-经济-社会协调发展的生态文明建设战略

一、新背景与新要求

1. 经济发展新常态对长江经济带推动发展与保护的相互协调

近年来，我国逐渐步入经济发展新常态，其特征主要表现在九个方面：①从消费需求看，模仿型排浪式消费阶段基本结束，个性化、多样化消费渐成主流，保证产品质量安全、通过创新供给激活需求的重要性显著上升；②从投资需求看，传统产业相对饱和，但基础设施互联互通和一些新技术、新产品、新业态、新商业模式的投资机会大量涌现；③从出口和国际收支看，全球总需求不振，我国低成本比较优势也发生了转化，同时我国出口竞争优势依然存在，高水平引进来、大规模走出去正在同步发生；④从生产能力和产业组织方式看，传统产业供给能力大幅超出需求，新兴产业、服务业、小微企业作用更加凸显，生产小型化、智能化、专业化将成为产业组织新特征；⑤从生产要素相对优势看，要素的规模驱动力减弱，经济增长将更多依靠人力资本质量和技术进步；⑥从市场竞争特点看，过去主要是数量扩张和价格竞争，正逐步转向质量型、差异化为主的竞争；⑦从资源环境约束看，过去能源资源和生态环境空间相对较大，目前环境承载能力已经达到或接近上限；⑧从经济风险积累和化解看，经济增速回落导致各类隐性风险逐步显性化，化解以高杠杆和泡沫化为主要特征的各类风险将持续一段时间；⑨从资源配置模式和宏观调控方式看，全面刺激政策的边际效果明显递减。

经济发展的这些趋势说明，我国经济正在向形态更高级、分工更复杂、结构更合理的阶段演化，经济发展进入新常态，正从高速增长转向中高速增长，经济发展方式正从规模速度型粗放增长转向质量效率型集约增长，经济结构正从增量扩能为主转向调整存量、做优增量并存的深度调整，经济发展动力正从传统增长点转向新的增长点。长江经济带不可避免地面临着经济发展新常态带来的机遇和挑战。从生态环境保护和生态文明建设的角度出发，要求长江经济带在经济结构调整、产业转型转移的过程中更加注重与资源环境承载能力的有机协调、更加注重生态空间的保护和环境污染的治理，在新常态下探索人与自然和谐发展的新路径。

2. 国家生态文明战略要求长江经济带强化“生态文明建设先行示范带”的发展定位

2005 年，在中央人口资源环境工作座谈会上首次提出“生态文明”，指出要切实加强生态保护和建设工作，完善促进生态建设的法律和政策体系，制定全国生态保护规划，在全社会大力进行生态文明教育。2007 年，建设生态文明写进了党的“十七大”报告，并且提出要使“生态文明观念在全社会牢固树立”，生态文明建设已经上升为治国理政的重要战略组成部分。2012 年，党的十八大报告再次论及生态文明，并将其提升到与经济建设、政治建设、文化建设、社会建设并列的战略高度，构成中国特色社会主义事业“五位一体”的总体布局，是关系人民福祉、关乎民族未来的长远大计。

《国务院关于依托黄金水道推动长江经济带发展的指导意见》（国发〔2014〕39 号）对长江经济带的定位之一就是打造“生态文明建设的先行示范带”。这要求在经济带建设过程中，更加突出生态文明建设的重要性，从生态空间保护、环境污染治理等方面全面推进生态文明建设，使生态文明建设先行示范带的定位落到实处。

3. 国家及省市主体功能区规划明确了长江经济带开发与保护空间及其管制要求

主体功能区划是指在对不同区域的资源环境承载能力、现有开发密度和发展潜力等要素进行综合分析的基础上，以自然环境要素、社会经济发展水平、生态系统特征及人类活动形式的空间分异为依据，划分出具有某种特定主体功能的地域空间单元。主体功能区规划是我国第一次颁布实施的中长期国土开发总体规划，立足于构筑我国长远的、可持续的发展蓝图。涉及国家影响力和控制力的提升、人口和产业未来的集聚、生态和粮食安全格局的保障。主体功能区已经提升到国家战略的高度。从国家“十一五”规划提出：“将国土空间划分为优化开发、重点开发、限制开发和禁止开发四类主体功能区，按照主体功能定位调整完善区域政策和绩效评价，规范空间开发秩序，形成合理的空间开发结构”，到党的“十七大”提出了建立主体功能区布局的战略构想，首次把这个概念写入了党代会的政治报告，到国家“十一五”规划明确提出“实施主体功能区战略”。2013 年，在《中共中央关于全面深化改革若干重大问题的决定》中，进一步上升为“主体功能区制度”，成为全面深化改革的重大议题之一。

长江经济带涉及范围广，自然地理条件、生态环境本底和经济社会发展水平的区域差异极为明显，这就要求各地区坚持分类差异化管理的原则，立足各类主体功能定位，把握不同区域生态环境的特征、承载力及突出问题，提出有针对性的治理保护措施和重点方向，构建差异化的考核评价体系和责任追究机制，提高生态保护和环境管理的精细化、针对性。

4. “五化”协同发展要求推动长江经济带绿色低碳循环发展

党的十八大报告指出，坚持走中国特色新型工业化、信息化、城镇化、农业现代化道路，推动信息化和工业化深度融合、工业化和城镇化良性互动、城镇化和农业现代化相互协调，促进工业化、信息化、城镇化、农业现代化同步发展。2015 年初，《中共中央国务院关于加快推进生态文明建设的意见》通过，明确提出“绿色化”发展，“四化同步”变为“五化同步”。同时，国家大力突进新型城镇化建设，强化生态环境保护制度是新型城镇化的重要内容之一，旨在完善推动城镇化绿色循环低碳发展的体制机制，形成节约资源和保护环境的空间格局、产业结构、生产方式和生活方式。

“五化同步”和推进新型城镇化建设，要求长江经济带把生态文明理念全面融入城镇化进程，着力推进绿色发展、循环发展、低碳发展，完善推动城镇化绿色循环低碳发展的体制机制，着力改善城乡生态环境，形成节约资源和保护环境的空间格局、产业结构、生产方式和生活方式。

二、统筹推进生态文明建设的建议

立足于打造“生态文明建设的先行示范带”，推进生态产业提升、生态文化培育、生态社会创建和生态安全保障，形成生态、经济、社会和谐发展、持续发展、健康发展的新局面。

（一）构建生态产业体系

加快发展生态工业。把产业优化升级作为发展方式转变的关键举措，深化产业结构调整，优化工业结构，注重主导产业和传统优势产业的生态化发展，促进石化、化工、钢铁、有色金属、装备制造、建材、纺织等主导产业的生态化发展，引导石化、钢铁工业有序向沿海地区转移，推进化工企业入园进区，促进全产业链整体升级，提高企业集中度和产业集聚度。强化规划、总量、准入的联动机制，实施产能总量限制、能耗等量替代和污染物排放总量控制，加快淘汰落后产能，对排放严重超标的污染企业实施强制淘汰关停。限制发展生产能力严重过剩、工艺技术落后、原材料和能源消耗较高，不利于节约资源和保护生态环境等方面的产业和项目。凡属限制发展的产业和项目，原则上不准新建和简单扩大生产能力。

大力发展生态服务业。努力提升传统服务业生态化水平，大力发展绿色物流、现代金融、商务服务、科技服务等产业，推动服务业集聚式发展。积极培育新兴绿色服务业，重点发展软件及服务外包、文化创意、展览展示等产业。充分发挥大江、大湖、名山等自然资源和历史文化资源优势，打造休闲、观光、旅游、度假等为特色的生态旅游业体系。完善景区旅游配套和环保设施建设，加强旅游区污染控制，强化旅游资源保护与生态恢复。

积极发展生态农业。大力推行生态农业模式，重点推广物质循环利用型、林地复合经营型、稻田养殖型、水域立体养殖型等生态农业模式，促进农业废弃物循环利用和资源高效利用。实行清洁生产和末端治理相结合，控制种植业化肥、农药、农膜、秸秆污染，以及畜禽、水产养殖污染。加强农产品质量安全建设，围绕安全农产品基地建设，推进农产品安全标准化生产。大力开发各类农产品和农业废弃物深度加工领域，重点围绕稻米、小麦、蔬菜种植，以及生猪、肉鸡、肉鸭、水产等养殖业，延伸农业产业链，提高农业产业化水平。

（二）促进资源集约高效利用

加快转变资源利用方式，加强全过程节约管理，大幅降低能源、水、土地消耗强度，促进生产、流通、消费过程的减量化、再利用、资源化。控制能源消费总量，优化能源消费结构，提高非化石能源比重，严格用能管理，加快推行合同能源管理等节能新机制，突出抓好工业、建筑、交通运输和公共机构等重点领域节能。推进低碳交通运输体系建设，优先发展公共交通，推广新能源汽车、船舶等交通运输装备。组织实施绿色建筑行动，推动城镇新建建筑全面按一星及以上绿色建筑标准设计建造。按照“控制总量、严控增量、盘活存量”要求，实行最严格的节约集约用地制度。强化耕地和基本农田保护，重点保护江淮平原、鄱阳湖平原、洞庭湖平原、江汉平原、四川盆地等粮食主产区的优质耕地，稳步扩大高标准农田面积。严格控制建设用地总量和新增建设用地规模，充分盘活存量建设用地，统筹安排发展用地，提高土地利用效率。大力开展土地综合整治，加大农村田、水、路、林、村的综合整治和中低产田改造力度，加快闭坑矿山、采煤塌陷、挖损压占、砖瓦窑场等废弃土地的复垦。强化工业项目和建设用地向开发区集中、土地利用计划和用地指标向开发区倾斜的政策导向，优先支持重大项目、重大创新在投或高效益、高产出项目。深入开展用水总量管理，大力发展节水农业，加快高耗水企业节水技术改造，推动再生水回用和雨水利用，在全社会推广节水技术和高效节水产品，建设节水型城市和节水型社会。

（三）大力拓展污染减排空间

坚持源头控制、综合治理、多策并举，优先破解环境约束瓶颈，努力实现污染排放强度和总量“双下降”。建立和推行主要污染物总量指标预算管理制度，把预支增量、总减排量、控制排放量实行一体化约束性管理，增强污染减排的刚性和动力。着力向结构减排要空间，提高淘汰落后产能标准，完善落后产能退出，开展煤炭消费总量控制试点，增加区外电量输入和清洁能源、可再生能源比重，积极开展发电权交易，深入推进电力、化工、纺织、印染、造纸等重点行业专项整治。着力向工程减排要能力，加强城镇污水处理设施建设运营和提标升级，提高污水截流收集、再生水利用和污泥规范化处置能力，推进化肥农药减施、畜禽粪污无害化处理与资源化利用，全面实施电力、钢铁、建材等重点行业脱硫脱硝设施改造，积极开展机动车污染减排。着力向管理减排要效益，健全完善减排统计、监测和考核体系，全面推行排污许可证管理制度，对化学需氧量、氨氮、二氧化硫、氮氧化物、细颗粒物、重金属等主要污染物削减加大监管力度，实现单因子污染物逐项控制向多因子关联污染物协同控制转变，由点源治理向面上整体推进拓展。

（四）积极培育生态文化

依托地方深厚历史底蕴和文化资源优势，在传统文化中挖掘以尊重自然、节约资源、保护生态、美化环境为主体的生态文化理念，深刻揭示万物相联、包容共生，平衡相安、和谐共融，平等相宜、价值共享，永续相生、真善美圣的生态文化思想精髓，并加以承继和发展。以“国家卫生城市”“国家园林城市”“国家环保模范城市”“中国魅力城市”等为载体，深入推广武汉城市圈、长株潭城市群“两型社会”改革试验区和环鄱阳湖生态经济试验区经验，挖掘资源节约型与环境友好型社会建设的现代生态文化理念。按照“保护为主、抢救第一、合理利用、加强管理”的原则，加强对历史文化街区、古镇古村、古建筑等历史文化遗产的保护，强化对自然保护区、地质遗迹、森林公园、湿地公园等自然景观的建设管理，进一步彰显长江经济带生态文化特色，打造一批展览馆、博物馆、美术馆等高品质、有特色的生态文化载体。

（五）全力构建生态社会

积极推进生态人居建设，把生态宜居理念融入城镇化和城乡发展一体化全过程，努力走出一条集约、智能、绿色、低碳发展的新路子。加强城市宜居环境建设，全面改善村庄环境面貌，深入开展城乡环境综合整治。积极倡导生态生活，提倡绿色消费，倡导绿色办公，积极推行绿色采购，鼓励绿色出行。倡导垃圾减量化、无害化与资源化，普及对生活垃圾进行分级分类处理的观念。全方位贯彻生态文明教育，建立生态文化推广体系。丰富宣传生态文明形式，把生态文明纳入国民教育体系，把生态文明知识作为干部教育的基本内容，鼓励市民、企业改变生产生活方式，开展多形式生态文化活动，传播生态文化理念。

（六）加强生态安全保障

强化环境风险防控，强化饮用水安全保障，加大重点行业和区域重金属污染防治力度，加强危险废物产生和处置单位规范化整治，健全完善环境风险管理和应急救援体系。加大环境执法力度，建立工业污染源台账，推行排污许可证制度，加大污染物排放监督性监测和现场执法检查频次。建立健全生态安全动态监控与响应体系，结合现有的监控能力，重点监控外源输入要素、非生物要素、生物要素和经济社会活动影响。突出湿地和生物多样性的保护，逐步建立由国家级、省级、市级保护区组成的湖区多级保护体系，定期开展水生态安全评估工作，建立预警分级和警情发布机制。

第六节　若干重大典型问题的思考

一、长江上游地区生态环境问题：以三峡库区为例

（一）三峡库区生态承载能力不足，移民安置区面临较大生态风险

三峡水库淹没涉及湖北和重庆的 26 个县（市、区），移民人口达到 126 万人。移民涉及的大部分地区位于川鄂边境的大巴山南麓和鄂西山地，是我国著名的连片贫困区。三峡库区 1993～2008 年实际移民人口与 1994 年规划建房人口和 1999 年调整后规划建房人口都有较大缺口，除巫溪县和武隆县外，其他 24 个区（县）实际移民人数都大于 1994 年和 1999 年规划建房人口数，尤以库中的巫山县、奉节县、云阳县、开县和万州区最为突出。据统计资料表明，三峡库区 1995～2000 年粮食总产量和人均占有量分别为 732.1 万 t 和 372.3kg，2001～2008 年分别降至 650.8 万 t 和 324.2kg，淹没和移民导致库区粮食缺口增大，与环评阶段预期达到小康水平相去甚远（徐昔保，2010；Xu et al.，2013）。如果按原定全部就地后靠的方式解决农村移民问题，新环境不仅普遍存在土地质量差的问题，而且人均占有耕地一般在 0.8 亩以下，低于联合国提出的最低警戒线。

1998 年长江特大洪水后，国务院颁布了《全国生态环境建设规划》，对长江上游采取了“封山育林、退耕还林”措施。1999 年 5 月，国务院三峡工程建设委员会召开了移民外迁现场会，及时调整了农村移民政策，从过去强调“以土为本、就地后靠”为主，调整为“鼓励和引导更多农村移民外迁安置”。截至 2008 年底，东部沿海地区和长江流域的上海、山东、江苏、浙江、福建、广东、江西、安徽、湖南、湖北、四川 11 个省市，以及重庆市和湖北省的非移民区县，接收三峡库区约 20 万农村移民，使得三峡库区人地关系紧张的矛盾得到部分缓解。尽管如此，三峡库区的人口密度还是由 1985 年的 274.5 人/km^2，上升到 2003 年末的 342.77 人/km^2，为全国平均水平的 2.5 倍。目前，虽然原先规划的移民任务已较圆满地完成，仍有约 20 万农村人口生活在土地质量和生

态条件较差的环境中，亟须进行生态移民，其中重庆市库区15万人，湖北省库区5万人（梁福庆，2007）。库区就地后靠移民的安稳与致富也是后三峡时代面临的重大问题之一，据水利部编制的《三峡工程后续工作总体规划》，拟投入约1700亿元解决三峡工程遗留问题，其中绝大部分将用于库区移民安稳与致富。三峡库区地少人多、山高坡陡、生态系统脆弱，是库区生态承载能力严重不足的主要根源所在（徐昔保，2010；Xu et al.，2013）。

（二）库区水华暴发的风险增高

环评阶段认为三峡建坝将导致库区水体流速降低，紊动扩散能力减弱，近岸局部区域污染物浓度会有所增加，对氮、磷、钾营养物质的拦蓄及干支流局部流速的降低，使库湾及支流的回水区有发生富营养化的可能性（中国科学院环境评价部和长江水资源保护科学研究所，1996）。三峡水库蓄水前，长江干流及其上游支流很少出现水华现象。蓄水后，入库支流和库湾水域的水体各方面理化性质发生了很大变化，形成了一些新的、非常不稳定的生境，造成水体营养负荷过重，水体流速减缓，水华暴发的风险增高。自2003年6月首次在三峡库湾与支流回水区发现“水华”以来，“水华”问题已成为三峡水库水环境的突出问题。

从2003～2010年三峡库区6个干流断面和流域面积大于100km^{2}的38条一级支流的水环境监测数据表明（图5-17、图5-18）：库区干流水质总体较好，蓄水后无显著下降，但面临水质下降的较大压力，现状各断面水质以Ⅲ类水质为主，原先以Ⅱ类水质为主的状况已经改变，个别年份出现Ⅳ类水；库区支流水质总体下降趋势明显，Ⅱ类和Ⅲ类水质断面数量分别从2003年的56%和33%减少到2008年的14%和29%，而Ⅳ类水质断面迅速增加，从2003年的11%增长到2008年的43%；局部水域在2008年后某些时段甚至出现Ⅴ类或劣Ⅴ类水质；自蓄水以来，三峡水库支流“水华”严重程度和发生频率均呈增加趋势，库区支流重富营养化的比重从2007年的16%上升到2010年的34%，“水华”发生频率从2003年的3次增加到2010年的26次；水华优势种以隐藻、硅藻、

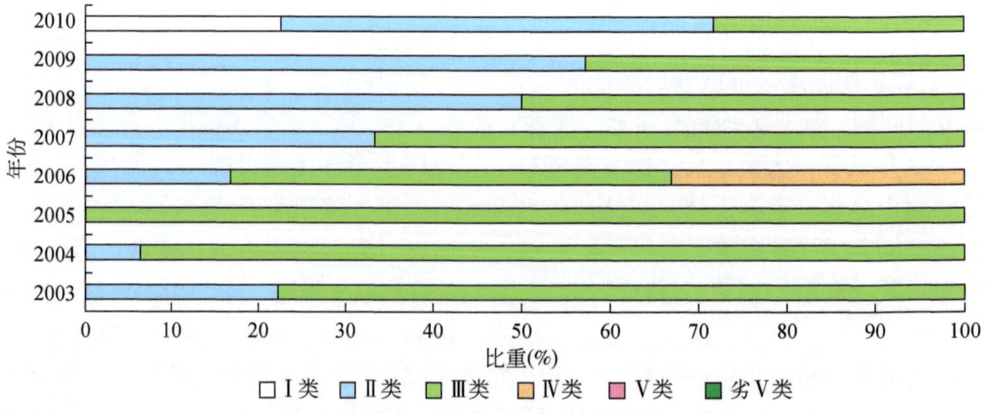

图5-17　长江干流2003～2010年水质变化趋势

资料来源：xu et al.，2013。

甲藻、绿藻和蓝藻等为主，水华发生范围将呈扩大趋势，发生时间趋于集中，由135m蓄水运行下的3～7月向175m蓄水运行下的3～4月集中，“水华”优势种趋于多样化，库区支流富营养化问题突出（杨桂山等，2009；Xu et al.，2013）。

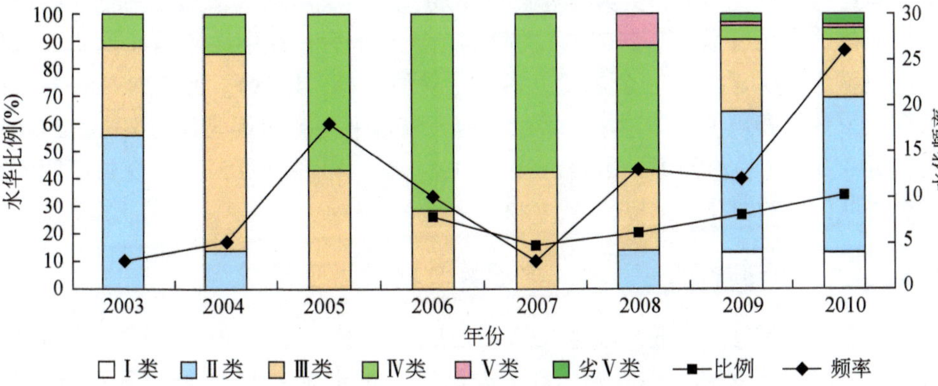

图5-18　长江支流2003～2010年水质变化及水华爆发频率

资料来源：Xu et al.，2013。

影响三峡水库水质的污染物主要来自三峡库区及上游地区排放的工业废水、生活污水、垃圾以及面源污染和船舶等流动污染源。三峡库区水环境恶化趋势主要受以下几个方面影响：①尽管国家投入巨资进行三峡库区水污染防治，但由于三峡水库除了受库区的污染物排放影响外，还承接长江上游的巨大污染来源，污染物入库状况在短期内没有得到根本改善；②蓄水运行改变了库区水文情势，降低了三峡库区水体流速和紊动扩散能力，建坝后水库对氮、磷、钾营养物质有一定的拦蓄作用，库湾和支流回水区呈现湖泊动力学特征，不利于污染物的扩散，是诱发库区支流“水华”发生的直接原因（杨桂山等，2009）；③移民后加大三峡库区土地的开发强度，加剧了库区面源污染，农业用地氮磷盈余从2000年开始呈明显上升趋势（Xu et al.，2010）。因此，需加大三峡库区污染综合防治力度，削减污染排放量，尤其是农业面源污染和工业点源污染排放，加强库区水环境监测研究，提高水环境污染治理水平和应急能力。

（三）三峡库区特有鱼类与“四大家鱼”面临较大威胁

三峡枢纽运行致使水库水位在135～175m反季节涨落，大部分土著种类的种群生长节律被打乱，水生生物群落将会发生较为显著的种类演替。三峡水库蓄水运行后，三斗坪以上约600km长的江段形成河谷型水库，水深增大，流速减缓，泥沙沉积，饵料生物组成改变，水域生态与环境发生显著变化，将不再适合大部分特有鱼类生存，使库区特有鱼类和“四大家鱼”面临较严峻的威胁。

长江流域分布有378种鱼类，居全国各水系之首，其中149种是特有物种，长江上游特有种类有124种（He et al.，2010）。三峡水库蓄水后，库区江段由原来的流水环境转变为缓流和静水环境，显著改变了库区鱼类群落结构，不适宜特有鱼类繁殖和栖息，特有鱼类种类和数量明显减少，某些物种已由优势种变为偶见种，库区的特有鱼类群落发生显著变化。

2003 年三峡工程蓄水后库区特有鱼类减少至 23 种，减少了 51.1%。据蓄水前 2001 和 2002 年宜昌早期资源调查，宜都断面采到的四大家鱼鱼苗主要来自其上游 96～430km 的江段内，主要来自三峡大坝以上和重庆以下江段的 5 个产卵场。三峡蓄水运行后，干流四大家鱼产卵场退化显著，尤其是库区产卵场，长江上游四大家鱼上溯至库区以上的干流形成新的产卵场（姜伟，2009）。同时，三峡蓄水后长江中游宜昌江段四大家鱼的繁殖时间较蓄水前明显推迟（余志堂，1985；易伯鲁等，1988）。此外，三峡蓄水后长江中游四大家鱼产卵规模显著减小，蓄水后四大家鱼平均产卵规模仅为 20 世纪 60 年代产卵规模的 3.0%（易伯鲁等，1988），仅为 1981 年产卵规模的 21.8%（长江四大家鱼产卵场调查队，1982）。

（四）坝下河道冲刷超预期，中下游河段崩岸险情增加

三峡工程坝下宜昌至大通河段全长约 1123km，流经湖北、湖南、江西、安徽四省。境内有清江、汉江等支流和洞庭湖、鄱阳湖两大湖泊水系入汇，荆江河段南岸有松滋口、太平口、藕池口和调弦口（已于 1959 年建闸控制）分流入洞庭湖，洞庭湖又集湘、资、沅、澧四水于城陵矶汇入长江，鄱阳湖承纳赣江、抚河、信江、饶河、修河五河及博阳河、漳河、潼河之来水，经调蓄后由湖口注入长江。三峡工程建成后，水库将拦截大量泥沙，清水下泄，下泄江水泥沙含量下降导致坝下河道挟沙能力增强，目前坝下河道冲刷的速度和范围远大于环评预期（Xu et al.，2013）。

三峡工程围堰蓄水期监测数据表明，三峡水库运行后，宜昌至九江河段从总体上由以往的接近冲淤平衡转变为冲刷为主，平滩河槽总冲刷量为 4.99 亿 m^3，近似年均冲刷量 1.25 亿 m^3，年均冲刷强度为 14 万 m^3/km；冲刷的数量和强度，较建库前多年平均冲刷值大，也超出了以往数学模型计算的预估值；从强度看，宜昌至枝城河段冲刷强度最大；从数量看，荆江河段是主要冲刷河段，全河段的年均冲刷量远大于三峡工程蓄水之前（三峡工程泥沙专家组，2008）。

从三峡工程蓄水运行初期看，三峡工程对坝下河道冲刷影响高于环评阶段预期，主要受以下几个方面影响：①三峡水库拦截泥沙、下泄“清水”、下游河道水流冲刷能力增强；②近年来长江上游来沙偏少，进入宜昌以下河道的年均沙量仅为建坝前多年平均值的 13%，为原预测值的 42%；③沿河大量的河道采砂也起到扩大断面的作用，相当于河床“冲刷”（Xu et al.，2013）。

在河道冲刷过程中，部分护岸段的近岸河床明显冲深，水下岸坡变陡，进而引发崩岸险情。自从 2003 年一期蓄水开始，长江中下游河段崩岸险情屡有发生，如 2006 年 2 月 22 日长江干堤岳阳段部分河段发生严重崩岸险情，其中华容县天字一号、君山区的洪水港、张家墩等几处河段崩岸尤为突出，崩岸最严重的长达 600m，严重威胁长江干堤安全（杨桂山等，2009）。目前，荆江河段已成崩岸重灾区，2003～2007 年共发生 124 次崩岸，总计长达 31.7 km，远高于蓄水前（2001～2003 年）的 19 次崩岸（总计约 10 km）。同时，在长江下游河段也出现崩岸，如 2003～2009 年安徽省沿江河段发生 76 次崩岸，长达 418 km（Xu et al.，2013）。因此，亟须加强三峡工程蓄水运行对坝下冲刷及其引发的崩岸险情的监控预警和工程整治，稳定河势，加固堤防。

（五）地质灾害威胁长期存在

三峡库区重庆-奉节江段以宽谷为主，间有窄谷或峡谷，两岸低山丘陵起伏，广泛分布中新生代碎屑岩和泥岩；奉节-宜昌间以峡谷为主，两岸山势险陡，间有宽谷或窄谷。区内降雨充沛，多暴雨。这些因素为地质灾害提供了充分的发育条件。环评阶段认为三峡地区有一定的中强地震活动背景，具有震源浅的特点。区域及坝址地壳稳定性较好。在仙女山和九湾溪断裂一带（距坝址约18km）存在诱发地震的可能，震级Ms在5.0～5.8级。对坝址所受影响地震烈度为Ⅵ度，不会对按烈度Ⅶ度设防的枢纽主要建筑物构成直接威胁（Xu et al.，2013）。

2003年三峡水库蓄水后，库区发生地震的频次显著增大，从2002年的61次增加到2008年的2121次，但仍在正常范围之内，呈高频次低烈度多成因地震活动性特征，最大震级未超出预测范围，未突破正常态势（表5-7）（Xu et al.，2013）。30m的水位变动将对沿岸跨线滑坡施加静、动水压力，容易导致水库诱发型滑坡。调查表明，库区跨线崩滑体约800个，其危险性值得关注，2003年135m一期蓄水诱发4719次滑坡，水库蓄水后将产生大范围的库岸再造，不稳定库段长度达500km。

表5-7　三峡库区1996～2009年地震频率与震级

年份	频率	震级（ML）				
		0.0≤ML<0.9	1.0≤ML<1.9	2.0≤ML<2.9	3.0≤ML<3.9	4.0≤ML<4.9
1996	173		125	41	7	
1997	93		63	24	5	1
1998	94		80	14		
1999	38		17	19	2	
2000	40			37	2	1
2001	56			52	3	1
2002	61			57	4	
2003	541	287	220	33	1	
2004	1062	625	378c	56	3	
2005	905	431	405	67	2	
2006	1019	510	448	57	4	
2007	1402	551	751	96	4	
2008	2121	1112	889	105	14	1
2009	1964	1144	721	92	7	
2003～2009年平均	1287.7	665.7	572.3	72.3	5	0.14
1959～2003年平均	28.5	13.4	13.8	1.1	0.1	0.05

资料来源：Xu et al.，2013。

国家防治三峡库区地质灾害的工作已取得了显著成效，已投入超过40亿元进行专项治理，从2001－2008年完成对2400多处滑坡和崩塌的治理与监控。但是，由于三峡库区独特的地质环境和水库水位变动、库岸再造、大规模的移民建设等工程因素，特别是在滑坡的治理中，人工加固的护坡有些地段经过水浸泡后，形成崩塌。随着三峡水库 175m 水位正常运行，库区仍有可能引发新的滑坡和崩塌。因此，库区的地质灾害威胁将长期存在，需强化库区地质灾害防治，建立完善的监测预警系统和应急机制。

二、长江中游江湖关系与水资源调配：兼论鄱阳湖水利枢纽工程

（一）江湖关系与水资源调配存在的问题

1. 江湖分割日趋严重

长江中下游地区特别是长江中游地区湖泊密集，历史上均与长江自然连通，形成了自然的江湖复合生态系统，在维系江湖水生生态系统稳定和生物多样性等方面发挥着重要作用。近几十年来，大规模围垦、修堤和修坝等不合理人类活动与江湖关系自然演变过程相叠加，导致长江中下游绝大部分湖泊失去了与长江的水力联系。湖泊阻隔在一定历史时期对稳定湖泊水位、减轻湖区防洪压力、控制湖区血吸虫疾病和改善湖泊围垦养殖条件等起到了重要作用。但是，江湖阻隔的负面影响越来越凸现，湖泊水流不畅、淤积严重、面积萎缩，湖泊环境净化功能不断退化，调蓄洪水能力下降，加剧湖泊水质恶化、沼泽化和富营养化；同时，江湖间水生生物联系被人为阻断，导致湖泊鱼类、水生植物及底栖动物种类和数量明显减少，一些珍稀濒危水生物种和多种江湖洄游性鱼类趋于消失，天然鱼类等水生生物资源衰退，生物物种多样性下降。

长江中下游是我国湖泊分布最密集的区域之一，尤其是大型浅水湖泊广布，历史上，这些湖泊大多与长江自然连通，发挥着正常的洪水调蓄和生物多样性维持等生态功能。随着湖泊泥沙淤积或沼泽化发展，一些湖泊与长江联系减弱，但丰水期仍然保持自然相通，20 世纪 50 年代以来，人为修闸建堤等水利工程建设和围垦活动加剧，使得长江中下游绝大多数湖泊成为阻隔湖泊，目前仅有洞庭湖、鄱阳湖和石臼湖三个湖泊自然通江（表 5-8）（杨桂山等，2010）。

表 5-8　长江中下游部分面积大于 $10km^2$ 湖泊阻隔状况

湖泊名称	阻隔年份	阻隔原因	湖泊名称	阻隔年份	阻隔原因
东湖	1930	围垦	网湖	1975	建堤
采桑胡	1958	围垦与建堤	赤湖	1963	建堤
太白湖	1742	建堤	赛湖	1983	建堤
大通湖	1951	围垦与建堤	军山湖		建闸
黄盖湖	1959	建堤	武昌湖	1959	建闸
洪湖	1955	建堤	黄大湖	1950	建闸
西凉湖	1935	建闸	升金湖	1962	建闸

续表

湖泊名称	阻隔年份	阻隔原因	湖泊名称	阻隔年份	阻隔原因
梁子湖	1956	建闸	菜子湖		建闸
涨渡湖	1964	建闸	巢湖		建闸
大冶湖	1970	建闸	固城湖		建闸

资料来源：王苏民和窦鸿身，1998；杨桂山等，2010。

2. 湖泊面积急剧萎缩

近几十年来，受人多地少和对湖泊功能认识不足等因素影响，导致湖泊被大量不合理围垦，造成湖泊面积急剧萎缩。据不完全统计，20世纪40年代末以来，长江大通以上中下游地区有1/3以上的湖泊面积被围垦，围垦总面积超过13 000 km^2，这一数字约相当于目前五大淡水湖面积总和的1.3倍，因围垦而消亡的湖泊达1000余个。大通水文站以上长江中游地区的湖泊面积由50年代初的17 198km^2，减少到现不足6600 km^2，约2/3的湖泊因围垦而消失，其中，洞庭湖因围垦，湖泊面积已由中华人民共和国成立初期的4350km^2急剧缩小至2625km^2；鄱阳湖面积也由1949年的5200km^2减少到目前的2933km^2。号称“千湖之省”的湖北省，在50年代末共计有湖泊1066个，至80年代初剩约309个，目前面积大于1km^2湖泊仅剩181个，大于10km^2的湖泊仅剩44个（不包括长江干流人工改道形成的水域）（图5-19）（杨桂山等，2010）。

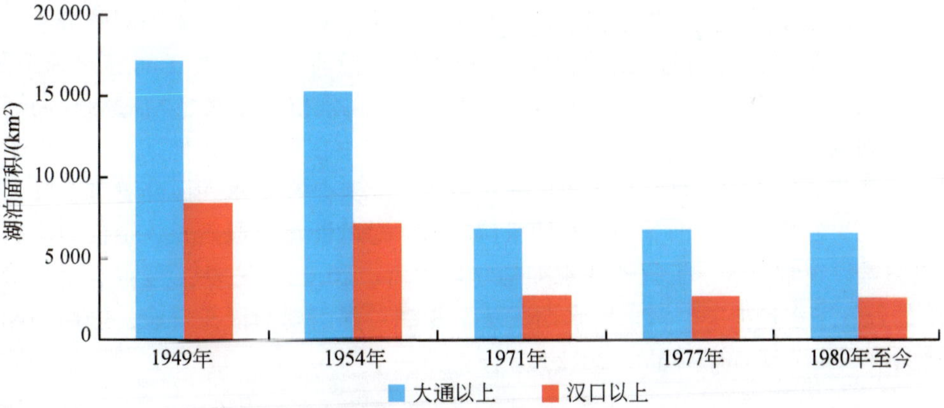

图5-19　长江中游地区1949年以来湖泊面积变化

资料来源：杨桂山等，2010。

20世纪50年代末以来，长江中游地区因围垦和淤积而消失的湖泊达97个，损失的湖泊面积超过542km^2。湖泊水面萎缩损失面积更大，大部分湖泊面积萎缩率超过30%，有些湖泊甚至达70%以上，江汉湖群面积由50年代的8303.7km^2下降到90年代的3210.2 km^2，约减少了62.2%，蓄洪能力下降了80%。

3. 跨区域调水影响

长江经济带跨区域调水是水资源的重要关注点，而其中最主要的是南水北调工程。从提出“南水北调”的设想后，经过几十年的研究，形成了南水北调的总体布局即南水北调西线工程、南水北调中线工程和南水北调东线工程，分别从长江上中下游调水，以适应西北、华北各地的发展需要。

南水北调工程在带来经济效益的同时，也不可避免的带有一定的负面影响，其中对生态环境带来的不良影响和后果就是一个重要的方面。南水北调工程对生态环境的负面影响主要体现在调水区和输水区。南水北调工程最突出的生态问题主要有两个方面，首先是水质问题，即“南水北调”还是“污水北调”的问题；其次是对长江河口的影响（高丽和王继涛，2008）。

中线工程的环境影响主要涉及丹江口水库库区、汉江中下游地区及输水和用水区。根据长江流域水资源保护局的研究，经长系列调度，2020 水平年丹江口水库大坝加高后，水库内各断面水质将符合Ⅱ类标准；若不加高大坝，引水渠首断面水质为Ⅲ类；若对入库点面源污染适当控制，即可符合Ⅱ类标准。大坝加高后，库面扩大，有利于渔业发展，水库中浮游生物种类组成不会发生明显变化，但总量会显著增加，对“四大家鱼”和其他漂流性鱼类产卵场有较大影响（刘昌明，2002）。

4. 三峡工程影响

三峡工程具有防洪、发电和航运等多种效益，特别是对抗御荆江地区的洪水灾害具有重大作用。作为年内调节水库，三峡水库在年际平均上不改变长江总的入海输水径流量，但对长江中下游长江干流的年内径流分配将产生显著影响，体现在蓄水期间坦化洪峰，改变洪枯水的流量过程，进而影响坝下江湖水生生物栖息与繁衍，并且三峡水库清水下泄造成的坝下河床冲衍演变对堤防安全构成威胁（杨桂山等，2009）。

三峡水库运用后，造成坝下河道冲刷和水位下降，对洞庭湖和鄱阳湖的分流分沙等产生了一定的影响，特别是枯水期两湖水资源供需矛盾日趋尖锐（胡春宏和王延贵，2014）。三峡工程建成运行初期（2003～2008 年），在水位与水量上均对洞庭湖湖区水资源开发利用产生了一定的不利影响，且影响主要集中在荆南三口地区，一方面荆江分流的持续减小导致该地区可利用水资源逐年减少，尤其是在枯水期面临着季节性的资源型缺水；而另一方面三口河系在枯水期水位降低，总的断流时段延长，也使得已有的引提水设施难以正常取水，工程性缺水加剧（段凯等，2012）。三峡工程蓄水运行造成平均 5% 的长江来水量损失，汛末蓄水期减缓了长江对鄱阳湖的顶托效应，进而加剧了鄱阳湖秋季的旱情（Zhang et al.，2012）。

（二）关于鄱阳湖水利工程建设的思考

鄱阳湖水利枢纽设计位于江西省九江市庐山区长岭与湖口县屏峰之间，若建成将是鄱阳湖上第一座大型水电站，也是世界上最大的大流量、径流式发电，以及集航运、灌溉、水产养殖等功能于一体的水利枢纽之一。

1. 工程提出与概况

早在 20 世纪初，孙中山先生就提出为连通赣粤水路航运而在鄱阳湖建坝的构想，但受时局影响未能成行。中华人民共和国成立初期，时任江西省政府主席的邵式平也提出在鄱阳湖建坝，旨在挡长江洪水倒灌。1979～1984 年，着眼于抵御 1954 年规模洪水，江西省水利规划设计院对湖控工程开展全面研究，并于 20 世纪 80 年代中期形成了《人工湖控综合报告》，但工程建设未进入实质阶段。1998 年长江流域特大洪水后，江西师范大学提出以满足长江及鄱阳湖区防洪调度需要为主，非汛期则考虑湖区生态环境建设需要的湖控方案。随后在 2002 年全国“两会”上，江西省 40 位全国人大代表提交了《关于要求开展鄱阳湖控制工程项目建议书加快立项进程的建议》的“一号议案”，因其生态影响、工程成本等而广受各方争议，长期未进入实质推进阶段。2008 年初，江西省委、省政府提出建设鄱阳湖生态经济区重大战略决策，江西省水利厅随即提出建设“鄱阳湖水利枢纽”，把鄱阳湖建闸思路，由此前的“调枯控洪”改为“调枯畅洪”，即鄱阳湖水利枢纽建成，采取“调枯不调洪”运行方式，汛期保持江湖相通，发挥鄱阳湖分洪作用，在枯水期则放闸蓄水。2008 年年底，江西省成立了专门的推进工作小组，鄱阳湖水利枢纽工程开始了新一轮的推动。2009 年 12 月 12 日，国务院正式批复的《鄱阳湖生态经济区规划》，指出要“重点研究、适时推进鄱阳湖水利枢纽工程建设”。

随后，鄱阳湖水利枢纽工程建设进入加速推进期。2010 年 1 月 6 日，江西省鄱阳湖水利枢纽建设办公室揭牌，这是一个专门负责鄱阳湖水利枢纽工程立项、建设和管理的工作机构。同年 1 月 19 日，江西省委、省政府邀请国内著名科研机构的有关专家领衔承担鄱阳湖水利枢纽防洪、泥沙、候鸟等“六大研究课题”，标志着鄱阳湖水利枢纽工程相关研究工作全面启动，并于 2011 年 1 月 6 日在北京举行鄱阳湖水利枢纽“六大课题”研究成果评审会，并通过了专家组的验收。但受到各方面争议较大因素影响，鄱阳湖水利工程枢纽建设仍未正式启动。

2. 工程建设可能带来的利与弊

1）工程建设可能带来的利。工程建设方认为，工程建设主要的益处在于水资源的调节与利用方面，并进而推动物种资源和生物多样性保护，具有十分明显的经济效益、社会效益和生态效益。具体来讲，主要体现为十个方面：一是有利于改善鄱阳湖枯水期水质，可增强鄱阳湖枯水季节水体的稀释降解能力，使得总体水质变得更好；二是有利于稳定湿地面积，保护越冬候鸟及水生珍稀动物，对生物多样性产生积极影响；三是可减少湖区钉螺洲滩面积 72% 以上，有巨大的血防效益；四是将大大改善沿湖圩区的灌溉水源条件，全面改善农业生产条件，可增加湖区有效灌溉面积 300 万亩、扩种双季稻 50 万亩提供灌溉水源，增产粮食 15 亿 kg 以上；五是枯水期湖水位将有一定的抬高，使沿湖城市、乡镇用水更方便，解决环湖地区饮水困难的星子、都昌、鄱阳、永修等县级城市及沿湖乡镇的饮水安全问题；六是航运效益，可改善湖区航道条件，新增湖区三级航道 200km 以上；七是水产养殖效益，可使鄱阳湖多年平均新增浅层水面 290 万亩，是发展水产养殖的良好场所；八是旅游效益，为发展湖区旅游事业、开发利用沿湖地区矿产资源等创造了条件；九是水能利用效益，可利用鄱阳湖水系丰富的径流资源和本工程内湖、外江的水位差发电。

2）工程建设可能带来的弊。即工程建设是影响工程是否能够顺利推进的主要因素。多年来，就工程建设可能带来的负面影响，专家学者、民间社会等关注的焦点主要集中在以下几个方面。

第一，影响河湖关系。江西境内赣江、抚河、信江、饶河、修河五大水系均汇聚到鄱阳湖，经调蓄后由湖口注入长江，约占长江流域面积的 9%。每年 7 ~ 9 月长江主汛期来临时，鄱阳湖成为长江的一个蓄滞洪区，接受江水倒灌，堪称长江的天然调节器。工程建设可能会影响这个天然调节器作用的发挥，威胁长江中下游防洪安全。另外，干旱季节减少下泄水量，将导致长江下游水位持续下降，进一步恶化三峡工程建设带来的不利影响，导致下游河岸冲刷更为严重、河道水量进一步减少、海水倒灌更为明显。

针对这一问题，工程支持方认为，采用合理的运行调度方式，鄱阳湖水利枢纽工程建设不仅可以基本解决湖区枯水期缺水问题，而且可以在一定程度上补偿三峡及以上水库蓄水期对长江下游的影响。同时，鄱阳湖水利枢纽工程基于“调枯不控洪”的运行方式，对长江下游及湖区防洪影响较小。

第二，影响生态安全和环境质量。鄱阳湖不仅为当地生态系统及候鸟提供了不可或缺的生态服务功能，而且对于长江中下游包括河口区生态功能的维护具有举足轻重的作用。从水文动态来讲，该工程无论是最初的“建坝发电”方案还是修改后的“建闸”方案，其核心影响都是控水工程将改变湖区原有的水文动态过程，使鄱阳湖在冬季依旧能保持较高水位。正如持续的低水位对鄱阳湖的生态带来影响一样，持续的高水位同样会因为淹没期的延长及地下水位的上升，对湿地植物生长造成影响，改变越冬水鸟赖以生存的栖息地环境。从工程带来的河湖分割来讲，工程建设将导致江湖洄游、河海洄游性鱼类在鄱阳湖与长江之间季节性受阻，其进入湖区育肥的机会减少，同时间接影响涉水鸟类的饵料鱼供应，工程项目将可能使长江江豚迁移通道受阻，与长江中其他种群的基因交流隔断，使长江江豚种群面临更大的危机。即使在规划方案中提及为鱼类和长江江豚设计了通道，但据世界自然基金会（World Wide Fund for Nature，WWF）了解，这些通道能够让“鱼类和江豚可以自由通过”的结论并没有经过科学论证。

同时，工程将有可能对鄱阳湖水质带来威胁。工程闸门关闭时，鄱阳湖形成封闭水体，成为静水环境，纳污能力大大下降。如果江西省的排污总量不降低，鄱阳湖在枯水季节发生类似于太湖蓝藻暴发事件的风险极大。虽然鄱阳湖可以通过丰水季节换水将这些污染物下泄，但其存留湖泊期间对湖泊带来了新的生态威胁。这将与鄱阳湖生态经济区确保“一湖清水”的目标相悖。

针对以上问题，工程支持方认为，工程建设可能导致的枯水期水面面积过大而影响野生动植物生境质量，可以通过工程的调度措施来实现对水位和水面面积的控制。另外，工程虽然有可能导致鱼类江湖交流减少，珍稀水生生物资源可能进一步衰退，但湖区经济鱼类总产量增加。通过修建过鱼设施、实施鱼类增殖放流等措施，能在一定程度上缓解工程对珍惜鱼类的不利影响。

3. 工程推进的相关建议

目前，关于是否进行鄱阳湖水利工程建设，各方仍然存在较大的争议。面对此种问题，充分参考三峡工程建设带来的各种影响，建议对鄱阳湖水利工程建设进行更为科学深入的研究。研究内容主要包括两个方面：其一，工程建不建、何时建的问题。从目前面临的形势，以及未来新的发展需求出发，什么时候开工建设鄱阳湖水利工程？其二，工程谁来建、谁来管的问题。作为长江干流仅剩的两大通江湖泊之一，鄱阳湖水利工程的建设势必影响当前的江湖关系，同时工程本身不仅仅是江西省的事情，应该是具有全国意义的重大工程。因此，是否可以参考三峡工程的建设和管理方式，由国务院成立相关部门，全权负责工程的前期研究、中期建设和后期管理。该部门中，不仅要涉及发展和改革委员会、水利部、环境保护等各部门，还要包括长江沿江各个省份。

三、长江下游产业发展与污染源控制：以太湖流域为例

太湖流域地处长江下游，流域面积为36 900km^2，约占全国国土面积的0.38%。太湖流域涉及上海、江苏、浙江、安徽一市三省，除安徽省境内零星分布的山地外，流域涉及38个县、市、区，行政范围跨上海市、江苏省和浙江省。太湖流域河湖水系密布，以平原为主，历来是我国重要的工农业基地。改革开放以来，流域经济社会发展迅速，成为我国城镇化、工业化水平最高的地区之一。经济社会发展与生态环境息息相关，产业的发展水平、发展模式、空间分布等都在一定程度上影响着污染物的排放量和排放强度，进而影响区域生态环境质量。

1. 产业发展与污染源控制面临问题

快速的工业化和城市化进程在推动经济社会发展取得巨大成就的同时，也带动太湖流域土地利用格局剧烈变化，对太湖及其流域的生态环境产生较大影响。

1）产业规模大、密度高，工业化程度高。太湖流域地区面积在全国相对较小，但是经济发达，是长三角地区的经济核心区。2014年，太湖流域地区生产总值达到60 786亿元，是2005年的2.74倍，占全国比重为10.74%，略低于2005年的占比。从经济密度看，太湖流域每平方公里土地面积的产出为1.67亿元，是全国平均水平的28倍。同时，太湖流域是我国最大的综合工业基地之一，工业生产技术和装备有很好的基础，除上海、南京、杭州等城市服务业比重超过工业之外，其余地市仍以工业为主，处于工业化中期向后期过渡的阶段。2013年，太湖流域工业增加值达到25 403亿元，是2005年的2.27倍，占全国工业总增加值的12.06%，高于地区生产总值占全国的比重。

2）资源消耗量大，污染物排放量维持高位。受此经济总量大、工业经济发达等因素影响，太湖流域土地资源、水资源、能源等消耗量巨大。土地开发利用程度高，很多地区已经接近土地开发强度的上限。以苏南地区为例，2003～2013年，苏南五市建设用地从5545.6km^{2}增加至7774.2km^2，占全市陆域面积的39.5%，高于大伦敦、大巴黎、东京圈等国际大都市区。水资源消耗量巨大，开发利用程度超过80%，远高于长江流域其他地区。能源消耗量居高不下，2013年苏州市规模以上工业企业能源消耗量达到8246万t标准煤，其中工业用电1030亿kW·h，是2005年的2.13倍。污染物排放维持高位，以苏锡常为例，2013年化学需氧量、氨氮排放量、二氧化硫、氮氧化物、烟（粉）尘的排放量分别为16.29万t、2.51万t、28.56万t、49.09万t、15.44万t，其中水体污染物排放量（化学需氧量、氨氮）占全省的比重在15%左右，大气污染物（二氧化硫、氮氧化物、烟（粉）尘）的比重则高达30%（图5-20）。

3）沿江、沿湖、沿路地区重污染行业集中分布。从太湖流域各县市区的GDP分布看，上海、南京、杭州等是该地区经济最为发达的城市，其次为沿沪宁线城市，尤其是苏锡常的市区。同时，沿江地区的江阴、张家港、常熟等县市及包括吴江、宜兴、湖州市区在内的沿湖地区产业经济也较为发达。其中，沿江、沿湖和沿路地区也是重污染行业集中分布的地区。对太湖流域内工业废水污染物排放情况的多项统计资料显示（杨桂

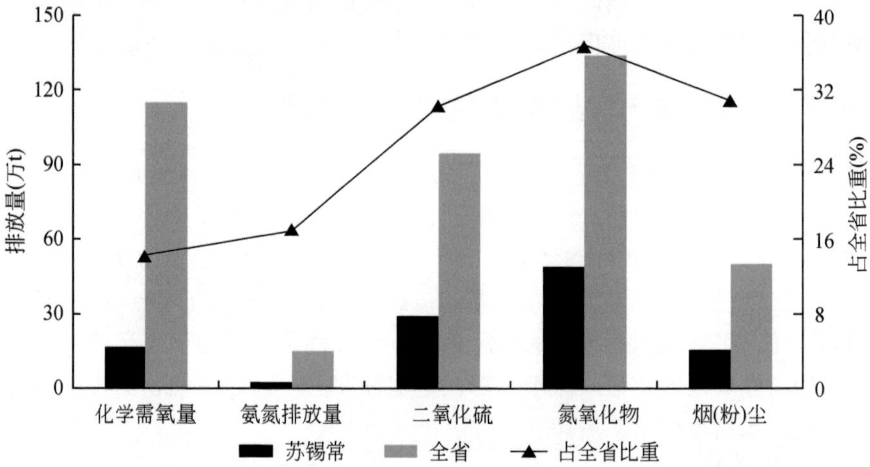

图 5-20　2013 年苏锡常主要污染物排放量及占全省比重

山等, 2011)，各行业中，纺织、化工、机械电子、冶金、造纸是主要的废水排放行业，尤其是纺织行业废水排放量及化学需氧量（chemical oxygen demand，COD）排放量居各行业排放量之首。对于纺织产业，产值较大的地区主要是常州、江阴、杭州市区等地，原来纺织业发达的苏州、无锡、上海等地比重开始逐渐下降。金属冶炼产业仍以上海的规模最大，其次是张家港、无锡、江阴等地区，石油化工业则以沿江及沿沪宁线的城市发展规模较大，尤其是上海、常州以及江阴地区。造纸行业则主要以分布在上海、苏州、杭州等市区，其中濒临太湖的苏州地区造纸行业规模较大，在一定程度上对太湖水环境造成了较大威胁。以无锡市区为例，污染密集型企业从北塘、南长、崇安等中心城区逐渐往郊区转移，主要分布在惠山区、新区及锡山区的南部地区，尤其是沿沪宁线和靠近太湖的区域。其中，造纸业主要分布于锡山区的南部和东南部以及新山区的东南部，石油化工业主要分布于惠山区、新区东南部，冶金业主要分布于惠山区的南部、距离市中心的距离较近（高爽等, 2011）。另外，沿江地区也是污染性企业，尤其是化工、钢铁、电力等企业的密集分布区域。随着近年来沿湖、沿沪宁线地区产业转型升级步伐的加快，污染性企业有向沿江地区集中的趋势。

4）环境问题日益突出，未得到明显改善。水体污染严重，2010 年太湖水质总体评价仍处于劣 V 类，其中西北湖区水质较差，东部湖区水质相对较好，在空间分布上呈现由北向南、由西向东水质逐渐变好的状态。太湖蓝藻水华爆发范围仍然较大，2010 年除东太湖和东部沿岸区外，各湖区具有不同程度的蓝藻水华发生；蓝藻水华持续时间较差，12 月份气候明显下降后仍有较大面积水华存在（太湖管理局, 2013）。太湖流域大气煤烟、粉尘等复合大气污染长期存在，大气质量不断恶化。城市灰霾严重，苏州、杭嘉湖灰霾天数年均超过 100 天。酸雨发生频率居高不下，酸度不断下降，2012 年，除镇江外，其余城市全部属于酸雨控制区，酸雨 pH 平均值为 4. 88，比 2007 年下降了 0. 4。

2. 基于水环境保护的产业结构优化策略

在水环境保护的要求下，产业调整需要从产业内部行业机构调整、空间布局优化、发展方式转变和监管机制完善等方面重点加强（杨桂山等, 2011）。

1）加快产业结构调整，加快发展清洁型产业。立足太湖流域现有的高新技术产业基础和丰富的科技人才要素支撑，从产业调整角度来减少太湖流域水环境的污染量。加大有效投入，增强创新力度，积极推进战略性新兴产业，实现产业转型。同时改造落后的生产设备，减少不必要的废水产生，促进传统产业中的纺织服装、化工、钢铁冶金、食品加工等产业的调整升级，向产业附加值高的环节延伸。

稳定水稻种植业，保持水稻种植面积和产量的稳定，针对太湖流域内部水网发达的特点，发挥水田生态安全净化功能，降低高肥料需求的作物比重，减少使用农药化肥，减轻农业面源污染。推进高标准和设施化常年蔬菜基地建设，发展安全高档果蔬业，加快发展名优茶叶、设施蔬菜及食用菌菇等产业。优化调整养殖业生产规模和种类，鼓励扶持发展优质和特色肉禽工程，减少饲料依赖型养殖方式，不断提升畜禽产品质量。

针对现有服务业不断提升的现状和未来发展的主导趋势，着力提升现代服务业的比重，更加重视提升技术研发功能和综合服务功能，积极发展现代物流、金融商务、服务外包等新兴知识含量高、经济效益好、环境污染少的行业，结合水环境保护要求，加快形成新兴产业基地、自主创新基地等，推进节能环保型服务业发展。

按照环境容量和资源环境承载能力调整产业布局。根据太湖流域环境保护的目标和要求，划定不同等级保护范围，分区进行产业空间的优化调整。规划工业园区内的建设发展，改变工业企业分散、无序和小而全的传统经营模式，引导和推动企业合理、有序地向园区集中。结合区域资源环境承载能力、产业基础和发展优势，同时完善园区内部污水处理厂、热点联供等高效能公共设施，促进优势产业、关联企业和相关保障要素之间的相互协调，形成若干主导产业明确、关联产业集聚、资源设施共享、污染治理集中、废物循环利用的工业集中发展区。

围绕特色农业产业，加快建设若干集中连片、设施精良、高产高效的种植基地、养殖小区，积极建设一批具有太湖流域特色的生态农产品生产基地。针对城市居民渴望回归自然和享受田园乐趣的心理，拓展农业生态休闲观光功能，加大投入，加强引导，逐步成为具有水域特色的农业休闲观光基地。减少围网养殖面积，推行小区化、生态化的水产清洁养殖方式。

2）推进产业绿色化发展，推行清洁生产和循环经济。着力构建节约生产、清洁生产、循环生产、低碳生产的新型生产方式，以资源能源消耗高、污染物排放量大的行业为重点，组织编制清洁生产技术推行方案，加快推进重点行业、重点企业实施清洁生产。

督促流域内企业树立减少污染物产出和排放的责任观念，重点推行企业清洁生产，加强节能工作，提高能源利用效率。对重点用水企业实施定额管理，推动高耗水、高废水排放企业节约用水，鼓励雨水收集，建设节水型企业。以各产业的国际、国内先进水平为目标，积极推进太湖流域节能、节水、节地、降耗、减污、增效活动，从源头控制高能耗、高污染项目建设，减少废物的产生，实现由末端治理向污染防治和生产全过程控制转变。

提高太湖流域“三废”综合回收利用率，提高纺织、电力、冶金、石化等废弃物产生量大的重点行业资源循环利用水平。抓好一批综合回收利用企业，促进可再生资源和工业废弃物综合利用。推广一批先进适用的资源循环利用产品与技术，促进资源持续利用和环境保护新兴行业发展，重点抓好废旧家用电器与废旧电子产品、废旧农膜和包装物等废弃资源的回收利用，推广工业用水重复利用、中水回用等技术。

优先发展和推广循环农业技术与模式、投入高效利用技术、精确农业生产技术、绿色和有机农业生产体系、双水系分离式零排放农业水循环工程。重点研究和推行人工水体零排放养殖技术体系、水体种养循环农业生产系统，严格控制水产养殖对水环境的污染，采用分区禁养或限养的方式，最大限度地保障流域内的生态环境。

3）强化监管，严格把控总量和空间准入门槛。参照江苏省太湖流域产业结构调整指导要求，提高太湖流域内尤其是太湖周围及河网附近地区的产业监管力度。坚持严格的环境准入标准，以环境影响评价为手段，对违反产业政策和环保要求的项目坚决拒批，对于区域环境容量、排污总量不能达到平衡的建设项目一律不批，禁止新建有污染的化工项目，严格控制高污染、高耗能项目。优先为符合区域污染减排总量指标控制要求和环境准入条件的入驻项目配置环境总量指标。

对重点地区、重点行业和领域进行实地监测，对重点污染源实施监督性监测和自动在线实时监测。按照太湖流域水污染治理的有关规定，实施更加严格的污染物排放标准，对照主要污染物排放削减目标，抓好重点行业、重点企业的节能减排，采取改造提升、兼并重组、跨行业转移、直接关闭等形式，淘汰落后产能，为结构调整、产业升级腾出空间。

加强生态特色农产品的开发和监管，抬高农业基地种养门槛，摒弃传统的粗放式经营管理方式，扩大原生态基地和绿色农产品的生产规模，提高绿色食品、有机食品、无公害食品认证的品牌农产品的种植比重。

参考文献

安徽省发展和改革委员会 . 2006. 安徽沿江地区区域规划研究报告 . 南京：中国科学院南京地理与湖泊研究所 .

北京市南水北调工程建设委员会办公室 . 2014. 南水北调中线调水水量分配 . http：//www. bjnsbd. gov. cn/tabid/69/InfoID/ 1889/Default. aspx［2014-01-13］.

长江“四大家鱼”产卵场调查队 . 1982. 葛洲坝水利枢纽工程截流后长江“四大家鱼”产卵场调查 . 水产学报，(4)：287-305.

长江水利委员会 . 2014. 2013 年长江流域及西南诸河水资源公报 . 武汉：长江出版社 .

长江水利委员会长江科学院，中国科学院测量与地球物理研究所，中国水产科学研究院长江水产研究所 . 2006. 长江中游江湖联系综合评价及闸口生态调度对策总报告 .

陈欢，陈雯，曹有挥，等 . 2015. 江苏苏中 3 市的沿江岸线资源开发利用变化及驱动因素 . 长江流域资源与环境，24（5）：711-718.

陈家宽，李博，吴千红 . 1997. 长江流域的生物多样性及其与经济协调发展的对策生物多样性 . 5（3）：217-219.

陈西庆，陈进 . 2005. 长江流域的水资源配置与水资源综合管理 . 长江流域资源与环境，14（2）：163-167.

段凯，肖伟华，梅亚东，等 . 2012. 大型水利工程对洞庭湖区水资源开发利用的影响 . 长江流域资源与环境，21（11）：1389-1394.

高丽，王继涛.2008. 南水北调工程对生态环境的影响综述. 水利科技与经济，14（2）：131-133.
高爽，魏也华，陈雯，等.2011. 发达地区制造业集聚和水污染的空间关联：以无锡市区为例. 地理研究，30（5）：902-912.
郭海晋，王政祥，邹宁.2008. 长江流域水资源概述. 人民长江，39（17）：3-6.
洪一平.2005. 长江水资源保护面临的挑战及对策. 水利水电快报，26（14）：5-7.
胡春宏，王延贵.2014. 三峡工程运行后泥沙问题与江湖关系变化. 长江科学院院报，31（5）：107-116.
环境保护部.2013. 中国环境状况公报［EB/OL］. http：//jcs. mep. gov. cn/hjzl/zkgb/20132kgb.［2014-6-6］.
江苏省人民政府.2006. 江苏省沿江开发总体规划. http：//www. jiangsu. gov. cn/jsgov/sx/shengxs/nanjings/201212/t20121218_ 309179. html［2006-10-31］.
姜伟.2009. 长江上游珍稀特有鱼类国家级自然保护区干流江段鱼类早期资源研究. 武汉：中国科学院水生生物研究所博士学位论文.
雷静，张琳，黄站峰.2007. 长江流域水资源开发利用率初步研究. 人民长江，41（3）：11-14.
梁福庆.2007. 三峡工程库区生态移民规划研究. 中国科技论坛，10：29-32.
刘昌明.2014. 南水北调工程对生态环境的影响. 海河水利，（1）：1-6.
刘元波，赵晓松，吴桂平.2014. 近十年鄱阳湖区极端干旱事件频发现象成因初析. 长江流域资源与环境，23（1）：131-138.
罗彬.2010. 合理利用长江岸线资源的思考. 中国港口，（4）：46-48.
民进上海市委会.2011.2007 年调研课题：长江流域沿江重化工业布局存在的问题及其对策. http：//www. shmj. org. cn/node809/node827/node829/userobject1ai1730012. html.
三峡工程泥沙专家组.2008. 长江三峡工程围堰蓄水期（2003-2006 年）水文泥沙观测简要成果. 北京：中国水利水电出版社.
太湖流域管理局. 2010. 太湖健康报告［EB/OL］. http：//www. tba. gov. cn//tba/content/TBA/lygb/thjkzkbg/0000000000000932. html.［2013-4-3］.
王传胜.1999. 长江中下游岸线资源的保护与利用. 资源科学，21（6）：66-69.
王传胜.2002. 长江中下游岸线资源的特征及其开发利用. 地理学报，57（6）：639-700.
王建忠.2012. 长江流域防护林生态系统服务功能评估与宏观调控技术研究. 武汉：华中农业大学硕士学位论文.
王苏民，窦鸿身.1998. 中国湖泊志. 北京：科学出版社.
夏军，石卫，雒新萍，等.2015. 气候变化下水资源脆弱性的适应性管理新认识. 水科学进展，26（2）：279-286.
徐昔保.2010. 三峡移民对库区陆地生态系统服务影响研究. 南京：中国科学院南京地理与湖泊研究所博士后出站报告.
杨桂山，翁立达，李利峰.2007. 长江保护与发展报告（2007）. 武汉：长江出版社.
杨桂山，马超群，常思勇.2009. 长江保护与发展报告（2009）. 武汉：长江出版社.
杨桂山，马荣华，张路，等.2010. 中国湖泊现状及面临的重大问题与保护策略. 湖泊科学，22（6）：799-810.
杨桂山，朱春全，蒋志刚.2011. 长江保护与发展报告（2011）. 武汉：长江出版社.
杨桂山，徐昔保，李平星.2015. 长江经济带绿色生态廊道建设研究. 地理科学进展，34（11）：1356-1367.
易伯鲁，余志堂，梁秩燊，等.1988. 葛洲坝水利枢纽与长江“四大家鱼”. 武汉：湖北科学技术出版社.

余志堂，周春生，邓中粦，等．1985. 葛洲坝水利枢纽截流后的长江家鱼产卵场．鱼类学论文集，(4)：11.

中国工程院三峡工程阶段性评估项目组．2010. 三峡工程阶段性评估报告．北京：科学出版社．

中国科学院环境评价部，长江水资源保护科学研究所．1996. 长江三峡水利枢纽环境影响报告书（简写本）．北京：科学出版社．

Duan X, Liu S, Huang M, et al. 2009. Changes in abundance of larvae of the four domestic Chinese carps in the middle reach of the Yangtze River, China, before and after closing of the Three Gorges Dam. Environmental Biology of Fishes, 86 (1): 13-22.

Fu B J, Wu B F, Lu Y H, et al. 2010. Three Gorges Project: Efforts and challenges for the environment. Progress in Physical Geography, 34 (6): 741-754.

He Y, Wang J, Lek-Ang S, et al. 2010. Predicting assemblages and species richness of endemic fish in the upper Yangtze River. Science of the Total Environment, 408: 4211-4220.

Heggelund G. 2006. Resettlement programmes and environmental capacity in the Three Gorges Dam Project. Development and Change, 37 (1): 179-199.

Xu X B, Tan Y, Yang G S, et al. 2011a. Three Gorges Project: Effects of resettlement on nutrient balance of the agroecosystems in the reservoir area. Journal of Environmental Planning and Management, 54 (4): 517-537.

Xu X B, Tan Y, Yang G S, et al. 2011b. Soil erosion in the Three Gorges Reservoir Area. Soil Research, 49: 212-222.

Xu X B, Tan Y, Yang G S. 2013. Environmental impact assessments of the Three Gorges Project in China: Issues and interventions. Earth-Science Reviews, 124: 115-125.

Xu X B, Yan T, Chen S, et al. 2014. Changing patterns and determinants of natural capital in the Yangtze River Delta of China 2000–2010. Science of the Total Environment, 466-467: 326-337.

Zhang Q, Li L, Wang Y G, et al. 2012. Has the Three-Gorges Dam made the Poyang Lake wetlands wetter and drier? Geophysical Research Letters, 39: 1-7.

第 六 章

Chapter 6

长江经济带建设和发展的体制机制保障

第一节 长江经济带开发管理的历史与现状分析

一、长江经济带的开发与规划

长江经济带横跨全国的核心区位，气候温暖湿润，水土和矿产资源丰富，自古以来一直是民族兴盛的依托地区，特别是宋代以后，成为中国经济的中心。鸦片战争爆发以后，随着外国工商业资本的入侵，以及“洋务运动”和“维新运动”的发展，引进了西方科学技术，使长江经济带成为我国近代工业的发祥地。中华人民共和国成立以后，各级政府对长江经济带的开发与建设进行了持续的探索，从局部到全流域的整体开发、从单项的水利水资源利用到流域综合治理，从产业发展建设到生态环境保护，均出台了众多的规划政策。

长期以来，由于长江防涝抗洪的巨大压力，水利部门是我国长江流域最具影响力的管理机构，也是相关总体规划的主要编制主体，在组织长江流域的防洪抗旱和水利发展、编制涉水综合规划等方面起到重要作用。为了解决长江洪水的隐患，20 世纪 50 年代初国务院长江水利委员会正式在武汉成立，主导兴建了荆江分洪工程。50 年代末，国务院决定全面开展长江流域规划，以长江水利委员会为基础成立了长江流域规划办公室（1988 年又改名为长江水利委员会，为水利部派出机构），通过了《关于三峡水利枢纽和长江流域规划的意见》。据此，长江流域规划办公室向国务院提出了《长江流域综合利用规划要点报告》，这是长江经济带最早的一个全流域规划文件，其提出了以长江防洪为重点的建设规划方案。90 年代，长江水利委员会修订补充了《长江流域综合利用规划简要报告》，提出了对整个流域的综合治理与开发规划方案，包括长江流域水资源综合评价、流域防洪治理、水电梯级开发布局、水系航运、流域灌溉、水土保持和河道整治等方面，这是长江经济带最早的综合性规划方案，三峡工程也是该规划的一个重要内容。为适应新的经济发展环境和生态环境保护的要求，2005 年长江水利委员会开始了新一轮的《长江流域综合利用规划》的编制工作，提出了“统一规划、全面发展、适当分工、分期进行”的基本规划建设原则，以及“防洪减灾、水资源综合利用、水资源与水生态环境保护、流域综合管理”的四大建设体系（图 6-1）。

除了水利部门的水资源开发、利用和保护等相关规划编制工作，长江流域发展也是我国空间规划编制的主要内容。例如，在 20 世纪 80 年代编写的《全国国土规划纲要》中，陆大道院士就提出将沿海经济带和长江经济带作为国家一级经济带进行建设，也就是著名的“T”字形空间结构战略。该规划纲要虽然最后没有成为国家正式规划，但是“T”字形结构的理论已经得到了广泛认可，这对长江经济带建设提供了理论基础。1992 年，国务院召开了“长江三角洲及长江沿江地区经济规划会议”，并提出了“以上海浦东为龙头进一步开放沿江城市”的决策，将长江流域城市置于国家对外开放的前沿地区。此外，国家“八五”计划的长江产业带研究项目对长江产业带建设思路、目标、重点、布局和步骤进行了科学论证。虽然也没有形成规划方案，但相关成果经媒体报道后，有力地促进了国内外投资在长江经济带沿江城市的集聚，自此长江经济带发展进入了历史上发展最快的时期。进入 21 世纪以来，随着全球化进程的不断深入，许多国家都把提高国际竞争力作为重要的发展目标，将区域开放尺度作为经济组织和参与对外竞争的最重要单元，并部署相应的空间发展战略。同样，我国也将区域发展置于前所未有的重要地位，编制了众多的区域规划。“十一五”时期，在国家层面颁布了《全国主体功能区规划》，这对我国空间发展起到了深远的影响。根据该规划，长江三角洲地区是我国三大国家级优化开发区之一，包括 40 个县域单元，占全国国家级优化开发区县域单元数的 30%；长江经济带重点开发区有 318 个县域，占全国重点开发区县域单元数的 43%，农产品主产区有 285 个县域，占全国农产品主产区县域单元数的 38%。

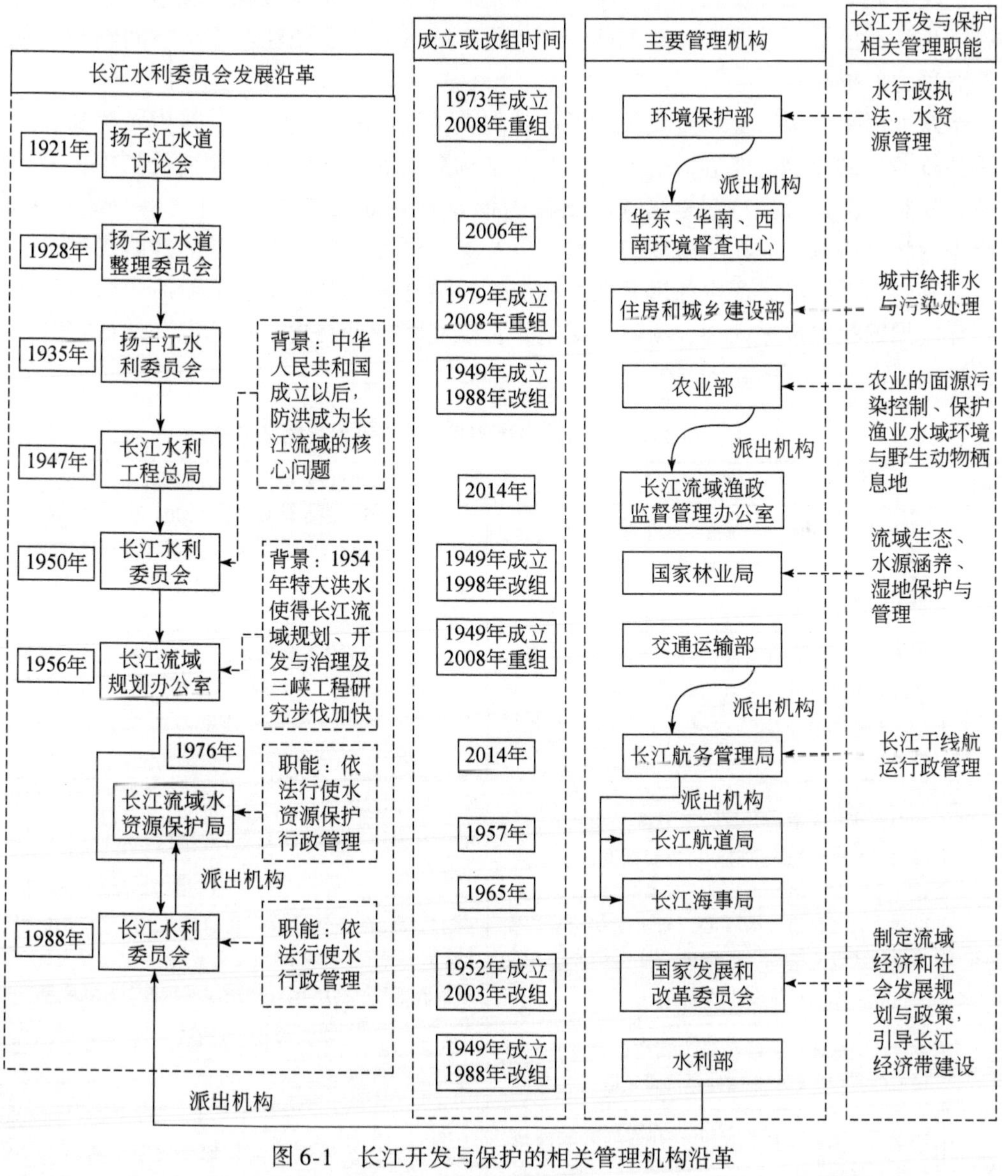

图 6-1　长江开发与保护的相关管理机构沿革

此外，至国务院长江经济带发展战略出台之前，各省市从本区域经济发展需要出发，围绕产业结构优化与转移、岸线资源开发利用及城市群组织、经济与生态环境协调发展等内容编制了众多的沿江发展规划，如《江苏沿江开发总体规划》《安徽皖江城市带承接产业转移示范区规划》《江西九江研究开发总体规划》《湖北长江经济带开放开发总体规划》（表6-1）。另外，也有些区域发展规划，如《长江三角洲地区区域规划》《江苏沿海规划》《苏南现代化建设示范区规划》《鄱阳湖生态经济区规划》，以及武汉城市圈、长株潭城市群、成渝城市群等地的综合改革试验区规划，上升为国家级的空间发展战略（表6-2）。这些长江分段研究和规划虽然对当地经济发展有一定的促进作用，但缺少长江经济带整体发展目标和空间组织的规划与政策。由于缺乏系统性的发展政策，以及有效的区域合作和协调机制，地方发展规划和战略又有相互竞争的趋势，这就加剧了长江经济带区域政策的地方性、碎片化，严重影响了长江经济带空间结构优化和整体竞争力的提高。

十八大以来，国家更加重视长江经济带的整体发展和协调发展，努力发挥长江上中下游各段各自的优势，促进科技创新、产业结构升级和产业转移，加快长江中上游地区改革开放和经济发展。特别是国务院出台的指导意见将长江经济带作为一个政策区域，置于国内区域协调发展和陆海双向开放，以及参与国际竞争与合作等的战略高度进行建设，对其未来发展势必产生深远意义。相应地，沿江大部分省市也都纷纷出台落实国务院指导意见的相关推进计划、项目和措施，长江经济带发展战略在国家和地区宏观政策方面进入了前所未有的高潮。

表6-1　2000年以来长江经济带省市沿江开发战略及措施

省市	沿江发展战略目标	重点沿江规划、国家示范区和新区建设
江苏	国际制造业基地，走新型工业化道路的先行区，长江流域对外开放的重要门户，缩小江苏南北差距的传导纽带	《江苏省沿江开发总体规划》（2004年）；《江苏省沿江发展总体规划》（2011年）；《苏南现代化建设示范区规划》（2013年）；《南京江北新区总体规划》（2015年）
安徽	加速融入以长三角为核心的“东向开发战略”，使沿江城市群成为全省跨越式发展的龙头、对外开放的门户、长江流域重要的新型工业化基地	《安徽省沿江开发总体规划》（2005年）；《皖江城市带承接产业转移示范区规划》（2010年）；《皖江城市带承接产业转移示范区开发园区发展规划纲要》（2011年）
江西	大力实施九江沿江开发，努力将九江建成为长江沿岸和中部地区重要经济中心城市	《江西省人民政府关于进一步推进九江沿江开放开发的若干意见》（2012年）；《鄱阳湖生态经济区规划》（2009年）
湖北	以建设武汉城市圈为核心，加快新一轮沿江交通设施建设为基础，以促进沿江特色产业发展为重点，加快打造沿江经济带	《湖北长江经济带开放开发总体规划》（2010年）；“全国资源节约型和环境友好型社会建设综合配套改革试验区”（2007年）；“武汉城市圈”（2008年）
湖南	以沿江、沿路产业经济带为支撑，建设长株潭城市群，打造新的全国性经济增长极	“全国资源节约型和环境友好型社会建设综合配套改革试验区”（2007年）
重庆	建设长江上游地区经济中心和内陆开放高地，长江上游航运中心、商贸物流中心、金融中心、信息中心	重庆“全国统筹城乡综合配套改革试验区”（2010年）；“重庆两江新区”（2010年）

续表

省市	沿江发展战略目标	重点沿江规划、国家示范区和新区建设
四川	建成国家重要的清洁能源基地、战略资源创新开发示范区，全省重要的特色农产品深加工基地、阳光休闲度假旅游目的地、南向开放合作窗口及长江上游重要生态屏障区	《四川省金沙江下游沿江经济带发展规划》（2012年）；成都“全国统筹城乡综合配套改革试验区”（2010年）；“四川天府新区”（2014年）

表 6-2　2000 年以来国务院批准的长江经济带跨省区区域规划

名称	发展战略
《长江三角洲区域规划》（2010年）	亚太地区重要的国际门户，全球重要的现代服务业和先进制造业中心，具有较强国际竞争力的世界级城市群
《成渝经济区区域规划》（2011年）	西部地区重要的经济中心，全国重要的现代产业基地，深化内陆开放的试验区，统筹城乡发展的示范区，长江上游生态安全的保障区
《长江中游城市群发展规划》（2015年）	中国经济新增长极，中西部新型城镇化先行区，内陆开放合作示范区，“两型”社会建设引领区

表 6-3　国务院关于长江经济带的指导意见及相关省市的实施意见

	颁布时间	名称	战略目标
国务院	2014年9月12日	《国务院关于依托黄金水道推动长江经济带发展的指导意见》	具有全球影响力的内河经济带 东、中、西互动合作的协调发展带 沿海沿江沿边全面推进的对内对外开放带 生态文明建设的先行示范带
四川	2014年11月11日	《四川省人民政府贯彻国务院关于依托黄金水道推动长江经济带发展指导意见的实施意见》	推动长江经济带发展的战略腹地和重要增长极 促进长江经济带与丝绸之路经济带联动发展的战略纽带和重要依托 保障国家安全和维护民族团结的战略前沿和生态屏障
重庆	2014年12月18日	《贯彻落实国家“一带一路”战略和建设长江经济带的实施意见》	西部开发开放战略支撑能力大幅提升 长江经济带西部中心枢纽全面建成 长江上游重要生态屏障加快形成
安徽	2015年4月13日	《安徽省人民政府关于贯彻国家依托黄金水道推动长江经济带发展战略的实施意见》	长江三角洲世界级城市群的新兴增长极 全国重要的自主创新示范区和先进制造业基地 内陆对外开放的新高地 长江流域生态文明建设先行区
湖南	2015年5月8日	《湖南省人民政府关于依托黄金水道推动长江经济带发展的实施意见》	内陆开放引领区 转型升级创新区 城乡统筹示范区 生态建设先行区

续表

	颁布时间	名称	战略目标
江西	2015年4月24日	《江西省人民政府贯彻国务院关于依托黄金水道推动长江经济带发展指导意见的实施意见》	长江经济带的重要战略支撑 内陆沿江开放合作的新高地 全国生态文明建设的先行示范区
湖北	2015年5月29日	《湖北省人民政府关于国家长江经济带发展战略的实施意见》	承东启西、连南接北的“祖国立交桥” 长江中游核心增长极 内陆开放合作新高地 全国生态文明建设先行区
江苏	2015年6月10日	中共江苏省委江苏省人民政府关于《贯彻落实<国务院关于依托黄金水道推动长江经济带发展的指导意见>的实施意见》	长江南京以下江海联运港区 全球先进制造业和现代服务业集聚区 长江流域内外开放合作先导区 长江三角洲城市群北翼核心区 全国生态文明先行示范区
上海	2015年7月28日	《上海市人民政府关于贯彻<国务院关于依托黄金水道推动长江经济带发展的指导意见>的实施意见》	率先在改革开放、创新发展、交通设施和生态环保等重点领域取得突破性进展，为长江经济带和全国发展作出新贡献

二、区域合作与协调发展

由于地区之间资源禀赋、经济社会发展程度差异，区域合作能够比较好地发挥比较优势，形成良好分工协作的经济关系与规模经济。在经济全球化推动下，区域合作能够使市场在更大范围内进行资源和要素的配置，提升对外的整体竞争力，因而备受关注。区域合作的效果取决于良好区域合作机制的建立，而在我国区域合作过程中市场机制受到较多地域行政管理的制约，特别是政府之间的恶性竞争，造成了区域内部的“准贸易壁垒”，或者“诸侯经济”。根据参与的主体、过程和动机，区域合作机制可分为三种类型：①科层制的区域合作，通过政府自上而下地推动合作的建立；②自发的区域合作，区域之间出于相互利益的联合发展，自发地建立合作关系；③混合式的区域合作，出于区域协调发展，由各级政府和一些非政府机构共同参与，建立合作协议和统一相关政策等。

目前，长江经济带的区域合作已经分层次向前推进，但是由于经济发展水平的巨大差异，区域合作机制在整个长江经济带，以及长江上中下游地区之内呈现显著的不同。此外，长江经济带内城市之间由于区位条件、资源禀赋差异不大，存在着较强的竞争关系，较高的产业结构雷同、相互争夺资源要素的情况。出于保护地方利益，不少城市通过行政力量阻碍了市场要素的自由流动和产业在长江经济带的梯度转移，影响了区域合作机制的建立。总体而言，长江经济带早期的区域合作主要以科层式的发展模式开展，以大型的跨地区防洪和水利基础设施项目建设为主。例如，中华人民共和国成立初期的荆江分洪工程对确保武汉的防洪安全和洞庭湖地区的防治洪涝灾害起到了关键作用。早在长江三峡建设论证过程中，中央一些部门已经开始有意识地和地方政府协调工业项目和水利设施在长江上游地区的布局。长江三峡建设涉及移民、水利、生态环境保护等，是一个巨大的区域合作项目，其顺利完工体现了我国体制的力量。

改革开放后，社会经济发展方面的区域合作在各地区缓慢展开。为了打破由于财税分灶带来的恶性竞争和地方保护主义，20 世纪 80 年代国务院授权在长江建立了上海经济区、西南地区经济合作区，试图促进市场机制下的区域合作，但是成效都十分有限。随后，地方开始探索跨地区的合作行动，中心城市之间的合作成为区域合作的主要框架。1985 年的“全国城市经济体制改革座谈会”中，国家经济体制改革委员会促成南京、武汉和重庆三市签署了联合开放利用长江的会谈纪要，成为“长江沿岸中心城市经济协调会”的雏形。随后，上海也加入该协调会，并且四个城市也分别和各自周边城市协商提出了四个协作区的倡议。自此，长江经济带的区域协调机制开始缓慢向前推进，目前已经发展到 27 个中心城市规模的联席会议组织①，建立了江海联运、长江开发、长江旅游、信息合作交流、资金融通、科技协作、邮电通信、商贸流通、物资协作和增加环保协作 10 个专题组，推动了区域合作机制的建立。特别在长江流域信息合作方面，建立了“中国长江网”（http：//www. china-changjiang. net/）的信息交流平台，致力于推动区域信息一体化。在 2014 年的长江沿岸中心城市经济协调会第 16 届市长联席会议上，长江沿岸城市达成了《长江流域环境联防联治合作协议》，其主要内容包括：探索设立区域性环境资源交易平台、组建环保产业联盟、建立流域上中下游生态补偿制度等。然而，由于地区的行政壁垒，长江沿岸中心城市经济协调会是个开放和松散的协调组织，缺乏中央层面的支持，对一些合作主题研讨的成分比较重，难以形成有约束力的决议，同时也缺乏有力的组织协调机构，最终导致众多的协议和战略无从实施。即使有交通运输部 2005 年主推下的长江经济带七省二市（不包括浙江和贵州）的《长江经济带合作协议》，最终也没有产生很大的效果。总之，缺乏实施监督和激励机制，大部分协议只能成为空头口号，各地方政府难以真正落实。

另外，中央层面大量支撑长江经济带资源整合的决议也激发了长江流域内企业之间自下而上的合作。一些大型的航运、港口等企业通过对长江码头等民用基础设施的收购、合并和重组等，实现了企业在长江经济带的网络化和集团化，将区域之间基础设施合作转化为企业内部的管理和组织。以长江港航发展为例，上海国际港务（集团）股份有限公司在武汉、九江、江阴、南京、重庆、宁波、连云港等大港的部分码头都持有大量的股份，完成了在长江经济带的战略部署。通过企业之间的股份合作，形成港口物流运输的网络化，有效地促进了长江经济带港口资源的整合和协同发展。在江苏，已有企业建立了航运交易平台来整合地区之间的货运、物流配送和船舶交易等信息。此外，如长江经济带企业联合会等社会组织也开始兴起，成为推动区域合作的一支重要的力量。

长江经济带的区域合作也和各个时期的社会经济发展主题密切相关，在长江上中下

---

① 协调会成员涵盖沿江地级以上中心城市，包括攀枝花、宜宾、泸州、重庆、宜昌、荆州、咸宁、武汉、鄂州、黄石、黄冈、岳阳、九江、安庆、池州、铜陵、芜湖、合肥、马鞍山、南京、扬州、镇江、泰州、南通、上海、宁波、舟山等。协调会最高决策机构为市长联席会议。

游区域合作的推进力度也大不相同。

长江下游地区的区域合作是目前我国区域合作水平最高的区域。区域合作从专题研究，到共同规划，再到项目建设已经全面开展，合作机制也在不同层次铺开，推动了区域市场一体化的发展。在省级层面，“沪苏浙经济合作与发展座谈会”① 从 2001 年开始举办，已经连续举办多次协商会议。沪苏浙三省建立了协调办公室、专业协调小组和联络员制度，推动了长江三角洲地区在区域大交通体系建设协调、生态环境治理、能源大平台建设、旅游合作及人力资源合作等领域的发展。在城市层面，长江三角洲城市经济协调会已经发展成为区域合作的重要平台，也是我国城市合作最有影响力的发展模式。长江三角洲区域合作可追溯到 1992 年由 14 个城市发起的长江三角洲经协（委）办公联席会议。1997 年，为了进一步加强长江三角洲城市间的合作，更名为长江三角洲城市经济协调会，每两年召开一次市长会议，一次工作会议，2004 年起改为年度会议制度。参与长江三角洲城市协调会的城市不断扩大，截至 2014 年有上海、江苏、浙江和安徽的 30 个成员城市（表 6-4）。区域合作的主题和深度也不断的加强，目前已经在旅游和交通等方面的合作有了实质性的进展，成为了推动长江三角洲地区市场一体化的重要力量。另外，在次一级区域的合作成果，如南京都市圈、浙东经济合作区等也成为引领全国的发展模式。再如，以江阴靖江工业园区为合作载体，整合两地土地资源（特别是岸线资源）、产业资源，首次真正打破行政区划分割，成为跨江联动开发的典范。在区域环境合作治理方面，受制于行政区域，跨流域污染一直是我国水污染治理的一个难点。苏浙的吴江和嘉兴两市经过多年的协商，达成了水污染治理和生态补偿的约束机制，改善了跨地区的水环境事件。新安江流域 2011 年启动了全国首个跨省流域生态补偿机制的试点（涉及浙皖两省），各方约定安徽省出境水质若达标，下游的浙江省每年补偿安徽省 1 亿元，若不达标则反之。根据相关水质监测结果，在 3 年试点期间新安江水质改善效果显著。此外，行业协会和企业之间的合作也普遍展开。

表 6-4　历次长江三角洲城市经济协调会的议题和成就

年份	参与城市数目	会议地点	会议主题	主要成就
1997	15	扬州	商贸	通过了《长江三角洲城市经济协调会章程》
1999	15	杭州	加强区域科技合作、推进国企改革和资产重组	筹建国内合作信息网和旅游商贸
2001	15	绍兴	深化专题合作活动，完善运作机制	深化专题合作，特别是旅游合作
2003	15	南京	世博经济与长江三角洲联动发展	合作签约项目 30 个，投资总额近 172 亿元，接纳台州市加入经济协调会
2004	16	上海	完善协调机制，深化区域合作	修改协调会章程，设立协调会专项资金，充实协调会常设机构，签署《城市合作协议》

① 2008 年安徽加入，更名为“长江三角洲地区三省一市主要领导座谈会”。

续表

年份	参与城市数目	会议地点	会议主题	主要成就
2005	16	南通	促进区域物流一体化，提升长江三角洲综合竞争力	修订协调会章程，《长江三角洲城市合作（南通）协议》
2006	16	泰州	研究区域发展规划，提升长江三角洲国际竞争力	签署了《长江三角洲城市合作（泰州）协议》
2007	16	常州	落实沪苏浙主要领导座谈会精神，推进长江三角洲协调发展	签署了《长江三角洲地区城市合作（常州）协议》
2009	16	湖州	贯彻国务院关于进一步推动长江三角洲地区改革开放和经济社会发展的指导意见精神，共同应对金融危机，务实推进长江三角洲城市合作	修订协调会章程；签署《长江三角洲城市合作（湖州）协议》
2010	22	嘉兴	用好世博机遇、放大世博效应，推进长江三角洲城市群科学发展	更名为长江三角洲城市经济协调会市长联席会议；同意吸收合肥市、盐城市、马鞍山市、金华市、淮安市、衢州市6个城市为协调会会员；签署《长江三角洲城市合作（嘉兴）协议》
2011	22	镇江	高铁时代的长江三角洲城市合作	签署《长江三角洲城市合作（镇江）协议》
2012	22	台州	陆海联动，共赢发展——长江三角洲城市经济合作	签署《长江三角洲城市合作（台州）协议》
2013	30	合肥	长江三角洲城市群一体化发展新红利——创新、绿色、融合	批准芜湖、连云港、徐州、滁州、淮南、丽水、宿迁、温州加入协调会
2014	30	盐城	新起点、新征程、新机遇——共推长江三角洲城市转型升级	签署《长江三角洲城市合作（盐城）协议》
2015	30	马鞍山	适应新常态、把握新机遇——共推长江三角洲城市新型城镇化	签署《长江三角洲城市合作（马鞍山）协议》

相对而言，长江中游地区的区域合作推进相对最为缓慢。在省级层面，区域合作受到2006年《中共中央国务院关于促进中部地区崛起的若干意见》的推动，2012年长江中游地区首次举行了湖北、江西和湖南三省的会商会议，签署了《加快构建长江中游城市集群战略合作框架协议》，力图推进协调三省的区域发展规划、交通体系、产业分工、水利和环境保护、旅游等的合作。作为框架协议的一个重要内容，“共同争取国家将构建长江中游城市集群上升为国家战略，纳入国家区域发展战略体系”最终受到国家的关注，2015年《长江中游城市群发展规划》被国务院批准。在城市层面，区域合作主要是以武汉为中心的中部城市群经济协作区组织。该组织成立于1987年，跨越长江中游地区的湖南、湖北、江西和河南四省城市。截至2005年，扩大到武汉周边31个城市，举办了11次市长联席会议。然而，由于涉及城市太多，跨省区范围太大，城市之间发展极

不平衡，区域合作的实质进展很小。随着国家对长江中游城市群的界定，该协调平台淡出了中游地区区域合作机制的视野。受到中部地区高速铁路网络完善的推动，长江中游省会城市之间的人员经济往来越来越紧密，长江中游城市群省会城市会商会平台也于2012年成立，致力于完善市场一体化机制、基础设施互联互通、建立环境保护联防联治机制、深化产业合作、社会公共服务共享等内容。在长江航运方面，在交通运输部长江水系航运规划办公室的牵头下，长江中游四省水运规划工作联席会议制度于2012年成立，以解决水运规划中遇到的重点、难点问题，促进中部地区水运的协同发展。然而，由于四省之间在吸引外商投资，承接长三角地区产业转移中存在着很强的竞争关系。例如，安徽摇摆于与长江中游，还是与长江下游的合作，缺乏对区域的认同基础。总体而言，长江中游地区四省在具体区域管治事务的合作还尚未有实质性的进展，合作的主题仍停留在向上争取资源和政策层面。

长江上游的合作机制重在联合项目的建设方面，区域合作的核心是成渝经济区。两地在自然和历史条件、经济总量、工业基础、城市布局等方面都有相当合作基础。川渝两地分治7年后，2004年签署了《关于加强川渝经济社会领域合作，共谋长江上游经济区发展的框架协议》。据此，相关职能部门又签署了6份合作协议，包括交通能源、旅游、广播电视、文化、农业、警务联勤等方面的合作。中央对成渝经济区的合作也有助推作用，并将其纳入国家“十一五”规划课题研究之中。例如，对于两地所提出的成渝公路环线纳入国家高速公路网络规划，已于2013年建成；川江航道共建也受到交通运输部的支持，最低水深提高到2.9m，计划未来将航道等级从三级提升到二级。2012年川渝合作示范区（广安片区）的总体规划也得到国家发展和改革委员会的批复，探索欠发达地区依托中心城市加快发展的区域合作模式。总体上，成渝经济区合作在中央部委的支持下务实的开展。在城市层面，重庆经济协作区是长江上游地区最大的合作交流平台，由渝川滇黔四地的18个市于1988年联合成立①。2014年举办了第17次市长联席会，旨在抓住长江经济带战略实施机遇，深化区域合作的内容和运行机制，其中交通体系构建是重点探讨的内容。

长江经济带由于部门管理和行政区管理交叉，结合流域复杂的区域管治事务，造就了长江经济带区域合作模式的多样性，在不同的主题和区域之间合作的发展水平有显著差异（表6-5）。总体来看，长江全流域的区域合作水平最高主要体现在长江防洪、大通关和检疫三个方面的部门管理。长江经济带在这三个方面的区域合作实现了区域之间信息的互联互通，建立了完善的协作管理平台，但在水资源水环境、港口岸线、基础设施和生态管控与补偿机制等管理方面的信息共享和区域合作平台仍发展缓慢，滞后于社会经济发展的需要。长江经济带区域合作所面临的问题也集中反映了我国区域合作所存在的困境，即宏观区域协调的体制机制建设上的滞后。建立区域合作机制首先要从制度上建立相应的激励机制，其次是加强考核体制、财税分配等具体制度的创新，最后规范竞争秩序，减缓行政技术壁垒阻碍资源要素的流动。

① 包括重庆的主城九区及万州区、涪陵区、黔江区；贵州的遵义市、毕节地区；云南的昭通市；四川的自贡市、遂宁市、泸州市、内江市、乐山市、宜宾市、攀枝花市、南充市、广安市、达州市、巴中市等。

表 6-5　长江经济带及其上中下游区域合作的对比

地区	主要合作范围	协调机制	合作主题	发展水平
长江经济带	沿岸重点城市	政府机制主导	基于项目的防洪、港口和航道治理等	低
长江下游地区	地区全覆盖、跨地区、多层次	政府机制+市场机制	全面开展	较高
长江中游地区	鄂湘赣三省区，武汉、长沙、合肥、南昌等省会城市	政府机制主导	战略合作+争取国家资源和政策+部分专项协议	低
长江上游地区	主要在成渝地区	政府机制主导	战略合作+基础设施	较低

三、一体化管理平台建设

长江流域一体化管理是从流域复合系统的内在联系，以及地域差异出发，综合管理流域的经济、社会和生态环境三大系统，在建立系统化、区域协调的管理措施基础上，促进三者的协调和可持续发展。长江流域一体化管理平台涉及一个庞大的系统工程，集开发、利用和保护三个方面，既包括综合管理信息平台，也包括部门管理一体化平台。由于长江流域涉水事务的普遍复杂性，相关管理权限往往分散在众多部门（表6-6），构建多部门的合作协调机制首先是要建立综合的管理信息平台，整合部门的管理信息平台，使长江流域管理事务的相关信息能进行共享、发布和查询等操作，也使长江流域管理的决策者、公众和其他利益相关方能够及时、方便地了解流域的实时状态，以及存在的问题，特别是在重大涉水事务上各方能够快速通过管理信息平台进行协商和处置。

根据长江流域的发展特点，部门一体化管理平台的重点在于水资源开发利用、防汛抗洪、航运管理、水污染防治、港口岸线管理和生态环境保护等。将这些管理要素纳入一个相互协调的一体化流域综合管理信息平台上，并且通过法律法规予以保障，促进流域的高效管理和社会经济的可持续发展。长江经济带的流域一体化管理平台仍在探索阶段，一些管理体制上的一体化平台已经初步建立（表6-7），例如，长江经济带内12个海关①已经全部启动了区域通关一体化，实现报关信息、放行信息互传互通。然而，长江经济带一体化管理平台建设仍滞后于社会发展的需要，一些破碎化的管理、片段化的信息导致了资源利用效率低下，也不利于生态环境保护。

表 6-6　长江经济带流域管理事务的部门分割

名称	管理权限
水利部（长江水利委员会）	水行政，水资源的统一管理和监督工作
环境保护部（华东、华南、西南环境保护督查中心）	水污染防治
住房和城乡建设部	城市的供水、排水和污水治理
农业部（长江流域渔业资源管理委员会）	农业的面源污染控制、保护渔业水域环境与野生动物栖息地

① 包括上海海关、南京海关、杭州海关、宁波海关、合肥海关、南昌海关、武汉海关、长沙海关、重庆海关、成都海关、贵阳海关、昆明海关。

续表

名称	管理权限
国家林业局	流域生态、水源涵养保护与管理和湿地管理
国家发展和改革委员会	水资源开发与生态环境建设规划，平衡农业、林业、水利等发展规划与政策
交通运输部（长江航务管理局）	内河航运、船舶排污控制
卫生部	监督管理流域饮用水水源标准

表 6-7　长江经济带一体化部门管理体制

成立时间	一体化管理平台	管理内容	主要成员
1962 年	长江防汛抗旱总指挥部	流域防汛抗旱工作	总指挥由湖北省长担任，常务副总指挥由长江水利委员会主任担任，长江防总副总指挥由沿江四川、重庆、湖南、江西、安徽、江苏、上海等省市人民政府的分管领导担任
1988 年	长江上游水土保持委员会	水土保持管理	国家发展和改革委员会、水利部、农业部、林业部、云南、贵州、四川、甘肃、陕西、重庆、湖北
2004 年	长江省际边界重点河段河道采砂管理联席会议	采砂管理	长江中下游的湖北、江西、安徽、江苏省水利厅，相关市县的水上执法单位
2009 年	水利部、交通运输部长江河道采砂管理领导小组联席会议	采砂管理	水利部、交通运输部
2014 年	海关总署主导	海关统一监管，区域通关一体化	九省二市直属海关
2006～2013 年	长江水运发展协调领导小组会议	水运发展与规划	沿江七省二市和交通运输部
2014 年	2+N 合作模式	水深规划、航运管理	交通运输部长江航务管理局、沿江省市级交通运输厅（委）牵头，联合该省市境内多个沿江地市人民政府
2015 年	国家质量监督检验检疫总局主导	检验检疫一体化	九省二市检疫局

1）水资源环境管理平台。长江经济带水资源时空分布不均匀，局部地区供水保障程度低，水资源供需矛盾突出，因而水资源环境管理对于节约、合理利用水资源具有重大意义。我国《水法》将水资源的行政管理权限明确纳入水利部门，然而水环境治理却牵扯到环境保护部门和地方利益，条块分割不利于流域水资源的综合利用，以及水环境的综合治理。长江流域部门机构与各省市环境保护部门、水利部门之间在处理涉水问题时还未建立较好的协调机制。流域管理与区域管理的不协调也产生了一些危害。以水电开发为例，无序过度建设，以及缺乏统一的水资源调度已经致使长江上游部分干流江河减水和“水库化”，部分河床干涸，流域水系结构严重破坏，导致部分水体水质恶化严重，危害了长江流域生态安全。而且，水电开发主要以追求发电经济效益，对于兼顾当

地供水、生态环境保护、航运和旅游等综合效益考虑不够，亟待进行一体化管理平台的建设。在跨流域水资源利用上，区域之间往往纠纷不断。为此，水利部2004年出台了《省际水事纠纷预防和调解处理办法》，为调解处理水事纠纷提供了依据，2010年修订了《水土保持法》，对于预防和治理长江流域水土流失具有重要意义。

针对长江流域水环境管理，环境保护部于2008年颁布了《关于预防和处置跨省界水污染纠纷的指导意见》。在长江流域，2011年环境保护部联合发展和改革委员会等五部委下发了《长江中下游流域水污染防治规划（2011～2015年）》，以致力于改善长江流域环境质量，提升生态安全水平。局部性的法律法规也得到了重视，例如，2008年《太湖水污染防治条例》正式实施。然而，长江经济带的水环境状况仍十分突出，其干流共有近500个取水口，分别受到不同程度的污染，水质型缺水和饮用水源安全隐患还未得到解决。由于长江流域的涉水管理有10个部门之多，至今还尚未建立针对水资源环境进行统一监管的协调机制。加之长江三角洲地区之间污染产业准入与污染物排放标准不统一、环境执法力度不严、跨界污染难以取证等问题，并且，随着长江下游产业向中上游转移，未来长江水环境污染程度可能会进一步加剧。因此，一体化的水资源环境管理平台建设对于长江经济带水资源环境保护尤为重要。

2）防洪抗旱管理平台建设。长江防洪规划和建设一直是长江工作的重点内容。长江流域防汛抗洪工作发展起步较早，早在1962年就成立了“长江中游防汛总指挥部”，负责湖南湖北两地的防汛工作。1996年长江防汛抗洪管理工作统一到整个流域，更名为“长江防汛总指挥部”。由于近年来，长江旱灾频发，又更名为“长江防汛抗旱总指挥部”，开始行使抗旱管理的相关工作。目前，通过规划、加固干流堤防工程、退田还湖措施、重点蓄洪区和城市防洪工程建设等，长江流域已经形成了一系列的防洪工程系统。并且，在流域统一的防汛抗洪指挥和调度系统也开始建立，相应的防汛抗旱管理体制也日益完善。国务院2008年新批复的《长江流域防洪规划》是目前流域防洪的主要依据。

3）航运管理平台建设。长江黄金水道是我国交通网最重要的组成部分，据统计2005年长江干线航道货运总量已超过密西西比河和莱茵河，是世界上运输最为繁忙的内河航道。根据国家对长江航道建设提出了12字方针，即“深下游、畅中游、延上游、通支流”，通过连续的航道整治，开发航道资源，促进了航运发展。例如，已经开建了南京12.5m以下深水航道，预计2018年全线贯通，届时5万t级海轮可直达南京港，10万t级及以上海轮也可减载乘潮抵达。另外，航道容量的提高也需要与一体化航道与港口、物资运输、通关与检疫等管理平台相配套，才能实现干支流畅通、江海直达和水路联运的综合、高效的航运体系。从目前来看，长江经济带航运一体管理还有待加强，相关航运发展的法规还不完善，在海进江船舶标准化与海、河港协作，陆路交通和水路交通资源的共享与协作方面存在较大的问题，在体制上阻碍了黄金水道运输效率的进一步提高。此外，涉及航运的相关法律法规层次普遍较低，相互之间需要统筹和完善。长江大通关和检疫的相关条例规划已经准备完善，但在实施上仍受制于地方保护主义的各种隐性制约。

4）港口岸线管理平台建设。我国港口岸线开发利用的主要依据有《港口法》，以及2011年交通运输部和发展和改革委员会联合颁布的《港口岸线使用审批管理办法》。然而，实际上长江岸线开发的管理部门较为混乱，条块分割严重（同时还涉及海事、水利和地方政府等)，加之沿江一些企业侵占或不合理占用岸线，给岸线资源的综合开发利用和管理带来了诸多困难。此外，省与省之间岸线利用缺乏统一的规划和管理，长江上中下游之间缺乏协调，即使部分省市（如江苏、上海等）编制了岸线规划，最后也难以得到有效的落实，致使长江干支流岸线资源浪费严重、港口泊位重复建设，开发利用程度较低。岸线资源的管理碎片化，港口之间协作水平低，部门之间以及与地方政府之间交叉管理，缺乏有效的沟通协调机制和一体化管理平台，这些均制约了构建以港口航运为中心的长江水陆综合交通体系，亟需加大岸线利用的调整力度，统一规划和一定程度的集中管理。

5）生态管控与生态补偿机制平台建设。生态管控和生态补偿机制是两个相辅相成的流域生态安全保障措施，对于促进流域公平合理、协调和可持续发展具有重要意义。生态补偿主要围绕流域水资源开发利用和保护，协调流域生态保护和经济发展，梳理上中下游行政主体间的利益关系。在国家层面，目前长江经济带的生态管控依据主要是全国及流域内省区的主体功能区划，以及部分省区的生态红线规划。根据2014年修订的《环境保护法》第二十九条规定："国家在重点生态功能区、生态环境敏感区和脆弱区等区域划定生态保护红线，实行严格保护。"目前，整个长江经济带还没有一个整体的生态管控边界划分与生态补偿机制的建立，仅有少部分省份开始尝试将两者结合起来。例如，江苏省在2013年率先在省内颁发了《江苏省生态补偿转移支付暂行办法》，建立了10亿元补偿转移支付资金，用于"生态红线区域内的环境保护、生态修复和生态补偿"，并且也于2014年颁布了《江苏省生态红线区域保护监督管理考核暂行办法》，明确了生态红线的范围、保护主体及其考核办法。江苏、湖北和贵州作为国家生态保护红线试点，都率先编制和颁布了相关规划，并结合政府官员任期考核机制，力图明确生态保护的责任主体。然而，生态红线划定还仍处于探索阶段，三个省份的生态红线编制单位①不统一，在划定标准上也有所差异，加之整个长江流域生态红线的划定需要通盘考虑而不是省区的简单叠加，这对于长江经济带统一的生态管控平台建设造成了新的困难。总体来看，长江经济带一体化的生态管控与补偿机制平台建设仍处于省区内的起步阶段，在整个长江流域范围内发展还未开展。

四、法律法规建设

国家及地方针对长江流域管理的相关法制建设不断完善。例如，为了加强长江河道采砂管理，维护长江河势稳定，保障防洪和通航安全，国务院出台了《长江河道采砂管理条例》(2002年实施)，对河道采砂管理执行"三定方案"②。随后，水利部配套出台

① 江苏省负责的编制单位为环境保护部门，湖北和贵州则由林业部门负责；环境保护部已会同相关部门，在江苏、江西、湖北、广西、内蒙古等不同类型地区，就红线如何划定做了试点和探索。

② 长江宜宾以下干流河道采砂管理体制按《长江河道采砂管理条例》的规定执行。其他河道采砂管理的职责分工是：国土资源部对保障河道内砂石资源合理开发利用负责，水利部对河道采砂影响防洪安全、河势稳定、堤防安全负责，交通运输部对河道采砂影响通航安全负责。由水利部牵头，会同国土资源部、交通运输部等部门，负责河道采砂监督管理工作，统一编制河道采砂规划和计划。河道采砂的水上执法监管，要充分发挥交通运输部门执法机构的作用。

了《长江河道采砂管理条例实施办法》（2003 年实施，2010 年修改）。长江经济带沿江省份也进行了诸多法律法规的探索，促进了长江经济带建设的法制保障。在流域（湖泊）管理方面，国家立法与地方立法结合，相继出台了《太湖流域管理条例》（2011 年）、《鄱阳湖生态经济区环境保护条例》（2012 年）等。在港口岸线方面，长江沿江省市相继制定（修订）了相关法规，如《浙江省港口安全管理条例》（2007 年）、《四川省港口管理条例》（2009 年）、《安徽省长江岸线资源开发利用管理办法》（2010 年）、《浙江省航道管理条例》（2010 年）等。在环境保护方面，江苏省 2009 年率先出台了《江苏省长江水污染防治条例》，以及重庆颁布的《重庆市长江三峡水库库区及流域水污染防治条例》（2011 年）等法规也逐渐开始相继实施，推动了长江流域管理法制建设。

另外，长江经济带建设需要密切落实的国家法律也不断完善。水利方面，国家相继出台了《防洪法》（1997 年颁布，2009 年修订）、《水法》（2002 年），并配套了《关于实行最严格水资源管理制度的意见》（2012 年）、《实行最严格水资源管理制度考核办法》（2013 年），加强了防洪、水资源管理法制建设。环境方面，《环境保护法》（2014 年修订）被誉为“史上最严环境保护法”，对新时期我国生态环境保护工作有着重要意义。港口、岸线及航运方面，国家出台了《港口法》（2003 年）、《航道管理条例》（2008 年修订）、《国内水路运输管理条例》（2012 年）、《航道法》（2014 年）；交通运输部、国家发展和改革委员会出台了《港口岸线使用审批管理办法》（2012 年）；交通运输部出台了《港口建设管理规定》（2007 年）、《航道建设管理规定》（2007 年）、《国内水路运输管理规定》（2013 年）等法律法规。

第二节　国外大河流域经济带综合开发管理的经验

一、强化流域的系统综合研究，提高经济带开发建设的科学性

大河流域经济带开发与建设范围广、规模大且影响深远，许多重大决策、项目及工程是流域经济带资源环境与经济社会发展的百年大计。大河流域综合治理与开发是一项复杂的系统工程，全面、系统、综合的研究工作是保障流域开发建设科学、有序、可持续进行的有效机制。首先，基于流域整体角度，开展要素的综合研究与规划，是流域综合开发的一个基础性工作。大河流域经济带建设不仅仅是对水资源与水环境的开发管理，更注重沿河产业发展与城市兴起，需要基于流域视角对开发要素展开系统综合的研究。密西西比河、莱茵河、泰晤士河等开发过程中对水文水利、环境保护、航运水电、城镇建设、产业布局等各要素均开展了综合的、充分的科学研究、论证与规划（李彬，2011；钟钢和陈雯，1997）。田纳西河流域管理局成立之初，就用 3 年时间开展流域整体规划并制定了开发建设的一系列方案，为后期开发打下良好的基础（张之婧，2008）。其次，重视科研合作与科技成果转化。德国、奥地利、匈牙利等国开发多瑙河过程中，十分重视与高校、科研机构及企业的科研合作，并建立自己的科研试验机构，保证工程“万无一失”（黄德春和陈思萌，2007；史虹，2009）。密西西比河、莱茵河、泰晤士河等开发机构也积极动员科研单位、大财团、军队等各界开展科研合作。其中，美国在开

发密西西比河过程中非常重视科学试验及最新科技成果的转化，美国陆军工程兵团拥有完善的科研队伍与实验设施，各项重大工程皆需通过模型试验，如建有世界最大的内河模型——密西西比河水系整体模型（后立胜和许学工，2001）。

二、成立综合的政府机构，协调流域开发与管理

流域开发与管理涉及自然、经济和社会的复杂巨系统，客观上要求建立强有力的综合管理机构，并赋予管理机构特殊权力。强有力的综合管理机构是开展流域管理工作、协调流域经济带开发与管理的重要条件。田纳西河流域管理局（Tennessee Valley Authority，TVA）、墨累-达令河流域委员会（Murray-Darling Basin Commission，MDBC）、莱茵河防治污染国际委员会（International Commission for the Protection of the Rhine，ICPR）、多瑙河保护国际委员会（International Commission for the Protection of the Danbu River，ICPDR）、法国国立罗纳河公司、泰晤士河水务局等管理机构，均以流域综合管理为核心，在统筹区域防洪建设、航运改善、水电开发、环境治理、经济发展等方面做出了重要贡献，特别是田纳西河流域管理局作为政府机构，直接对美国总统和国会负责并拥有超越地方政府的高度自治权。泰晤士河水务局是英国在泰晤士河流域设立的政府管理机构，其管理模式集中、管理业务广泛（涉及给排水、污染控制、航运发展、防洪建设、环境美化等），对充分发挥政府职能、提升流域管理的效率、促进当地经济发展具有重要作用（史虹，2009）。而从区域经济开发国际经验来看，英国苏格兰开发署与威尔士开发署和日本北海道开发厅等皆是区域开发的综合政府机构，对推进本国落后地区经济开发起到了重要作用。而在相对发达地区的区域管理机构中，美国成立大都市政府与地方政府功能分工、各司其职，形成双层制政府体制；欧洲出现大都市地区的行政管理机构，法国的巴黎大都市政府实行“强市弱区”的管理体制，大量的职权集中于市级政府机构，以有效推进区域综合管理。

三、建立多层次的协调机制，平衡政府、市场与公众多方利益

大河流域开发涉及诸多利益相关者，在政府、市场与公众多方利益的平衡之中，多层次的协调机制发挥着重要作用。多瑙河流域治理采用双边、子流域多边、流域层次、地区及国际层次等多种协调机制，国际组织、非政府组织等以观察员身份参与管理，并制定了《公众参与的 2003～2009 年多瑙河流域管理战略计划》（胡文俊等，2010；Richard，2009），可见其非常重视政府间合作协调及公众参与机制的建立。莱茵河流域通常在水能开发（水电站建设）前签订双边或多边协议，依据投入比例来分配电能，协调各国利益（刘健，1998）。墨累-达令河流域管理采用三层协调组织框架，其中公众咨询委员会作为非常重要的协调组织来参与管理、协调各主体之间的利益（图 6-2）（席西民等，2009；史璇等，2012）。罗纳河整治开发决策中不仅仅局限于政府有关部门和整治工作者，地方行政当局、各类协会、科技工作者及各方面的社会公众都参与决策（Bravar 和蔡宗夏，2015）。莱茵河治理开发过程中，政府、市场（沿河工厂、企业等）、公众（农场主、居民等）等多方利益通过非政府组织（各类型理事会、行业协会）参与重要决策来平衡（周刚炎，2007）。另外，从区域层面看，美国采用地方政府协会、“境

外管辖权”负责跨区域问题协商；日本建立“事务共同处理”机制进行跨区域事务处理；欧洲一体化进程中形成了一种新的区域协调机制——“多层治理”，超国家、国家和次国家、非政府组织等行为体共同参与政策的制定和执行，实现各方利益平衡，而欧盟正是多层治理的成功范例（王再文和李刚，2009）；东盟亦采用签署条约、宣言及协议，通过首脑会议、外长会议等形式开展协调工作（Cassey and Yoshifumi，2014）。

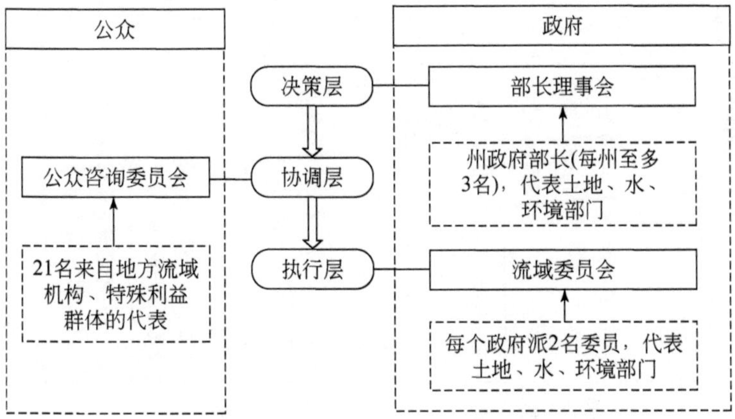

图 6-2　墨累–达令河流域管理多层次协调机制

四、完善流域开发法，统筹区域性及部门性法律

完备的法律体系是流域治理与开发的有力支撑，也是流域管理和区域管理政策相结合实施的保证。密西西比河开发治理中，得益于美国及时出台各项法律法规，如《防洪法》（1928 年）《防洪总法案》（1936 年），20 世纪 60 年代之后的《全国洪水保险法》《水资源规划法》《洪水灾害防御法》《灾害救济法》《美国的洪水及减灾研究规划》等，使得各项措施的实施有法可依。田纳西河流域的开发与治理取得成功的关键在于美国国会通过了《田纳西河流域管理局法》（1933 年），设立田纳西河流域管理局进行综合开发管理。莱茵河的治理开发过程中，各项公约的签订与协议及公约的监督机制（观察员机构负责监督）成为其保护管理成功的关键，如《有关莱茵河国际委员会的框架性协议（伯尔尼公约）》（1963 年）《2000 年莱茵河行动计划（RAP）》（1987 年）《新莱茵河公约》（1998 年）等。泰晤士河的治理中，60 年代以来英国政府陆续制定和完善了《防污法案》《水法》等一系列防治水污染与治理水环境的相关法律法规，严格执法、定期巡视。

罗纳河的治理开发中法国出台了《新水法》（1922 年）《罗纳河环境规章》（1993 年）等法律法规。多瑙河是世界上流经国家最多的著名国际河流，各国签署了《多瑙河保护公约》（1994 年），同时还有欧盟的《水框架指令》《跨界水道与国际湖泊保护利用公约》《在环境问题上获得信息、公众参与决策和诉诸法律的公约（奥胡斯公约）》等作为流域管理与合作良好的制度支撑，如加布奇科沃–大毛罗斯水坝项目仲裁案。墨累–达令河开发管理中通过“协议”作为流域尺度水资源管理的重要制度保障和法律支撑，协议由澳大利亚联邦政府与有关州政府谈判达成，其制定和实施都充分体现了流域整

表 6-8　国外大河流域治理开发的体制机制对比

河流名称	涉及国家与地区	河长（km）	流域面积（万 km^2）	综合治理开发时间	综合治理开发背景	流域管理（协调）机构	机构权限	法律及公约保障	资金筹集方式	河流特征
密西西比河	美国、加拿大	6262	322	20 世纪 30 年代始	洪灾频发	密西西比河委员会（1879 年），陆军部工程师团（1928 年）	综合管理密西西比河开发治理	《防洪法》（1928 年）《防洪总法案》（1936 年）《国家防洪保险计划》（1968 年）等	联邦政府与地方政府共同分担	美国最大河，世界第四长河
田纳西河	美国	1050	10.5	20 世纪 30 年代始	洪灾频发，环境破坏，经济落后	田纳西河流域管理局（TVA，1933 年成立）	联邦一级机构，对流域内自然资源保护、利用、开发与规划以及经济与社会发展具有广泛权限	《田纳西河流域管理局法》（1933 年，美国国会）	联邦政府财政拨款（1960 年之前），发行债券、上市融资、银行贷款、社会投资、外资投资	世界大河流域开发的典范
莱茵河	德国等 5 国（干流），流域 9 国	1320	18.5	19 世纪中叶始	流域洪灾频发，污染问题突出	莱茵河防治污染国际委员会（ICPR，1950 年成立）	设有观察员机构，监督各国工作计划的实施各国签订各项公约	《有关莱茵河国际委员会的框架性协议（伯尔尼公约）》（1963 年）《新莱茵河公约》（1998 年）等	各国政府投入，沿江工业配套	西欧第一大河，德国的摇篮
泰晤士河	英国	338	1.3	19 世纪中叶始	环境污染严重	泰晤士河水务管理局（1974 年成立）	对流域进行统一规划与管理，对河流具有经营权	《防污法案》（1968 年）《水法》（1973 年）	供水收费、上市公司股票及市场集资、融资等方式	英国的母亲河
罗纳河	瑞士、法国	812	9.6	19 世纪 40 年代始	防洪建设，改善航运，水电开发	国立罗纳河公司（1931 年成立）	掌握河流整治特许权，充分发挥河流经济效益	《新水法》（1992 年）《罗纳河行动规划》（1992 年）《罗纳河环境规章》（1993 年）等	国家担保贷款，电力开发还贷	法国最大河流
多瑙河	德国等 10 国（干流），流域 19 国	2863	81.7	20 世纪 80 年代中期始	防洪建设，水电开发	保护多瑙河国际委员会（1998 年成立）	协调流域内政府间合作	《多瑙河环境保护计划》（1992 年）《多瑙河保护公约》（1994 年）《欧盟水框架指令》（2000 年）等	成立投资银行，旅游收入，欧盟援助	欧洲第二大河，著名国际河流
墨累-达令河	澳大利亚	2500	106	20 世纪 20 年代始	干旱，水土流失，环境恶化	流域部长理事会、墨累-达令河流域委员会	综合规划与协调流域资源开发利用	《墨累-达令河水协议》（1987 年）《流域管理协议》（1992 年）《政府间关于国家水资源的行动刚要》（2004 年）	联邦与各州政府投入，水权市场化交易	澳大利亚主要河流

体利益，且具有较强约束力，相关各州不能随意单方面修改或者撤销协定，代表性协议有《墨累-达令河水协议》。欧盟为了保护海洋环境，出台了《欧盟海洋战略框架指令（Marine Strategy Framework Directive，MSFD）》（Jan et al.，2014）。日本在开发北海道时，专门颁布了《北海道开发法》；推动地方政府间合作、实行区域合并时出台《市町村合并促进法》《广域市町村圈整备措置纲要》等；规范地方跨区域合作时出台《地方分权推进法》。可见综合性、专门性的流域开发法及相关完善的法律体系对统筹区域性及部门性法律法规、解决争端、有效推进流域及区域发展具有重要意义（表6-8）。

第三节　长江经济带建设和发展体制机制面临的问题与困境

一、缺乏综合性的国家管理机构与系统性的政策支撑

长江经济带建设缺乏综合管理的机构。作为长江流域最具影响的管理机构，长江水利委员会综合管理的法律地位尚不明确且与其他国务院相关部门在长江流域的分支机构存在管理事务上的交叉。长江水利委员会主要以水资源管理和行政为中心，协调各种工程和非工程措施以减轻长江流域的洪涝灾害，但是无力协调综合性的社会经济管理事务，特别是在区域协调发展的问题上比较被动。

改革开放以来的国家宏观区域政策从东、中、西、东北等区域层面出发，或是关注贫困、生态等问题区域，或是从城乡区域出发，如长江三角洲地区、长江中游城市群和成渝地区等长江沿岸地区，一直是国家重点关注的区域，然而除了防洪工程、生态环境治理和黄金水道建设之外，缺乏对长江经济带建设和发展的针对性政策。而且，长江下游的长江三角洲地区在改革开放以来长期享受国家的重点支持，产生了与长江中上游地区的巨大政策落差，不利于长江经济带建立一体化的市场环境。2000年以来，中央加强了推动长江经济带的区域协调发展，批准了5个综合配套改革试验区，3个区域规划、6个国家级新区建设，但是在长江经济带还存在着综合发展规划覆盖不全，同一地区规划之间缺乏衔接的问题。从地方的角度来看，长江沿岸地区备受当地政府的重视，分别成为各个省区经济增长极，在沿江布局了一系列的石油化工、冶金、建材、能源等重工业产业。各地分头开发长江沿岸地区，虽然在经济总量上造就了长江经济带增长的奇迹，但是区域之间基础设施建设和产业发展不系统、不协调的发展方式也产生了诸多的区域性生态环境问题，造成地区之间的纠纷不断。

二、区域与部门之间尚未建立有效的协调机制

长江经济带管理仍主要采取的是单一部门、单一要素的管理方式，条块的分割和交叉比较严重，区域与部门之间尚未建立有效的协调机制。这种流域管理体制机制环境与流域发展事务的综合性的矛盾突出。虽然长江经济带在整体上，以及长江上中下游地方政府之间都分别有了一些合作的基础，并建立了对话协商的平台和组织，但是大部分的区域合作项目难以落实，相关协议亦缺乏约束力，仅仅是以“口号”及政府文件的形式存在。在涉水管理方面，纵向的管理部门存在交叉和重叠，在有利可图的管理事务上存

在着介入过度，而在无利可图的事务上介入不足等问题。部门之间缺乏协调，导致了众多的标准、程序、专项规划和管治政策相互矛盾与冲突，造成了诸如项目审批效率低下的问题，加剧了流域治理的困境。例如，水利部《2012水资源公告》显示，全国废污水排放总量达785亿t，其中近400亿t排入长江，而同期环境保护部统计全国废水排放总量为684.6亿t，其中不到300亿t排入长江，两个部门的数据相差巨大。基础数据统计缺乏协调，严重影响了对长江流域水资源环境保护的判断，以及相应的规划应对策略。区域之间水资源管理也缺乏协调，根据国务院批复的《长江流域综合规划》，长江流域共规划有控制性水库38座，水库之间缺乏协调导致长江上下游梯级调度、水库建设与长江下游供水等方面矛盾突出。

此外，现有的区域协调还主要依赖于政府部门之间的力量；NGO（非政府组织）、企业和行业协会等社会组织形式作为政府部门协调机制的补充，对解决流域管治困境具有积极和独特的作用，但是这些机构参与长江经济带区域协调的作用还得不到保障。

三、区域市场一体化受到行政壁垒制约

长江经济带市场一体化受到行政壁垒的制约，地区之间的市场化水平差异较大，区域一体化市场体系发育不完善。在现行的以经济增长为主的激励和考核制度引导下，地方主政官员极力追求地方利益的最大化，城市之间、省区之间存在较强的非合作博弈。在竞争大于合作的发展理念下，长江经济带地区之间建立了相互排挤的壁垒政策，阻碍了要素市场的一体化发展。21世纪初，下游长江三角洲地区城市之间相互压低地价、降低环境准入等竞争策略，争夺国际产业转移的逐底竞争现象突出（罗小龙，2010；张京祥等，2005）。随着近年来以上海为首的主要城市加强了对产业升级转移的重视，城市之间合作的势头较好，区域市场一体化开始逐渐增强。然而，长江三角洲地区与中上游城市之间的联系还受到诸多限制，上海与长江经济带内联系比较紧密的城市还主要在泛长三角地区，上海的引领带动作用有待提高（陈修颖和陆林，2004；向云波等，2009）。长江中上游地区之间经济发展水平接近，结构相似，生产产品同质强化了地区之间的行政壁垒。长江中上游地区的大中小城市分别建立了“大而全，小而全”的产业和基础设施，中心城市的带动辐射能力不足，中小城市产业发展特色不明显，城市群内部之间的联系较为微弱（陈修颖，2008）。随着东部产业的梯度转移，长江中上游在资源和市场及吸引产业转移项目等方面强化了相互竞争，进一步强化了地区之间的壁垒政策，形成了区域发展的恶性循环。总体看来，长江经济带上中下游城市之间还尚未建立完善的产业分工体系，长江经济带区域市场发育程度较低，一体化的互补性市场体系远未形成。

四、流域开发管理缺乏综合性法律法规保障

综合性法律法规是长江经济带发展战略得以实施的重要保障措施。目前，长江开发、利用和保护管理缺乏综合性法律法规保障。由于长江水资源水环境保护、长江经济带发展在我国的重要地位，需要针对这一区域的发展设立综合性的法律法规体系。长江流域管理主要由现行的《水法》《水污染防治法》《水土保持法》《防洪法》《河道管理条例》等分头管理，以及结合地方的相关要素管理的法规和条例。这些部门法律的效力

虽都涉及长江流域的管理，但是相互之间由于层次不清，存在着重叠和矛盾。此外，分散的法律法规在涉及具体的综合事务管理上操作性不强。虽然，我国新修订的《水法》规定了我国实行流域管理与行政区域管理相结合的管理体制，但是却没有相应的综合监管机构来执行，难以落实。例如，2014 年水资源公报显示，长江流域劣Ⅴ类断面主要存在于省际交界的河流，说明了区域之间水环境治理协调所面临的困境。

第四节　保障长江经济带发展战略落实的政策建议

我国市场经济体制还受到地方行政的影响，市场一体化的发展受到多方阻挠，以至于在产业转移方面受到过多的干预，造成了本来是企业自主行为的空间转移被人为扭曲，企业转移和升级也无法挂钩。另外，市场在发挥资源配置的主导作用的同时，也需要区域政策的力量加以引导和监管，兼顾区域的相对公平和均衡发展。然而，长江经济带虽然经历了改革开放以来的快速发展，但由于地域广阔，内部差异巨大，区域一体化发展仍任重道远。通过系统的政策和机制建设，构建长江经济带上中下游相互支撑，良性互动的区域发展格局，增加长江经济带内三大城市群的产业和基础设施形成发达的网络联系，促进持续建立公平竞争和自由合作的市场环境。

一、成立长江经济带开发管理委员会，出台系统化的支撑政策

长江经济带横跨我国东、中、西三大地带，区域之间资源禀赋，经济发展阶段，产业基础等存在较大的差异，流域管理应该明确什么事务该管理、由谁来管理，以及如何管理的问题，既要避免流域管理事务的片段化，也要建立地区之间差别化的流域管理目标。首先，应打破现行的单一要素管理体制，以水利部长江水利委员会为主，合并环境保护部、农业部、交通运输部、国家林业局等相关部委在长江的分支机构，成立长江经济带开发管理委员会，扩大相应职能与权力，负责协调水资源–环境–生态–经济的综合管理。同时，也要保证该委员会在长江事故灾难、危险化学品运输、环境污染等关键事务处置上拥有强有力的管理和应对能力。其次，编制系统化的开发支撑政策，保障长江经济带建设和流域可持续发展。促进产业转移和转型是长江经济带建设的重点内容，依托长江三角洲、长江中游和成渝三大城市群，对各个省份进行差别化功能定位，出台科学合理的产业布局和产业梯度转移规划，制定产业负面清单，引导产业科学转型与有序转移。同时，也要鼓励长江上中下游之间共建产业园区，创新异地 GDP 核算，利税分享和相关土地利用等政策。

二、建立多层次的协调平台与机构，提升经济带建设区域协调能力

在处理好政府和市场之间关系的基础上，积极建立长江经济带多层次的区域协调平台和机构，以协商和对话的形式推动部门和区域之间的合作，以一体化的管理平台和监测网络作为区域合作的信息基础。首先，在现有区域协调形式的基础上，扩大参与城市数目，分别建立在整个长江经济带、上中下游地区内部及之间多层次的省部协调、省际协调、省市协调和城市之间协调的平台与机构，推动在平等、自愿、互利的原则下，进

行多方协商的机制，理顺流域管理和行政区域管理的关系，保障地方共同且有差异地承担长江经济带的生态环境保护、基础设施建设等公共性治理事务。其次，也要建立保障相应协商成果能够落实的机制，重视发挥行业协会等专业组织的中介作用，以及公众的知情和监督的权利。

三、打破行政壁垒，促进一体化市场体系发展

对长江经济带原有的产业发展、交通建设、环境保护、公共服务设施建设等相关的政策进行系统的梳理，清理和整合与长江经济带一体化市场体系建设不相互适应的政策和地方规定，形成资源能共享、要素能自由流动的体制环境，建立一体化人才、物流、产权、金融等市场要素的信息和交易平台，充分发挥地区的比较优势，形成分工有序、合作充分和竞争公平的市场机制环境。同时，也要壮大长江中上游地区的大中城市的发展，促进城市之间的联系，形成合理的城市体系，构建区域性的市场需求，有利于市场体系的发展。借鉴长江航运大通关的体制建设经验，促进岸线资源开发统一管理，生态环境保护联防联治，基础设施共建共享，为产业在长江经济带合理转移创造环境。通过打破地方恶性竞争的壁垒，转变地方之间传统的竞争模式，促进一体化市场体系建设，形成开放有序的区域市场。

四、探索多样化的生态补偿模式，逐步形成有效的长江流域生态补偿机制

长江流域作为一个整体，针对上游地区因生态环境保护而牺牲经济发展，下游地区有义务进行相应的补偿，以确保前者保护生态环境的积极性。生态补偿是实现生态环境改善和区域之间共赢的重要措施，可将生态补偿和区域协调发展结合起来统筹考虑。围绕着水资源、土地资源、环境资源等的污染、破坏和保护等问题，在区域内部和区域之间展开对受保护的生态系统进行以经济和政策等补偿，是长江经济带发展战略落实的重要保障机制之一。因此，需要设立相应的补偿措施来弥补上游对保护生态环境所做出的努力，促进上游人民生活水平的改善。补偿的形式有多样，可以采取国家财政转移支付、专项补偿补贴、低息贷款、建立长江流域基金、排污权转让、水资源利用和水环境治理协定等模式。例如，可以从长江上游的水电企业销售电量中提取一定比例资金，转移支付给水电站及库区地方政府，用于移民安置补偿、培育绿色无污染产业、发展社会事业和基础设施及生态环境建设等。当然，根据协议的水质标准和水环境功能要求，如果上游污染了下游，上游也需要向下游补偿。

五、制定“长江法”，建立完善的法律法规体系

加强立法是保障长江经济带建设和发展的有效手段，国际上比较成功的流域综合治理案例都十分重视相关的立法工作，既有集成各种专门法律为一体的流域综合管理法律，也有形成相互补充的法律法规体系。首先，结合我国立法习惯，基于长江经济带现有的法律法规体系出发，制定《长江经济带综合管理法》（“长江法”），形成整个长江经济带的水资源保护和污染防治、生态环境保护、资源开发管理等各个方面有法可依的综合性法律框架，明确在长江经济带执行的各专门法律法规之间的关系，建立完善的流

域综合管理法律法规体系。在此之前，可以评估我国第一个流域综合立法的尝试——《太湖流域管理条例》的实施效果，以及存在的问题，作为制定《长江经济带综合管理法》的经验基础。

参考文献

安徽省发展和改革委员会 . 2006. 安徽沿江地区区域规划研究报告 . 南京：中国科学院南京地理与湖泊研究所 .

蔡大富，刘清，刘怀汉，等 . 2013. 长江航道发展阶段及特征分析 . 大连海事大学学报（社会科学版），12（3）：23-27.

长江航道局 . 长江干线航道概况 . http：//www. cjhdj. com. cn/detail/history/201401/t20140106_61923. html. [2014-01-06] .

陈欢，陈雯，曹有挥，等 . 2015. 江苏苏中 3 市的沿江岸线资源开发利用变化及驱动因素 . 长江流域资源与环境，24（5）：711-718.

陈家宽，李博，吴千红 . 1997. 长江流域的生物多样性及其与经济协调发展的对策生物多样性，5（3）：217-219.

陈西庆，陈进 . 2005. 长江流域的水资源配置与水资源综合管理 . 长江流域资源与环境，14（2）：163-167.

陈修颖 . 2008. 长江经济带空间结构演化及重组 . 地理学报，62（12）：1265-1276.

陈修颖，陆林 . 2004. 长江经济带空间结构形成基础及优化研究 . 经济地理，24（3）：326-329.

耿雷华，陈霁巍，刘恒，等 . 2005. 国际河流开发给中国的启示 . 水科学进展，16（2）：295-299.

后立胜，许学工 . 2001. 密西西比河流域治理的措施及启示 . 人民黄河，23（1）：39-41.

胡文俊，陈霁巍，张长春 . 2010. 多瑙河流域国际合作实践与启示 . 长江流域资源与环境，19（7）：739-745.

黄德春，陈思萌 . 2007. 国外流域可持续发展的实践与启示 . 水利经济，25（6）：10-12，81.

江苏省人民政府 . 2006. 江苏省沿江开发总体规划 . http：//www. jiangsu. gov. cn/jsgov/sx/shengxs/nanjings/201212/t20121218_ 309179. html [2006-10-31] .

雷静，张琳，黄站峰 . 2010. 长江流域水资源开发利用率初步研究 . 人民长江，41（3）：11-14.

李彬 . 2011. 国外流域开发经验对西江黄金水道开发战略的借鉴意义 . 经济研究参考，(53)：58-60.

李俊峰，焦华富，梁梦鸽 . 2012. 滨江城市跨江发展模式、过程及驱动机制 . 地理研究，31（12）：2162-2172.

刘健 . 1998. 莱茵河流域的开发建设及成功经验 . 世界农业，(2)：3-5.

刘元波，赵晓松，吴桂平 . 2014. 近十年鄱阳湖区极端干旱事件频发现象成因初析 . 长江流域资源与环境，23（1）：131-138.

罗彬 . 2010. 合理利用长江岸线资源的思考 . 中国港口，(4)：46-48.

罗小龙 . 2010. 长江三角洲的城市合作与管治 . 北京：商务印书馆 .

民进上海市委会 . 2011. 2007 年调研课题：长江流域沿江重化工业布局存在的问题及其对策 . http：//www. shmj. org. cn/node809/node827/node829/userobject1ai1730012. html. [2011-5-30] .

史虹 . 2009. 泰晤士河流域与太湖流域水污染治理比较分析 . 水资源保护，25（5）：90-97.

史璇，赵志轩，李立新，等 . 2012. 澳大利亚墨累-达令河流域水管理体制对我国的启示 . 干旱区研究，29（3）：419-424.

王传胜 . 1999. 长江中下游岸线资源的保护与利用 . 资源科学，21（6）：66-69.

王传胜 . 2002. 长江中下游岸线资源的特征及其开发利用 . 地理学报，57（6）：639-700.

王再文，李刚.2009. 区域合作的协调机制：多层治理理论与欧盟经验. 当代经济管理，31（9）：48-53.
席酉民，刘静静，曾宪聚，等.2009. 国外流域管理的成功经验对雅砻江流域管理的启示. 长江流域资源与环境，18（7）：635-640.
向云波，彭秀芬，徐长乐.2009. 上海与长江经济带经济联系研究. 长江流域资源与环境，18（6）：508-514.
杨桂山，于秀波.2005. 国外流域综合管理的实践经验. 中国水利，12（10）：59-61.
杨桂山，翁立达，李利峰.2007. 长江保护与发展报告. 武汉：长江出版社.
张京祥，李建波，芮富宏.2005. 竞争型区域管治：机制、特征与模式：以长江三角洲地区为例. 长江流域资源与环境，14：670-674.
张之倩.2008. 美国田纳西流域的开发管理及对我国长江流域科学治理的启示. 水利建设与管理，28（8）：49-51.
钟钢，陈雯.1997. 从世界大河流域开发实践构想长江开发模式. 长江流域资源与环境，6（2）：122-126.
周刚炎.2007. 莱茵河流域管理的经验和启示. 水利水电快报，28（5）：28-31.
Bravar J P，蔡宗夏.2015. 法国罗纳河及其流域整治. 世界地理研究，24（1）：11-18.
Cassey L，Yoshifumi F. 2014. ASEAN regional cooperation on competition policy. Journal of Asian Economics，(35)：77-91.
Francois M. 2009. River－basin planning and management：The social life of a concept. Geoforum，(40)：484-494.
Jan V T，Jesper R，Judith V L，et al. 2014. Regional cooperation for European seas：Governance models in support of the implementation of the MSFD. Marine Policy，(50)：364-372.
Richard S. 2009. 多瑙河流域跨界管理. 水利水电快报，30（9）：12-16，21.